亲子游编辑部 主编/摄影

带孩子畅游中国

北京·旅游教育出版社

使用说明

最值得带孩子参观的景点

对该景点最具特色的评价

皇城相府｜中国北方第一文化家族的崛起之地

该景点最具吸引力的图片

关于景点最简要、最精彩的介绍

皇城相府原名“中道庄”，其主人陈廷敬是康熙大帝的老师，后因康熙皇帝两次于此下榻，故名“皇城”，是北方第一文化家族的崛起之地。这里分为内城、外城两部分，内城是依山势而建的“斗住居”，外城是“中道庄”。另外，河山楼内还有暗道直通城外，可抵御外侵。外观，城中有城，顺物应势，蔚然壮观；其内，庭院错落，曲径通幽，博大精深。

该景点地址、电话、门票、开放时间、交通等最实用的指南

亲子信息

山西省晋城市阳城县北留镇皇城村

0356-4858206/4847999　120元/人　08:00~18:00

（1）公交：晋城往返皇城相府，每隔20分钟一趟，车程60分钟，咨询电话：0356-4858206。阳城往返皇城相府，车程20分钟，咨询电话 0356-4223569

（2）自驾：晋城上晋阳高速，到北留收费站下高速，沿指示牌行走即到

带孩子到该景点必参观的内容、必体验的特色

亲子锦囊

1.带孩子参观御书楼，欣赏康熙皇帝御书楹联，了解陈廷敬一生功绩卓著、晚节昭明；

2.带孩子参观中道庄，感受其独特的风格、恢弘的气势、深厚的文化底蕴；

3.带孩子参观斗住居，感受明代古建艺术的丰富多彩；

4.带孩子参观宛若人间仙境的西花园、止园，体验置身古文化街的繁荣昌盛；

5.带孩子参观河山楼、屯兵洞、世德院等，领略建筑艺术的独特魅力；

6.带孩子参观中华字典博物馆，探索字典文化产生、发展、演变的历史过程及其规律。

INTRODUCTION
前言

还在为周末、寒暑假等带孩子去哪儿玩烦恼吗？想知道中国最酷、最棒、最适合孩子的旅游胜地有哪些吗？还在为传统教育方式困惑吗？

《带孩子畅游中国》将为您排忧解惑，告诉您以何种视角，带孩子走遍中国所有游乐景点，真正践行“行知教育”：看最美的景，享课堂以外的最大收获！

中国作为世界四大文明古国之一，有着悠久的历史，多彩的民族文化，自然、文化遗产均极为丰富。无论你是去万里长城探索中国的光辉与未来，还是去华山绝顶体验“遗世独立、飘飘欲仙”的刺激；无论你是去江南领略私家园林的魅力，还是漫步王府井步行街体验城市的繁华；无论你是去泸沽湖中体验最浪漫的民俗风情，还是去中国科技馆感受科技带给我们的魅力，都会惊叹于它们的绝美自然风光及深厚文化情怀内涵。本书将会以最细腻的手法描述亲子旅游的一手信息及各种游玩攻略，并揭开中国最美丽、最时尚，以及最原汁原味的一面。

为了让父母迅速找到适合孩子游乐的景点，本书特设“中国亲子游TOP10”模块，如十大奇山秀水、十大古镇古村、十大主题乐园……让中国精华之景点，多角度地呈现给读者。

与目前市场上的传统旅游攻略图书相比较，本书的最大亮点是“亲子锦囊”模块。其以细腻的笔法、独特的视角选取材料、展开

▲ 天安门广场大花篮

陈述，既有利于亲子和谐、亲子互动，又有利于孩子增长知识，锻炼体质，增强动手能力。

“亲子信息”模块则提供了游乐目的地的地址、电话、票价、开放时间、公交及自驾路线等，极大地方便了读者查询。另外，为确保信息的准确，我们对电话等逐一进行了核实，但旅游信息还是经常变化的，希望读者在出发前再进一步查证，以免影响您的旅游雅兴。

为了保证图书质量，我们还邀请了全国各地的旅游专家进行把关。他们还提供了部分景区图片。在此一并感谢！

还等什么呢？快携孩子踏上这充满惊险与刺激、艰辛而愉悦的浪漫旅程吧！让其更多地体验生活的多彩、父母的关爱、生存的艰辛、世界的博大，让其在山山水水、“读万卷书，行万里路”中茁壮成长，成就卓越人生！

中国亲子游 TOP10

带孩子出游攻略
中国亲子游 Top10

北京 BEIJING

天津 TIANJIN

河北 HEBEI

山西 SHANXI

内蒙古 NEIMENGGU

辽宁 LIAONING

吉林 JILIN

黑龙江 HEILONGJIANG

上海 SHANGHAI

江苏 JIANGSU

浙江 ZHEJIANG

山东 SHANDONG

安徽 ANHUI

江西 JIANGXI

福建 FUJIAN

重庆 CHONGQING

四川 SICHUAN

云南 YUNNAN

贵州 GUIZHOU

西藏 XIZANG

陕西 SHANXI

甘肃 GANSU

宁夏 NINGXIA

青海 QINGHAI

新疆 XINJIANG

河南 HENAN

湖南 HUNAN

湖北 HUBEI

广东 GUANGDONG

广西 GUANGXI

海南 HAINAN

香港 XIANGGANG

澳门 AOMEN

台湾 TAIWAN

带孩子出游攻略

衣

1.1～3岁的宝宝：应该尽量多带衣服，以备宝宝在尿湿时方便更换。

2.4～6岁的宝宝：携带方便舒适的衣服即可，尽量不要带毛衣。毛衣天热易捂，天凉透风，还容易引起宝宝的皮肤不适。

3.若夏季出去旅游，尽量穿棉质吸汗的衣服。另外，衣服的颜色也尽量鲜艳一些。这样，在人群中容易寻找，拍出来的照片效果也好。

4.家长应该备好袜子、帽子、小棉被等保暖用品，因为广东、香港等地的商场里是比较冷的。

5.带好手帕、围嘴等，在宝宝吃饭、流口水时就不会手忙脚乱了。

6.带好尿不湿、湿纸巾、退烧药、温度计、红花油、创可贴、宝宝专用防晒霜、棉棒、碘酒、感冒药、拉肚药、胀肚药等，以防万一。

食

1.喝母乳的宝宝：应该随身携带防溢乳垫、吸奶器、哺乳巾等，避免在公共场合喂奶的尴尬，另外，妈妈也要多喝水，避免上火。

2.喝奶粉的宝宝：应随身携带固体奶粉，或者自己准备个小罐子，按照宝宝每餐的分量将奶粉装进去，另外，至少要准备两个奶瓶、冷热开水各一壶，这样就可以快速冲泡奶粉了。

3.吃辅食的宝宝：随身带一些可以用开水冲泡后直接食用的蔬菜粉、米糊、肉粉、鱼粉等。有条件的话，还可以带一个小炖盅，在酒店可自行煲粥、蒸鸡蛋羹，既方便又卫生。

4.带一个中等的保温瓶，尽量让宝宝喝温水，或者喝正规品牌的矿泉水，尽量不要喝泉水、河水、塘水等。

食

5.多带些零食、水果，如小馒头、饼干、苹果、香蕉等，给宝宝解馋。

6.带好宝宝的个人餐具，以及专用洗涤剂和奶瓶刷，保证卫生。

7.到达目的地时，不要给宝宝吃太多的饭，因为太多的刹车、停车容易使人晕车。同时可备一点大蒜，让宝宝少吃点，进行口腔消毒。如果嫌大蒜有口气，可自备一些盐水，饭前、饭后漱口，也可以达到消毒的目的。

8.吃饭时，不要惹宝宝笑或者哭，应让他专心进食。同时，最好随身携带两份餐饭，以防出现意外的耽搁或宝宝拒绝吃饭的情况。

9.就餐时，热的饭菜尽量离宝宝远一些，避免吃玉米、花生等容易窒息的食物，尽量地吃一些利于孩子排便的食物。另外，不能让宝宝玩弄筷子，更不能让宝宝将筷子放在嘴里。

住

1.尽量选择专门有宝宝乐园的酒店，这样宝宝开心，家长也就省心了。

2.自备宝宝的洗护用品、被单、床单、枕套等，让宝宝在熟悉的气味中睡得更加舒适。

3.预订酒店的时候一定要询问有没有婴儿床，如果没有的话，让宝宝睡在父母中间，防止掉下床。另外，在房间里不要将空调开得太低，一定要盖好被子。

4. 稍微大一点儿的孩子可以扶着他在大浴缸里洗澡。但是给1岁左右的宝宝洗澡是个麻烦活。现在很多酒店都会提供婴儿浴盆，如果没有的话，家长可以自己准备一个便携式婴儿充气浴盆，这样给宝宝洗澡就方便多了。

住

5.去南方旅游尽量带个小蚊帐，避免让宝宝受到蚊虫的叮咬。同时，南方空气潮湿，比较闷，1～3岁的宝宝抵抗力不强，容易起小红疹，家长一定要做好充分的准备。

行

1.乘飞机：未满2周岁的婴儿按成人全票价的10%购票，不单独占一座位。如需要单独占用座位时，需购买儿童票；已满2周岁而未满12周岁的儿童要按成人全票价的50%购票。在订票时要申明自己带个孩子，一定要预约各区段头一排的座位，那里的空间大一些。登机前少给宝宝喝水，防止宝宝耳膜疼痛。一上飞机就向空姐要毛毯和枕头，并询问是否有婴儿专用台和婴儿床。飞机升降时一定要把宝宝抱在身上，将宝宝的安全带系在自己的安全带上，以防万一。

2.乘火车：身高不到1.2米的儿童有成人监护，可免费乘坐火车，允许与成人共用一个卧铺。身高不到1.2米的小孩如要单独使用卧铺，只需购买卧铺票，不需购买客票。尽量预订下铺，这样对于1～3岁的宝宝来讲，妈妈更方便照顾，对于4～6岁的宝宝来说，活动空间会大一些。另外，尽量不要让宝宝长时间观看窗外移动的物体，避免晕车。

3.乘大巴：尽量避免高峰期乘车，人流较密集的话，宝宝容易产生坏情绪。对于1～2岁的宝宝，家长一定要将宝宝抱在怀里，同时也要注意防止车座后面把手把宝宝碰伤。3岁以上的孩子父母要让宝宝坐在内侧，尽量不要让他在车厢内乱走，最好准备一条武装带或有5厘米宽的绳子，大约2米长，用来把他“绑”在车座上，以免急刹车、车拐弯，或小孩睡着时不小心从车座上掉下来。同时也不能让宝宝把头、手伸到窗外。

4.自驾车：尽量不要让宝宝坐在副驾驶的位置。6岁以上的儿童

行

应配备儿童座椅，同时，家长一定要随时检查安全带是否系好，防止孩子自行解开。

5. 1～3岁的宝宝喜欢将东西放进嘴里，家长可给他准备一个棉质的手指不分开的手套，防止宝宝把脏东西塞入口中。

游

1.选择宝宝感兴趣的旅游目的地，同时也要避免环境过于嘈杂拥挤或过于刺激的地方。行程计划一定要根据实际情况灵活变通。随时关注孩子的情绪状况，如果宝宝疲劳，一定要停下来休息。

2.准备好折叠式婴儿车，这样可以大大增加游玩的便利。在逛商场时一定要乘坐升降机，千万不能让婴儿车上扶手电梯，这是非常危险的。如果是去海边则不用带了。

3.1～2岁的婴儿最好用背带背着，宝宝听着爸妈的心跳，就不会害怕了。

4.6岁以上的孩子可以坐在后背包上面，这样他的视野更好，也能看到更多景色，当然，一定要注意安全。

5.带一些孩子喜欢的玩具，或者下载一些增长智力的游戏，用以打发行车过程中的无聊时间，增加宝宝旅行的兴趣。

6.在有山有水、人群拥挤的地方一定要关注宝宝的行动，以免走失或摔伤。最好在宝宝的口袋里放一些零钱和一张卡片，上面写上宝宝的姓名及父母的联系电话，并告诉宝宝迷路之后的解决办法（6岁以上）。

7.准备野餐布，在海边、草坪等都可以用得上，让宝宝在干净、舒适的环境中尽情玩耍。

8.准备好相机，拍些美美的照片，温暖以后的岁月。

游

9.最好多准备几个干净的塑料袋，将换下来的衣服分开放，既方便又卫生。

购

1.给1～2岁的婴儿买大点的纪念品，小物件容易被宝宝吞进肚子里。

2.尽量不要买塑料物品，因为很多塑料都是有毒的。

3.给孩子买一些民族服饰等纪念品，这样以后回想起来会很幸福。

4.6岁以上的孩子会很有主见，如果对购买纪念品有独特的看法，又合情合理的话，可以满足孩子的要求。

5.如果与导游或当地人发生争执，尽量低调处理。

中国
亲子游
TOP 10

带孩子必看的十大奇山秀水

01 山东　泰山 | 享有“天下第一山”的美誉

泰山又称岱山、岱宗、岱岳等，是我国的“五岳”之首，前邻孔子故里曲阜，背依泉城济南，气势雄伟，享有“天下第一山”的美誉。这里峰峦竞秀、视野开阔，自然风光秀丽，其中旭日东升、晚霞夕照、黄河金带、云海玉盘四大奇景，令人拍手称赞。此外，泰山还有着深厚的文化内涵，其古建筑主要为明清时期的风格，将建筑、绘画、雕刻、山石、林木融为一体，其间摩崖碑碣数不胜数，庙宇观堂漫山遍布。登临泰山，人们可以感受其倚天拔地的气势，也可以感受伟大而庄重的东方文明。

02 安徽　黄山 | 享有“五岳归来不看山，黄山归来不看岳”之赞誉

黄山是安徽省的旅游标志，传说是轩辕黄帝修身炼丹并飘然成仙的地方，享有“五岳归来不看山，黄山归来不看岳”之赞誉。这里以“莲花峰、天都峰、光明顶”为三大主峰；以“奇松、怪石、云海、温泉”四绝闻名于世；以“二湖、三瀑、十六泉、二十四溪”著称远近；以极其丰富的动植物资源兼有“天然动物园和天下植物园”的美称。

03 广西 桂林山水风景名胜区｜自古就有“桂林山水甲天下”的赞誉

桂林山水风景名胜区自古就有“桂林山水甲天下”的赞誉。这里漓江水碧绿一片，沿江攒聚着怪石奇峰，峰峰均是瘦骨嶙峋，但又千姿百态，就像是一位婀娜多姿的江南美人，长在深山人未识，一朝觑见叹倾城。在这里乘一叶扁舟，在青山绿水间游荡，满眼都是画山绣水，当象鼻山、九马画山、黄布倒影、仙人推磨、九牛过江等美景从眼前一一荡过，那种山的奇美，水的灵动，空气的清新，大自然的伟大着实令人流连忘返。

04 贵州 黄果树瀑布｜世界最宽阔、壮观的瀑布之一

黄果树瀑布位于贵州省安顺市镇宁布依族苗族自治县，瀑布高度为77.8米，宽101米，其中主瀑高67米，顶宽83.3米，是中国第一大瀑布，也是世界最宽阔、壮观的瀑布之一。瀑布从陡峭的悬崖上跌落时产生惊心动魄的轰鸣声，宛若无数巨大的石头从云烟顺流而下。夏天瀑布前还会出现一条五彩缤纷的彩虹，整个山谷像披上了一层黄色的轻纱，宛若仙境。另外，瀑布附近有一座长达1千米的“天生桥”，在宽二三百米的桥面上还有一片石林，造型十分有趣。

05 江西 庐山｜有“磅礴五百里，奇秀甲东南”的赞誉

庐山位于鄱阳湖盆地，自古就有“磅礴五百里，奇秀甲东南”的赞誉。其山体呈长椭圆形，拥有99座山峰，其中最高峰为汉阳峰，海拔1474米。这里有“一峰千态匡庐云，一雨百瀑匡庐水”之说。山中常年云雾缭绕，有时丝丝缕缕，有时宛若薄纱朦朦胧胧，给人一种“不识庐山真面目”的感觉；庐山有22条瀑布，包括被李白描述为“飞流直下三千尺，疑是银河落九天”的秀峰开先瀑布、庐山顶上有“第一奇观”之称的三叠泉瀑布、新开发的大口瀑布，九奇峰的彩虹瀑布等。此外，还有美庐别墅、庐山会议会址、白鹿洞书院、罗马式与哥特式的教堂等人文景观。带孩子一起来庐山避暑，全方位地了解一下庐山的真面目吧！

06 福建 武夷山 | 拥有“奇秀甲东南”美名

武夷山拥有“奇秀甲东南”美名，分为西部生物多样性、中部九曲溪生态、东部自然与文化景观、城村闽越王城遗址等4个保护区，是我国著名的避暑胜地。这里属于典型的丹霞地貌，九曲溪盘环区内，两岸分布着36奇峰、99岩等“奇秀甲东南”的山水美景，以及桃源洞、三清殿、伏羲洞等集道、儒、佛于一身的人文景观。游客可以乘坐竹筏顺着碧清的九曲溪蜿蜒而下，欣赏两岸奇峰峭拔、怪石嶙峋，尽情领略“一溪贯群山，清浅萦九曲。溪边列岩岫，倒影浸寒绿”的意境。

07 新疆 天山天池 | 素有“天山明珠”的盛誉

天山天池位于新疆维吾尔自治区阜康市南33千米处，湖面呈半月形，是一座在两百余万年前第四纪大冰川活动中形成的高山冰渍湖，素有“天山明珠”的盛誉。这里湖水清澈，晶莹如玉，四周群山环抱，挺拔、苍翠的云杉、塔松，漫山遍岭，遮天蔽日。其中“石门一线”“龙潭碧月”“顶天三石”“定海神针”“南山望雪”“西山现松”“海峰晨曦”“悬泉飞瀑”八大景观是最不可错过的。

08 浙江 千岛湖 | 世界上岛屿最多的湖

千岛湖坐落在浙江省淳安县境内，拥有1078座岛屿，是世界上岛屿最多的湖。这里山峦青翠，湖水澄碧，湖周群峰环拱，曲折崎岖，多姿多态的山峦和岛屿把整个湖区分隔成中心、东南、西北、西南、东北五个各具特色的景区，称为“五大湖区”，包括梅峰观岛、龙山岛、五龙岛、孔雀园、温馨岛等景点，是人们乘舟畅游、探奇考古、凭吊先贤、岛上野炊、水中冲浪、尽兴品尝鱼味和野生绿色食品的理想去处。

09 河南 嵩山 | 我国著名的五岳之一

嵩山位于河南省西部，是我国著名的五岳之一。这里分为东西两支，东为太室山，西为少室山，二山的历史由来已久。太室山东西起伏，奇峰相连，雄深高大，气势巍峨，就像是黄河南岸的一座天然屏障，护卫着夏代的都城——阳城，故有“中岳如卧”之说。太室主峰叫峻极峰，海拔1494米，古来就有“嵩高峻极”“峻极于天”的说法。少室山又名“季室山”，主峰连天峰，海拔1512.4米，是整个嵩山山脉的最高峰。当然，这里最著名的还是少林寺。

10 云南 普者黑 | 被誉为“中国独一无二的喀斯特山水田园风光”

普者黑位于文山壮族苗族自治州丘北县境内，具有典型的喀斯特地貌，被誉为“中国独一无二的喀斯特山水田园风光”。整个景区占地165平方千米，其间312座孤峰星罗棋布，83个溶洞百态千姿，54个湖泊相贯相通，水质透明清澈，分为普者黑、猴爬岩、革雷、六郎洞4个景区，包括256个景点，其中普者黑景区是整个风景名胜区中的核心部分。在此，人们可以泛舟仙人湖；可以欣赏“接天莲叶无穷碧，映日荷花别样红”的野生荷花；可以去仙人洞村感受风俗民情；还可以去普者黑湖体验捕鱼的乐趣。

带孩子必去的十大古镇古村

01 湖南 凤凰古城 | 有着“湘西明珠”之美誉

凤凰古城位于湖南省湘西自治州的西南边，风景秀丽、历史悠久、名胜古迹众多，被新西兰著名作家路易艾黎誉为“中国最美丽的小城”。这里现存有68处文物古建筑、116处古遗址、120多条石板小街，还有中国保存最完整的石头城——唐朝旧县治黄丝桥古城、始建于明朝万历年间的中国南方长城——湘西边墙、沈从文故居、熊希龄故居等。整座古城由沱江环绕，河水清澈见底，桨声舟影，山歌互答，韵味十足。

02 云南 丽江古城 | 我国保存最为完好的四大古城之一

丽江古城始建于宋末元初，位于玉龙雪山之麓，滔滔金沙江畔，是我国保存最为完好的四大古城之一。当我们漫步古城时，眼前呈现的是一幅古朴、典雅、幽静的画面，宛若世外桃源：纳西风格的居民屋鳞次栉比；清清的溪流涓涓流淌；一座座小桥宛若彩虹般横跨小溪；一排排垂柳在清风中摇曳；无数小巷弯弯曲曲，纵横交错，恍若迷宫；古老的街道中店铺林立，各种商品琳琅满目；纳西族老人悠闲惬意地做着自己喜欢的事情……

03 江苏 周庄 | 有“中国第一水乡”之美誉

周庄地处苏州昆山市、吴江市、上海的青浦区三地交界处，已有900多年历史，是一个典型的江南水乡小镇，有“中国第一水乡”之美誉。这里四面环水，依河成街，桥街相连，加上众多江南特色的明清式建筑，以及“咫尺往来，皆须舟楫”的生活方式，构成了“小桥、流水、人家”的江南水乡风貌。此外，这里还有耐人寻味的西晋文学家张翰、唐代诗人刘禹锡、陆龟蒙寓居钓游的南湖园；有“轿从门前进，船从家中过”的明代建筑张厅；还有江南民居之最“七进五门楼”的沈厅等独具特色的人文景观。

04 浙江 乌镇 | 江南六大古镇之一

被评为中国十大魅力古镇之一的乌镇位于嘉兴市桐乡市，古名乌墩、青墩，已有6000多年的历史，素有“鱼米之乡，丝绸之府”之称，是江南六大古镇之一。这里分为东栅景区和西栅景区，东栅景区拥有汇源当铺、茅盾故居、余榴梁钱币馆、古戏台、修真观、皮影戏、乌镇民俗风情馆、江南百床馆等景点；西栅景区拥有昭明书院、桥里桥、乌将军庙、月老庙、水上戏台、元宝湖等景点，其中西栅老街是我国保存最为完好的明清建筑群之一。

05 安徽 西递、宏村 | 中国魅力名镇

西递村享有“中国古民居博物馆”之称，宏村被誉为“中国画里乡村”，它们都位于安徽省黟县。西递村始建于1047年，村内全部都是明清时期的典型徽派建筑，雄伟精致，包括走马楼、胡文光刺史坊、膺福堂、敬爱堂、桃李园、瑞玉亭等景点；宏村始建于南宋绍兴年间，全村存有明清建筑140余幢，拥有南湖风光、南湖书院、月沼春晓、牛肠水圳等景点，其中承志堂的“三雕”十分精湛、富丽堂皇，被誉为“民间故宫”。

06 四川 洛带古镇 | 被誉为“天下客家第一镇”

洛带古镇位于成都市东部，距今已有1800多年的历史，被誉为“天下客家第一镇”。古镇老街以“一街七巷”为代表，这里青石板路幽静，灰砖墙古朴，青瓦屋檐下挂着一溜红灯笼，街巷间保存着许多明清风格的古建筑，依照功能，大致可分为民居、府第、宗祠和会馆，其中以会馆最具特色。这里拥有湖广会馆、江西会馆、广东会馆和川北会馆，其建筑格局和风貌各不相同。其中广东会馆保存得最为完好、规模最大，现已成为洛带古镇的标志性建筑。除了特色建筑以外，这里还有水龙节、火龙节等特色民俗活动，是人们感受客家文化的好去处。

07 山西 平遥古城 | 我国现仅存的四大古城之一

平遥古城地处三晋腹地，有着悠久的历史和灿烂的文化，是我国现仅存的四大古城之一。这里拥有古朴典雅、胜景迷人的镇国寺、东方彩塑艺术宝库双林寺、雄伟壮观的古城墙、闻名全国的中国第一票号“日昇昌”旧址、建于元代的平遥县衙，以及明清一条街上的古寺庙、古市楼、古店铺和古代民宅等，展现了浓郁的晋商文化气息和淳朴的晋中民风。

08 江西 婺源 | 被誉为“中国最美的乡村”

婺源位于江西省东北角，素有“书乡”“茶乡”之称，被外界誉为“中国最美的乡村”。其中最有名的就是徽派建筑和油菜花。这里景点随村落而展开，山水间笼罩着的一层朦胧雾纱，加上环绕其间的古意盎然的民居、石径、廊桥，青山绿水，全然渗透出一种水墨丹青的韵味。每年三四月，婺源便迎来了最美的时刻，梯田上金灿灿的油菜花绚烂地开放，与镶嵌其间的麦苗及青山绿水相互掩映，置身其中，可以感受到色彩给人带来的震撼和陶醉。

09 云南 大理古城 | 享有“文献名邦”之美誉

大理古城简称叶榆，又称紫城，始建于明洪武十五年（1382年），在南诏国、大理国统治的500年期间一直是云南的政治、经济、文化中心，享有“文献名邦”之美誉。这里拥有珠联璧合、相互辉映的苍山洱海；被誉为“西南敦煌”的剑川石宝山唐代石窟；与中国四大佛教名山齐名的佛教圣地鸡足山；南诏发祥地——巍宝山；有规模宏大、保存完整的道教观宇建筑群等景点，被誉为“东方日内瓦”。

10 贵州 西江千户苗寨 | 保存苗族“原始生态”文化完整的地方

西江千户苗寨已经有2000多年的历史了，是一个完整保存苗族“原始生态”文化的地方，也是全国最大、最典型的苗族吊脚楼村寨聚居群落。这里的吊脚楼层层叠叠、鳞次栉比；风雨桥上苗族情侣对歌传情；古街上别有特色的银饰、服饰琳琅满目；每天都表演的铜鼓舞、高排芦笙、木鼓舞等令人拍手称赞；每年举行的苗年节、吃新节、十三年一次的牯藏节等节庆活动更是名扬四海。和孩子漫步西江千户苗寨，一起探寻古老而神秘的苗族文化吧！

带孩子必玩的十大主题乐园

01 香港 迪士尼乐园 | 世界第七个迪士尼乐园

香港迪士尼乐园是中国第一座迪士尼主题公园，也是世界上规模最小的迪士尼乐园。乐园分为美国小镇大街、探险世界、幻想世界、明日世界、玩具总动员大本营、灰熊山谷、迷离庄园七个主题园区，设有睡公主城堡、飞越太空山、巴斯光年星际历险、探险世界森林河流之旅、小镇大街古董车、米奇金奖音乐剧、小熊维尼历险之旅等精彩项目，还有巡游表演节目及烟花汇演。让孩子们和栩栩如生的卡通人物一起穿梭不同的主题乐园，尽情体验童话世界的奇妙旅程吧！

02 北京 欢乐谷 | 集“游乐场和主题乐园”于一身的大型主题生态乐园

北京欢乐谷是北京新建立起来的大型主题游乐园，由峡湾森林、爱琴港、失落玛雅、香格里拉、蚂蚁王国、亚特兰蒂斯、欢乐时光等七大文化主题区组成。其中奥德赛、太阳神车、聚能飞船、水晶神翼、雪域金翅等项目相当刺激。此外，园内还有华侨城大剧院、欢乐广场、生态树林、欢乐水岸等主题景观，颇具人文艺术特色。夜场还有花车游行、庆典等热辣场面，绝对令人难忘。

03 广东 深圳华侨城 | 是“精彩深圳、欢乐之都”流光溢彩的一张城市名片

深圳华侨城坐落在美丽的南海之滨、深圳湾畔，占地6平方千米。这里长年繁花似锦、绿树成荫，拥有荟萃和浓缩了中国五千年历史文化、九百六十万平方公里锦绣河山的锦绣中华；有集各民族民间艺术、民俗风情和民居建筑于一园的中国民俗村；有囊括了世界园林艺术、民俗风情、民间歌舞、大型演出及高科技娱乐项目的世界之窗；有“动感、时尚、激情”的深圳欢乐谷；有最具国际风尚的都市娱乐目的地的欢乐海岸；有充满异域风情的主题酒店；还有充满文艺气息的何香凝美术馆、华·美术馆、创意文化园等，是“精彩深圳、欢乐之都”流光溢彩的一张城市名片。

04 江苏 中华恐龙园 | 有“东方侏罗纪”之称

中华恐龙园位于江苏省常州市，占地0.4平方千米，是一座以恐龙为主题的，融博物、科普、娱乐、休闲及表演为一体的综合性游乐园。园区分中华恐龙馆、欢乐街区、雨林冒险区、嘻哈恐龙城区、鲁布拉区、库克苏克峡谷城区六大主题区，其中中华恐龙馆是本园的核心和灵魂，是恐龙科普知识的海洋，是收藏和展示中国系列恐龙化石最为集中的专题博物馆。此外，园区还有各类娱乐项目和现场表演，十分有趣。

05 广东 长隆欢乐世界 | 国内设备最先进，科技含量最高、游乐设备最多的超级游乐园

长隆欢乐世界位于广州市番禺迎宾路，拥有以儿童游乐项目为主的适合全家游玩的哈比王国、以大型惊险刺激设备为主的尖叫地带、以中古欧洲风格为主的旋风岛、以水为主题的欢乐水世界、以表演为主的中心演艺广场和以休闲为主的白虎大街六大主题园区，是国内设备最先进、科技含量最高、游乐设备最多的超级游乐园。带孩子一起享受游乐园娱乐项目带来的超级震撼吧！

06 辽宁 发现王国 | 目前全国最大的国际化游乐主题公园

发现王国位于大连金石滩国家旅游度假区，分为发现广场、传奇城堡、魔法森林、金属工厂、神秘沙漠、疯狂小镇六大主题景观区，以及一个婚礼殿堂，是目前全国最大的国际化游乐主题公园。这里有各种惊险的游乐设施；有栩栩如生的卡通人物；有定时进行的精彩夏季王国、狂欢加勒比、蒙面大盗、热情沙漠等表演；有神秘莫测的热带雨林；还有欧洲风格的城堡……赶快带孩子来这里追寻童话梦想，体验冒险的刺激吧！

07 天津 滨海航母主题公园 | 军事主题公园

滨海航母主题公园位于天津滨海新区八卦滩，是大型军事主题公园。公园的王牌是基辅号航空母舰。它原是苏联“基辅”级航母的首制舰，后来天津花费上亿元进行改造，最大限度地保留了其原貌，设有作战指挥中心、情报舱、航母科技馆、舰船发展史、水兵倾斜舱、勇士走廊等几十个区域，淋漓尽致地表现了水兵工作与生活的场景。舰下还设有世博天津馆、码头广场、航母野战营等特色项目，是观赏、学习的好场所。

08 安徽 芜湖方特欢乐世界 | 目前中国规模最大的第四代主题公园

芜湖方特欢乐世界占地1.25平方千米，以科技和幻想为主题，是目前中国规模最大的第四代主题公园。这里拥有阳光广场、欢乐大道、渔人码头、神秘河谷、精灵山谷、嘟噜嘟比农庄、儿童王国等主题园区，包括国际一流的高空仿真体验项目“飞越极限”、大型动感太空飞行体验项目“星际航班”、亚洲首座大型多水幕立体交互历险项目“所罗门封印”、国内最大的玛雅主题大型历险项目“神秘河谷”、亚洲最大的恐龙灾难体验项目“恐龙危机”等。

09 黑龙江 太阳岛风景区 | 全国著名的避暑胜地

太阳岛风景区位于哈尔滨市松花江北岸，占地88平方千米，因岛内坡岗全是洁净的细沙，阳光下格外炽热，故而得名。岛上有太阳岛公园、俄罗斯展馆、北方民艺精品馆、俄罗斯风情小镇、冰雪大世界、太阳岛国际雪雕艺术博览会、黑龙江省科学技术馆、哈尔滨极地馆等。景区夏季绿荫蔽日、荷花绚烂，是全国著名的避暑胜地；冬季雪漫冰封，银装素裹，北国风光，分外妖娆，是举行哈尔滨雪雕园游会的理想场所。

10 江苏 南京欢乐水魔方水上主题乐园 | 亚洲规模最大、设施最先进的水上乐园

南京欢乐水魔方水上主题乐园位于南京汤山，由担当迪士尼乐园、美国环球影城的世界顶级主题乐园设计公司——加拿大FORREC公司规划设计，是亚洲规模最大、设施最先进的水上乐园。在此，您可以享受亚洲最大海啸冲浪带来的无限快感；可以在1万平方米真沙海滩上尽情领略黄金海岸风情；可以在千米梦境漂流河体验徜徉海洋中的美妙乐趣；可以参加翻江倒海滑道、惊涛骇浪、回旋风暴等水上游乐项目，尽享惊险刺激；还可以欣赏异域风情水上表演、滑板冲浪秀等表演，体验前所未有的超凡感官刺激。

带孩子必去的十大动植物乐园

01 北京 北京动物园 | 孩子们最喜欢的动物世界

北京动物园位于北京市西城区西直门外大街，距今已有100多年的历史，是中国开放最早、饲养动物最多的动物园之一。这里不仅有中国特有的珍贵动物大熊猫、金丝猴、东北虎、麋鹿（四不像）、丹顶鹤等，还有来自世界各地有代表性的动物，如非洲的黑猩猩、澳洲的袋鼠、美洲豹、墨西哥海牛、无毛狗、欧洲野牛等。这里环境优美，设施完善，是动物们愉快生活的天堂，也是人们出行休闲、娱乐、亲近大自然的绝佳场所。

02 北京 北京野生动物园 | 大型生态公园

北京野生动物园位于北京市大兴区，是动物保护、野生动物驯养繁殖的中心，也是向大众进行科普教育的宣传窗口。这里依托“保护动物，保护森林”的宗旨，以散养、混养的方式，结合现代无屏障全方位立体观赏设施，开设了散放观赏区、步行观赏区、动物表演娱乐区、科普教育区和儿童动物园等，建有主题动物场馆30余个，饲养有金丝猴、绿尾虹雉、长颈鹿、东北虎、丹顶鹤、斑马、黑猩猩等动物，是人们体验自然情趣、接触野生动物的理想去处。

03 四川 成都大熊猫繁育研究基地 | 中国重要的大熊猫保护中心之一

成都大熊猫繁育研究基地是为拯救大熊猫而兴建的具有世界水平的大熊猫繁育科研基地，是中国重要的大熊猫保护中心之一。这里建有大熊猫兽舍、饲料室、大熊猫纪念馆和实验楼，种植有饲养大熊猫用的上万丛竹子和灌木。基地内的大熊猫博物馆拥有丰富的资料和展品，是进一步了解大熊猫的理想之处。此外，这里还有小熊猫、黑颈鹅、黑天鹅、孔雀等珍稀动物，自然山野风光与人工景观相映成趣，是野生动物自由繁衍生息的乐园。

04 北京 北京植物园 | 目前我国北方最大的植物园

北京植物园是目前我国北方最大的植物园，集科普、科研、游览等于一身，分为植物展示区、名胜古迹区、科研区和自然保护区，包括牡丹园、芍药园、月季园、木兰园、梅园、樱桃沟、卧佛寺、科普馆、梁启超墓、曹雪芹纪念馆、展览温室等主要景点。每年春季这里都会举办桃花节，届时红白碧桃、寿星桃、绛桃、菊花桃等近70个品种，逾万株桃花一起盛开，朵朵桃花色彩艳丽，花姿优美，令人心醉。

05 广东 长隆野生动物世界 | 中国综合规模最大、最具国际水准和效益最好的国家级野生动物世界

长隆野生动物世界位于广州番禺，是全世界动物种群最多、最大的野生动物主题公园，被誉为“中国最具国际水准的国家级野生动物园”。这里拥有中国的大熊猫、澳大利亚的树袋熊（考拉）、南非獴哥、泰国亚洲象、马来西亚马来貘、塞拉利昂倭河马等500多种珍稀动物，并设有令人惊心动魄的大型白虎表演、滑稽搞笑的大象表演、非洲动物表演、大型动物表演等节目。此外，还可以走走《爸爸去哪儿》大电影的经典拍摄场景和线路，亲身体验丛林大冒险。

06 上海 上海野生动物园 | 我国最大的国家级野生动物园

上海野生动物园位于浦东新区境内，是中国首座国家级野生动物园。园区分为食草动物放养区、食肉动物放养区、火烈鸟区、珍稀动物圈养区、百鸟园、蝴蝶园、儿童宠物园等。游人在园内可以看到大熊猫、金丝猴、华南虎等国家一级保护动物，以及冷艳高傲的火烈鸟、美丽至极的孔雀、憨态可掬的小浣熊等；可以欣赏海狮桑巴舞、海狮情景小品、海狮顶球等表演；还可以体验与海狮握手亲吻、打排球的乐趣。

07 海南 海南热带野生动植物园 | 中国首家以热带野生动植物博览、科普为主题的社会公园

海南热带野生动植物园是中国首家以热带野生动植物博览、科普为主题的社会公园。这里林海莽莽，森林茂密，藤蔓交织，拥有人工开辟的丛林小径和种植的各种奇花异草，饲养了各种珍禽异兽200余种，4000余只（条）等。在这里参观，就像进入了鸟语花香、生机盎然的大自然，可尽情地接触奇丽多姿、惊险有趣的动物世界。

08 山东 青岛海底世界 | 全国独具特色的海洋生态大观园

青岛海底世界依托青岛水族馆、标本馆、淡水鱼馆等原有资源，加上依山傍海的自然美景，构成了山中有海的奇景，是全国独具特色的海洋生态大观园。这里分为潮间带、海底隧道和地下四层观光建筑三大部分，饲养了海洋生物活体上万种，数万尾，包括海星、海胆、章鱼、海龟、鲨鱼、河豚、珊瑚等。当您漫步海底隧道，那些护士鲨、豹纹鲨、黑鳍鲨等动物就像在空中自由翱翔的鸟，可感受到“鱼翔浅底，皆若空游无所依”的意境。

09 香港 香港海洋公园 | 世界最大的海洋公园之一

香港海洋公园位于香港港岛南区黄竹坑，占地约1平方千米，分为海滨乐园和高峰乐园两部分，是世界最大的海洋公园之一，也是全东南亚最大的海洋水族馆及主题乐园。带孩子来这里可以看到趣味十足的露天游乐场、海豚表演，可以欣赏千奇百怪的海洋生物、高耸入云的海洋摩天塔，以及雀鸟表演；可以体验越矿飞车、极速之旅等游艺项目的惊险刺激；还可以体验参加双龙奇缘、环游水世界、七彩嘉年华等游戏的乐趣。

10 辽宁 大连老虎滩海洋公园 | 中国最大的现代化海滨游乐园

老虎滩海洋公园是中国最大的现代化海滨游乐场。公园内蓝天碧海、青山奇石、山水溶溶。这里有珊瑚馆、极地馆、鸟语林、群呼雕塑及化腐朽为神奇的马驷骥根雕艺术馆等全国知名旅游景点，还有全国最长的大型跨海空中索道、大连南部海域最大的旅游观光船等游乐设施，是一处集观光、娱乐、科普、购物、文化于一身的现代化海洋主题公园。

带孩子必去的十大度假海滨

01 海南　三亚亚龙湾 | 被誉为“天下第一湾”

亚龙湾是海南最南端的一个半月形海湾，被誉为“天下第一湾”。这里天空蔚蓝，阳光明媚灿烂，空气清新湿润，青山连绵起伏，岩石千姿百态，红树林原始静谧，海湾波平浪静，海水清澈透明，沙滩洁白细腻，热带鱼种色彩缤纷，海岸线上椰影婆娑，奇花异草和原始热带植被随风摇曳，各具特色的度假酒店错落有致，加上滨海公园、豪华别墅、会议中心、高星级宾馆、海上运动中心、高尔夫球场等娱乐休闲建筑，亚龙湾已成为足以与国际上任何著名热带海滨旅游度假胜地相媲美的国家级旅游度假区。

02 山东　青岛海滨风景区 | 享有“世界最美海湾”之美誉

青岛海滨风景区是国内少有的地处城市中心的海滨风景区，享有“世界最美海滩”之美誉。这里有赭红色的礁石、松软的海滩、绵延起伏的海岸线、鳞次栉比的西式建筑，构成了一幅山、海、城交融的魅力景观。景区拥有八大关、八大峡、太平山、太平角四个景区，包括栈桥、鲁迅公园、小青岛，以及第一、二、三、六海水浴场等景点。其中位于汇泉湾畔的第一海水浴场最为出名，那里三面环山，树木葱绿，湾内水清波小，滩平波缓，沙质细软，是人们尽享海滨风情，体味夏日海滨无穷魅力的绝佳去处。

03 河北 黄金海岸 | 中国最美的海滩之一

黄金海岸是我国北方唯一的国家级海洋自然风景保护区，是中国最美的海滩之一。这里远离城市喧嚣，海水洁净，沙粒匀细，是著名的一类海水浴场。由于海潮和季风的作用，海岸形成了世上罕见的大沙山。这些金黄色的沙山呈新月状，陡缓交错，起伏有序，是国内独有的天然海洋大漠风光。在这碧海金沙之上，无论是乘索道、滑沙、冲浪、骑马，还是驾快艇、乘拖曳伞，都是美的享受。

04 辽宁 大连金石滩 | 享有“神力雕塑公园”的美誉

金石滩三面环海，陆地宽阔，海域辽阔，海岸线绵长，宛若一幅多姿多彩的浪漫画卷。金石滩分为东部、黄金海岸、成山头等景区，包括金石锚地俱乐部、文化广场、玫瑰园、鳌滩、地质博物馆、中华武馆、金石世界名人蜡像馆等景点。在此，你可以观看广场上反映中华民族上下五千年文明的巨幅大理石壁画；可以在俱乐部餐厅一边看惊涛拍岸，一边吃生猛海鲜；还可以一睹目前世界上块体最大、断面结构显露最清晰的沉积岩标本——龟裂石的芳容……带孩子一起去真实地感受金石滩浪漫的风情，欣赏它的神秘美丽吧！

05 福建 鼓浪屿 | 素有“万国建筑博览”和“音乐之乡”“钢琴之岛”“海上花园”之美誉

鼓浪屿位于厦门岛西南角，由于历史原因，这里建有众多风格各异的建筑物，如今依旧完好，故有“万国建筑博览”之称；又是音乐的沃土，人才辈出，钢琴拥有密度居全国之冠，又有“钢琴之岛”“音乐之乡”的美称。岛上气候宜人，四季如春，有鸟语花香，无车马喧嚣，素有“海上花园”之美誉。漫步鼓浪屿，一边穿梭于菽庄花园、日光岩、皓月园、毓园、鼓浪石、郑成功纪念馆、鼓浪屿钢琴博物馆、厦门海底世界、天然海滨浴场、海天堂构等景点之间，一边品尝张三疯奶茶、叶氏麻糍等美食，文艺范十足。

06 山东 成山头风景名胜区 | 我国日出最早的地方

成山头位于山东威海境内，被誉为“太阳升起的地方”，有“中国好望角”之称。成山头海拔200米，三面环海，一面挨着陆地，群峰连绵苍翠，大海碧蓝浩瀚，峭壁巍然挺立，巨浪汹涌，气势十分壮观。这里拥有福如东海文化区、好运角、始皇庙等主要景观，还有秦桥遗迹、秦代立石、射鲛台、天尽头秦东门等历史遗迹，是理想的旅游避暑、寻幽探秘、走古访今的胜地。

07 广西 北海银滩 | 被誉为“中国第一滩”

北海银滩位于北海市南端，以“滩长平、沙细白、水温净、浪柔软、无鲨鱼”的特点，被誉为“中国第一滩”。这里海域海水纯净，陆岸植被丰富，环境优雅宁静，空气格外清新，是我国南方最理想的海滨浴场和海上运动场所。在此，你可以漫步银滩公园，感受椰树林的特有风情；可以登上冠头岭，观日落日出，听涛望海；可以参加海水浴、海上运动、沙滩高尔夫、排球、足球等沙滩运动；还可以欣赏异国珍奇鸟类表演、越南民族风情表演、俄罗斯风情表演等。

08 海南 海口假日海滩 | 被誉为“椰城滨海大观园”

海口假日海滩全长7千米，距离海口市区十分近，阳光、海水、沙滩、椰树相映成趣，构成一幅美丽动人的自然画面，享有“椰城滨海大观园”的美誉。在此您可以穿上泳衣，褪去城市的喧嚣，慵懒地躺在沙滩椅上吹海风，享受太阳浴，还可以一边喝着甘甜的椰子汁，一边眯眼看着来往的游人，十分惬意。当然您还可以参加帆船、快艇、水上摩托等水上娱乐项目，尽情拥抱大海，也可以参加自助烧烤，亲身体验烧火、串串、烧烤的乐趣。

09 海南 蜈支洲岛 | 三亚最好的潜水之地

蜈支洲岛占地1.8平方千米，海水绝无污染，周围植被良好，海底的珊瑚礁保存相当完美，这些珊瑚礁使海水呈现出浅蓝、湛蓝、深蓝等颜色，层次十分清楚，再加上海底沙质细软、洁白，热带鱼类种类繁多，所以被评为“三亚最好的潜水之地”。游人在此白天可以参加日光浴、海水浴、潜水、摩托艇、海钓、拾海贝等运动，夜晚可以到沙滩上捉寄居蟹，尽情体验回归大自然的舒适与惬意，领略中国仅有的热带海岛风光。

10 汕头 南澳岛 | 人称“潮汕屏障，闽粤咽喉”

南澳岛位于闽、粤、台三省的交界海面，人称“潮汕屏障，闽粤咽喉”。这里地处热带，生长着1400多种热带、亚热带植物，以及多种野生动物，环境十分优美，拥有华能电厂、海岛总兵府、青澳湾、松井等知名景点。其中青澳湾是沙质细软的缓坡海滩，海水清澈，盐度适中，为天然的优良海滨浴场。游人在此可以海上泛舟、垂钓；可以在沿海公路上迎着海风飞驰；可以沿着海岸线远足徒步；还可以品尝特色海鲜……

带孩子必去的十大展览馆

01 北京 中国国家博物馆 | 世界上单体面积最大的博物馆

中国国家博物馆位于天安门广场东侧，总建筑面积近20万平方米，是世界上单体面积最大的博物馆。这里历史文化底蕴十分深厚，目前开设有《古代中国》和《复兴之路》基本陈列，《中国古代青铜器艺术》《中国古代佛造像艺术》《中国古代玉器艺术》等专题陈列，以及国际交流展和临时展，展示了嵌赤铜鸟兽纹铜壶、人面鱼纹彩陶盆、三星塔拉玉龙、后母戊鼎、虎纹石磬等，记录了中华民族五千年文明的足迹，展示了我们伟大祖国的历史文化艺术和社会发展的光辉成就。

02 北京 中国科学技术馆 | 我国唯一的国家级综合性科技馆

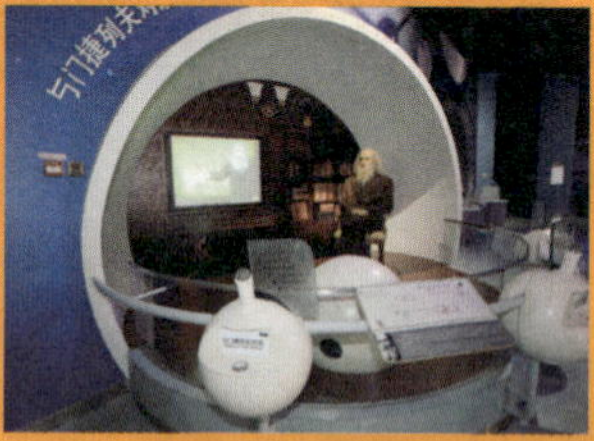

中国科学技术馆是我国唯一的国家级综合性科技馆。这里设有“科学乐园”“华夏之光”“探索与发现”“科技与生活”“挑战与未来”五大主题展厅。在这里可以和孩子一起观看纺车、织机、宫殿、古车等展品，了解古代中国在衣食住行等领域取得的重要成果；可以让孩子参加互动游戏，积累经验，锻炼能力，激发他们对科学的好奇与兴趣；可以参观光影之炫、电磁之奥、宇宙之奇、数学之魅等，探索运动、声音、光、电、生命的奥秘；还可以参加挑战未来活动，学习科学精神、思想和方法的启迪，享受探索与发现过程带来的乐趣。

03 陕西　秦始皇兵马俑博物馆｜世界第八大奇迹

秦兵马俑坑发现于1974年，被誉为“世界第八大奇迹”“二十世纪考古史上的伟大发现之一”。三个兵马俑坑呈品字状排列，总面积2万多平方米，坑内放置着与真人真马一般大小的陶俑、陶马7000余件，艺术手法细腻、明快，陶俑装束、神态各异，具有鲜明的个性和强烈的时代特征。这里开设有秦兵马俑一、二、三号坑，铜车马陈列厅及相关临时展览，是当时秦始皇“六王毕，四海一”的金戈铁马、所向披靡的见证。

04 陕西　陕西历史博物馆｜被誉为“华夏珍宝库”和“中华文明的瑰丽殿堂”

陕西历史博物馆是中国首座拥有现代化设备的国家级大型博物馆，拥有馆藏文物37万余件，突出了陕西文化和中国古代文明，被誉为“华夏珍宝库”和“中华文明的瑰丽殿堂”。博物馆展室总面积达1.1万平方米，分基本陈列、专题陈列和临时陈列三大部分。在这里，大家可以感受中华文明的灿烂辉煌及三秦文化的光彩夺目。

05 上海　上海科技馆｜上海目前规模最大、内容最广、科技含量最高的科普教育基地

上海科技馆占地6.8万平方米，是上海目前规模最大、内容最广、科技含量最高的科普教育基地。这里常设展览综合了自然博物馆、天文馆和科技馆的基本内容，开设了11个常设展馆和2个特别展览。在此，您可以在“生物万象”展区了解生物的多样性，在“动物世界特展”展区领略五大洲野生动物原生态的风采，在“地壳探秘”展区体验各种地质变化，在“智慧之光”展区学习多学科基本原理和典型现象，在“彩虹儿童乐园”展区体验科学乐趣，在“机器人世界”展区了解人工智能应用技术的飞速发展……

06 江苏 南京博物院 | 我国第一座由国家投资兴建的大型综合类博物馆

我国第一座由国家投资兴建的大型综合类博物馆——南京博物院位于南京市紫金山南麓、中山门内北侧，绿树环绕，环境优美，其建筑形式极富唐代风格，古朴庄严、雄浑伟岸，是南京标志性历史文化景观。这里拥有历史馆、特展馆、艺术馆、民国馆、数字馆、非遗馆六个馆，展示了藏品42万余件（套），同时还有传统技艺的现场演示。

07 上海 上海博物馆 | 有文物界“半壁江山”之誉

上海博物馆位于人民广场南侧，是一座大型的中国古代艺术博物馆。上海博物馆馆藏文物12万余件，其中以青铜器、陶瓷器、书法、绘画为特色，包括唐孙位《高逸图》、五代董源《夏山图》、金铜佛像、中国古币等，有文物界“半壁江山”之誉。这里处处弥漫着历史的气息，一幅幅如行云流水般的字画，一枚枚来自世界各地的钱币，一件件做工精湛的青铜器，一身身带有民族风情的服饰，一块块凝如羊脂似的玉石……让人受益匪浅。

08 北京 中国人民革命军事博物馆 | 中国唯一的大型综合性军事历史博物馆

中国人民革命军事博物馆始建于1958年，是国内唯一的大型综合性军事历史博物馆，占地8万多平方米，主楼高94.7米，中央7层，两侧4层，拥有古代战争馆、近代战争馆、土地革命战争馆、抗日战争馆、全国解放战争馆、新中国国防和建设成就馆、抗美援朝战争馆、兵器馆等十个基本陈列馆，展现了我国的军事历史发展过程。此外，军事博物馆还适时举办一些纪念性的、专题性的临时展览，为人们了解军事知识提供了极大的便利。

09 云南 云南民族村 | 云南民族风情的缩影

云南民族村位于滇池之滨，融彝、白、苗、哈尼、独龙等25个少数民族为一体，集民族风情、音乐舞蹈、宗教文化于一身，汇峻山秀水、玲珑景致为一园，是云南民族风情的缩影，反映了云南古老、神秘、丰富博大的民族文化。带孩子置身其中，随处可见不同风格的民族村寨，还可以欣赏“三月街”、傣族的“泼水节”、景颇族的“目脑纵歌”、纳西族的“三朵节”、彝族的“火把节”、傈僳族的“刀杆节”等独具民族特色的民族节日活动。

10 台湾 台北故宫博物院 | 台湾八大名胜之一

台北故宫博物院是一座白墙绿瓦的4层中国宫殿式建筑，是著名的历史和文化艺术博物馆、台湾八大名胜之一。这里馆藏丰富，共展示了书法、古画、碑帖、铜器、玉器、陶瓷、文房用具等14种类别、60万件文物，包括翠玉白菜、肉形石、毛公鼎、婴儿枕、五彩龙凤大盘、莲花式温碗、宝石红僧帽壶等主要展品，其中散氏盘、早春图、万壑松风图、快雪时晴帖、松山行旅图等十大国宝是参观者最不容错过的珍品。

带孩子必去的十大文明探源地

01 北京 故宫 | 无与伦比的古建筑群

故宫又叫紫禁城，南北长960米，东西宽750米，总面积72万平方米，整个建筑金碧辉煌、庄严绚丽，是世界上现存规模最大的古代皇家宫殿建筑群。故宫坐北朝南，拥有四个门，南门为午门，即正门，北门为神武门，东为东华门，西为西华门。故宫分为前朝和后寝两个部分，其中前朝是皇帝办公的地方，以太和殿、中和殿、保和殿及东西两侧的文华殿及武英殿为主；“后寝”是皇帝及后妃、未成年的子嗣们居住的地方，主要以乾清宫、交泰殿、坤宁宫、御花园及东西六宫为主。除此以外，故宫还设有陶瓷馆、青铜器馆、绘画馆、珍宝馆、钟表馆等展览馆，是人们了解明清两朝历史的理想场所。

02 北京 颐和园 | 被誉为“皇家园林博物馆”

颐和园始建于金代，占地2.9平方千米，是世界上现存最大的皇家园林，被誉为“皇家园林博物馆”。景区主要由昆明湖和万寿山两大部分组成，其中陆地占四分之一，水域占四分之三。整个园林分为三个功能不同的区域，即以仁寿殿为中心的政治区；以玉澜堂、宜芸馆及乐寿堂为中心的生活区；以长廊、昆明湖、苏州街等为主体的游览区。颐和园秉承“移天缩地于君怀”的建园理念，将亭台楼阁与自然山水和谐地融合在一起，既具有北方皇家园林的雄浑气魄，又具有江南水乡园林的婉约秀美。

03 北京 八达岭长城 | 举世瞩目，享誉全球的奇迹

八达岭长城位于北京延庆县军都山关沟古道北口，是史上九塞之一、明长城的代表、万里长城的精华段。这里地势险要，是古时重要的军事要塞和防护屏障。它虽经沧桑岁月、风吹雨淋，容颜苍老，但却依旧苍劲有力。现开放地段达3741米，分南北两条线，北线较陡，南线稍平缓，沿途风景各异。除了长城以外，景区还有中国长城博物馆、詹天佑纪念馆、八达岭饭店等旅游设施，是人们学习知识、感悟历史、休闲旅游的绝佳选择。

04 陕西 西安城墙 | 中国现存最完整的一座古代城垣建筑

西安城墙位于西安市中心，始建于明洪武三年（1370年），周长11.9千米，是中国现存最完整的一座古代城垣建筑。这里保存有四座主城门，即东长乐门、西安定门、南永定门、北安远门，还有护城河、吊桥、闸楼、箭楼、正楼、角楼、敌楼、女儿楼、垛口等一系列的军事防御设施，同时又增添了茅屋瓦舍、仿古亭廊、诗碑雕塑等，使古城墙越发熠熠生辉。和孩子一起登上城头，抚摸城墙、弓弩，感叹当年金戈铁马、气吞万里如虎的气势，可以远眺南边的终南山、北边的渭水河，也可以俯首尽览西安城内外市容。

05 河北 清东陵 | 中国最后一个王朝首要的帝王后妃陵墓群

清东陵是我国最后一个王朝首要的帝王后妃陵墓群，也是我国现存规模最大、体系最完整、布局最得体的古帝陵建筑。整个陵区以第一帝顺治陵墓——孝陵为中心，其他陵墓依次分列两旁。东侧有顺治皇后孝东陵，康熙皇帝的景陵；西侧有乾隆皇帝的裕陵及裕妃园寝，咸丰皇帝的定陵及咸丰皇后的定东陵。此外，东南部有同治皇帝的孝陵，大红门外东侧有昭西陵。这里的陵墓主次分明，各建筑物金碧辉煌、气势恢宏。

06 山东　曲阜明故城（三孔）旅游区 | 为纪念孔子而建

曲阜是中国古代伟大的思想家、教育家、儒家学派创始人孔子的诞生地，有“东方圣城”的美誉。城内的孔庙、孔府和城北的孔林都是为了纪念孔子而建，规模宏大，建筑精良，是中国古代三大建筑群之一，现已列入《世界遗产名录》。其中气势恢宏的孔庙是中国人的精神圣地，门坊、鲁壁、孔子故宅等建筑显示出孔子思想的博大精深；巍峨轩敞的孔府默默地诉说着这“天下第一家”的辉煌历史；庄重肃穆的孔林则记录着孔氏家族的源远流长。

07 四川　三星堆博物馆 | 我国著名的现代化专题性遗址博物馆

三星堆古遗址是迄今西南地区发现的范围最大、延续时间最长、文化内涵最丰富的古城、古国、古蜀文化遗址，被誉为“长江文明之源”。而三星堆博物馆则位于三星堆遗址的一角，是我国著名的现代化专题性遗址博物馆。馆内展厅面积达4000平方米，以“古城、古国、古蜀文化陈列”为主体，展示了遗址内一、二号商代祭祀坑出土的千余件珍贵文物，其中以青铜立人像、青铜纵目人像、青铜神树、铜兽首冠等最为著名。

08 甘肃　敦煌莫高窟 | 世界上现存规模最大、内容最丰富的佛教艺术圣地

敦煌莫高窟始建于东晋太和元年（366年），洞窟数目达到492个，塑像2000尊以上，其中最大者33米，最小者仅10厘米，是世界上现存规模最大、内容最丰富的佛教艺术圣地，被誉为“20世纪最有价值的文化发现”“东方罗浮宫”。洞窟的四壁尽是与佛教有关的壁画和彩塑，肃穆的佛影、飘舞的飞天……最引人注目的，要数其中数量庞大、技艺精湛的壁画艺术。游人带着朝圣般的心情置身其中，那种神秘庄严的气氛令人回味无穷。

09 河南 殷墟博物馆 | 甲骨文的发祥地

殷墟是中国商代晚期的政治、经济、军事、文化中心，拥有中国最早的都城遗址；有制作精美、纹饰细腻、应用广泛的青铜器；有造字方法成熟、表现内容丰富、传承有序的甲骨文，是人类文明史上不可或缺、辉煌壮美、璀璨绚丽的一页。殷墟博物馆是由中国设计院设计的一座地下一层建筑，占地面积5000平方米，包括展厅、文物库房、研究室、报告厅等，展出陶器、玉器、青铜器、甲骨文等珍贵文物近600件，证明了商代晚期我国青铜文化已发展到了最高的阶段，同时也向人们展示了一个典型的奴隶社会形态，是华夏文明的瑰宝。

10 河南 清明上河园 | 中国第一座以绘画作品为原型的仿古主题公园

清明上河园以张择端的《清明上河图》为蓝本，以宋代的市井文化、风俗民情、皇家园林和古代娱乐为题材，以游客参与体验为特点，是中国第一座以绘画作品为原型的仿古主题公园。园区分为校场、虹桥、民俗、宋都等文化区，拥有城门楼、街景、店铺、码头、河道、船坊等主要建筑，汇聚了民间游艺、杂耍、盘鼓等表演，展示了汴绣、年画等艺术品的现场制作，突出了酒楼、酒肆、当铺、博彩、斗鸡等繁华的都市风情。

带孩子必去的十大爱国教育基地

01 北京 天安门广场 | 世界上最大的城市中心广场

天安门广场是北京的心脏地带，是世界上最大的城市中心广场。广场中央矗立着高大挺拔的人民英雄纪念碑和庄严肃穆的毛主席纪念堂，西侧是神圣的人民大会堂，东侧是中国革命博物馆和中国历史博物馆，南侧是两座建于14世纪的古代城楼——正阳门和前门箭楼。城楼前有外金水河，河上有7座汉白玉雕栏石桥。天安门两边是劳动人民文化宫和中山公园。整个广场宏伟壮阔、对称统一、气势磅礴，是孩子们回顾历史，接受爱国主义教育的好去处。

02 北京 圆明园遗址公园 | 有“万园之园”的美称

圆明园建成于清朝乾隆年间，由圆明园、长春园、绮春园（万春园）组成，原有亭台楼阁140多处，总面积达350万平方米，其中陆上建筑面积和故宫一样大，水域面积又等于一个颐和园，有“万园之园”的美称。1860年，英法联军野蛮地洗劫了圆明园，并用一把大火将所有美好化为残垣断壁。如今，这里已经建成遗址公园，它不仅是中华民族屈辱的象征，也是中华民族奋发图强、日益繁荣昌盛的见证。

03 江苏 中山陵 | 被誉为“中国近代建筑史上第一陵”

中山陵是孙中山先生的陵墓，位于南京市东郊钟山风景名胜区内，面积共8万余平方米，中轴线上建有牌坊、墓道、陵门、石阶、碑亭、祭堂和墓室等中国传统建筑，被誉为“中国近代建筑史上第一陵”。墓地整体呈“警钟”形图案，其中祭堂为仿宫殿式建筑，建有三道拱门，门楣上刻有“民族、民权、民生”横额，祭堂内放置孙中山先生大理石坐像，壁上刻有孙中山先生手书《建国大纲》全文。这里浩瀚的林海映衬着碧瓦银墙，象征着伟人的浩然正气与大地长存。

04 陕西 延安革命纪念馆 | 反映中国共产党在延安领导中国革命斗争历史的纪念馆

延安革命纪念馆是一座反映中国共产党在延安领导中国革命斗争历史的纪念馆。这里按历史顺序分列6个单元，并开放了“延安革命史”“南泥湾大生产运动”两个基本陈列展馆，还对外开放了凤凰山、枣园、杨家岭、王家坪、南泥湾等5个革命遗址群，展示了1000多幅历史照片和800多件革命文物。置身其中，可感受延安时代那令人难忘的火红岁月，接受洗礼，得到启示。

05 河北 西柏坡纪念馆 | 享有“新中国从这里走来”“中国命运定于此村”的美誉

西柏坡是我国五大革命圣地之一，曾是中共中央所在地，党中央和毛主席在此指挥了著名的辽沈、淮海、平津三大战役，召开了意义非凡的七届二中全会和全国土地会议，解放了全中国，享有“新中国从这里走来”“中国命运定于此村”的美誉。西北坡纪念馆位于平山县内，拥有西柏坡中共中央旧址、西柏坡陈列展览馆、西柏坡多功能影视厅、西柏坡纪念馆、领袖风范雕塑园等部分，共开设了12个展厅，将新中国诞生的历史进程展示得淋漓尽致。

06 江西 井冈山｜土地革命初期中国工农红军革命遗址最集中的地方

井冈山地处湘东赣西边界，是土地革命初期中国工农红军革命遗址最集中的地方。1927年毛主席秋收起义上了井冈山，在此写下了《井冈山的斗争》《星星之火可以燎原》等著作，从此井冈山名声大振。这里千峰竞秀、林海莽莽、瀑飞泉流，珍稀动植物众多，拥有井冈山革命博物馆、井冈山革命烈士园、茨坪革命旧居旧址群、红军洞、大井毛泽东旧居等红色景点。带孩子来此走上一圈，一边欣赏美景，一边缅怀老一辈无产阶级革命家的丰功伟绩，接受爱国主义教育。

07 江苏 侵华日军南京大屠杀遇难同胞纪念馆｜全面展示“南京大屠杀”特大惨案的专史陈列馆

侵华日军南京大屠杀遇难同胞纪念馆是南京市人民政府为铭记1937年12月13日日军攻占南京后制造的南京大屠杀惨案，在原日军大屠杀遗址之一的万人坑上建造的。这里分为展览集会区、遗址悼念区、和平公园区和馆藏交流区4个区域，拥有雕塑广场、灾难之墙、标志牌、和平大钟、胜利之墙等景观，萦绕着一种肃穆、凄惨的氛围。

08 山东 刘公岛｜中国近代第一支海军的诞生地

刘公岛自然风光优美，远望松涛翠柏，郁郁葱葱；近观鹿群结队，鸟语花香，素有“海上仙山”和“世外桃源”的美誉。这里人文景观丰富，既有千年前的战国遗址，又有闻名海内外的清朝北洋海军提督署、水师学堂、古炮台、海龙王庙、丁汝昌寓所、铁码头等文物古迹，还有英国殖民统治时期遗留下来的欧式建筑和近几年修复兴建的刘公庙、甲午海战馆等多处新景观。带孩子参观甲午战争博物馆，一同去探索那个战火弥漫的年代，一起去揭开刘公岛神秘的面纱。

09 湖南 岳麓山 | 享有“岳麓之胜，甲于楚湘”的美誉

岳麓山海拔300.8米，主峰云麓石骨苍秀，廊殿楼阁依山畔石，自古就以山清水秀著称于世，享有“岳麓之胜，甲于楚湘”的美誉。这里拥有爱晚亭、清风峡、蟒蛇洞、禹王碑、岳麓书院等景观，其中岳麓书院是中国古代著名的“四大书院”之一，也是中国现存最完好的一座古代书院；爱晚亭始建于清乾隆五十七年，是中国四大名亭之一，也是毛泽东青年时期经常与蔡和森、罗学瓒、张昆弟等人探讨国事、纵谈理想的地方。在此，和孩子一起回顾毛主席与志同道合的朋友一起挥斥方遒、指点江山、激扬文字的“青葱岁月”吧！

10 福建 集美学村 | 集美各类学校及各种文化机构的总称

集美学村是由爱国华侨陈嘉庚先生倾资创办的，是集美各类学校及各种文化机构的总称。这里的建筑集中西风格于一体，校舍堂馆壮观高大、亭台廊榭典雅小巧，彰显了典型的闽南侨乡的建筑风格。景区要数鳌园最不容错过，它由门廊、解放纪念碑、陵墓三部分组成，长廊两侧厢壁上镶嵌着58幅历史故事人物内容的青石镂雕；解放纪念碑是鳌园的主体建筑，是陈嘉庚先生亲自精心设计的；陵墓四周刻有石雕，记录着他倾资兴学，赤诚报国的光辉一生。漫步其中，不仅能领略闽南建筑的艺术魅力，还能了解陈嘉庚先生独特的人格魅力。

北京
BEIJING

故宫｜中国现存最大最完整的古代宫殿建筑群

故宫位于北京城中心，旧称紫禁城，始建于明朝永乐四年（1406年），是明、清两代的皇宫。这里四周城墙高10米，护城河宽52米，共有宫殿8700多间，分为外朝和内廷两大部分，包括午门、前三殿、三宫、御花园、养心殿等，是中国现存最大、最完整的古代宫殿建筑群。

亲子信息

北京市东城区景山前街4号　010-65132255　旺季60元；淡季40元（珍宝馆、钟表馆另购票）　旺季08:30~16:10；淡季08:30~15:40

（1）公交：乘坐1、2、5、8路等公交天安门东或天安门西站下车；或乘坐9、17、22路等公交前门下车；乘坐101、103路等故宫站下车

（2）地铁：1号线在天安门东站或天安门西站下车

亲子锦囊

1.带孩子参观午门，欣赏门楼常设展览，增长知识；
2.带孩子参观太和殿，看雕龙髹金宝座，了解清朝末代小皇帝溥仪登基的传说；
3.带孩子参观乾清宫、坤宁宫、御花园等，感受帝后的生活气息；
4.带孩子参观陶瓷馆、书画馆、珍宝馆等，领略中国古代文物的独特魅力。

天安门｜北京城的重要政治符号

天安门位于北京市的中心地带，始建于明永乐十五年（1417年），初名“承天门”，寓意“承天启运”“受命于天”，是北京城的重要政治符号。其宏伟的宫殿、世界上最大的城市中心广场、浓厚的帝王气息、具有传奇色彩的“大红灯笼”、中华民族里程碑式的开国大典……吸引着络绎不绝的游客。

亲子信息

北京市东城区天安门广场北侧　010-63095718　广场免费，登城楼：成人15元，学生5元　城楼：04:30~17:00；广场：05:00~22:00

（1）公交：乘坐1、4、8路等公交在天安门东站下车

（2）地铁：1号线在天安门东站或天安门西站下车

亲子锦囊

1.带孩子观看升旗仪式，登上雄伟的城楼，远眺整个天安门广场的全景；
2.带孩子欣赏纪念碑，了解革命胜利果实的来之不易；
3.带孩子参观毛主席纪念堂、人民大会堂、国家博物馆等，感受建筑的宏伟、恢宏。

颐和园 | 中国现存规模最大、保存最完整的皇家园林

颐和园前身清漪园，曾是清朝帝王的行宫和花园，是中国现存规模最大、保存最完整的皇家园林。在此，你可以泛舟碧蓝而广阔的昆明湖；可以感受雄伟的万寿山透露出的灵气；可以穿梭于“世界最长的长廊”，了解浓郁的文化积淀；可以漫步十七孔桥，领略中国皇家园林中现存最大的石桥的独特魅力；还可以徜徉苏州街，体验置身江南水乡的美妙。

亲子信息

北京市海淀区新建宫门路19号　010-62881144　旺季30元，联票60；淡季20元，联票40元　旺季：06:30~18:00；淡季：07:00~17:00
（1）公交：乘坐74、374、437路等公交在颐和园新建宫门站下车
（2）地铁：4号线在颐和园北宫门站下车

亲子锦囊

1.带孩子参观东宫门、仁寿门、仁寿殿等，感受皇家的尊严；
2.带孩子逛苏州街，感受江南水乡集市的繁荣。

天坛 | 世界上最大的祭天建筑群

天坛始建于明永乐十八年（1420年），曾是明清两代皇帝祭祀皇天上帝的场所，也是世界上最大的祭天建筑群。这里古树花卉繁茂；祈谷坛、圜丘坛、斋宫、神乐署古建筑群大气磅礴、精美俊秀；回音壁、三音石、圜丘令人震撼；宫廷祭天音乐表演展示了中国古代音乐、舞蹈的极大成就。

亲子信息

北京市东城区天坛路，在正阳门外，永定门内大街路东
010-67012402/67013036/67028866　淡季10元/人，旺季15元/人；联票：淡季30元/人，旺季35元/人　淡季：08:00~17:00；旺季：08:00~17:30
（1）公交：乘坐25、36环、39路公交天坛体育场站下车
（2）地铁：5号线在天坛东站下车

亲子锦囊

1.带孩子欣赏景区的建筑，感受其磅礴宏伟的气势；
2.带孩子参观回音壁、三音石、对话石，体验奇妙的声学效应；
3.带孩子参观神乐署，欣赏宫廷祭天音乐表演，了解我国的祭祀文化。

八达岭长城 | 万里长城最有名的一段

八达岭长城有横跨公路的关城，东门题额“居庸外镇”，西门题额“北门锁钥”，可见八达岭位置之险要。其以关城为界分成南北两段，共有烽火台16座。从关城顶上望去，雄伟的城墙在山岭上蜿蜒飞舞，呈“之”字状往复回环，气势非凡。游客在此攀登或陡或缓的台阶，欣赏特色鲜明的敌楼，抚摸沧桑的砖墙，可深深地感受到那份无与伦比的震撼。

亲子信息

北京市延庆县八达岭镇八达岭长城景区　010-69121383
旺季45元/人；淡季40元/人（学生、老人半价）
冬07:30~18:00；夏06:30~19:00（每周末18:30~21:30开放，可供夜游）
（1）公交：919路等公交车可到达
（2）自驾：走G6京藏高速公路从八达岭出口出，按路标行驶

亲子锦囊

1.带孩子参观关城、岔道城、古炮、烽火台、敌楼等，了解其军事功能；
2.带孩子登上北八楼，在“好汉石”处拍照留念，体验“不到长城非好汉”的豪迈情怀。

居庸关长城 | 最负盛名的天下第一雄关

居庸关长城位于昌平县城以北20千米的峡谷中，自古就以“居庸叠翠”的美景闻名于世。城内至今仍保留着衙署、儒学建筑，还有一座元代云台，雕刻精美，是难得一见的元代杰作。关城南门城楼上矗立着高大雄伟的三层三重檐的关楼，上书“天下第一雄关”。

亲子信息

北京市昌平区南口镇（八达岭高速至居庸关出口）　010-69771665
旺季45元/人；淡季40元/人　旺季 08:00~17:00；淡季08:30~16:30
（1）公交：乘坐昌68路在居庸关站下车或乘919旅游专线在居庸关站下车
（2）自驾：走G6京藏高速公路居庸关出口出，按路标行驶

亲子锦囊

春季带孩子来此欣赏“居庸叠翠”的美景，领略大自然的魅力。

明十三陵 | 现存世界上保存最为完整、埋葬皇帝最多的墓葬群

明十三陵始建于明永乐七年（1409年），是中国乃至世界现存规模最大、帝后陵寝最多的一处皇陵建筑群。目前十三陵景区开放的景点有神道、长陵、昭陵和定陵，其中长陵是明成祖朱棣的陵墓，为十三陵之首，规模宏大、气势非凡。在此，你可以欣赏水平高超的陵园建筑；可以了解复杂的陵寝礼仪制度；可以领略地下宫殿的神秘；还可以见识到珍贵奢华的陪葬品。

亲子信息

北京市昌平区十三陵镇　　010-60761888

神道：旺季30元/人；淡季20元/人	长陵：旺季45元/人；淡季30元/人
定陵：旺季60元/人；淡季40元/人	昭陵：旺季30元/人；淡季20元/人

神道、长陵：旺季 08:30～17:30；淡季 08:30～16:30
定陵、昭陵：旺季 08:00～17:30；淡季 08:30～17:30

（1）公交：乘坐643、昌56路等公交在十三陵水库站或军都度假村站下车；乘坐314、872、昌67路等公交在定陵站下车

（2）自驾：从北二环（德胜门）上G6京藏高速，北行至昌平环岛（李自成像）后北行，按路标行驶，到达景区后按路标行驶或者询问当地老乡

亲子锦囊

1.带孩子漫步神道，参观石碑坊、石像生、棂星门等建筑，感受皇家墓葬的浩大气势；

2.带孩子感受长陵祾恩殿的建筑魅力，登上明楼，尽览长陵全景，享受超级视觉体验；

3.带孩子参观定陵的地下皇宫，欣赏帝后宝座及奢华的陪葬物品，了解地下宫殿的神秘；

4.带孩子参观明十三陵博物馆，欣赏霞帔、玉佩、大碌带等出土文物，感受古代劳动人民精湛的工艺水平；

5.带孩子参观昭陵的东西配殿、神厨、宰牲亭等建筑，欣赏明昭陵复原陈列，体验宫廷祭祀的宏大场面，了解我国的祭祀文化。

鸟巢（国家体育场）| 见证奇迹的奥运主场馆

鸟巢是2008年北京奥运会的主场馆，见证了无与伦比的开闭幕式，也见证了奥运圣火从点燃到熄灭过程的奥运赛程。除了这些光环，其建筑也值得一看。整个体育场由钢结构组成网状，外观就像是由若干的树干编织成的鸟巢。它将中国传统文化中镂空的手法、陶瓷的纹路，与现代最先进的钢结构设计完美结合起来，这种前所未有的建筑形式，令人惊奇。

亲子信息

北京市朝阳区体育场南路1号　010-84373060
成人普通门票：50元/人；鸟巢、水立方两馆联票80元/人
旺季09:00～18:00；淡季09:00～17:30
（1）公交：乘坐82、113路等公交在北辰东路站下车
（2）地铁：8号线国家体育馆站下车

亲子锦囊

1.带孩子直观地了解建筑亮点，领略鸟巢建筑的独特魅力；
2.带孩子欣赏缶、古琴、船桨、竹简、祥云火炬等，感受奥运气氛，重温奥运感动。

水立方（国家游泳中心）| 2008年北京奥运会主要场馆之一

水立方是2008年北京奥运会主要场馆之一，奥运会期间承担游泳、跳水、花样游泳等比赛，产生了42枚奥运金牌。其外表由蓝色的膜结构组成，犹如一个个蓝色水泡组成的立方盒子，因而被称为“水立方”。每到夜晚，这些气泡颜色就会变化，就像一颗颗鲜艳的宝石，流光溢彩，绚丽多姿。

亲子信息

北京市朝阳区体育场南路1号　010-51669445　成人普通门票：30元
观光旅游09:00～18:00；游泳馆：平日12:30～17:30，周末09:00～20:30；嬉水乐园10:00～22:00（21:30停止售票）
（1）公交：乘坐82、113路等公交在北辰东路站下车
（2）地铁：8号线国家体育馆站下车

亲子锦囊

1.带孩子去嬉水乐园，体验深海龙卷风、翻江倒海、急速暗涌、海底穿梭等项目的刺激；
2.带孩子在水魔方大舞台欣赏丰富多彩的表演，尽享欢乐时光。

北京奥林匹克公园 | 见证2008年北京奥运会奇迹的地方

奥林匹克公园位于北京中轴线的北延长线上，占地11.59平方千米，分为国家奥林匹克体育中心和森林公园两部分，是2008年北京奥运会的主场地。公园南端是举世闻名的鸟巢和水立方；西侧是盘古大观、国家会议中心、国家体育馆等一系列宏伟建筑；北端则是苍翠的森林公园和奥运网球中心。另外，著名的“龙”形水系贯穿南北，将公园点缀得更加灵动迷人。

亲子信息

北京市朝阳区安立路　010-84992008　免费（鸟巢、水立方另售票）　全天

（1）公交：乘坐630、913路等公交在洼里南口站下车

（2）地铁：8号线在奥林匹克公园站下车

亲子锦囊

1.带孩子参观造型独特的鸟巢、水立方、盘古大观等，领略建筑的独特魅力；

2.带孩子参观北顶娘娘庙，体验乘坐游览车观赏园区主干道景色的乐趣。

恭王府 | 清代最大的一座王府

恭王府曾先后经历了乾隆宠臣和珅、庆亲王永璘、恭亲王奕䜣三位主人，这里可以称得上是半部清代史。王府由府邸和花园组成，其中府邸建筑分为东、中、西三路，每路由南自北，都是以严格的中轴线贯穿着多进四合院组成；花园内古木参天、怪石林立，亭台楼阁都极具特色。此外，门口矗立着的一对彰显主人地位之高的石头狮子不容错过。

亲子信息

北京市西城区什刹海前海西街17号　010-66168149

40元/人，套票70元/人（包括导游讲解、听戏、品茶）

旺季：07:30~16:30；淡季：08:00~16:00

公交：乘坐13、107电、111电等公交在东关房站下车，向北步行450米即到

亲子锦囊

1.带孩子数数大院门口石狮头上的卷毛疙瘩，判断王府主人的品级；

2.带孩子参观银安殿、多福轩、乐道堂等府邸建筑，感受皇家建筑威严气派的魅力。

慕田峪长城 | 万里长城最美丽的一段

慕田峪长城位于北京市怀柔区，是万里长城最美的一段。这里的建筑构造也别具一格，其中三座敌楼并矗一台的正关台为长城之罕见。此外，景区内山岭起伏、树木繁茂、风景秀丽，一年四季景色交替变换，有“万里长城慕田峪独秀”的美誉。

亲子信息

北京市怀柔区北辛营乡慕田峪村　010-61626505
45元/人，学生25元/人　旺季：07:30~17:30；淡季08:00~17:00
（1）公交：在东直门乘坐867路旅游专线每天上午7:00、8:30有两班车前往景区，下午2:00、4:00有两班车返回东直门，过时间点均没有车
（2）自驾：京承高速第13号（北台路）出口出，沿景区路标行驶到达景区

亲子锦囊

1.带孩子欣赏“三楼雄踞一关”的正关台，感受其“一夫当关，万夫莫开”的气势；
2.带孩子欣赏箭扣、牛角边、鹰飞倒仰等，领略慕田峪长城的独特魅力；
3.深秋带孩子来此欣赏红叶，感受“霜叶红于二月花”的美丽。

什刹海景区 | 有水而能观山，垂柳拂岸的闲散之地

什刹海也写作“十刹海”，四周原有十座佛寺，故有此称，包括前海、后海及周边地区。景区内湖水碧波荡漾，岸边垂柳依依，远山秀色如黛，是一处“有水能观山，垂柳拂岸的闲散之地”。除了自然美景，这里还有恭亲王府、宋庆龄故居、郭沫若故居、曾住过三大元帅的柳荫街，以及大量的民俗文化古迹，是人们体验地道京味文化的理想之所。

亲子信息

北京市西城区洋房胡同　010-66127651　免费　全天
（1）公交：乘坐118、701、810、823、850北海北门站下车即到
（2）地铁：2号线鼓楼大街站下车；5号线北新桥或张自忠路站下车

亲子锦囊

1.带孩子乘坐摇橹船，一边饮茶，一边欣赏两岸的人文风景和民俗生活，悠闲自得；
2.携孩子逛逛烟袋斜街、南锣鼓巷，品味最地道、最时尚的京味文化。

北京欢乐谷 | 北京最high的主题游乐园

北京欢乐谷拥有峡湾森林、爱琴港、失落玛雅、香格里拉、蚂蚁王国、亚特兰蒂斯、欢乐时光等七大文化主题区，是北京最high的主题游乐园。在这里，你可以乘上亚洲唯一的“水晶神翼”，体验翱翔的乐趣；你可以踏上世界最高落差的“奥德赛之旅”，释放青春活力……

亲子信息

北京市朝阳区东四环小武基北路　010-67389898　淡季160元/人；旺季200元/人

平时09:00～22:00；周末08:30～22:00（3月16日～11月15日）

（1）公交：乘坐31、41路等公交后俸桥南站下车

（2）自驾：东三环华威桥东行到东四环四方桥，从桥下拐到京沈高速辅路东行

亲子锦囊

1.带孩子体验水晶神翼、聚能飞船、特洛伊木马、极速飞车等项目，尽享惊险刺激；

2.晚上携孩子欣赏花车巡游、舞蹈、庆典等热辣的表演，十分有趣。

世界公园 | 亚洲大比例微缩主题公园之一

世界公园位于北京市丰台区花乡大堡台，是亚洲大比例微缩主题公园之一。这里汇集了世界上50个国家的109处著名古迹。此外，公园还有激光喷泉、植物迷宫、童话世界、国际街、国际民俗村等娱乐场所，并定期举办环球花车巡游、暑期泰国大象泼水节、日本茶道表演等活动，极具异域风情。

亲子信息

北京市丰台区花乡丰葆路158号　010-83613685

旺季100元/人，学生60元/人；淡季65元/人，学生35元/人

旺季08:00～17:00；淡季08:00～16:30

（1）公交：乘坐451、692路等公交在世界公园站下车

（2）地铁：9号线、城铁房山线大葆台路站下车

（3）自驾：西南四环科丰桥向南3千米

亲子锦囊

1.带孩子欣赏金字塔、巴黎圣母院、白宫、悉尼歌剧院等建筑，领略国内外建筑的魅力；

2.带孩子欣赏激光喷泉，参观童话世界、植物迷宫，参加暑期大象泼水节，欣赏环球民俗花车巡游、原汁原味外国歌舞演出等表演，尽情领略异域风情的魅力。

北京动物园 | 中国最大的城市动物园

北京动物园占地面积约0.86平方千米，水面占十分之一，是中国最大的城市动物园。这里有6万平方米的动物活动场地，包括犀牛馆、河马馆、狮虎山、熊山、猴山、鹿苑、象房、羚羊馆、长颈鹿馆、海兽馆、猩猩馆、两栖爬虫馆、鸣禽馆、小动物园等，还有小溪湖沼、假山曲径、绿林繁花及儿童游乐园。除了中国特产的珍贵动物大熊猫、金丝猴、丹顶鹤之外，还有非洲的黑猩猩、澳洲的袋鼠、美洲豹、欧洲野牛等世界各地的代表动物。

亲子信息

北京市西城区西直门外大街137号　010-68314411

旺季15元/人，淡季10元/人；联票：旺季20元/人，淡季15元/人

旺季：07:30～18:00，淡季：07:30～17:00

（1）公交：乘坐7、15、19、27路等公交动物园站下车

（2）地铁：4号线动物园站下车，A口出

亲子锦囊

1.带孩子去儿童乐园，亲手喂食小动物，体验大自然原汁原味的生活；

2.带孩子参观海洋馆，体验互动节目，与海洋生物近距离接触，乐趣无穷。

景山公园 | 我国历史最悠久、保存最完整的宫苑园林之一

景山公园始建于辽金时期，是我国历史最悠久、保存最完整的宫苑园林之一。这里古木参天，繁花似锦，建筑错落有致。山上五亭横列，中峰建有万春亭；东侧依次建有观妙亭和周赏亭；西侧依次建有辑芳亭和富览亭。另外，景山公园每年都会举办牡丹展、荷花展、秋菊展，是人们赏花的理想去处。

亲子信息

北京市西城区景山西街44号　010-64044071/64038098

2元，牡丹节期间10元　旺季06:30～21:00；淡季06:30～20:00

乘坐111、124路等公交在景山公园站下车；乘坐101、103路等公交在故宫站下车

亲子锦囊

1.带孩子登上万春亭，俯瞰京城，观赏故宫全景，感受皇城的雄伟、磅礴与大气；

2.带孩子参观明代崇祯皇帝自缢的地方，了解明代历史知识。

北海公园 | 现存最古老的皇家园林

北海公园是北京著名的“三海之首”，也是我国现存最悠久、保存最完整的皇家园林之一，距今已有近千年的历史。公园以北海为中心，主体包括琼华岛、团城、北海东岸和北岸四个部分。全园布局以神话中“一池三仙山”（太液池、蓬莱、方丈、瀛洲）的幻景为原型，形式特别，幻想意象色彩浓厚，有仙山琼阁的美誉。其中“九龙壁”最有名。

亲子信息

北京市西城区文津街1号　010-64033225/64031102
淡季5元/人；旺季10元/人，联票20元/人；（永安寺10元/人，团城1元/人）
旺季06:00～21:00；淡季06:30～20:00
乘坐5、电101、电103路等在北海站下车

亲子锦囊

1.带孩子欣赏九龙壁，九条蟠龙造型生动，色彩艳丽，感受我国古代工匠高超的技艺；
2.带孩子登上琼华岛顶峰，欣赏白塔，登上叠翠楼，体验尽览公园美景的乐趣。

中国国家博物馆 | 我国最大的博物馆

中国国家博物馆位于天安门广场东侧，与人民大会堂相对称布局，是以历史与艺术并重，集收藏、展览、研究、考古、公共教育、文化交流于一体的综合性博物馆，也是我国最大的博物馆。这里目前开设有《古代中国》和《复兴之路》基本陈列，《中国古代青铜器艺术》《中国古代佛造像艺术》《中国古代玉器艺术》等专题陈列，以及国际交流展和临时展。

亲子信息

北京市东城区东长安街16号　010-65116400
凭有效证件免费领票　09:00～17:00，周一闭馆（含国家法定假日）
（1）公交：乘坐2、5、20路等公交天安门东站下车；5、17路等公交在前门站下车
（2）地铁：1号线天安门东站下车；2号线前门站下车，D口出

亲子锦囊

1.带孩子观看展览，欣赏玉龙、青铜爵、唐三彩等文物，全面了解我国的历史；
2.带孩子观赏孔子雕像、倒计时牌，了解中华文明，培养我国的民族精神。

香山公园 | 具有皇家园林特色的大型山林公园

香山公园始建于金大定二十六年（1186年），占地1.88平方千米，海拔557米，是一座著名的具有皇家园林特色的大型山林公园，也是市民秋赏红叶、登高健身的最佳场所。这里春日山花似锦、夏令凉爽舒适、冬来粉妆玉砌。特别是深秋时节，10万株黄栌气势磅礴，令人震撼。

亲子信息

北京市海淀区买卖街40号　010-62591155

旺季10元/人，淡季5元/人　旺季 07:00～18:00；淡季 07:30～17:00

（1）公交：乘坐318、331、360路等公交在香山站下车

（2）自驾：由西北五环“香山”出口下主路，至香山环岛沿香山饭店指示牌行驶

亲子锦囊

1.秋季带孩子欣赏宛若火焰的黄栌树叶，十分壮观；

2.盛夏带孩子参观碧云寺，穿梭于蔽日的古树之间，领略泉溪叮当的诗情画意。

圆明园遗址公园 | 曾被誉为“一切造园艺术的典范”

圆明园是清朝五代皇帝倾心营造的皇家宫苑，由圆明园、长春园和万春园组成，享有“万园之园”“一切造园艺术的典范”“东方凡尔赛宫”等诸多美誉。这里曾有园林风景100多处，规模宏大。1860年，英法联军的一把大火将国之瑰宝变成一片狼藉。如今留有九州清晏、长春仙馆、镂月开云、蓬岛瑶台、狮子林等遗址。漫步于残垣断壁之间，爱国之情油然而生。

亲子信息

北京市海淀区清华西路28号　010-62558214/62616375

成人10元，学生5元；联票：成人25元，学生15元

春秋季：08:00～18:30；夏季：07:30～19:00

（1）公交：乘319、420路等公交在圆明园东门站下车；乘坐365、432路等公交在圆明园东路站下车

（2）地铁：4号线圆明园站下车，B口出

亲子锦囊

1.带孩子参观圆明园“三一八”烈士纪念馆，了解中华民族备受列强欺辱的历史，增强爱国主义精神；

2.带孩子参观园史展览馆，瞻仰凭吊，勿忘国耻。

石景山游乐园 | 被誉为北京迪士尼

石景山游乐园占地35万平方米，是一座以欧洲园林为主要特色的大型现代化游乐园，被誉为北京迪士尼。游乐园以格林童话中的灰姑娘城堡为中心，四周点缀以匹诺曹、唐老鸭、米老鼠等童话人物。除了无处不在的卡通主题以外，这里还开设了摩天轮、过山车、旋转木马、魔鬼屋、飞碟车、极速惊魂等60多项游乐项目，是孩子们的快乐大本营。

亲子信息

北京市石景山区石景山路25号　010-68874060/88925159
10元/人（游乐项目另收费）　旺季09:00~17:30；淡季09:00~16:30
（1）公交：乘坐318、325、327路等公交石景山游乐场站下车
（2）地铁：1号线八角游乐园站下车，A口出

亲子锦囊

1.带孩子参加峡谷漂流，尽享漂流之险，旋转之乐；
2.带孩子参加琼斯探险、太阳神翼、罗马战车等游玩项目，培养探险精神；
3.带孩子欣赏丰富多彩的表演，感受异域风情。

北京欢乐水魔方水上乐园 | 首个中国人自己的水上乐园

北京欢乐水魔方占地0.33平方千米，融合了中式传统建筑风格与高科技水上游乐项目，结合了美式惊险水上娱乐与欧式健康水疗理念，是中国人自己建造的第一个水上乐园。这里拥有全球最大的万人海啸造浪池、惊险的龙卷风滑道、刺激的尖峰极速滑道、亚洲最大的黑暗漩涡等项目，是人们水上狂欢的乐园。

亲子信息

北京市丰台区小屯路11号(近梅市口路)　010-88609999/57291236
成人200元/人；儿童160元/人　旺季：10:00~22:00；淡季10:00~19:00
乘坐338、507、634路等公交在梅市口站下车

亲子锦囊

1.带孩子参加龙卷风项目，充分体会失重的乐趣；
2.带孩子去全球最大的冲浪池，穿越最疯狂的3米大浪，尽情疯狂地发泄心中的压力；
3.带孩子体验SPA河漂流，享受舒适与静谧。

中华民族博物院（中华民族园）｜京城第一座大型民族文化基地

中华民族博物院占地28.5万平方米，通过各种专题展览、文艺演出、节庆活动等手段，复原、收藏、陈列和研究中国56个民族文化、文物、社会生活，是京城第一座大型民族文化基地。

亲子信息

北京市朝阳区民族园路1号
010-62063646/62063618
通票旺季：90元/人；淡季60元/人
旺季08:30~17:30；淡季08:30~17:00
（1）公交：乘坐607、407路等公交在民族园站下车
（2）地铁：8号线奥体中心站下车，D口出

亲子锦囊

1.带孩子参观热带榕林、人造树桥、盘龙叠水等，了解各民族的原始生活环境；
2.带孩子欣赏竹楼、吊脚楼、石雕房、土窑洞、毡包房等，领略民族建筑的艺术魅力；
3.带孩子观看民族原生态歌舞、传统手工艺、民族服装服饰等，了解民族文化；
4.带孩子参观专题展示馆，感受各民族风情、传统和文化。

京东大溶洞｜有“天下第一古洞”的美誉

京东大溶洞发育于中元古界长城，系高于庄组白云岩地层，距今大约15亿年，故有“天下第一古洞”的美誉。洞体岩石奇特，洞内景观晶莹剔透，绚丽多彩，其中最壮观的是“龙绘天书”。

亲子信息

北京市平谷区黑豆峪东侧
010-60988154/89971708
85元/人，休闲洞10元/人，人力船10元/人
旺季08:00~18:30；淡季08:00~18:30
（1）公交：东直门乘坐918路公交至平谷新站，后转平25路小公交到大溶洞站即可
（2）自驾：走机场高速后进入京平高速，北部货运通道/夏各庄出口离开进入顺平路后，继续前行从环湖路拐入平蓟路，然后进入前行胡关路可到

亲子锦囊

1.带孩子乘坐小船进入幽深水洞的洞内，体验品茶、修身养性的惬意；
2.带孩子欣赏晶莹剔透，绚丽多姿的石笋、石柱、石幔、石花等，感受大自然的神奇；
3.带孩子了解溶岩景观的形成构造，普及地质科普知识。

北京野生动物园 | 与野生动物近距离接触

北京野生动物园位于大兴区榆垡镇万亩森林之中，是融动物保护、野生动物驯养繁殖及科普教育为一体的大型自然生态公园。这里绿树环绕、草木繁盛，景色秀丽怡人。动物园通过散养、混养方式，开设了散放观赏区、步行观赏区、动物表演娱乐区、科普教育区和儿童动物园等，建有主题动物场馆32个，是人们与野生动物近距离接触的理想场所。

亲子信息

北京市大兴区榆垡镇　010-89216606/89215159

80元/人；学生50元/人；老人55元/人　08:30～17:30

（1）公交：在南礼士路乘坐937支2路到野生动物园站下车

（2）自驾：京开高速北京段出口出，前行4000米可到

亲子锦囊

1.带孩子欣赏东北虎、非洲狮、猎豹等，体验观看猎豹群舞、狗熊体操等节目的乐趣；

2.带孩子参观海狮馆，参与海狮访问和形式各异的小品表演，更进一步了解、喜欢海狮。

北京海洋馆 | 目前世界最大的内陆水族馆

北京海洋馆建筑造型犹如一只躺在绿树环抱、花团簇拥的沙滩上的蓝色大海螺，是目前世界上最大的内陆水族馆。这里开设了雨林奇观、风情海滩、海底环游、白令小镇、国宝中华鲟鱼馆等七个主题展示区，饲养和展示了千余种、数万尾海洋鱼类及生物。

亲子信息

西城区高梁桥斜街乙18号（北京动物园内）　010-62176655

130元/人　旺季09:00～17:30；淡季09:00～17:00

乘16、26路等公交在北京交通大学站下车；乘319、86路等公交在大慧寺路东站下车

亲子锦囊

1.带孩子欣赏海豚、海狮表演，感受浓郁的夏威夷风情；

2.带孩子参观鲨鱼码头，体验潜水、互动喂投、人鲨共舞的惊险与刺激。

前门大街 | 体味老北京的商业文化

前门大街最早是明朝皇帝到天坛祭天时所走的路，号称“天街”。2009年，历经数年改造的前门大街重新开张，复原的大牌楼高高耸立。牌楼后面是宽阔的步行街，两侧则是仿照清末原貌修建的古典店铺，既有西式风格，也有中式阁楼，鳞次栉比，怀旧细节无处不在，让人仿佛回到了100多年前。

亲子信息

- 北京市东城区前门大街16号
- 010-67060009
- 全天
- 免费
- （1）公交：市内乘坐17、22、120路公交前门站下车
  （2）地铁：2号线地铁前门站下车，B口或C口出

亲子锦囊

1.带孩子逛全聚德烤鸭店、都一处烧麦馆、中国书店等老字号，感受老北京特色文化；
2.带孩子乘坐怀旧的铛铛车，体验置身老北京街头的乐趣。

王府井大街 | 北京首屈一指的繁华之地

王府井大街南起东长安街，北至中国美术馆，全长约1600米，是北京首屈一指的繁华之地。这里不仅拥有百货大楼、东安市场、工美大厦等老字号，还有东方广场、乐天银泰百货等现代化商场。经营的项目包括日用百货、五金电料、服装鞋帽、珠宝钻石、金银首饰等，是名副其实的“日进斗金”之地。

亲子信息

- 北京市东城区王府井大街
- 免费
- 全天
- （1）公交：市内乘坐104快、10、120、126路等公交至王府井站下车
  （2）地铁：1号线地铁王府井站下车，A口出

亲子锦囊

1.带孩子逛步行街，感受繁华；
2.带孩子逛王府井小吃街，品味北京及各地特色风味小吃；
3.带孩子参观天主教堂，领略中西建筑风格相互融合的魅力。

中国科技馆（新馆）｜宣传科普的黄色魔方

中国科技馆新馆于2008年建成开放，是我国唯一的国家综合性科技馆。新馆为一座米黄色和绿色相间的方形建筑。从外观看既像一个巨型魔方，又像一个“鲁班锁”，别具特色。科技馆内部有科学乐园、华夏之光、探索与发现、科技与生活、挑战与未来五大主题展馆。此外，馆内还有世界最大的穹幕影院和巨幕影院、动感影院、4D影院等。

亲子信息

北京市朝阳区北辰东路5号　010-59041000
30元/人，科学乐园展厅10元/人，影院30元/人每场　09:00～16:30
公交：乘坐328、419、617路等公交在洼里南口站下车

亲子锦囊

1.带孩子去科学乐园参加“听声音找动物”“谁对我们有害”“地下世界”等互动游戏；
2.带孩子去特效影院观看“海底大冒险”“小王子梦幻之旅”等影片，体验惊险、刺激。

中国人民革命军事博物馆｜我国唯一的大型综合性军事博物馆

中国人民革命军事博物馆是我国唯一的大型综合性军事博物馆，由古代战争馆、近代战争馆、土地革命战争馆、抗日战争馆、全国解放战争馆和兵器馆等组成。该博物馆以中国军事历史为主线，通过历史文献、照片、兵器等展示了中华民族五千年来重大的军事事件、军事人物、军事著作等，让人民大众了解我国军事发展的历史及如今国防、军队建设的成就。

亲子信息

北京市海淀区复兴路9号　010- 68525857　凭有效证件免费领票进馆
08:30-17:00（11月至次年3月）；08:30-17:30（4月至10月）周一闭馆
（1）公交：乘1、21路等公交军事博物馆站或32、414路等玉渊潭南站下车
（2）地铁：1号线或9号线在军事博物馆站下车，B口出

亲子锦囊

1.带孩子参观古代、近代、抗日战争及全国解放战争馆，了解我国人民浴血奋战的历史，领略将士们的英雄本色；
2.带孩子参观兵器馆，了解步枪、坦克、火炮、飞机、舰船等武器知识。

北京天文馆 | 探索宇宙的奥秘

北京天文馆由新旧两馆组成，是普及天文知识的平台。旧馆开放有天象厅、展览厅、影像报告厅及大众天文台设施；新馆主要拥有数字化宇宙剧场、3D动感天文演示剧场、4D动感影院、天文展厅、太阳观测台、大众天文台、天文教室等设施。它运用独特的高科技模拟表演，展览及出版期刊读物等手段，将人们带入了一个神秘莫测的数字化的宇宙世界。

亲子信息

北京市西城区西直门外大街138号　　010-51583314

10元/人，天象厅、宇宙剧场各45元/人，3D、4D影院各30元/人

09:30-15:30（周末16:30闭馆，周一、周二闭馆）

（1）公交：乘坐7、15、19、27路等公交动物园站下车

（2）地铁：4号线动物园站下车，D口出

亲子锦囊

1.带孩子参观天象馆，让其通过天文观测台观察、认识、辨别星座；

2.带孩子去3D和4D科普剧场观看科普电影，让其在特殊的动画效果中学习科普知识。

北京植物园 | 我国北方最大的植物园

北京植物园位于香山和玉泉山之间的寿安山脚下，集科普、科研、游览等功能于一身，是我国北方最大的植物园。园内有11个专业花卉园及一座亚洲最大的热带温室，每年3月还会举办北京桃花节。此外，这里还有卧佛寺、“一二·九”纪念亭、梁启超墓、曹雪芹纪念馆等名胜古迹，是赏花、寻古访幽的理想去处。

亲子信息

北京市海淀区香山卧佛寺路　　010-62591561

5元/人；温室50元/人；卧佛寺5元/人；套票45元/人

夏季06:00-20:00　冬季：07:30-17:00

乘坐331、563、696路公交车在北京植物园站或卧佛寺站下车

亲子锦囊

1.带孩子去牡丹园、芍药园、木兰园等专业花卉园，欣赏、认识不同的花类精品；

2.携孩子去科普馆观看宣传片、听讲座，学习更多关于植物的知识。

天津

TIANJIN

天津海昌极地
海洋世界

天津古文化街旅游区 | 津门故里

天津古文化街旅游区又称“津门故里”，是天津的发祥地。如今这里已经是一处集民俗文化、旅游商贸、购物休闲、餐饮住宿、健身娱乐于一身的大型旅游商贸区。在此，你可以参观距今600年的玉皇阁、最具天津特色的四合院群落——通庆里、中西合璧式的天津八大家之一的刘家大院；还可以逛逛杨柳青年画、泥人张彩塑、天津风筝等专业店铺。

亲子信息

天津市南开区东北隅东门外，海河西岸

022-27339666/27356132

免费

09:00～17:00

（1）公交：天津市内乘坐4、24、619路等公交车在古文化街站下车

（2）自驾：黄河道—南马路—城厢东路—东马路—通北路—张自忠路—景区正门

亲子锦囊

1.带孩子逛杨柳青年画、泥人张彩塑、风筝魏风筝等专卖店铺，感受浓郁的文化气息；

2.农历三月二十三带孩子欣赏龙灯、高跷、旱船等表演，丰富日常生活；

3.带孩子欣赏古文化街内的建筑，感受仿清建筑艺术的魅力；

4.带孩子参观天津民俗博物馆，感受民俗文化的魅力。

盘山风景区 | 京东第一山

盘山位于天津北部，早在唐代就以“东五台山”著称佛界，清康熙年间以“京东第一山”驰名中外，是中国十五大名胜之一。其景色以“五峰八石”“三盘之胜”而奇特称绝，东联九华峰，西傍舞剑峰。五峰攒集，怪石嶙峋，天然形成了“三盘之胜”。

亲子信息

天津市蓟县官庄镇莲花岭村

022-29821719/29821235

100元/人

05:00～19:00

（1）公交：从天津市河北客运站乘汽车直达蓟县县城，后转乘专线中巴车可到

（2）自驾：沿津围公路直达蓟县，在蓟县县城南楼或西关红绿灯处左转，津蓟高速出口环岛西北路口上蓟官路直达盘山景区

亲子锦囊

1.带孩子欣赏五峰雄姿、三盘之胜、怪石奇松，感受盘山的魅力与神奇；

2.带孩子欣赏规模宏大、形式各异的塔林，感受其万千气象；

3.带孩子登上挂月峰，领略“云禅凌空将摘月，仙峰建塔欲钻天”的意境；

4.带孩子欣赏“乾隆游山”大型古装表演，了解盘山文化。

黄崖关长城 | 明代万里长城的一个缩影

黄崖关长城始建于北齐天保七年（556年），位于蓟县城北的崇山峻岭之中。这里东有悬崖为屏，西以峭壁为依，楼台林立，关隘扼守水陆要冲，是比较完整的古代防御体系。它将长城的精华荟萃于一身，文化内涵丰富，被誉为“万里长城的缩影”。

亲子信息

天津市蓟县下营镇黄崖关村　022-22718718/22718106

50元/人　07:30～18:30

（1）公交：河北区建昌道河北客运站乘坐大巴至蓟县客运站，乘车可到景区

（2）自驾：金钟河大街过金钟河立交桥津蓟高速蓟县出口下，走喜邦公路向东（去县城方向）至津围公路北（左）转，直达黄崖关景区

亲子锦囊

1.带孩子登北极阁，游览神秘的北齐古长城景区，欣赏保存最好、规模最大的长城遗址；

2.带孩子欣赏牛头马面、寡妇楼、北齐墩台等万里长城独特景观，领略黄崖夕照、二龙戏珠和云海烟波秀美、壮丽的魅力。

蓟县独乐寺 | 现存最古老的木阁楼

独乐寺始建于隋朝，辽统和二年（984年）重建，是一座享誉中外的千年古刹。它占地2万多平方米，拥有国内最古老的木结构楼阁——观音阁，现存有最早的庑殿顶山门、高达16.08米的十一面观音塑像、哼哈二将等辽塑珍品；还有文物价值极高的匾额楹联，画风独特的元代壁画，国内现存规模最大的乾隆御笔碑刻，别致罕见的辽代白塔等佛教艺术精品。

亲子信息

天津市蓟县武定街41号　022-29191626/29142904

40元/人（含白塔寺和鲁班庙），独乐寺37元/人，上观音阁另收10元/人

旺季：07:30～18:00；淡季08:00～17:30

（1）公交：河北客运站乘坐前往蓟县方向的公交，再于蓟县乘坐2路公交车可到

（2）自驾：宜兴埠上道津围公路至蓟县城；津蓟高速到蓟县城

亲子锦囊

1.带孩子参观观音阁、山门，欣赏辽代泥塑、元代壁画等，了解我国文化的博大精深；

2.带孩子参观白塔寺，欣赏众多佛教艺术精品，了解我国的佛教文化。

天津石家大院（天津杨柳青博物馆）｜“华北第一宅”

天津石家大院曾是清代津门八大家之一石元士的住宅，享有“华北第一宅”“天津第一家”的美誉，如今辟为杨柳青博物馆。这里收藏了大量闻名中外的杨柳青木版年画，既有神品书画师钱慧安、高轩铜等人的精品，也有130多件上乘的天津砖雕。此外，石府戏楼是中国北方最大的民宅戏楼。

亲子信息

- 天津市西青区杨柳青镇估衣街47号　　022-27391617/27391618
- 27元/人　　09:00～17:00（5～10月）；09:00～16:30（10～次年5月）
- （1）公交：乘坐824路公交至石家大院站下车，或乘坐672、153、175路等公交至杨柳青总站，再乘坐游船到达景点
  （2）自驾：津同、津福、津静路和京沪高速均穿镇而过

亲子锦囊

1.带孩子欣赏大院建筑，参观天津婚俗陈列，了解浓郁的北方民俗文化；
2.带孩子参观青砖雕陈列、手工剪纸陈列、漕船轿车陈列等，了解杨柳青文化；
3.带孩子去西楼看京剧、评剧、河北梆子等表演，感受中国民间艺术文化。

滨海航母主题公园｜军事主题公园

滨海航母主题公园位于滨海旅游区，以“基辅号”航母观光旅游为主线，同时设有航母观光、武备展示、主题演出、拓展训练、国防教育、娱乐休闲等八大功能区域，是一处军事主题公园。在此，你可以欣赏民族风情歌舞表演；可以观看好莱坞实景海战表演剧；可以驾驶水上碰碰船体验亲水刺激；可以参观世博天津馆；还可以体验军旅生活与真人CS等。

亲子信息

- 天津市滨海新区汉沽汉北路269号　　022-59918888/59918007
- 160元/人，讲解、4D电影另购票　　09:00～17:00
- （1）公交：天津市内乘坐462、133、456路等公交到滨海航母主题公园站下车
  （2）自驾：卫国道由“东丽入口”上京津高速过“北塘出口”经彩虹桥7千米可到

亲子锦囊

1.带孩子参观航母发展史展馆、环舰大厅、鱼雷发射舱等景点，了解航母的相关知识；
2.带孩子欣赏民族风情舞蹈、奇人绝技、《航母风暴》等，乐趣十足；
3.带孩子参加清明风筝节、五一国际舞蹈嘉年华、十一俄罗斯风情文化节、元旦春节民俗活动等，丰富日常生活。

天津之眼摩天轮 | 世界上唯一一座跨河建设、桥轮合一的摩天轮

天津之眼摩天轮坐落在永乐桥上，是世界上唯一一座跨河建设、桥轮合一的摩天轮。该摩天轮直径110米，轮外挂装48个透明的座舱，每个座舱可乘坐8人，舱内宽敞舒适，有空调调节温度，可同时供384人观光。它依靠电力驱动，匀速转动，约30分钟转一圈。当座舱至最高点时，能尽览方圆40千米以内的景致，是名副其实的“天津之眼”。

亲子信息

天津市红桥区三岔河口永乐桥上　022- 26288830

成人：70元/人；儿童：35元/人；包厢票400元/张

09:30～21:30（周一上午例行检查，不对外开放）

（1）公交：天津市乘坐1、4、12、18路等公交在金刚桥站下车

（2）地铁：天津市内地铁一号线至西北角地铁站下车，步行至摩天轮需20分钟

亲子锦囊

1.夜晚带孩子乘坐天津之眼尽览全城的灯海，感受飘溢着的幸福；

2.带孩子欣赏高难度建造的金刚桥，感受我国建筑师的聪明才智。

天津海昌极地海洋世界 | 目前世界上规模最大，动物种类最全、数量最多的极地海洋动物馆

天津海昌极地海洋世界建筑外形像在海中畅游的鲸鱼，面积达4.7万平方米，拥有3万多条海洋生物，其中白鲸、海豚、北极熊、企鹅、北极狐等大型南北极、海洋动物约有130只，是目前世界上规模最大，展示极地海洋生物品种最全、数量最多的极地海洋动物馆。在此你可以漫步国内最大的海底隧道欣赏罕见的极地生物，还可以欣赏精彩的动物表演。

亲子信息

天津市滨海新区响螺湾商务区61号　022-66227777　160元/人

旺季：09:00～18:00；淡季：09:00～17:00

天津市内乘坐103、820、936路等公交至天津外滩站下车

亲子锦囊

1.带孩子欣赏伪虎鲸、海豚、海狮等动物的表演，体验与表演动物亲密接触的乐趣；

2.带孩子漫步全国最大的海底世界，体验置身漂亮的鱼类世界的美妙。

天津热带植物观光园 | 亚洲最大的室内热带植物园

热带植物观光园占地0.33平方千米，种植热带及亚热带植物2000多种，30多万株，是亚洲最大的室内热带植物园。这里不受季节和天气的限制，四季恒温，一年内总是春意盎然，鸟语花香，繁花似锦，令人流连忘返。这里还建有中北运河冰雕乐园、4D动感影院。

亲子信息

天津市西青区外环线7号桥北300米　022-27948011
植物园：60元/人；冰雕乐园：45元/人；4D影院：45元/人；通票：120元/人
08:00~17:00
（1）公交：市内乘坐616、645、851（大圈）、603路等公交均可到达
（2）自驾：天津市西青区西外环7号桥北300米

亲子锦囊

1.带孩子欣赏参天大树、似锦繁花，领略南国风光的魅力；
2.带孩子欣赏冰雕、冰灯、雪雕，体验置身冰雪世界的美妙情趣；
3.带孩子看4D电影，感受震动、坠落、吹风、喷水等效果，体验身临其境的感觉。

天津市水上公园 | 天津市规模最大的综合性公园

水上公园始建于1951年，占地125.55万平方米，是天津市规模最大的综合性公园。它由东、中、西三个湖与春、夏、秋、冬、瀛五个岛组成，环湖绿树摇曳；湖面荷花婀娜多姿；拱桥长廊争相媲美；盆景园、神户园、水生植物园独具特色。另外，这里还辟有游乐区，开设了过山车、激流勇进、摇摆锤等游艺项目。在此，你可以尽览湖上美景，尽享亲水乐趣。

亲子信息

天津市南开区水上公园东路　022-23916111
免费　09:00~17:00
（1）公交：乘坐观光2、52、643、668路等公交均可到达
（2）自驾：行驶至水上公园北路33号即可到达

亲子锦囊

1.带孩子参观三湖五岛，领略翠堤览胜、桃柳宜春、秋雨青霜、冬宜雪韵等美景的魅力；
2.带孩子乘坐游船赏湖景，体验过山车、急流勇进、摇摆锤等娱乐项目的刺激；
3.夏季携孩子欣赏荷花，领略“映日荷花别样红”的意境。

凯旋王国 | 以大型户外游艺项目和环球杂技大赏为主的主题乐园

凯旋王国位于武清区境内，是一处以大型户外游艺项目和环球杂技大赏为主的主题乐园。其中项目一期拥有凯旋广场、激情游乐场、勇闯索马里、穿越无限、奇遇冒险、太空基地和童乐汇等七大主题园区。

亲子信息

天津市武清区翠通路与雍和道交口　　022-82156666

180元/人　　09:00～17:00

（1）公交：562路公交车至北岸尚城站下车，沿翠通路北行200米即到

（2）自驾：沿京津公路北行至北洋线左转，行驶至翠通路口右转前行即到

亲子锦囊

1.带孩子玩各种昆虫造型的游乐设施，感受置身童话世界的美妙；

2.带孩子去西部牛仔酒吧，感受墨西哥与得克萨斯交界处蛮荒小镇的异域风情；

3.带孩子参加独木舟漂流、大型过山车、漂流亚马孙等项目，体验惊险与刺激；

4.带孩子观看杂技、少数民族舞蹈等表演，乐趣十足。

七里海国家湿地公园 | 天津最大的后花园

七里海国家湿地公园位于天津市东北部，是我国唯一一处古海岸与湿地同处一地的国家自然保护区，也是天津最大的后花园。这里由东、西二区组成，其中东区设有趣味垂钓区、动物标本科普展示厅、荷兰风车园等；西区设有儿童游乐天地、湿地植物展示区、水上舞台等。在此，你可以乘坐豪华中式画舫在万亩原始湿地观光；也可以乘坐电瓶车观赏历史民俗雕塑展示长廊；还可以骑环保自行车畅游花海，体验慵懒的生活节奏。

亲子信息

天津市宁河县七里海大道与海清路交口　　4000-651-777　　10元/人　　09:00～17:00

（1）公交：在天津站公交枢纽站乘坐570路公交在七里海国家湿地公园站下车

（2）自驾：金钟河大街—津蓟高速—离收费站5千米右拐芦台方向—津宁方向—七里海出口

亲子锦囊

1.带孩子乘坐画舫穿梭于万亩芦苇荡，体验乘坐电瓶车欣赏湿地走廊美景的乐趣；

2.带孩子欣赏玫瑰，体验置身玫瑰花海的浪漫；

3.带孩子品尝风味小吃，体验垂钓、参加拓展运动的乐趣。

意大利风情旅游区 | 目前亚洲唯一保存良好的意大利风貌建筑群落

意大利风情旅游区原为意大利租界，始建于1902年，包括领事馆、兵营、学校、医院、教堂、球场、花园、广场等西洋古典建筑，是目前亚洲唯一保存良好的意大利风貌建筑群落。除了浓浓的意式风情，这里还有政治界、文化界众多历史名人故居，文化底蕴十分深厚，包括梁启超故居及其书斋饮冰室、曹禺故居、孟氏家庙、曾国荃祠堂等。

亲子信息

天津市河北区北安桥畔　022-24466187　免费　全天

（1）公交：天津市内乘坐5、832、961、638路在意大利风情区站下车

（2）地铁：2号线地铁北安桥站下车

亲子锦囊

1.带孩子欣赏意大利式建筑，体验置身意大利的异域风情；

2.带孩子参观梁启超纪念馆、曹禺故居、李叔同故居等，感受景区深厚的文化底蕴。

五大道风景区 | 万国建筑博览会

五大道风景区位于和平区境内，因成都道、重庆道、常德道、大理道、睦南道及马场道五条大道而得名。这里汇聚着上百幢英、法、意、德、西班牙等国各式风貌建筑及名人民宅，建筑风格迥异、造型独特、装饰考究，深受游人青睐，故享有“万国建筑博览会”的美誉。

亲子信息

天津市和平区

022-23375125/23375129

成人：30元/人；学生半价　全天开放

（1）公交：天津市内乘14、858、908路等公交在规划局站下车

（2）自驾：大沽北路—南京路—终点

亲子锦囊

1.带孩子乘坐观光马车，欣赏风格迥异的建筑，感受20世纪二三十年代的生活气息；

2.带孩子参观疙瘩楼、瓷房子、张学良二弟的故居等建筑，感受历史和现代交融的美妙。

北塘特色旅游区 | 素有“泽国之乡”的美誉

北塘特色旅游区位于天津市滨海新区的最北端，清代就以渔业闻名于京、津、冀地区，素有“泽国之乡”的美誉。如今这里依托北塘名牌，发展旅游业。在此，您可以凭栏远眺，感受大海的浩瀚无边；可以乘坐游船领略大海的魅力；可以体验参与渔民活动的乐趣。

亲子信息

天津市东海路新北支路交汇处南　022-65669233
免费　09:00~20:00
（1）公交：乘坐103、133、459路等公交至北塘海鲜街站下车
（2）自驾：沿京津塘二线延长线行驶即可到达

亲子锦囊

1.带孩子欣赏海河的美丽风光，了解海河文化；
2.海鲜丰收时节带孩子参加吃海鲜大赛，体验美食竞技的乐趣；
3.带孩子体验做一日渔民的活动，感受当地浓郁的乡俗和敦厚的民风。

天塔湖风景区 | 享有“天塔旋云”之美誉

天塔高415.2米，位于天津市区西南的天塔湖中，是世界上唯一一座水中之塔，享有“天塔旋云”之美誉。在此既可以享受美食，又可以俯瞰津门胜景，是游客来天津必游之地。除了天塔以外，景区还设有大型音乐灯光喷泉组泉、水幕电影、国内最长的人工塑山等。白天，湖光塔影在花木的映衬下美轮美奂；夜晚，波光星空之间，荧塔星月争相媲美，熠熠生辉。

亲子信息

天津市河西区卫津南路1号　022-23343557　50元/人　08:00~21:00
公交：乘坐8、9、16、94路等公交可到达

亲子锦囊

1.带孩子乘坐游船欣赏天塔湖美景，体验置身于幽深的山谷自然之中的美妙；
2.带孩子参观溶洞，尽情领略其中亦真亦幻的美妙景色；
3.夜晚带孩子欣赏七彩灯光、音乐喷泉，体验置身童话世界的梦幻；
4.带孩子参观天塔的瞭望厅，尽览津门全景；
5.带孩子去旋转餐厅，体验一边享受美食，一边俯瞰津门胜景的惬意。

河北

HEBEI

蓝带啤酒

承德避暑山庄及周围寺庙景区 | 中国现存最大的古典皇家园林

承德避暑山庄历史悠久，内涵丰富，是一座民族和宗教的历史博物馆，是一部用特殊资料编写的清朝历史，是康乾盛世的产物，也是中国现存最大的古典皇家园林。整个山庄分为宫殿区、湖泊区、平原区、山峦区四大部分，拥有殿、堂、楼、馆、亭、榭、阁、轩、斋、寺等建筑一百余处，是我国四大名园之一。它汇集了历代造园艺术的精华，形成了独特的民族风格，具有高度的艺术成就，是中国园林中的一颗灿烂明珠，是世界园林实例中的奇迹。

亲子信息

河北省承德市双桥区

0314-2163489/2165020/2029711

旺季：120元/人；淡季：100元/人

08:00~17:30

（1）公交：从承德火车站前乘坐5、7、11路公交车可达

（2）自驾：承德市迎宾路—武烈路—丽正门大街—避暑山庄丽正门

亲子锦囊

1.带孩子参观烟波致爽殿、万壑松风殿、正宫、东宫等景点，感受皇家建筑雄伟的气势；

2.带孩子参观丽正门，了解其象征各民族亲密团结和平的寓意；

3.带孩子参观避暑山庄博物馆，了解皇室文化；

4.带孩子登上云山胜地，尽览山庄雄伟、壮观的全景；

5.带孩子游览山峦区，感受大自然的鬼斧神工；

6.六月份带孩子参加“九龙辞杯”龙舟大赛，观看空中滑翔表演、水上表演、水上彩船、岸上彩球彩旗、喜庆锣鼓等表演，感受热烈喜庆的气氛；

7.金秋时节带孩子欣赏山庄秋色，品味避暑山庄最原始的味道；

8.带孩子参观普宁寺，体验参加佛乐迎宾、撞钟、鲜花礼佛等佛事活动的神圣；

9.带孩子观看普陀之光歌舞表演，领略宗教文化艺术的魅力；

10.带孩子观看《鼎盛王朝·康熙大典》实景演出，增加对清朝历史文化知识的了解。

山海关 | 素有“天下第一关”之称

山海关又称榆关，是万里长城的起点，素有“天下第一关”之称，是中国名胜古迹荟萃、风光秀丽、气候宜人的历史文化古城和旅游避暑胜地。主要景区有长寿山景区、鳄鱼湖、角山长城、老龙头、孟姜女庙、孟姜女苑、悬阳洞、燕塞湖等。此外，这里还是众多历史事件的见证地，如孟姜女哭倒长城、吴三桂冲冠一怒为红颜的故事等。

亲子信息

河北省秦皇岛市山海关区第一关路

0335-5051106/5051957　　110元/人　　08:00~18:00

（1）公交：乘坐25路公交在老龙头（路口北）站下车，步行至终点站

（2）自驾：京沈高速在秦皇岛出口出，沿路标行驶到山海关

亲子锦囊

1.带孩子参观山海关民俗博物馆，了解古城文化发展的轨迹；

2.带孩子参观孟姜女庙，了解孟姜女哭倒长城的民间故事，体会战争对人们的影响；

3.带孩子参观海洋乐园，切身体会与动物亲密接触的乐趣。

白洋淀 | 有“华北明珠”之誉

白洋淀位于河北安新县境内，自古就有“北地西湖”之称，是帝王巡幸之所，“荷花淀派”诞生之地，雁翎神兵扬威之处，“小兵张嘎”造就之域。淀内壕沟交错，河淀相连，田园交织，水村掩映；淀上波光粼粼，水鸟争鸣，芦苇丛丛，荷香浮动，宛若一幅美丽的生态画卷，是名副其实的“华北明珠”。

亲子信息

河北省保定市安新县　　0312-5116352　　40元/人

08:00~18:00（荷花花期为6~9月）

（1）公交：在雄县乘坐5路公交到白洋淀郭里口村口站下车

（2）自驾：荣乌高速公路于白洋淀/安新出口离开，南行进入325省道可达白洋淀

亲子锦囊

1.带孩子参观白洋淀雁翎队纪念馆、康熙水围行宫、嘎子村等，了解白洋淀历史文化；

2.带孩子观看泰国舞蹈、欧洲女子泥跤、泰国斗鳄、狮子捕食等表演，感受异域风情；

3.带孩子参观元妃荷园，体验白洋淀雁翎队打鬼子、划木船的乐趣。

老龙头 | 明长城蓟镇的东起点

老龙头位于山海关城南4千米的渤海之滨，是明长城蓟县的东起点，也是万里长城唯一集山、海、关、城于一身的海陆军事防御体系。它分为入海石城、海神庙、靖卤台、南海口、澄海楼、宁海城和滨海长城七部分，其中澄海楼是老龙头的制高点，是观海的最佳位置。

亲子信息

河北省秦皇岛市山海关区城南　0335-5152995

60元/人　08:30~17:00

（1）公交：秦皇岛市乘坐25路公交车在山海关老龙头站下车

（2）自驾：京沈高速在秦皇岛出口出，沿路标行驶到山海关，再沿省道就可到达

亲子锦囊

1.带孩子登上澄海楼，欣赏诗作卧碑，领略龙头入海、劈波斩浪的宏伟气势；

2.带孩子欣赏校场、龙武营、将台等军事建筑，感受明代要塞风貌；

3.带孩子了解老龙头的历史，激发爱国主义情感。

野三坡 | 一座天然地质博物馆

野三坡位于河北涞水县境内，地质遗迹众多，是一座天然地质博物馆。这里拥有嶂谷离奇的百里峡、林木葱郁的白草畔、风光秀丽的拒马河、神秘奇特的鱼谷洞、九瀑飞泻的上天沟等7个景区，包括雄山、碧水、长城古堡、瀑布、摩崖石刻等景点，同时还有苗、壮、傣、白等12个少数民族的特色建筑与民俗表演，是人们休闲避暑的理想之所。

亲子信息

河北省保定市涞水县野三坡镇尚各庄村　0312-4522138/4568106

百里峡90元/人；鱼谷洞65元/人；龙门天关40元/人　全天

（1）公交：保定汽车站换乘开往涞水县的公交车，到达后换乘直达野三坡的公交

（2）自驾：涞水（下高速）—张坊—十渡—野三坡

亲子锦囊

1.带孩子参观百里峡，体验踏幽谷、登天亭、赏山花、观瀑布的美妙；

2.带孩子欣赏大型历史舞蹈史诗《印象野三坡》，了解野山坡浓郁的历史文化；

3.5月份带孩子欣赏杜鹃、冰川，感受“一山有四季，上下不同天”的气候特征；

4.带孩子欣赏九瀑十八潭，体验置身仙境的美妙；

5.带孩子欣赏野三坡民间独有的传统服饰，以及少数民族的风情表演，领略民风习俗。

西柏坡纪念馆｜新中国诞生的摇篮

西柏坡位于石家庄市平山县，是全国著名的五大革命圣地之一。1948年党中央、毛主席移驻西柏坡，在这里指挥了震惊中外的三大战役，召开了具有历史转折意义的七届二中全会。今日的西柏坡，湖光山色相得益彰，形成了独具魅力的秀丽风光。

亲子信息

河北省石家庄市平山县

0311-82851355

无，凭有效证件领票参观

08:00~18:00

（1）公交：从石家庄运河桥客运站乘坐开往平山县的长途车，在平山县汽车站下车后，转乘专程开往西柏坡纪念馆的大巴车即可到达

（2）自驾：西柏坡高速公路—西柏坡公路—迎宾路—西柏坡纪念馆

亲子锦囊

1.带孩子参观毛泽东、朱德、刘少奇等旧居，以及七届二中全会会址，了解中共中央和领袖们在西柏坡期间的革命实践活动；

2.4~5月带孩子参加牡丹节，体验置身花海的美妙。

清东陵｜我国现存规模最大的清代皇家陵寝建筑群

清东陵始建于顺治十八年(1661年)，是我国现存规模最大、体系最完整、布局最得体的清代皇家陵寝建筑群。这里群山环抱，东西两条大河夹流其中，宽阔坦荡、天然合一、景物天成，实乃“风水宝地”，共建有顺治帝的孝陵、康熙帝的景陵、乾隆帝的裕陵、咸丰帝的定陵、同治帝的惠陵，以及孝庄、孝惠、慈安、慈禧等后陵、妃园、公主陵。

亲子信息

河北省唐山市遵化马兰峪镇

0315-6940888

122元/人

08:30~17:00

（1）公交：乘坐遵化至清东陵的旅游专线，票价8元

（2）自驾：唐承高速—遵化南下—清东陵方向

亲子锦囊

1.带孩子参观裕陵、慈禧陵、景陵等，领略皇家墓葬的考究；

2.带孩子参观清宫用品展览馆，了解皇家墓葬的奢华。

清西陵 | 一处典型的清代古建筑群

清西陵位于河北易县境内，总面积237平方千米，是一处典型的清代古建筑群。这里北临高耸的永宁山，西靠雄伟的紫荆关，环绕着滔滔东流的易河水，俨然一幅绚丽多姿的山水画，葬有雍正、嘉庆、道光、光绪四位皇帝及后妃80余人，是我国现存最大、保存最完整、建筑类型最齐全的古代皇室陵墓群。

亲子信息

河北省保定市易县城西15千米处永宁山下　0312-4710012/4710012

120元/人　08:00~17:30

（1）公交：在易县城乘坐9路公交可达

（2）自驾：京石高速—廊涿高速—京昆高速—张石高速西陵出口下，右转2千米

亲子锦囊

1.带孩子欣赏千余间宫殿建筑和百余座古建筑、古雕刻，感受建筑的磅礴气势；

2.带孩子参观昌西陵，了解回音壁的声学原理。

吴桥杂技大世界 | 我国杂技艺术的发祥地

吴桥是我国杂技的发祥地。吴桥杂技大世界是最具特色的中心景区，占地1.92万平方米，拥有魔术迷幻宫、红牡丹剧场、马戏游乐场、滑稽动物园、杂技宾馆等组成部分，重现了当年北京天桥、天津三不管、上海大世界、南京夫子庙四个民俗文化集散地的表演特色和江湖文化景观。人们在此可欣赏各具特色的杂技、马戏、戏法等，充分领略杂技艺人的奇招绝活。

亲子信息

河北省沧州市吴桥县京福路1号　400-6336-567

160元/人　春秋：08:30~18:00；夏冬：08:30~17:30

（1）公交：乘坐沧州—吴桥、沧州—德州的公交均可到达

（2）自驾：京沪高速吴桥出口左行，104国道路西

亲子锦囊

1.带孩子欣赏穿越钢板、倒悬行走、空桶取物等节目，了解魔术的瑰丽和神奇；

2.带孩子欣赏马上大站、独站双马、倒骑摘花等节目，亲自试骑，体验驰骋草原的感觉；

3.带孩子欣赏老虎骑马、非洲狮穿火圈、大象按摩等滑稽表演，感受无穷乐趣。

滦州古城 | 经历了千年文化滋养的历史名城

滦州古城位于河北省滦县滦州镇，是一座经历了千年文化滋养的历史名城，保留了三千年历史烟云中最鼎盛时代的精华，展现了极具民族融合特色的建筑艺术、盛世景象，水绕古城的繁华街市宛如积淀千年的历史长河。在此，你可以欣赏古城门、老县衙、钟鼓楼等历史古迹；可以领略盛世时代煌煌风韵；可以领略契丹文化浓郁的上河图不夜盛景。

亲子信息

河北省唐山市滦县老城境内　0315-7391111　免费　全天

（1）公交：唐山汽车东站乘坐班车至滦县，在滦县汽车站乘汽车至滦州古城

（2）自驾：G205—唐古路—京山道—G205—兴华路—北戴河方向—G205—终点

亲子锦囊

1.带孩子参观东城门，了解“十八帝王巡滦走马”的辉煌历史；

2.带孩子参观关帝庙、紫金塔、皮影博物馆，欣赏舞蹈、歌剧、评剧、皮影、剪纸、大鼓、秧歌等民间文化艺术表演，了解当地的民俗民风；

3.带孩子泛舟青龙河上，体验江南水乡的意境。

北戴河 | 避暑胜地

北戴河南临渤海，背靠联峰山，悠缓漫长的海岸线分布着沙质细软的缓坡海滩。这里海水清澈，盐度适中，是天然优良海滨浴场。景区内名胜古迹众多，其中名声最著者合称“二十四景”。北戴河旅游景区分为鸽子窝公园、联峰山公园、老虎石公园、碧螺塔公园等，是我国一处规模较大、风景优美、设施较齐全的海滨避暑胜地。

亲子信息

河北省秦皇岛市北戴河区　0335-7963899

不同景点分开各自收费　景点不一开放时间不同

（1）公交：在北戴河火车站乘坐5路公交到北戴河海滨下车

（2）自驾：河北大街西段—滨海大道—联丰北路—终点

亲子锦囊

1.带孩子观海潮、赏雕塑、观日出，拾贝撒欢，体验参加篝火晚会的乐趣；

2.带孩子参观老虎石公园，体验海上飞伞、帆板、冲浪板等游艺项目的惊险刺激。

南戴河 | 素有“天下第一浴”的美誉

南戴河位于秦皇岛市抚宁县境内，这里碧海金沙，林带环绕，海水浴场沙软潮平、滩宽水清、潮汐稳静，素有“天下第一浴”的美誉。除了海浴、沙浴、空气浴、日光浴，这里还有一处集天然海水浴场与多种划水漂流于一身的特色娱乐场所——海上乐园，其中划水漂流是特色项目。

亲子信息

河北省秦皇岛市抚宁县留守镇环海路　0335-4050283

60元/人　国际娱乐中心：09:00～17:00

（1）公交：秦皇岛市区乘坐6、34路等公交终点站下车，转乘22路公交到西游记宫下车，再换乘中巴到南戴河国际娱乐中心海洋乐园

（2）自驾：河北大街西段—西部快速路—西快速路—联峰北路—S364—戴河大街

亲子锦囊

1.带孩子进行海浴、沙浴、空气浴、日光浴，享受划水漂流的乐趣；

2.带孩子参观仙螺岛，体验海上跳伞、海上蹦极、海上漂流的惊险与刺激；

3.带孩子滑沙、滑草、登山，观赏雄狮观海、望海船舫等雕塑，趣味无穷。

黄金海岸 | 中国最美的海滩之一

黄金海岸沙质松软，色黄如金，光着脚在细细的沙滩上踩几圈，绝对有回归童年的感觉。海岸的南部是素有“京东大沙漠”之称的翡翠岛，其间沙山陡缓交错、起伏有序，十分优美。另外，这里还有海上世界游乐场。

亲子信息

河北省秦皇岛市昌黎县　0335-2289209

游乐场40元/人；沙雕大世界35元/人　08:00～16:00

（1）公交：秦皇岛市内北戴河火车站乘5、22路公交至281医院站换中巴车前往

（2）自驾：京沈高速青龙、抚宁、昌黎出口下，沿路标前行

亲子锦囊

1.带孩子欣赏人鳄大战、舞蛇表演、风情演绎等节目，体验滑沙、溜索、射箭、扩展训练、制作沙雕作品等项目的乐趣；

2.带孩子参加海上垂钓和沙滩拾贝、海上潜水，体验参加篝火晚会的乐趣。

木兰围场 | 皇家御用狩猎区

木兰围场又称清代皇家猎场，东西长约150千米，曾是清代皇帝、八旗子弟及王公贵族行围习武的场所。景区分为红山军马场、塞罕坝国家森林公园、御道口森林草原风景区三部分，包括点将台、将军泡子、十二连营等古战场遗址。这里绿茵如毡，一望无际，风吹草低牛羊成群。在此极目远眺，蓝天、白云与草原、羊群相融相连，宛如一道天然的绿色长城。

亲子信息

河北省承德市围场满族蒙古族自治县境内　0314-7802417/7512394
红山军马场60元/人，御道口牧场30元/人，塞罕坝国家森林公园75元/人　全天开放
（1）公交：北京市西直门长途客运站乘汽车经承德到围场
（2）自驾：北京市内走京承高速到达承德，然后从承德前往围场县

亲子锦囊

1.带孩子欣赏天然草原，体验观看白鹤、黑鹤、大天鹅等国家保护野生动物的乐趣；
2.带孩子骑马，体验纵横驰骋的癫狂；
3.带孩子看日出、晚霞，住蒙古包、参加篝火晚会、品尝手抓羊肉，体验民俗风情。

丰宁京北第一草原 | 距离北京最近的天然草原

丰宁京北第一草原是距离北京最近的天然草原。在这里，除了能欣赏京北第一草原、白云古洞、九龙奇松、洪汤寺温泉等众多景点，还能体验剪纸、滕氏布糊画等民间艺术和特别的满蒙习俗。

亲子信息

河北省承德市丰宁县大滩镇　0314-8284629
10元/人，骑马26元/时　全天
（1）公交：北京市内从东直门乘长途车可直达丰宁县，然后转乘中巴至坝上草原
（2）自驾：G112—G111—S244—终点

亲子锦囊

1.带孩子参观草原、白云古洞、九龙奇松等景点，领略大自然的神奇；
2.7～8月带孩子参加滑草、高空滑翔、卡丁车等活动，尽享运动乐趣；
3.带孩子体验剪纸、滕氏布糊画等工艺的制作，了解民间艺术文化；
4.带孩子骑马、射击，品尝烤全羊、奶茶等，感受满蒙习俗。

白石山 | 被誉为“北方最美的山”

白石山位于河北省保定市涞源县境内，总面积为100余平方千米，拥有全国唯一的大理岩峰林地貌，景点分为三顶六台九谷八十一峰，其中主峰佛光顶海拔2096米，自古被称为太行之首。其山势峭拔、奇峰林立、怪石嶙峋、植被繁茂、瀑泻泉流、云蒸霞蔚、佛光闪耀、长城与庙观分列于山间两侧，集雄伟、秀丽、神奇、幽幻于一身，被誉为“北方最美的山”。

亲子信息

河北省保定市涞源县城南15千米

0312-7313456

150元/人

07:00～17:00

（1）公交：从涞源县城旧汽车站乘坐至风凉沟公交车到风凉沟站下车

（2）自驾：保定北站上京昆高速转张石高速——涞源白石山出口—沿路标即到

亲子锦囊

1.带孩子欣赏大理岩景观，以及双雄石、八戒娶妻、将军石等峰柱，感叹大自然的神奇；

2.当云雾袅袅时带孩子欣赏云蒸霞蔚、云海佛光的奇观，感受白石山的神奇与魅力；

3.带孩子欣赏长城，品味石头长城的原汁原味；

4.夏季带孩子来此避暑，听王二小的故事，激发爱国主义情感。

金山岭长城 | 素有“万里长城，金山独秀”之美誉

金山岭长城位于河北省承德市滦平县境内，是明朝爱国将领戚继光担任蓟镇总兵官时期主持修筑的，有关隘5处，敌楼67座，烽火台3座，为万里长城的精华地段。这里气候宜人，风景幽美，景随季节变换，素有“万里长城，金山独秀”之美誉。

亲子信息

河北省滦平县巴克什营

0314-8830222

65元/人

08:00～17:00

（1）公交：从承德火车站站前广场乘坐开往金山岭长城旅游区的汽车，可直达

（2）自驾：京承高速—金山岭出口—下高速1.5千米处金山岭景区东门

亲子锦囊

1.带孩子登上长城，饱览千姿百态的北国风光；

2.带孩子参观障墙、文字砖、挡马墙、金山楼等，感受古长城的壮美与雄浑；

3.带孩子春赏百花、夏观云海、秋赏红叶、冬观雪景，感受金山岭长城的独特魅力。

新奥海底世界 | 以展示海洋生物为主的大型综合性博览馆

新奥海底世界集科普教育、观赏娱乐为一身，是一处以展示海洋生物为主的大型综合性博览馆，由小池区、企鹅馆、海豹馆、触摸池、娃娃鱼池、观海餐厅等区域组成。在海豚表演馆你可以欣赏海豚的水中华尔兹、空中顶球、跳圈等表演，也可以领略海狮投篮、水中霹雳舞、中国功夫等出色的演技，还可以触摸海豚，与它握手交流，共同感受人与自然默契相通的美好境界。

亲子信息

河北省秦皇岛市海港区河滨路81号　0335-8011111/8011088

联票：85元/人；海底世界60元/人；海豚表演馆40元/人

淡季09:00～16:00；旺季08:00～17:30

（1）公交：34、6、32路公车桥西站下车转乘19路直达

（2）自驾：京沈高速—秦西出口—滨海大道—奥体中心—新奥海底世界

亲子锦囊

1.带孩子参观企鹅馆、海豹馆、海龟池等，体验漫步海底隧道的神秘与浪漫；

2.带孩子参观海豚表演馆，欣赏海豚、海狮的表演，体验与它们亲密接触的乐趣。

秦皇岛野生动物园 | 亚洲占地面积最大的野生动物园

秦皇岛野生动物园占地3.34平方千米，是亚洲规划面积最大、森林覆盖率最高、环境最优美的野生动物园。这里辟有步行游览区、狮园、虎园、熊园、小狮子园、非洲风情园、草食动物区、涉禽湖、孔雀园等20余个展区，包括东北虎、非洲狮、长颈鹿、斑马等动物80余种5000多只头。

亲子信息

河北省秦皇岛市滨海大道中段滨海大道中段

0335-4182208　80元/人　08:00～16:00

（1）公交：北戴河火车站乘坐5路公交到北戴河海滨下车

（2）自驾：秦皇岛市—河北大街西段—滨海大道—右转—秦皇岛野生动物园

亲子锦囊

1.带孩子乘坐游车进入猛兽区，观赏猛虎、雄师，感受惊险刺激；

2.带孩子漫步林间手持一把青草喂喂骆驼，体验与小鹿、大象、小猩猩打招呼的乐趣；

3.带孩子欣赏群猴嬉戏、孔雀开屏等，乐趣十足；

4.带孩子观看幽默、滑稽、高难的动物表演，妙趣横生。

正定古城 | 享有“古建筑宝库”的美誉

正定古城古称常山、真定，历史上曾与北京、保定并称“北方三雄镇”。这里历史悠久，名胜古迹颇多，文化底蕴积淀深厚，享有“古建筑宝库”的美誉，其中被誉为“京外鸣刹之首”的隆兴寺是我国现存时代最早、规模最大、保存较为完整的古建筑群。

亲子信息

河北省石家庄市正定县　　0311-88786107

隆兴寺30元/人；荣国府15元/人；赵云庙20元/人；开元寺10元/人；广惠寺华塔10元/人；临济寺澄灵塔5元/人

（1）公交：石家庄火车站对面的柏林大厦有中巴直达正定，车程约40分钟

（2）自驾：六里桥走京石高速公路到大瓦窑桥出高速，沿107国道前行，可达

亲子锦囊

1.带孩子参观兴隆寺、开元寺、临济寺等寺庙及佛塔，感受古代劳动人民的聪明与智慧；

2.带孩子参观贾母花厅、垂花门、凤姐院等，体验置身《红楼梦》中的美妙。

狼牙山 | 一座英雄山

狼牙山因八路军五勇士抗击日寇舍身跳悬崖而闻名。景区内雄险奇伟、风光旖旎。漫山遍野苍松翠柏、飞瀑流泉，拥有丰富的动物和植物资源。这里还有丰富的人文景观，包括狼牙山五勇士纪念塔、五勇士陈列馆、蚕姑陀、孙膑洞、老君堂、三教堂、郎山索道等，是河北省著名的爱国主义教育基地。

亲子信息

河北省保定市易县西南部狼牙山镇　　0312-8861888

80元/人　　07:00~17:00

（1）公交：保定市内乘坐1、7、8等公交至保定客运中心，然后坐客车至狼牙山镇，再打车到狼牙山景区

（2）自驾：石家庄—张石高速—满城石井下道—山北—狼牙山

亲子锦囊

1.带孩子参观五勇士纪念塔、陈列馆，了解五勇士的英勇事迹，接受爱国主义教育；

2.带孩子参观红玛瑙溶洞，欣赏仙女下凡、龙庭玉柱等石钟乳造型，妙趣横生；

3.带孩子参观九姑奶奶庙，欣赏造型各异的九位送子女神塑像，了解我国佛教文化。

满城汉墓 | 中国目前保存最完整、规模最大的山洞宫殿

满城汉墓是西汉中山靖王刘胜及其妻窦绾之墓。两墓规模宏大，结构仿汉代宫殿，是中国目前保存最完整、规模最大的山洞宫殿。墓内除了华丽的陈设和棺椁外，出土还发掘其他各类文物1万多种，包括金缕玉衣、长信宫灯、错金博山炉、朱雀衔环杯等珍贵文物。

亲子信息

河北省保定市西北20千米、满城县县城西南1.5千米陵山主峰东坡

0312-7072035　60元/人　08:00～17:30

（1）公交：乘坐10路公交在满城剧场站下车或乘坐14路在电影院站下车，步行可到达

（2）自驾：从保定出发，沿保涞路半小时即可到达汉墓景区

亲子锦囊

1.带孩子乘索道、滑道，体验山地滑草的乐趣；

2.带孩子参观汉王宫、莲花宫、龙华宫、警世宫等，体验在靖王狩猎场狩猎的快乐。

太行五指山 | 以“雄、奇、险、秀”著称

太行五指山位于太行山东麓涉县境内，占地面积20平方千米，其中主峰海拔1283米，山势峻峭秀丽，植被葱葱郁郁，以“雄、奇、险、秀”著称。在此，你可以穿行于林间，呼吸原生态的空气；可以登上高山草甸，感受青草没膝的幽静；可以欣赏仰天大佛，感受悠远宁静、佛瑞吉祥；还可以参观朝鲜义勇军旧址，缅怀往昔的峥嵘岁月。

亲子信息

河北省邯郸市涉县太行五指山景区　0310-8978036/3881988/3881999

70元/人　08:00～18:00

（1）公交：从涉县乘坐通往河南村的班车即到

（2）自驾：经由京珠高速转青兰高速至涉县东（天铁口）下涉县南至309国道往长治方向至太行五指山旅游景区

亲子锦囊

1.带孩子欣赏仰山大佛，感受大自然的巧夺天工；

2.带孩子住宿紫薇山庄，品尝农家饭菜，体验参加篝火晚会的乐趣。

暖泉古镇 | 一个由游牧文化与农耕文化所交融衍生的北方古镇

暖泉古镇建于元代，壮大于明清，是中国历史文化名镇，是一个由游牧民族文化与农耕文化所交融衍生的北方古镇。在此，你可以参观精美绝伦的古民居、古戏楼、古城堡、古寺庙；可以欣赏令人叹为观止的打树花表演，领略暖泉古老文化的魅力。

亲子信息

河北省张家口蔚县暖泉古镇　0313-7220007

60元/人　08:30～17:30

（1）公交：蔚县车站乘坐到达暖泉的公共汽车，约20分钟到达暖泉古镇

（2）自驾：走张石高速，到宣化区转宣大高速，朝蔚县/广灵方向转入张石高速，在蔚县高店路口下高速，转下广线往西走即到

亲子锦囊

1.带孩子参观西古堡，欣赏砖刻木雕、油饰彩绘等，领略我国古代民居的独特魅力；
2.带孩子参观暖泉书院，参观八角井，感受暖泉水乡风韵、园林特色；
3.带孩子欣赏“打树花”表演，感受“火树银花不夜天”的壮观景象。

赵州桥 | 当今世界现存最早、保存最完善的古代敞肩石拱桥

赵州桥建于隋代大业年间，是当今世界现存最早、保存最完善的古代敞肩石拱桥。它净跨37米，宽9米，桥拱高度7.24米，在拱圈两肩各设有两个跨度不等的腹拱，既能减轻桥身自重，节省材料，又便于排洪、增加美观，其设计构思和工艺的精巧，在我国古桥中首屈一指。

亲子信息

河北省石家庄市赵县城南2.5千米处的洨河上

0311-84903618　40元/人　09:00～16:00

（1）公交：乘赵县的班车直接到达赵州桥

（2）自驾：石家庄市—和平西路—友谊北大街—赵州桥

亲子锦囊

1.带孩子欣赏赵州桥，领略其如“初月出云，长虹饮涧”的气势；
2.带孩子了解赵州桥的历史、建造的原理等，感受我国古代劳动人民的聪明才智。

山西

SHANXI

五台山 | 享有“佛国”盛誉

五台山是供奉文殊菩萨的著名佛教圣地，也是我国四大佛教名山之一。这里有绝无仅有的音乐绝响梵乐，以及各类佛教建筑，大量庙堂殿宇构成了世界现存最庞大的佛教古建筑群，享有“佛国”盛誉，是中国最早、最大的国际性佛教道场。来此游玩最不能错过的就是东台顶的日出，当旭日初升、霞光万道时，静谧的望海寺便完全沉浸在云山雾海中，宛若仙境。

亲子信息

山西省忻州市繁峙县、五台县　　0350-6524380/6543689

旺季168元/人；淡季140元/人　　08:00～18:00

（1）公交：北京、天津、石家庄、定州、太原、大同、朔州、忻州等地均有长途客车通往五台山

（2）自驾：北京、河北、天津方向来，走京石高速，经河北阜平县、山西五台县石咀镇从南门可到达；大同、内蒙方向走大运高速，经繁峙砂河镇从北门可至；太原、忻州方向经忻州、五台县城从南门或西门可到

亲子锦囊

1.带孩子参观显通寺，欣赏七座高大的建筑，感受明清建筑恢宏的气势；

2.带孩子参观罗睺寺，感受“开花现佛”的神秘；

3.带孩子参观佛光寺，领略唐代雕刻、唐代壁画、唐代题记的独特魅力；

4.带孩子参观金阁寺，欣赏千手观音、释迦牟尼、十八罗汉等佛像高大的气势；

5.带孩子参观龙泉寺，欣赏雕有蟠龙、狮子花蕊、香草的牌楼，感受工匠们高超的技艺；

6.带孩子参观南山寺，欣赏泥塑、石雕、木雕等，感受其姿态万千、栩栩如生的形象；

7.带孩子参观塔院寺，欣赏造型优美的大白塔，了解其在朝圣教徒心目中的偶像地位。

云冈石窟｜我国规模最大的古代石窟群之一

云冈石窟是我国规模最大的石窟群之一，以气魄雄伟、内容丰富多彩闻名于世，仿木构建筑物形式多样；佛传浮雕主题突出；装饰纹样雕刻精细；乐舞雕刻栩栩如生，令人叹为观止。它是在我国传统雕刻艺术的基础上，吸取和融合印度犍陀罗艺术及波斯艺术的精华所进行的创造性的劳动成果。昙曜五窟是中国佛教艺术第一个巅峰时期的经典杰作。

亲子信息

- 山西省大同市云岗镇西郊武周山南麓
- 0352-3026230
- 旺季150元/人；淡季100元/人
- 09:00~17:00
- （1）公交：大同市内西部的新开里汽车站乘坐3路公交可直达云冈石窟景区东门村
  （2）自驾：大同市—云冈路—S339—云冈石窟

亲子锦囊

1.带孩子参观昙曜五窟、塔洞、武洲山等，感受我国雕刻艺术的魅力；
2.带孩子欣赏北魏风情表演、皇家巡礼等节目，品味古城魅力，感受北魏皇家气象。

平遥古城｜数百年前的中国华尔街诞生地

平遥古城是中国境内保存最为完整的一座古城。这里街道呈“土”字形格局，整体按八卦方位布局，体现了明清时期城市规划理念和形制分布。城内外有各类遗址、古建筑300多处，有保存完整的明清民宅近4000座，街道商铺都为历史原貌，被称作研究中国古代城市的活样本。

亲子信息

- 山西省晋中市平遥县
- 0354-5868108
- 套票150元/人
- 旺季 08:00~18:30；淡季08:30~18:00
- （1）公交：平遥县内有同蒲铁路纵贯南北，向北可达太原、石家庄等地，向南可到临汾、运城等地，北京、太原、西安都有火车可以到达
  （2）自驾：晋中市—榆祁高速公路—京昆高速公路—平遥出口离开—平遥古城

亲子锦囊

1.带孩子参观平遥协同庆钱庄，感受当年中国华尔街的繁华；
2.带孩子参观明清一条街，体验置身古代街市的奇妙，体会时光倒流之感；
3.带孩子参观平遥县衙，了解古代县衙的职能设置情况。

皇城相府 | 中国北方第一文化家族的崛起之地

皇城相府原名“中道庄”，其主人陈廷敬是康熙大帝的老师，后因康熙皇帝两次于此下榻，故名“皇城”，是北方第一文化家族的崛起之地。这里分为内城、外城两部分，内城是依山势而建的“斗住居”，外城是“中道庄”。另外，河山楼内还有暗道直通城外，可抵御外侵。外观，城中有城，顺物应势，蔚然壮观；其内，庭院错落，曲径通幽，博大精深。

亲子信息

山西省晋城市阳城县北留镇皇城村

0356-4858206/4847999　120元/人　08:00~18:00

（1）公交：晋城往返皇城相府，每隔20分钟一趟，车程60分钟，咨询电话：0356—4858206。阳城往返皇城相府，车程20分钟，咨询电话 0356-4223569

（2）自驾：晋城上晋阳高速，到北留收费站下高速，沿指示牌行走即到

亲子锦囊

1.带孩子参观御书楼，欣赏康熙皇帝御书楹联，了解陈廷敬一生功绩卓著、晚节昭明；

2.带孩子参观中道庄，感受其独特的风格、恢宏的气势、深厚的文化底蕴；

3.带孩子参观斗住居，感受明代古建艺术的丰富多彩；

4.带孩子参观宛若人间仙境的西花园、止园，体验置身古文化街的繁荣昌盛；

5.带孩子参观河山楼、屯兵洞、世德院等，领略建筑艺术的独特魅力；

6.带孩子参观中华字典博物馆，探索字典文化产生、发展、演变的历史过程及其规律。

绵山 | 中国清明节的发源地

绵山最高海拔近2600米，相传春秋时晋国介子推携母隐居被焚在山上，因此又名介山，是中国清明节的发祥地，也是清明文化博物馆的所在地。这里有数以千计的天然溶洞；有全国最大的高观建筑群——大罗宫；有堪称全国柏树之冠的“秦柏”；有堪称天下第一岩的抱腹岩，还有香火极旺的李姑岩……可谓步步有景，景景有典。

亲子信息

山西省晋中市介休市绵山镇东南20千米处　0354-7055919

110元/人　08:00～19:00

（1）公交：太原乘坐火车或汽车到介休市，转乘景区旅游车或市内公交车到达

（2）自驾：京石高速—石太高速—大运高速—灵石或介休下高速

亲子锦囊

1.带孩子参观龙头寺，了解介子推的相关故事，体验“朝观云海，夕观日落”的美妙；

2.带孩子参观龙脊岭、介子推母子塑像、养生园等，了解李唐军事文化和道家养生文化；

3.带孩子参观李姑岩，感受大唐皇室风貌，了解李姑出家的曲折过程。

晋祠 | 享有“山西的小江南”的美誉

晋祠始建于北魏（386年），现存有宋元明清各式建筑百余座、雕塑百余尊、碑碣四百余座，千年古树20余棵，包括宋代建的圣母殿、鱼沼飞梁，金代建的献殿等古迹，其中周柏唐槐、宋代彩塑和难老泉，被誉为“晋祠三绝”，历史文化价值极高。

亲子信息

山西省太原市晋源区晋祠博物馆　0351-6020538　旺季70元/人；淡季60元/人

旺季（4~10月）08:00～18:00；淡季（11~次年3月）08:30～17:00

（1）公交：太原市内乘坐308、856、804路等公交到晋祠站下车

（2）自驾：太原市迎泽大街—晋祠公路—307国道路口处右转北行即到

亲子锦囊

1.带孩子参观水镜台，体验观庙会、看戏的乐趣；

2.带孩子观看鱼沼飞梁、宋代彩塑，领略古代工匠的精湛技艺；

3.带孩子观赏周柏唐槐，学习其老骥伏枥的品质；

4.带孩子观唐碑亭，了解我国博大精深的书法文化，感受难老泉泉声如鸣琴合奏的神奇。

应县木塔 | 世界三大奇塔之一

应县木塔全称佛宫寺释迦塔，位于山西省朔州应县境内，始建于辽清宁二年（1056年），是我国现存最古老、最高大的纯木结构楼阁式建筑，也是世界三大奇塔之一。它建在4米高的台基上，塔高67.31米，底层直径30.27米，呈平面八角形，外观五层，夹有暗层，实为九层。塔内供有两颗全世界佛教界尊崇的圣物——佛牙舍利，经考证确认为释迦牟尼灵牙遗骨。

亲子信息

山西省朔州市应县金城镇辽代文化城　0352-5035244
60元/人　07:00～18:00
（1）公交：在太原火车站前的邮政广场可乘坐直达应县的大巴，转乘公交可到
（2）自驾：沿大运高速向朔州方向行驶，在应县出口下高速，沿指示牌可到达

亲子锦囊

1.带孩子欣赏这座没有任何钉铆的高塔，感叹我国古代劳动人民的聪明才智、高超技艺；
2.带孩子登上木塔（仅开放2层），瞻仰释迦牟尼像，感受佛教文化的魅力。

恒山风景名胜区 | 中国五大名山之一

恒山位于山西省浑源县南部，人称北岳，是中国五大名山之一，其中天峰岭与翠屏峰是恒山主峰的东西两峰，天峰岭海拔2016.8米，被称为“人天北柱”。景区由翠屏山景区、天峰岭景区、永安景区三个部分组成，其中翠屏山景区主要以悬空寺为主；天峰岭景区有恒山庙群区、恒山索道、岳门湾等景点；永安景区包括栗毓美陵、永安寺、圆觉寺等景点。

亲子信息

山西省大同市浑源县　0352-8327300
进山费30元/人；寺群门票60元/人；缆车通票54元/人；悬空寺130元/人
春季06:30～19:00　冬季08:00～18:00
（1）公交：从大同等地乘长途车到浑源县城，再从浑源县打的（20元）到恒山
（2）自驾：太原—大运高速—陈家堡出口—北岳恒山、悬空寺

亲子锦囊

1.带孩子参观悬空寺，领略我国古代劳动人民的聪明才智；
2.带孩子参观北岳庙，朝拜北岳大帝，感受寺庙建筑雄伟、恢宏的气势。

壶口瀑布 | 世界第一大黄水瀑布

壶口瀑布集黄河峡谷、黄土高原、古塬村寨于一体，是世界第一大黄色瀑布。两岸夹山，波涛滚滚的黄河水在此收成一束，水流排山倒海、声震寰宇、摄心惊魄。壶口景色四季各异，暖春凌汛咆哮，声响如雷；炎夏洪波急湍，惊涛拍岸；秋季水流飞溅，霓虹通天；严冬冰瀑、冰凌、冰块晶莹剔透。

亲子信息

山西省临汾市吉县壶口镇　　0357-7986118

夏季91元/人；冬季46元/人　　08:00～18:00

自驾：从临汾市驾车沿临吉高速向吉县方向行驶约100千米至吉县县城，再行车45千米至壶口镇即到壶口瀑布景区，全程约1.5小时

亲子锦囊

1.4～5月份带孩子欣赏桃花汛，感受冰水消融、山桃花漫山遍野的魅力；

2.冬季携孩子欣赏冰峰倒挂、冰雪辉映之景，体验置身美轮美奂的水晶宫中的美妙。

灵石王家大院 | 华夏民居第一宅

灵石王家大院建于清康熙至嘉庆年间，是清代民居建筑集大成者。大院建在山坡上，按山体院落每一进都上一个高度。整座宅院布局呈“王”字形，拥有五巷六堡一条商业街，被誉为“华夏民居第一宅”。很多游人参观后都有“王家归来不看院”的感慨。

亲子信息

山西省晋中市灵石县静升镇静升村　　0354-7722558

门票66元/人，导游50元，停车费10元

旺季08:00～19:00；淡季08:00～17:00

（1）公交：从太原乘开往稷山、横曲、侯马等地的长途汽车，途中在灵石县下

（2）自驾：北京—京石高速—石太高速至太原—大运高速朝西安运城方向行驶

亲子锦囊

1.带孩子参观大院，感受其“贵精而不贵丽，贵新奇大雅，不贵纤巧烂漫”的建筑艺术；

2.带孩子欣赏大院映奎、观我、就日瞻云等楹联匾额，感受每个院落妙不可言的神韵。

太行山大峡谷 | 中国最美十大峡谷之一

太行山大峡谷占地225平方千米，是“中国最美十大峡谷”之一。景区以五指峡、龙泉峡、王莽峡、紫团山为主线，串起了真泽宫、十八盘、青龙峡、黑龙潭等著名景观。峡谷内峰峦叠翠、千丘万壑、怪石嶙峋、崖如刀削、瀑布飞溅、清泉淙淙，是人们观光旅游、避暑纳凉的理想场所。

亲子信息

山西省长治市壶关县东南部　　0351-8596969

160元/人　　08:00～18:00

（1）公交：长治市内乘坐101、102路公交往返壶关县城，每隔十分钟一趟

（2）自驾：从长治市区上225省道经壶关在与省道327线交叉处转327省道至壶关桥上乡大峡谷景区

亲子锦囊

1.带孩子参观龙泉峡、羊肠坂、女妖洞、王莽峡等，感受春夏倒置的太极冰山的神奇；

2.夏季带孩子避暑，体验橡皮舟赏景、参加篝火晚会、悬梯漫步等活动的乐趣。

芦芽山风景区 | 山西省第二大旅游景区

芦芽山集山、石、林、草、洞、湖、泉、谷、庙、关十大景观于一身，是山西省第二大旅游景区。在此，你可以领略世界罕见的动植物的独特魅力；可以感受万年冰洞的神秘；可以体验在马仑草原驰骋狩猎的乐趣；可以欣赏九重瀑布，感受亲山近水的美妙；还可以观看支锅奇石，感叹大自然的神奇。

亲子信息

山西省忻州市宁武县境内　　0350-4785316/4785315

230元/人　　08:00～17:00

（1）公交：太原汽车客运东站乘坐“太原—宁武”长途车，后转城乡公交可到

（2）自驾：G55大运高速在顿村北转S46，芦芽山出口下，向宁武方向行驶可到

亲子锦囊

1.带孩子观看褐马鸡，领略太子殿建筑的艺术魅力；

2.带孩子参观冰洞，欣赏冰柱、冰帘、冰瀑、冰花等景观，感受其玲珑剔透、婀娜多姿；

3.带孩子欣赏九重瀑布、支锅奇石、天池湖群，品尝美味的天池鲤鱼。

解州关帝庙 | 中国传统道德文化的神圣殿堂

解州关帝庙以其历史悠久，规模宏大，气势非凡而享誉华夏，扬名海外，是中国传统道德文化的神圣殿堂。这里分为崇宁殿、关王故里、正庙、结义园等景点。在此，你可以了解关公的相关故事；可以感受“天下兴亡，匹夫有责”的大丈夫气概；可以领略“威武不能屈，富贵不能淫”的道德操守……

亲子信息

山西省运城市解州镇五一路145号　　0359-2298501

旺季72元/人；淡季62元/人　　旺季08:00～18:00；淡季09:00～17:00

（1）公交：从运城火车站乘坐11路公交车可直达

（2）自驾：南走解放路，经北郊岗西经工农路，过关公铜像南经圣惠路，向西走运城—永济旅游公路，经20千米即可到达

亲子锦囊

1.带孩子参观结义园、崇宁殿，欣赏石雕作品，了解三国人物故事，感受其恢宏的气势；
2.带孩子参观山门、午门、享殿、关帝殿、娘娘殿等，了解关公文化；
3.带孩子参观关帝陵园，欣赏千米彩绘长廊，感受古典园林豪放、壮观的气派。

乔家大院 | 被誉为“北方民居建筑史上一颗璀璨的明珠”

乔家大院位于山西省晋中市祁县乔家堡村，始建于清乾隆年间，曾是清代中国著名商业金融资本家乔致庸的宅院。它整体布局工整华丽，屋檐、门窗、栏杆、台阶等处处雕工精巧，极其讲究细节，被誉为“北方民居建筑史上一颗璀璨的明珠”。在此，你可以参观女儿墙、瞭望探口等，感受大院的威严气派；可以欣赏各种精美绝伦的雕饰，感叹能工巧匠的匠心独运。

亲子信息

山西省晋中市祁县东观镇乔家堡村　　0354-5321045　　72元/人

（6～9月）08:00～18:30；（其他月份）08:00～17:30

（1）公交：从太原到祁县、平遥、运城的长途车都经过乔家大院

（2）自驾：大同—运城、太原—长治两条高速公路，以及G108、G208均可到达

亲子锦囊

1.带孩子参观二院，欣赏众多大红灯笼及整齐的建筑，感受乔家大院往昔的风采；
2.带孩子欣赏犀牛望月镜、万人球、九龙灯，领略“乔家三宝”的独特魅力；
3.带孩子参观祁县民俗博物馆，了解山西晋中一带的民俗风情；
4.元宵节期间带孩子参加社火活动，欣赏文化演出，感受晋商社火的独特魅力。

藏山 | 中国忠义文化发祥地

藏山因春秋时藏匿晋国一代忠良之后赵氏孤儿而闻名于世，是中国忠义文化的发祥地。这里可供游览的面积达十余万平方米，分为育孤园、藏孤胜地、莲花寺、仙人峰自然生态区四大版块。在此，你可以参观藏孤洞、神马泉、报恩祠等古韵十足的建筑；可以欣赏春夏秋冬四季如诗如画的美景。

亲子信息

山西省阳泉市盂县城北18千米处

0353-8145032转88666/88802/88801；0353-8145078

80元/人　（夏季）08:00~19:00；（冬季）08:00~18:00

（1）公交：乘坐到盂县的大巴，到盂县再乘坐到藏山的1路车就可以到达风景区

（2）自驾：太原由环城高速（东环）往北过阳曲镇100米转太阳（京昆G5）高速，从盂县南出口下高速，低速20千米至藏山

亲子锦囊

1.带孩子参观神马泉、马王庙、古树含珠等，了解赵氏孤儿的历史故事；

2.带孩子感受春花争艳、夏风送爽、秋叶绚烂、冬雪晶莹的魅力。

洪洞大槐树 | 明代的一处移民基地

洪洞大槐树是明代的一处移民基地。这里拥有众多历史文化景点，包括根雕大门、根字影壁、槐香桥、鹳鸣桥等。其中根字影壁是景区的标志；迁民壁画还原了明代迁移的历史，反映了当时迁民的悲壮情景；1800多年的一代大槐树遗址则成为了移民后裔、游子的祭奠之所。

亲子信息

山西省临汾市洪洞县城古槐北路公园街2号　0357-6658006

旺季（4~10月）80元/人；淡季（11~次年3月）元60/人

（夏季）07:30~18:30；（冬季）06:00~17:00

（1）公交：洪洞县中心广场乘坐3路公交至大槐树牌坊下车，往西步行可到

（2）自驾：大运高速明姜出口下高速，沿霍侯一级公路指示牌即到

亲子锦囊

1.带孩子观看根字壁影、槐香桥、莲馨桥等，感受浓浓的桑梓之情，悠悠的思乡之意；

2.带孩子欣赏迁民壁画、牌坊，了解明代迁民的历史，感受当时迁民的悲壮情景；

3.带孩子观赏大槐树、千年树根。

雁门关 | 被誉为“中华第一关”

雁门关又叫西径关，是长城历史最悠久、经历战事最为频繁、知名度最高、影响最广的古关隘，被誉为“中华第一关”，是展示边塞文化、长城文化、关隘文化的景区。在此，你可以游荡雁门，凭吊千秋忠魂；你可以欣赏关城、隘城、烽火台等历史建筑遗存，感受凝重、雄浑、大气的边陲风情。

亲子信息

山西省忻州市代县县城以北约20千米处的雁门山中　0350-6102002

90元/人　（夏季）08:00~19:30；（冬季）08:00~18:00

（1）公交：乘坐“太原—代县”的长途车，然后转乘代县—雁门关的班车可到达

（2）自驾：沿大运高速公路在新广武高速口下10千米即到

亲子锦囊

1.带孩子参观镇边祠、隘口、关城等，了解“汉高祖北征”“昭君出塞”等历史事件；

2.带孩子登上紫塞长城，尽览边陲风情；

3.带孩子参观阜戈民俗村，感受边关军需、贸易和民俗的风情和魅力。

碛口古镇 | 九曲黄河第一镇

碛口古镇位于临县城南50千米处，已有200多年的历史，被称为九曲黄河第一镇或水旱码头小都会。这里规划合理，有以码头、货栈、仓储为主的西市街，以骆驼、骡马陆运为主的东市街，和以服务水陆运的银行、饭店为主的中市街，十分繁荣。在此漫步在石板路上，欣赏着黄土高原特色建筑“老宅院”，听着当地的方言，感觉像是穿越了时空隧道一般。

亲子信息

山西省吕梁市临县城南50千米处　0358-4466527　免费

（1）公交：太原出发直达碛口的客车每天只有2班次，每天上午10:30发第一班次，中午12:00发第二班次，全程票价68元/人

（2）自驾：太原—青银高速—柳林/G307出口离开—柳结线—离碛线—碛口古镇

亲子锦囊

1.带孩子漫步碛口老街，欣赏各种铜制品，感受碛口的古韵；

2.带孩子参观西湾村，了解其布局及房屋的结构，想象这里曾经的繁荣；

3.带孩子参观黑龙庙，感受其壮阔、昭然入目的气概；

4.夜晚带孩子欣赏古镇夜色，感受诗情画意般的意境。

太行水乡景区 | 集北国雄姿与南疆旖旎于一身的名胜之地

太行水乡风景区分为大云寺、南垴山、柳树湾、天鹅湖、太行三峡、月亮山、恐龙谷、世外桃源、芦苇荡等九大景区，其中天台庵为全国仅存的四处唐代木构建筑之一；龙门寺集五代、宋、金、元、明、清六朝建筑于一寺，为国之仅有；大云院的五代壁画是全国仅存的两处之一。

亲子信息

- 山西省长治市平顺县城东
- 0355-8881331
- 各景点各自收费，无套票价格
- 全天，景区开放时间：08:00~17:00
- （1）公交：先到达长治，再坐车到平顺的北耽车村下车，租车前往各个景点
  （2）自驾：太原—潞城市—微子镇—黄牛蹄—西河口—辛安桥

亲子锦囊

1.带孩子参观藏兵洞，了解三国时期马超藏兵的故事，感受中国古代的战争文化；
2.带孩子参观恐龙谷，欣赏漳河第一瀑布，体验竹排、皮划艇等水上运动的乐趣；
3.带孩子参观原始的南耽车景区，体验峡谷漂流、烧烤野餐、篝火露营的快乐；
4.带孩子参观释迦牟尼古佛殿、娲皇行宫等，感受幽谷深涧、龙潭虎穴的魅力。

普救寺 | 爱情故事《西厢记》的发生地

普救寺是《西厢记》爱情故事的发生地。这里地势高，视野宽，寺院坐北朝南，依塬而建，从下往上殿宇楼阁，廊榭佛塔逐层升高，给人以雄浑庄严、挺拔俊逸之感。其中，莺莺塔是普救寺的标志与象征，它的声学效应十分奇妙，站在不同位置，人们可以听到10多种不同的回音现象。

亲子信息

- 山西省永济市蒲州镇西厢村
- 0359-8485263
- 50元/人
- 08:00~18:00
- （1）公交：从永济火车站乘坐2、3路公交到普救寺下车即到
  （2）自驾：驾车出五老峰，经虞乡镇北行5千米左转，沿运风公路西行30千米经张留庄右转，过铁路经蒲州镇北行3千米即到西厢村

亲子锦囊

1.带孩子观赏当年张生与莺莺绝妙幽会的梨花深院，感受“意似痴，心如醉”的意境；
2.带孩子参观击蛙台，俯首击石，聆听蛙鸣，感叹我国古代劳动人民的聪明智慧；
3.带孩子欣赏唐风明制的奇塔，感受“普救蟾声”声学效果的神秘。

华严寺 | 我国现存年代较早、保存较完整的一座辽金寺庙建筑群

华严寺是我国现存年代较早、保存较完整的一座辽金寺庙建筑群。这里坐西朝东，以一巷之隔分为上华严寺和下华严寺。其中上华严寺的大雄宝殿是辽金时期的建筑风格，是我国仅存的两座辽金殿之一；下华严寺的薄伽教藏殿是我国最古老的藏经殿，保存有辽塑、明代五尊坐佛、石经幢等文物。

亲子信息

山西省大同市城区大西街下寺坡街459号

0352-2042025　80元/人　9:00~17:00

（1）公交：在大同城区华严街乘4路公车

（2）自驾：太原市—二广高速公路—大运高速公路—御河西路—华严寺

亲子锦囊

1.带孩子参观华严广场，欣赏山门、普光明殿等建筑，感受民族之情和博大的宗教文化；

2.带孩子参观薄伽教藏殿，欣赏“露齿菩萨”，领略“东方维纳斯”的风采；

3.带孩子参观药师殿，欣赏壁画，感受大同的独特历史文化特点。

祁县古城 | 晋商的五星级豪宅

祁县古城始建于北魏太和年间（477—499年），明清时渠家等四大晋商家族又共同投资兴建，十分豪华，是晋商的五星级豪宅，享有“富豪城”的美誉。这里街道、寺庙、店铺、民宅全都古色古香，井然有序，规模宏伟。其中老街最出名，它全长1千米，主要包括渠家大院、晋商镖局、珠算博物馆、度量衡博物馆、长裕川茶庄、雨楼家私博物馆等。

亲子信息

山西省晋中市祁县古城镇　0354-5243703

40元/人（通票）　08:00~18:00

（1）公交：太原乘坐至祁县的长途汽车即可到达

（2）自驾：祁临高速、榆祁高速、G108、G208及省道220、221线等均可到

亲子锦囊

1.带孩子参观珠算博物馆，观看各种各样的算具、珠算书籍等，了解我国珠算的历史；

2.带孩子参观度量衡博物馆，了解我国古代度量衡的发展历程。

五老峰风景区 | 历史上素有“东华山”之称誉

五老峰主要由玉柱峰、太乙峰、棋盘峰、东锦屏峰、西锦屏峰五座山峰组成，远望像五位老人故而得名。这里岩洞幽深，庙宇甚多，双瀑飞流，景色优美，设有黄河滩岸、五官峪、龙头山、云仙阁等六个景区。

亲子信息

山西省永济市市区东南16千米的中条山
0359-8030588/8020539
60元/人　07:00～18:00
公交：运城乘运城—永济的公交车至五老峰路口下车，有景区出租车可直达景区

亲子锦囊

1.带孩子欣赏南北朝的石雕佛像、唐代的细绳纹砖、宋代的方形花砖、明代的彩塑人像等，了解“道家天下第五十二福地”，感受佛道文化、河洛文化；

2.带孩子参加天梯、天桥、滑索等游艺项目，体验惊险与刺激。

太原动物园 | 山西省唯一的专业性动物园

太原动物园有专为儿童设计的小小天地；有以观赏各种花卉为主的百花苑；有以展览黑猩猩、黄狒狒等灵长类动物为主的花果山；有由火烈鸟馆、百鸟苑、水禽湖等组成的鸟语蓝天；有以展览大熊猫、非洲犀牛、长颈鹿等食草类动物为主的草原风情；有由熊山、狮馆、豹馆等组成的自然森林等景区，还有海狮表演、大象表演、马戏表演等，令人流连忘返。

亲子信息

山西省太原市杏花岭区东山马路2号　0351-3074953
10元/人　夏季 08:00～17:30；冬季 08:30～17:00
公交：太原市内乘坐25、830、845、855、864路等公交车均可到达

亲子锦囊

1.带孩子欣赏美景，领略海狮、大象、马戏表演的独特魅力；

2.带孩子参加动物运动会、动物文化节等，丰富孩子们的日常生活。

运城盐湖 | 被誉为“中国死海”

运城盐湖是世界第三大硫酸钠型内陆湖泊，被誉为“中国死海”。这里湖面宽阔，芦苇湿地环绕，水禽候鸟成群。其中黑泥康体养生城最值得一提，那里有室内盐水漂浮，游人在此可以体会在水面漂浮的惬意享受，还可以用黑泥把自己全身涂黑，随着温度的升高进行身体排毒，提高免疫力。

亲子信息

山西省运城市解放南路365号

0359-8966737　168元/人　08:00～24:00

（1）公交：在运城市区乘坐21、66、88路公交可直达

（2）自驾：郑州—连霍高速—三门峡下—黄河大桥—运三高速—运城东下即到

亲子锦囊

1.带孩子泛舟湖上，体验死海漂浮的乐趣；

2.带孩子享受日式、土耳其式、新加坡式黑泥养护，补充人体所需的矿物质和微量元素；

3.带孩子泡温泉、享受盐疗，感受中国唯一的赤汤“金泉”的舒适。

鹳雀楼 | 中国四大历史文化名楼之一

鹳雀楼原名鹳鹊楼，因时有鹳鹊栖其上而得名，是中国四大历史名楼之一。这里风景秀丽，地势优越，加上楼体壮观，结构奇特，气势雄伟，自古便是文人雅士登楼观景、放歌抒怀的理想之所。其中王之涣的《登鹳雀楼》一诗最为著名。

亲子信息

山西省永济市蒲州古城　0351-4281495

门票50元，导游40元，黄河游艇15元　夏季08:00～18:00；冬季08:00～17:30

（1）公交：永济火车站乘坐2路公交可直接到达

（2）自驾：太原—二广高速—忻阜高速—保阜高速—京昆高速—廊涿高速—景区

亲子锦囊

1.带孩子乘坐小船进入幽深水润的洞内，体验品茶、修身养性的惬意；

2.带孩子欣赏晶莹剔透，绚丽多姿的石笋、石柱、石幔、石花等，感受大自然的神奇；

3.带孩子了解溶岩景观的形成构造，普及地址科普知识。

内蒙古

NEIMENGGU

达拉特旗响沙湾旅游景区 | 中国首家沙漠旅游度假地

达拉特旗响沙湾因“沙子会唱歌”而得名，是中国首家沙漠旅游度假地，拥有世界上第一条沙漠索道，中国最大骆驼群及中国一流蒙古民族歌舞团。在此，你可以遥望五色沙山及生机勃勃的绿洲；聆听神秘莫测的响沙；感受“大漠孤烟直，长河落日圆”的壮丽……

亲子信息

内蒙古自治区鄂尔多斯市达拉特旗响沙湾景区　0477—3963366

80元/人　07:00~20:00

（1）公交：乘坐“包头—东胜”的长途大巴，在响沙湾立交桥下车，步行3千米即到

（2）自驾：从鄂尔多斯市市区出发到沿G65国道直行，共50千米，即到达响沙湾景区

亲子锦囊

1.带孩子聆听沙响，感受如蛙叫、如车鸣、如惊雷、如马嘶的神奇之音；

2.夜晚带孩子参加沙漠篝火、焰火晚会，体验置身沙漠深度体验住宿区的美妙；

3.带孩子去滑沙、开沙漠卡丁车、玩沙漠冲浪等，乘坐缆车，领略大漠高空的壮阔美景。

伊金霍洛旗成吉思汗陵旅游区 | 一座记载着蒙古民族沧桑的历史和灿烂文化的民族丰碑

这里以陵宫为核心，分为三区、两道、八景，其中三区是指文物保护观光游览区、生态恢复保护区、视觉景观控制区；两道是指成吉思汗圣道和风景道；八景即游客活动中心、游客教育中心、祭祀观光游览区、蒙古民俗村、神泉风景区、休闲度假中心、那达慕马术活动中心和热气球俱乐部。

亲子信息

内蒙古自治区鄂尔多斯市伊金霍洛旗伊金霍洛镇甘德利草原

0477-8961222　110元/人　08:00~18:00

（1）公交：呼和浩特和包头至鄂尔多斯的班车15分钟一班

（2）自驾：鄂尔多斯市—阿大公路—包茂高速公路—成布线—景区东门

亲子锦囊

1.带孩子欣赏“山”字形的建筑，领略粗犷豪放的13世纪蒙古文字和草原岩画的魅力；

2.带孩子欣赏铁马金帐群雕、亚欧版图、历史博物馆等，了解蒙古族的历史文化。

呼伦贝尔大草原 | 牧草王国

呼伦贝尔大草原位于内蒙古东北部，因有呼伦湖和贝尔湖而得名，是中国最大的草原。这里地域辽阔、绿草如毡、牛羊成群、苍茫浩荡、风光旖旎，3000多条河流纵横交织，500余个湖泊星罗棋布，宛如桃园仙境。草原的深处孕育着热情好客的蒙古族人民。在这里，白天可以骑马在草原上驰骋，品尝最正宗的奶茶、美酒；夜晚可以住蒙古包，参加篝火晚会，尽情体验游牧民族的独特风情。

亲子信息

内蒙古自治区呼伦贝尔市海拉尔区境内

0470-6713447　20元/人　全天开放

公交：呼伦贝尔市火车站和长途汽车站都有发往大草原的班车

亲子锦囊

1.盛夏带孩子避暑，冬季带孩子参加草原冰雪节，感受草原魅力；

2.带孩子骑马、骑骆驼，观看摔跤、赛马、乌兰牧骑的演出，吃草原风味的“全羊宴”，晚上参加篝火晚会，尽情体验游牧民族的独特风情；

3.农历六月初四带孩子参加那达慕大会、祭敖包，体验特有民族风俗。

通湖草原 | 世界级沙漠地质公园

通湖草原是古丝绸之北路要塞。这里拥有沙漠、湖泊、草原、沙山岩画，保存有古长城、古战场、古买卖城遗址，还有流传千年的故事和传说，被誉为沙漠中的“伊甸园”。在此，你可以收到来自草原牧民热情奔放的哈达；可以品尝“下马酒”；欣赏荡气回肠的歌声；还可以感受蒙古族风情，尽情释放自我。

亲子信息

内蒙古自治区阿拉善左旗腾格里经济技术开发区

0955-7698558/13895002930　100元/人　06:30~22:30

自驾：银川—中卫—沙坡头大道（迎水桥铁厂丁字路口，路口有标志牌）—（向北）上迎闫公路（26千米处）—通湖草原

亲子锦囊

1.带孩子观日出、日落，领略“大漠绿洲翠，秀湖落日圆”的意境，体验策马奔腾的潇洒；

2.带孩子住蒙古包，饮下马酒，听蒙古歌曲，感受浓郁的蒙古族风情；

3.带孩子参加骑骆驼、沙漠探险、围场射猎、徒步穿越等特色旅游项目，体验纵横驰骋、所向披靡的乐趣。

克什克腾世界地质公园 | 素有塞北金三角、北京后花园之美誉

克什克腾世界地质公园由阿斯哈图、平顶山、西拉木伦、青山、黄岗梁、热水、达里诺尔等9个园区组成，素有塞北金三角、北京后花园之美誉。这里拥有世上独一无二的“内蒙古石林”；有中国东部规模最大、发育最全、保存最完整的第四纪冰川地貌；有稀有神奇的大型岩臼群、蜿蜒千里的西拉木伦河、烟波浩渺的达里湖、珍奇罕见的沙地云杉、辽阔平坦的贡格尔草原和闻名于世的史前文化遗存。

亲子信息

内蒙古自治区赤峰市克什克腾旗　0476-5881999　120元/人　全天

自驾：赤峰市—丹锡高速—G303—经棚隧道—G303—终点

亲子锦囊

1.带孩子观看岩画、辽城遗存等，感受西拉沐沦河风光、河谷地貌及奇形怪石的美妙；

2.带孩子住蒙古包、白桦木屋，品尝民族风味，参加篝火晚会，体验骑猎、垂钓的乐趣；

3.带孩子欣赏沙地云杉，初冬时领略达里诺尔湖的万千候鸟晴空盘旋的胜景。

锡林郭勒大草原 | 被誉为“天然绿色宝库”

锡林郭勒在汉语中的意思是丘陵地带的河，隶属于内蒙古高原，占地1.08万平方千米，是世界闻名的大草原之一，也是内蒙古草原的主要天然草场，被誉为“天然绿色宝库”。每到夏季，这里的草甸便成为一片绿色的海洋，芍药、山丹花争奇斗艳，朵朵白云在蓝天中飘荡，牧人策马，牛羊群群，勒勒车缓缓而行，蒙古包上的炊烟袅袅，令人心旷神怡。

亲子信息

内蒙古自治区锡林郭勒盟锡林浩特市

0479-8263204　25元/人　08:30~17:30

（1）公交：北京、天津、石家庄、沈阳、呼和浩特、赤峰、集宁等地均有班车直达

（2）自驾：国道207、303、208，省道101、204、207、304等均可到达

亲子锦囊

1.带孩子参观阿巴嘎部落，欣赏蒙古歌舞，品尝特色美食，感受其游牧文化和风俗习惯；

2.带孩子参观秦燕金古长城、元上都遗址、贝子庙等，欣赏洪格尔岩画等，感受闻名于世的“恐龙之乡”——通古尔盆地的神奇。

红色国际秘密交通线教育基地暨国门景区 | 满洲里市标志性景区和重要的爱国主义教育基地

红色国际秘密交通线教育基地暨国门景区位于满洲里市西9千米中俄边境，是满洲里市标志性景区和重要的爱国主义教育基地。这里占地20万平方米，拥有第五代国门、41号界碑、满洲里红色国际秘密交通线陈列馆、满洲里秘密交通站、和平之门广场、红色旅游展馆、火车头广场、中东铁路监狱等景观，是全国唯一以共产国际为主题的红色旅游景点。

亲子信息

- 内蒙古自治区满洲里市西部中俄边境
- 门票80元/人，讲解费国门+红色展厅200元　　09:00～17:00
- 自驾：满洲里市一五道街—G301—终点

亲子锦囊

1.带孩子参观火车头广场，了解其在社会主义建设道路上立下的不可磨灭的功勋；
2.带孩子参观和平广场，欣赏7组历史浮雕，了解满洲里的历史及对未来的美好憧憬；
3.带孩子参观中俄边境国门、41号界碑等，激发爱国主义情感。

阿斯哈图石林景区 | 花岗岩地貌与石林地貌相结合的一个新类型

阿斯哈图是蒙语，汉语翻译为“险峻的岩石”，是花岗岩地貌与石林地貌相结合的一个新类型，属花岗岩石林，是目前世界上独有的一种奇特的地貌景观。景区由月亮城堡、桃园结义、围城、雄鹰敛翅、民俗生活娱乐5大景区组成。这里动植物种类繁多，石林形象千奇百怪，有的像佛塔、有的像城堡、有的像野兽、有的像竹笋、有的像石柱……令人拍手称奇。

亲子信息

- 内蒙古自治区赤峰市乌兰坝草原与大兴安岭山脉的交界地带
- 0476-5070998/15326837666　　140元/人　　07:00～17:00
- （1）公交：赤峰乘长途公共汽车或中巴车到林西县，再转乘去天合园乡的中巴车到天合园，然后在当地雇乘农用三轮车或四轮车可到达
  （2）自驾：G305—G111—G45—G306—G303—距经棚42千米右转，直接到景区

亲子锦囊

1.带孩子登上石林之巅，感受獐鹿出没、百鸟啼鸣、草地野花争奇斗艳、蝶舞蜂飞之美；
2.带孩子住蒙古包，体验篝火晚会、民族歌舞、跑马、漂流、滑草等活动的无穷乐趣。

莫尔道嘎国家森林公园 | 目前中国面积最大的森林公园

莫尔道嘎国家森林公园占地5780平方千米，由龙岩山、原始林、翠然园、激流河、界河游、民俗村6个景区组成，是目前中国面积最大的森林公园，享有“南有西双版纳，北有莫尔道嘎”的称誉。这里山峦绵延起伏、古木苍翠、溪流潺潺、植被丰富，尤其是林海、松风、蓝天、白云的夏日之景及冰峰、雾凇、雪岭的晶莹冬景等最不容错过。

亲子信息

内蒙古自治区呼伦贝尔市额尔古纳市莫尔道嘎镇

0470-6915715/6915237　130元/人　全天开放

（1）公交：在海拉尔区乘汽车至莫尔道嘎镇，转乘汽车可直达景区

（2）自驾：呼伦贝尔市—S201—S301—拉莫线—终点

亲子锦囊

1.带孩子参观龙岩山，欣赏杜鹃、百合、刺玫等花卉，感悟大兴安岭的幽野新奇；

2.带孩子欣赏成吉思汗戎装跃马、拉弓射雕的巨型雕像，感受其气吞山河的英雄气概；

3.带孩子登上观景台，尽览九重山之景，感受大兴安岭的深邃与辽阔；

4.带孩子参观太平川民俗村、室韦乡等，感受浓郁的俄罗斯特色风情。

五当召 | 内蒙古唯一保存完整的纯藏式建筑群

五当召位于包头市北部的阴山山脉吉忽伦图山的五当沟，始建于清康熙年间（1662—1722年），是中国藏传佛教的四大名寺之一，寺庙整体是一幢依山势建造的白色建筑，现存有苏古沁殿、洞科尔殿、却伊日殿、当圪希德殿、阿会殿、日本伦殿等经堂。这些建筑规模宏大，各殿各具特色，是内蒙古唯一保存完整的纯藏式建筑群。

亲子信息

内蒙古自治区包头市石拐区青五线五当沟

400-660-5253；0472-5350546/5141337/8711529

60元/人　08:00～17:00

（1）公交：从包头东站前的广场坐7路到石拐，之后包车前往五当召

（2）自驾：包头市—建设路—S211—青五线—X076—终点

亲子锦囊

1.带孩子参观苏古沁殿、洞科尔殿、却伊日殿等，感受藏式建筑艺术的独特魅力；

2.带孩子欣赏菩萨、阿罗汉、本尊主题的唐卡，了解藏传佛教文化。

希拉穆仁草原 | 包头避暑胜地

希拉穆仁草原因希拉穆仁河畔有一座清代喇嘛召庙“普会寺”而闻名全国。这里是典型的高原草原，天湛蓝湛蓝的，视野非常开阔。在此，你可以看日升日落；可以参观草原民俗博物馆；可以参加佛事活动、祭敖包、那达慕大会等活动；可以欣赏赛马、摔跤、射箭、马术等表演；可以体验蒙古族民俗风情。

亲子信息

内蒙古自治区包头市达尔罕茂明安联合旗东南部希拉穆仁苏木
0471-4606516　80元/人　08:00~18:00
（1）公交：呼和浩特市乘坐44路班车可到达
（2）自驾：包头市—民族东路—京新公路—S104—终点

亲子锦囊

1.带孩子参观普会寺，欣赏造型优美的两层楼阁，感受200多年前蒙汉能工巧匠的技艺；
2.夏季带孩子观赏草原风光，欣赏赛马、赛骆驼等表演，体验骑马、登敖包山的乐趣；
3.带孩子参加那达慕大会，品尝手把肉，参加放牧、挤奶、制奶食品等，感受民俗风情。

南海旅游风景区 | 被誉为“塞外西子湖”

南海旅游风景区北有青山朦胧辉映，南有黄河玉带环绕，自然风景资源得天独厚，被誉为“塞外西子湖”。这里水面宽阔、蒲草丛生、鱼跃鸟翔，拥有黄河湿地景观及200多种野生动植物。南海还保留着蒙古族传统的习俗，拥有特有的南海渔文化，包括南海养鱼的历史、南海捕鱼技术的发展与成熟的进程，以及绘画及鱼装饰等。

亲子信息

内蒙古自治区包头市东河区南海公园码头
0472-4602152　60元/人　08:00~17:00
（1）公交：公交：包头市乘坐131、133路公交至东二里半可车可到
（2）自驾：包头市—钢铁大街—建设路—G210—机场高速公路—终点

亲子锦囊

1.带孩子参观黄河湿地景观，感受蒲草丛生、鸟翔鱼跃的意境；
2.带孩子住蒙古包，品尝特色美食，了解蒙古族传统的习俗文化；
3.带孩子感受南海渔文化，了解南海养鱼的历史、技术，品尝鲜美的黄河金翅大鲤鱼。

内蒙古科尔沁草原 | 我国四大草原之一

内蒙古科尔沁草原地域辽阔、资源丰富、气候宜人，十分适合人们居住，是以蒙古族为主体、汉族为多数的多民族聚居区。科尔沁草原有大清沟、三潭峡、松叶湖等自然景观，还有众多名胜古迹，包括辽代古城、金代界壕、科尔沁十旗会盟地旧址、庙宇、佛塔等，是观赏草原风光、体验蒙古族习俗的理想去处。

亲子信息

内蒙古自治区东部　0432-62446833　免费　全天

（1）坐车：科尔沁草原面积广阔，可坐火车、飞机或长途大巴至景区

（2）自驾：走京沈高速、阜锦高速、长深高速、新鲁高速、G304至景区

亲子锦囊

1.带孩子骑马、射箭、射弩，领略草原的广袤；

2.带孩子观看马队迎宾、赛马、祭敖包等民俗表演，体验蒙古风情。

乌兰布统草原 | 距北京最近最美的草原

乌兰布统草原是清朝木兰围场的一部分，因康熙皇帝在此大战噶尔丹而著称于世。这里属丘陵与平原交错地带，草原面积宏大、野阔草坪、一望无际、风光旖旎，点将台、十二座连营等景点点缀其间，宛如一幅秀美的山水画。这里还是著名的外景拍摄基地，《还珠格格》《康熙王朝》《射雕英雄传》等均在此取景。

亲子信息

内蒙古市赤峰市克什克腾南端　0476-7805207　60元/人　全天

（1）公交：从赤峰乘坐去克什克腾旗的中巴即可

（2）自驾：可沿京承高速至承德，然后从承德前往围场县后继续北行可到达草原

亲子锦囊

1.带孩子参观将军泡子、古战场、十二连营，了解康熙大战噶尔丹叛军的历史故事；

2.秋季带孩子欣赏红叶，体验“霜叶红于二月花”的情趣；

3.带孩子参观影视外景，感受置身于电视剧场景中的神奇。

辽宁
LIAONING

天仙廟
必

沈阳故宫博物院 | 我国仅次于北京故宫的完整的宫殿建筑群

沈阳故宫始建于1652年，是清太祖努尔哈赤、清太宗皇太极营造和使用过的宫殿。其建筑具有明显的满族风格，是我国仅次于北京故宫的完整的宫殿建筑群。这里以崇政殿为中心点，分布有大政殿、崇政殿、十王亭、清宁宫、文溯阁及凤凰楼等高台建筑1000余座，300多间，保存了大量宫廷文物，包括努尔哈赤用过的剑、皇太极用过的腰刀和鹿角椅等。

亲子信息

辽宁省沈阳市沈河区沈阳路171号　024-2485236　50元/人

5～10月 08:30～17:00；11～次年4月 09:00～17:00

（1）公交：沈阳市内乘坐117、118、132路等公交在故宫东华门站下车

（2）自驾：北京市内在南四环四方桥上京沈高速可直达沈阳

亲子锦囊

1.带孩子参观大政殿、十王亭、大清门、崇政殿等，感受“宫高殿低”的满族建筑风格；

2.带孩子参观博物馆，观赏剑、腰刀等宫廷文物，了解满族文化，学习清朝历史知识。

沈阳植物园（沈阳世博园） | 被誉为“森林中的世博园”

沈阳植物园拥有风之翼、百合塔、玫瑰园、百花馆4大主题建筑群，以及20余座专项园，汇集展示1700余种植物及世界各国和国内重点城市的园林和建筑艺术特色，被誉为“森林中的世博园”。此外，园区还建有儿童活动区、水上活动区、游艺桥区、动物展览区和餐饮区。

亲子信息

辽宁省沈阳市东陵区双园路301号　024-88038035

夏季20元/人；冬季10元/人　08:30～17:00

（1）公交：乘坐沈抚三号线、168路等公交至奥林匹克花园/世博园站下车

（2）地铁：1号线地铁至滂江街站或2号线青年大街站下车

亲子锦囊

1.带孩子参观风情园，感受日本、德国、荷兰、美国等世界各地的园林风情；

2.带孩子参加5月份的郁金香花展、6月份的牡丹芍药花展、7月份的百合花展，8月份的大丽花展、荷花睡莲展，10月份的菊花展等，感受置身花海的美妙；

3.带孩子参加攀岩、彩弹射击、卡丁车等游艺项目，尽享乐趣；

4.带孩子参观标本馆、智慧体验馆等知识场馆，体验乘坐悬挂式过山车、大摆锤等项目的惊险与刺激。

老虎滩海洋公园 | 中国最大的一座现代化海滨游乐场

老虎滩海洋公园拥有珊瑚馆、极地馆、鸟语林、群呼雕塑及化腐朽为神奇的马驷骥根雕艺术馆等全国知名旅游景点，还有全国最长的大型跨海空中索道、大连南部海域最大的旅游观光船等，是一座现代化海洋主题公园和中国最大的现代化海滨游乐场。

亲子信息

辽宁省大连市中山区滨海中路9号　　0411-82686295

套票190元/人　　08:30～17:30

（1）公交：大连市内乘坐2、4、30、403路等公交在老虎滩站下车

（2）自驾：沈海高速公路—东北快速路（东快路）—东北路—长春路—解放路

亲子锦囊

1.带孩子参观极地馆，观看白鲸、海象、海狮等动物的水上表演，了解极地海洋知识；

2.带孩子参观珊瑚馆，参与真空摸鱼水槽、水下音乐会等活动，感受海洋世界的神奇；

3.带孩子欣赏孔雀、丹顶鹤、朱鹮、白鹭等鸟类，感受“孔雀东南飞”节目的美妙；

4.带孩子乘坐古客船，观看巨无霸恐龙，体验海盗船摇摆和失重的惊险。

金石滩 | 浪漫之都大连的后花园

金石滩三面环海，是浪漫之都大连的后花园。其中东部半岛拥有众多壮丽的奇石景观，享有“神力雕塑公园”的美誉；西部半岛群山环绕，辟有狩猎俱乐部、唐风温泉、蓝莓谷等，是怡神养性的休闲佳地；中间是黄金海岸，拥有发现王国、蜡像馆等，是景区的活力所在。

亲子信息

辽宁省大连市金州新区金石滩国家旅游度假区　　0411-87900131

文化博览精品套票 160元/人；地质公园套票 100元/人　　08:30～17:00

（1）公交：乘坐1、2、4路等公交均可到达

（2）自驾：开发区方向—金马路走左侧岔道口—开发区交警队一直走即到

亲子锦囊

1.带孩子参观蜡像馆、奇幻艺术体验馆等，欣赏名人蜡像，身临其境地体验超视觉效果；

2.带孩子参观大连滨海国家地质公园，感受石猴观海、恐龙探海等奇石的独特魅力；

3.带孩子漫步黄金海岸，体验帆船、海上摩托艇、趣味沙雕、篝火晚会、烧烤的乐趣；

4.带孩子参观中华武馆，领略一指禅、三枪抬佛、神鞭等武术表演的独特魅力。

发现王国 | 目前全国最大的国际化游乐主题公园

发现王国主题公园由疯狂小镇、神秘沙漠、金属工厂、魔法森林、传奇城堡、婚礼殿堂等六大主题区组成，每个主题都穿插着不同的故事，如中世纪的欧洲城堡、亚马孙流域的魔法森林、阿拉伯的神秘沙漠等。在此不仅能欣赏风格迥异的建筑，领略异域风情，还能体验惊险刺激的游艺项目，品尝不同国家的美食。发现王国主题公园是热爱冒险、勇于追寻童话梦想者的理想世界。

亲子信息

辽宁省大连市金石滩金石路36号　　0411-87905555

成人：日票170元/人，夜票100元/人；儿童：日票135元/人，夜票75元/人

无夜场时每日9:30～18:00开放；有夜场时9:30～21:00开放

（1）公交：在大连火车站乘坐城市快轨列车至终点，换乘王国专线2分钟可达；或者在大连市内乘坐旅游巴士，大约40分钟可以到达发现王国

（2）自驾：沈阳市—苏家屯宋雪路—沈海高速公路—大窑湾疏港路—丹大高速—董家沟出口下高速至立交桥转金石滩方向—金石滩发现王国

亲子锦囊

1.带孩子欣赏彩车巡游、神奇酷乐小子、梦回伊甸园等表演，享受精彩演出；

2.带孩子参加太空梭、海盗船等娱乐项目，体验驾驶卡丁车穿越撒哈拉沙漠的紧张刺激；

3.带孩子参加躲避食人草、树顶之家、雨林探险等活动，感受亚马孙河流域的古老文明。

凤凰山 | 被誉为“国门名山”“万里长城第一山”“中国历险第一名山”

凤凰山以险中含奇、秀里藏幽而闻名，被誉为“国门名山”“万里长城第一山”“中国历险第一名山”。其中山云铺海、涧水飞涛、斗母圣境等幻景最值得一看。山上现存古建筑以宫观庙宇为主，其中以紫阳观、斗母宫、观音阁、碧霞宫和药王庙较为著名。

亲子信息

辽宁省丹东市凤城市凤城区凤山路800号　　0415-8126042

80元/人；索道50元/人；观光车10元/人；保险费2元/人　　09:00～17:00

（1）公交：在火车站乘坐1、2、3、4、5路等公交直达景区

（2）自驾：丹东市—凤山路—终点

亲子锦囊

1.带孩子欣赏罗汉脸、天下绝、攒云峰、神马峰等奇峰，感受大自然的鬼斧神工；

2.带孩子参观朝阳寺的“观音泉”千手千眼圆通殿、八角地藏殿等，领略佛教文化魅力；

3.带孩子参观紫阳观鳞次栉比的道教庙宇，感受犹如超凡脱俗，沉入玉宇琼楼之境界。

棋盘山国际风景区 | 沈阳市的东部屏障

棋盘山国际风景区由棋盘山、辉山、大洋山、秀湖构成，是沈阳市的东部屏障。其中石人山海拔441.3米，是沈阳最高峰，棋盘山海拔260.1米，山顶下方有一巨石棋盘，传说仙人吕洞宾和铁拐李曾在此对弈故而得名。这里设有索道、高山滑道、仿古楼台游廊式码头、鸟林、冰雪大世界……是人们休闲、避暑的理想场所。

亲子信息

辽宁省沈阳市东北部的棋盘山风景区内

024-88050848

20元/人；航空博览园、冰川动物乐园等景点另外收费

全天

（1）公交：沈阳市内乘坐195路公交至天时街浦南路站下车

（2）自驾：沈阳市—东陵路—森林路—秀湖东路—终点

亲子锦囊

1.带孩子参观登上辉山，欣赏晴雪楼、险亭，体验乘坐索道、高滑道的乐趣；

2.带孩子参观沈阳航空博览园，了解我国歼击机发展历程和航空科普知识；

3.带孩子参观沈阳冰川动物乐园，体验欣赏大熊猫、白虎、亚洲象、犀牛等动物的乐趣；

4.带孩子参观关东影视城，感受20世纪二三十年代沈阳城的独特关东风情。

张氏帅府博物馆 | 目前东北地区规模最大、保存最为完好的名人故居

张氏帅府博物馆又称大帅府、少帅府，是北洋军阀张作霖及爱国将领张学良将军的官邸和私宅。博物馆占地3.6万平方米，总建筑面积为2.76万平方米，馆内既有中国传统风格的四合院、水榭亭台的帅府花园，又有欧式风情的大青楼。其中中西合璧式的小青楼和赵四小姐楼最有看头。

亲子信息

辽宁省沈阳市沈河区朝阳街少帅府巷46号

024-24842454

50元/人

夏季08:30～18:00；冬季08:30～17:30

（1）公交：市内乘坐222、227、237、环路公交均可到达，从沈阳故宫步行也可到达

（2）自驾：沈阳市—小西路—西顺城街—终点

亲子锦囊

1.带孩子参观百年张学良、张作霖与张氏家族展览，了解张氏父子两代不同的人生经历；

2.带孩子参观大青楼、小青楼、赵四小姐等复原楼，领略东北第一名人故居的魅力；

3.带孩子欣赏帅府壁画、漆画、雕砖、石雕、木雕等，感受浓郁的东北民俗风情。

“九·一八”历史博物馆 | 日本侵略中国的开端

“九·一八”历史博物馆采用的是纪念碑和陈列馆相结合的建筑。游客来到这里，首先会看到一座碑，形状为翻到事变日期的台历，成为残史碑，上面布满弹痕和骷髅。陈列馆内有丰富的历史资料，介绍日本发动“九·一八”事变，侵略中国的滔天罪行和沦陷区人民不屈不挠的斗争事迹。

亲子信息

辽宁省沈阳市大东区望花南街46号　024-8833898　免费　09:00~16:30

（1）公交：市内乘坐212、213、229、245、325、328、611路等公交均可到达

（2）自驾：沈阳市—惠公路—望花南街—终点

亲子锦囊

1.带孩子观赏运尸车，战犯用的碗、碟，拐杖刀等藏品，日本帝国主义策划、发动“九·一八”事变及对中国东北进行残酷殖民统治的屈辱历史；

2.带孩子参观钓鱼岛史实展览，欣赏油画、国画等作品，了解我国军民抗战历史。

清昭陵 | 皇太极的陵墓

清昭陵位于沈阳市北端，又称北陵，是清朝第二代开国君主太宗皇太极和孝端文皇后博尔济吉特氏的陵墓，与清福陵和永陵合称“关外三陵”。这里分为三部分，第一部分为下马碑至正红门；第二部分是正红门至方城；第三部分为方城、月牙城、宝城，也是陵寝的主体建筑。每年清明节前后这里会有“康熙祭祖”的仿古表演，吸引着大批的游人。

亲子信息

辽宁省沈阳市皇姑区泰山路12号　024-86896294

北陵公园：6元/人；清昭陵：30元/人（可分开购买）

夏季07:00~19:00；冬季08:00~17:30

（1）公交：市内乘坐210、213、220、231、232、242路等公交均可到达

（2）地铁：乘坐地铁2号线在北陵公园站下车

亲子锦囊

1.带孩子参观北陵公园，欣赏春花、夏绿、秋果、冬雪，领略四季美景变换的美妙；

2.带孩子欣赏神树、凤凰树、夫妻树、姐妹树等，感受古松群的神奇。

圣亚海洋世界 | 中国最浪漫的海洋主题乐园

圣亚海洋世界是世界上第一座情景式海洋主题乐园。景区由圣亚海洋世界、圣亚极地世界、圣亚深海传奇、圣亚珊瑚世界、圣亚恐龙传奇五大场馆组成，每个场馆都拥有独一无二的海洋动物表演，被誉为“中国最浪漫的海洋主题乐园”。

亲子信息

辽宁省大连市沙河口区中山路608-6-8号　0411-84581113

套票190元/人（含海洋世界、极地世界、珊瑚世界）　07:00～22:00

（1）公交：大连火车站乘坐22、23、406路等公交在医大二院站下车

（2）自驾：大连市经华北路、联合路、连山路、中山路、星雨街可直达

亲子锦囊

1.带孩子观看极地动物，参观斯科特小屋、极地飞船，体验喂食海豹的乐趣；

2.带孩子观赏白鲸传奇、功夫海象等表演，趣味盎然；

3.带孩子走迷城、搭翼龙小飞侠，体验恐龙跳、骑鲨鱼木马等互动项目的乐趣；

4.带孩子漫步海底世界，体验置身海底世界的美妙，探密海底世界。

大连森林动物园 | 高品位的动物园

大连森林动物园环山衔水、环境秀丽、景色迷人，被评为“让人类生活在没有污染的城市环境中，让动物生活在没有人类干扰的自然环境”的高品位动物园。这里分为圈养区和野生放养区两大部分，展示了200多种、3000多只（头）动物。此外，园内还设有热带雨林、动物标本馆、小动物村、澳洲袋鼠园等专题馆，令人流连忘返。

亲子信息

辽宁省大连西岗区南石道街迎春路60号　0411-82472535

旺季全票120元/人；淡季圈养区20元/人，放养区100元/人

夏季07:00～17:00；冬季08:00～16:30

（1）公交：大连市内乘坐525、529路等公交森林动物园站下车

（2）自驾：大连市内沿华北路、东北快速路、迎春路行驶可直达景区

亲子锦囊

1.带孩子观赏袋鼠、熊猫、金丝猴等动物，欣赏亚洲象、海豹等动物表演，十分有趣；

2.带孩子观赏罕见的热带动植物，如暹罗鳄、黄金蟒蛇、红尾蚺，感受热带风光；

3.带孩子观看标本，参观小动物村，体验亲密接触小动物的乐趣。

大连冰峪旅游度假区 | 素有辽南桂林之美誉

大连冰峪旅游度假区由龙华山、小峪河谷和英纳河谷组成。这里奇峰林立、沟谷幽深、溪潭澄澈、林茂花繁、四季景色宜人，宛如一幅充满诗意的山水画卷。景区内的山既有粗犷豪放的气势，又有玲珑秀美的风姿，素有辽南桂林之美誉。尤其是华山腰的仙人洞、南沟、北沟等，是游客最不容错过的景点。

亲子信息

辽宁省大连市庄河市仙人洞镇　0411-89227212

120元/人　全天开放

（1）公交：从大连乘客车（北岗桥上车）或火车到庄河，再换车从庄河到冰峪沟

（2）自驾：大连市—鹤大高速公路—张庄线—终点

亲子锦囊

1.带孩子参观骆驼石、冰峪斜石、神女峰、金雕岩等奇石，感受大自然的鬼斧神工；

2.带孩子参加空中缆车、激流勇进、竹筏、射击等游乐项目，乐趣十足；

3.带孩子参观仙人洞、南沟、北沟等冰川遗迹，了解相关地质知识。

鸭绿江风景名胜区 | 抗美援朝见证地

鸭绿江风景名胜区分为鸭绿江端桥、大桥景区、虎山景区和江口景区，是抗美援朝的见证地。鸭绿江因其形状宛如鸭头，水色青绿，故而得名。这里与朝鲜隔江相望，江水碧青蜿蜒，沿岸群山叠翠，江中翠岛星罗棋布。在此，可尽览中朝两国优美的风光。

亲子信息

辽宁省丹东市振安区滨江中路　0415-2138507　100元/人　08:00～16:00

（1）公交：丹东市内乘坐6、12路等公交可到达

（2）自驾：沈阳市—青年大街—丹阜高速公路—G304—花园路—锦山大街—终点

亲子锦囊

1.带孩子参观大桥景区，欣赏宝山悬桥、碧水玉榭、鸭绿江帆影景点，尽览中朝两国景色；

2.带孩子参观虎山景区，欣赏明代长城、虎口崖等，了解其为中国万里长城东端的起点；

3.带孩子参观江口景区，与中国海岸线北端起点——“江海分界碑”拍照。

兴城海滨风景名胜区 | 辽西走廊渤海岸边一颗耀眼的明珠

兴城海滨风景名胜区是我国北方最大的天然浴场。它融山、海、岛、泉、城为一体，山是首山，海是渤海湾的兴城海滨，岛是菊花岛，泉是温泉，城是明代古城。这里依山傍水，气候湿润，空气清新，海岸地势开阔，海水清澈，是辽西走廊渤海岸边一颗耀眼的明珠。在此人们可以乘高空缆车观光远景，乘船出海兜风等。

亲子信息

辽宁省葫芦岛市兴城县　　0429-8312033

兴城古城50元/人；菊花岛40元/人

古城08:00～18:00；菊花岛08:00～16:00

（1）公交：兴城市区乘坐1、2路等公交至兴城海滨站下车

（2）自驾：沈阳—京哈高速—丹锡高速—京哈高速—海辰路—滨海公路—终点

亲子锦囊

1.带孩子参观明代宁远古城，欣赏城门、瓮城、祖氏石坊等，体验置身古代的美妙；
2.带孩子参观菊花岛，欣赏九鼎石、八宝琉璃井、圣水盆等，品尝鱼、虾、蟹等海鲜；
3.带孩子参观首山，穿青松、步石岩、登墩台，至观景亭，尽览山海关内外的景色；
4.带孩子泡温泉，补充钙、镁、硫等多种化学元素，尽享舒适。

九门口长城 | 城在山上走，水在城下流

九门口长城是万里长城中唯一的一段水上长城，因其城桥下有九个泄水城门而得名。长城依山势起伏盘旋升腾，九道水门横跨两山之间，水势自西向东直入渤海，气势磅礴、壮观，建筑结构独特，防御设施密集，形成城在水上走，水在城中流之势，是自然景观和人文景观的完美结合，因而享有"水上长城"的美誉。

亲子信息

辽宁省葫芦岛市绥中县李家乡新台子村境内

0429-06491155　　90元/人　　08:00～17:00

可坐车至山海关火车站，然后坐出租车到景区，夏天旅游旺季在山海关有开往九门口的中巴车

亲子锦囊

1.带孩子参观长城隧道、功德碑、围城等景点，领略长城的雄伟；

2.带孩子了解李自成与吴三桂的一片石之战、近代以来直奉两系军阀之战、解放战争时期人民解放军浴血九门河谷的战场。

医巫闾山 | 大自然的神奇造化

医巫闾山古称于微闾、无虑山，今简称闾山，是阴山山脉余脉。这里有奇峰怪石、千姿百态的苍松翠柏、梨花巧构的“香雪海”、千年古刹“观音阁”、记述着它周围的山峦形势和庙宇历史的石碑、望海擎天的辽代古堡“白云观”，还有保留着李成梁石坊、鼓楼、双塔等古迹的古镇，宛如一幅恢宏大气的泼墨画卷。

亲子信息

辽宁省锦州市北镇市市区西北5千米处　0416-6609590
60元/人；索道30元/人　07:00~20:00
（1）坐车：锦州火车站前乘坐旅游专线，行程约2小时
（2）自驾：沈阳市—京哈高速公路—G102—S307—终点

亲子锦囊

1.带孩子参观古镇，欣赏双塔、李成梁石坊、崇兴寺、鼓楼等，了解其浓郁的历史文化；
2.带孩子参观观音阁、满清皇帝蜡像馆、白云观等，感受辽文化、清文化的独特魅力。

盘锦红海滩 | 一片红色的海洋

盘锦红海滩位于渤海湾东北部，拥有全球保存得最完好的湿地，是全球唯一一处在泥滩上建起的木结构、木桩基础、承台式仿古建筑群。这里依托举世罕见的红海滩、世界最大的芦苇荡，建成了芦苇荡、水禽园、月牙湾湿地公园等景点，是集自然环境与人文景观于一身的纯天然绿色旅游胜地。游客3月份来此还可以见到成群候鸟在滩头水畔莺歌燕舞的景象。

亲子信息

辽宁省盘锦市大洼县赵圈河乡　0427-6881906
通票80元/人，红海滩40元/人　08:30-17:30
（1）公交：沈阳乘长途汽车至盘锦，再在那里乘坐旅游专线前往景区
（2）自驾：沈阳市—京哈高速—丹锡高速—珠江街—鹤吉街—新荣线—终点

亲子锦囊

1.带孩子参观苇海迷宫，体验水上运动，感受苇海探险桥的刺激；
2.带孩子参观鸟语林、湿地展馆，欣赏丹顶鹤、天鹅等鸟类，观看鹦鹉表演，了解湿地中各种生物的生活习性，增长科普知识；
3.带孩子漫步九曲廊桥，欣赏万亩火红的美景，体验钓蟹的乐趣；
4.10月带孩子欣赏紫色湿地，体验置身其中的浪漫。

辽宁省博物馆 | 新中国第一座博物馆

辽宁省博物馆馆藏珍贵文物总量近12万件（套），以辽宁地区考古出土文物和历史艺术类文物为主体，分书画、铜器、丝绣、货币、碑志、漆器等多类，其中晋唐宋元书画、宋元明清缂丝刺绣、红山文化玉器、商周窖藏青铜器、辽代陶瓷、历代碑志、明清版画古地图和清末李佐贤《古泉汇》著录的历代货币等最具特色。

亲子信息

- 辽宁省沈阳市和平区市府大路363号（市政府广场东侧）
- 024-22741193/82721166转6551
- 免费
- 09:00~17:00（周一闭馆）
- 公交：乘坐115、140、214路等公交至市政府广场站（或沈阳市中级法院站）下车

亲子锦囊

1.带孩子欣赏《簪花仕女图》《夏景山口待渡图》《虢国夫人游春图》，领略国画魅力；
2.带孩子欣赏欧阳询《梦奠帖》《行书千字文》，张旭《古诗四帖》等，感受书法魅力；
3.带孩子欣赏瓷器、钱币、碑志等展览，了解辽宁大地多民族融合统一的历史演进过程。

千山风景区 | 东北第一名山

千山风景区位于辽宁省中部，因由千座状似莲花的奇峰组成故而得名。这里分为大佛景区、仙人台、天上天、五佛顶、百鸟园五大景区，拥有奇峰、岩松、古寺庙、梨花四大奇观，自古就享有“关东第一名、山天成弥勒道场、东北道教圣地”之美誉。其中自然雕琢的千山大佛最为奇特；仙人台则是人们观日出、云海，闻松涛的最佳视点。

亲子信息

- 辽宁省鞍山市千山区千山镇
- 0412-5412121/5415004
- 旺季80元/人；淡季60元/人；仙人台30元/人
- 08:30~17:00
- （1）公交：北京、沈阳、大连、抚顺、辽阳等地均有车可到景区
  （2）自驾：沈阳市—沈海高速—千山西路—建国大道—鞍南大道—终点

亲子锦囊

1.带孩子欣赏天上天、七重天、天外天、望天蛙等，体验乘坐索道尽览千山景色的美妙；
2.带孩子登上仙人台，赏日出、观云海、瞰莲花、听松涛，感受大自然的神奇；
3.带孩子登上五佛顶参观普安观，春季参观桃花溪谷，体验置身仙境的美妙。

本溪水洞 | 世界第一长的地下充水溶洞

本溪水洞由水洞、温泉寺、汤沟、关门山、铁刹山、庙后山六个景区组成，是世界第一长的地下充水溶洞。洞内分为旱洞和水洞，旱洞长300米，洞穴高低错落，洞中有洞，曲折迷离，各有洞天，宛若龙宫仙境；水洞全长5800米，有玉米塔、玉象、雪山等奇景。

亲子信息

辽宁省本溪满族自治县小市镇谢家崴子村　0414-4891198
190元/人（可参加漂流）　08:30～16:00
（1）公交：本溪火车站有旅游专线直达
（2）自驾：沈阳市—丹阜高速公路—本溪市出口离开—本桓线—终点

亲子锦囊

1.带孩子欣赏宝莲神灯、出水芙蓉、鸳鸯剑、倚天长剑等景观，体验置身仙境的美妙；
2.带孩子参加太子河漂流，尽观两岸“芳草青青，落英缤纷”，体验冒险的刺激；
3.带孩子参观本溪地质博物馆，了解地球、生命、地质、矿产等方面的科普知识；
4.带孩子参观石佛、石龙岗、恐龙探秘、火山岩溶观赏区等，感受硅化木的神奇。

北普陀山风景名胜区 | 观音菩萨在北方显化的道场

北普陀山与南普陀山遥遥相望，距今已有1400多年的历史，是观音菩萨在北方显化的道场，被誉为“关外第一佛山”。这里山峦奇特壮观、峰石千姿百态、山泉翠柏掩映、峭壁古树悬挂，拥有“千年古洞”观音洞、滴水观音、观音圣境、佛祖堂、缅甸玉卧佛、石龙柱、五百罗汉坡等特色景点，是人们休闲旅游、户外健身的首选之地。

亲子信息

辽宁省锦州市锦州城西北7千米处　0416-8081810　50元/人　08:30～17:00
（1）公交：锦州火车站乘坐206路公交到终点王屯，原地换乘226路可以直达
（2）自驾：沈阳市—京哈高速—丹锡高速—阜锦高速—大锦线—松坡路—终点

亲子锦囊

1.带孩子参观大石棚洞、500罗汉、观音寺古洞、三清观等，领略佛教文化的独特魅力；
2.带孩子参观观音圣境、圆通宝殿等，欣赏滴水观音等，了解我国的观音文化；
3.带孩子朝拜道教六十甲子神，漫步二十四孝画廊，感受摩崖石刻文化的魅力。

北普陀山

吉林

JILIN

伪满皇宫博物院 | 清朝末代皇帝居住的伪满洲国宫殿遗址

伪满皇宫博物院是清朝末代皇帝爱新觉罗·溥仪当伪满洲国傀儡皇帝时居住的宫廷遗址，也是日本帝国主义武力侵占中国东北，推行法西斯殖民统治的历史见证。这里以中和门为界分为内廷和外廷，内廷是溥仪及其眷属的生活区，外廷是溥仪的政务活动区。

亲子信息

吉林省长春市光复北路5号　0431-82866611

80元/人　08:30~17:00（冬季到16：00）

（1）公交：乘坐80、264、225、114、256、276、287路等公交均可到达

（2）地铁：轻轨4号线至伪皇宫站下车

亲子锦囊

1.带孩子参观同德殿、缉熙楼、勤民楼、御花园等，了解末代皇帝的生活、工作情况；

2.带孩子参观博物院，欣赏奏折、布告、大典纪念章等，了解溥仪生平、伪满宫廷史；

3.带孩子参观东北沦陷史陈列馆，了解日本侵华的历史，激发爱国主义情感。

净月潭景区 | 被誉为“台湾日月潭的姊妹潭”

净月潭景区因筑坝蓄水呈弯月状而得名，山清水秀，被誉为“台湾日月潭的姊妹潭”。这里拥有森林浴场、鹿苑、东北虎园、净月湿地、观潭山等自然景观，还有净月女神广场、金代古墓、碧松净月塔楼、太平钟楼等人文景观。其中碧松净月塔楼是景区的标志性建筑，共有11层，每层各具特色，最高层为观景台，那里有两台高倍望远镜，可以观日出、日落。

亲子信息

吉林省长春市南关区净月大街5840号　0431-84511595

30元/人　08:00~21:00

（1）公交：乘坐102、103、120、160路等公交至净月潭或卫星广场站下车

（2）地铁：3号线轻轨至净月公园站下车

亲子锦囊

1.带孩子参观鹿苑、东北虎园、净月湿地、观潭山等，体验置身森林浴场的美妙；

2.带孩子登上观景台，通过高倍望远镜欣赏美景，观日出、日落，领略大自然的神奇；

3.带孩子乘坐游船欣赏湖光山色，体验水上摩托艇、火箭冲浪的乐趣；

4.冬季带孩子参观晶莹剔透的雪世界，体验滑雪的乐趣。

长白山景区 | 素有“千年积雪为年松，直上人间第一峰”的美誉

长白山位于吉林省东南部与朝鲜接壤的边陲地带，其主峰长白山海拔2691米，山上拥有众多的白色浮石与积雪，故而得名，素有“千年积雪为年松，直上人间第一峰”的美誉。这里拥有我国最大的火山口湖——天池、世界落差最大的火山湖瀑布、享有“神水之称”的长白山温泉、景色壮观的大峡谷、一线天上舍身佛等。7～9月是最佳游览季节，那时候的景区风光秀丽，景色迷人。若冬季来此可以看到天池全貌，还可以进行刺激的滑雪运动。

亲子信息

吉林省延边市安图县二道白河镇池北区　0433-5755168

125元/人　旺季07:00～17:00；淡季08:00～16:00

（1）乘车：北京、长春、延吉、沈阳、青岛及上海游客可乘飞机至长白山机场，再从池西区乘旅客快线抵达长白山；长春、丹东、通化的乘客可乘坐火车至白河站，然后乘坐汽车可到达

（2）自驾：长春市—抚长高速—G201—X122—图和线—长白山

亲子锦囊

1.带孩子从远处欣赏白色乳石和积石的山峰，感受“长相守，到白头”的景象；

2.带孩子从山脚至山顶，欣赏沿途原始美景，感受“一山有四季，十里不同天”之景；

3.带孩子泡温泉，登上山顶，俯瞰天池和十六峰，感受天山神水的神奇；

4.带孩子欣赏天池，欣赏云蒸霞蔚、瞬息万变的景色，体验置身仙境的美妙；

5.带孩子欣赏长白山瀑布，感受飞流直泻、长虹饮涧的气势；

6.带孩子欣赏谷底林海，漫步参天古木林，体验置身花海的浪漫；

7.冬季带孩子赏雪、滑雪，看雪雕，体验长白山独特的雪域风情。

长影世纪城 | 享有“东方好莱坞”之美誉

长影世纪城集好莱坞环球影城和迪士尼游乐园于一身，享有“东方好莱坞”之美誉。在此你在星际探险中可以观看电影；可以在非常实验室体验另类的勇敢者游戏；可以走进玛雅古城亲身体验火山爆发的刺激；可以读魔幻天书、看星夜明珠；可以在银河宫了解电影特技奥秘，触摸长影电影道具等。

亲子信息

吉林省长春市净月开发区长双公路4.5千米处

042184550888/84550999

4～10月 240元/人；11～次年3月 198元/人　09:00～16:30

（1）公交：市内乘坐62、102路公交到长影世纪城站下车

（2）地铁：轻轨3号线在长影世纪城站下车

亲子锦囊

1.带孩子观看4D电影《非常实验室》，体验超视觉感受和置身美国大片情景的刺激；

2.带孩子参观英雄秀场，了解飞车、爆炸、威亚等电影特技手段；

3.带孩子在伸手不见五指的巨大空间乘坐神舟号，体验惊心动魄的穿梭时空之旅。

长春世界雕塑公园 | 融汇当代雕塑艺术、展示世界雕塑艺术流派的主题公园

长春世界雕塑公园始建于2000年，占地约0.92平方千米，汇集了来自世界216个国家和地区、401位雕塑家的451件（组）雕塑作品，包括《思想者》《铁马金戈》《大江东去》《春之爱》《海花》，以及德国雕塑家迈希亚斯的《平安》和非洲马孔德木雕作品等，是一处融汇当代雕塑艺术、展示世界雕塑艺术流派的主题公园。

亲子信息

吉林省长春市人民大街9518号　0431-85670603　20元/人　08:00～17:00

公交：乘坐66、111、112、130、161、163等公交到雕塑公园站下车

亲子锦囊

1.带孩子欣赏国内最大的雕塑艺术馆——长春雕塑艺术馆，感受其新颖设计，独特造型；

2.带孩子欣赏来自坦桑尼亚、莫桑比克、马拉维、赞比亚等非洲东南部国家精美的非洲雕刻和绘画等艺术藏品，了解近50年非洲东部的现代艺术进程；

3.带孩子欣赏《思想者》、《青铜时代》、《巴尔扎克》，感受世界雕塑大师罗丹所表达的意境；

4.带孩子欣赏水瓶时代替代金鱼时代、骑熊的女孩、乐迷等，体验欧洲风格的视觉效果。

雾凇岛 | 中国四大自然奇观之一

每年冬天，吉林周围的树上都会结上厚厚的一层冰霜，形成雾凇现象，是中国四大自然奇观之一。雾凇岛因雾凇多且美丽而得名。这里地势比较低，松江环绕四周，冬季里几乎天天都有雾凇，有时候一连几天都不会掉落。其中曾通屯是欣赏雾凇最好的去处。每到冬季，那里的雾凇就像是梨花一样开满枝头，营造出一个晶莹剔透的童话世界，令人浮想联翩、流连忘返。

亲子信息

吉林省吉林市龙潭区乌拉街满族镇　0432-63588008　60元/人
06:30～17:00（每年12月到次年2月可以有幸看到雾凇）
自驾：长春市—长春绕城高速—珲乌高速—G202—终点

亲子锦囊

1.冬季带孩子欣赏雾凇，参加“雾凇冰雪节”，领略雾凇的独特魅力；
2.带孩子住传统民房，品尝清蒸白鱼、鹿茸三珍汤、人参鸡等菜品，欣赏松花湖浪木根雕、满族剪纸、吉林彩绘雕刻葫芦等手工艺品，感受东北的民风民俗。

松花湖风景名胜区 | 吉林省最大的人工湖

松花湖风景名胜区是吉林省最大的人工湖。这里水域辽阔、湖汊繁多，石壁挺拔、悬崖峻峭、千姿百态，分为东西两部分，其中东部设有各种疗养院，为疗养景区，西部为骆驼峰、凤舞池、五虎岛、卧龙潭、石龙壁等旅游区。在此，不论你是观赏珍稀名贵动植物，还是体验过山车、高空飞翔等游乐设施，抑或欣赏绮丽的自然山水风光，都是一种美的享受。

亲子信息

吉林省吉林市松滨路和吉丰东路交汇处东侧
0432-64698735　60～80元/人（含船费）　07:00～19:00
（1）公交：从吉林火车站前乘坐9路公交，或从市区桃园广场等乘坐33路公交可直达
（2）自驾：长春绕城高速—珲乌高速—吉林绕城高速—G202—X030—终点

亲子锦囊

1.带孩子泛舟百里湖，欣赏两岸的幽山、奇石，领略中国山水画般恬静的柔情；
2.带孩子参观五虎岛，体验大摆锤、翻江倒海、飞行岛、高空飞翔等游乐项目的刺激；
3.冬季带孩子滑雪，体验上山打猎或凿冰捕鱼的乐趣。

北大湖滑雪场｜我国规模最大、设备最先进、自然资源最好的滑雪场

北大湖滑雪场三面环山，雪场气温、雪情都好，同时辟有标准高山雪道、越野滑雪道、K90、K50米跳台、空中技巧台、冬季现代两项靶场等，是进行高山滑雪、越野滑雪、跳台滑雪、自由滑雪、现代两项及雪车、雪橇等雪上项目的理想场所。

亲子信息

吉林省吉林市永吉县五里河镇　0432-64823071

20元/人（含保险）；平时滑雪160元/2小时，240元/半天（含索道）

08:00～16:30

（1）公交：吉林客运中心乘坐直达北大湖滑雪场的中巴，约每人20元

（2）自驾：长春绕城高速—珲乌高速—吉林绕城高速—沈吉高速—S205—终点

亲子锦囊

1.带孩子参与滑雪运动，体验高山滑雪、越野滑雪、跳高滑雪、自由滑雪等项目的刺激；

2.带孩子乘坐安全可靠的滑道，体验在林海之中飞行的惊险与刺激。

拉法山国家森林公园｜以自然、生态、森林、红叶人文和谐为特色的森林公园

拉法山国家森林公园是一个以自然、生态、森林、红叶人文和谐为特色的森林公园。这里依托“长白山红叶”品牌，开发了秋天童话、山水画廊、关东九寨、关东奇山、森林浴场、小长白山等旅游景点，给人以无限的遐想。此外，拉法山的山腰上还有一座穿心洞，洞内平坦宽阔，可容纳千余人，东、南、西三面洞口都可以观日出、日落和云海。

亲子信息

吉林省蛟河市河北街世纪路106号　0432-67277299　50元/人　08:00～17:00

（1）公交：乘坐吉林至蛟河的长途汽车，再换乘蛟河至拉法山的专线小公交汽车

（2）自驾：长春市沿G12/珲乌高速向吉林、延吉方向行驶，从蛟河出口离开

亲子锦囊

1.带孩子欣赏九顶铁叉山、八宝云光洞、老熊观天等，体验插树岭漂流的刺激；

2.深秋带孩子参加红叶节，领略“霜叶红于二月花”的意境；

3.带孩子春季欣赏白雪皑皑的冰瀑，夏季踏水赏石，感受瀑布“飞流直下”之势；

4.带孩子欣赏如一柱擎天、灵芝菌集、高墙壁立的奇石，感受大自然的鬼斧神工；

5.带孩子泛舟湖上，体验在穿心洞观日出、日落、云海的豁达之感。

高句丽王城文化遗址 | 奴隶制国家高句丽王朝的遗迹

高句丽王城文化遗址是奴隶制国家高句丽王朝的遗址，包括国内城、丸都山城、14座王陵及26座贵族墓葬。其中国内城和丸都山城是高句丽早中期的都城；城外近7000座高句丽时代洞沟古墓群堪称东北亚地区古墓群之冠；好太王碑被称为“海东第一碑”。

亲子信息

吉林省通化市集安市将军路　0435-6262796　100元/人（联票）

（1）公交：通化客运老站有多次班车开往集安，票价20元/人

（2）自驾：长春市—抚长高速—营东高速—G303—吉林市—山城路—终点

亲子锦囊

1.带孩子参观将军坟、好太王陵、好太王碑、都山城等，了解高句丽社会生活的情况；

2.带孩子参观五盔坟5号墓，欣赏精美的壁画，感受“东北亚莫高窟”的独特魅力。

龙湾群国家森林公园 | 中国最大的火山口湖群

龙湾群国家森林公园位于长白山龙岗山脉的西南端，占地81.02平方千米，是我国最大的火山口湖群。这里地形复杂、地貌奇特，景色秀丽，分为“七湾、一瀑、两顶”十大景区，包括大龙湾、二龙湾、小龙湾、东龙湾、吊水壶瀑布、金龙顶子山和四方顶子山等。游人来此，春季可赏似锦繁花；夏季可感受吊水壶瀑布的凉爽宜人；秋季观醉人的红枫；冬季可看雾凇。

亲子信息

吉林省通化市辉南县金川镇三角龙湾景区

0435-8221067　120元/人　07:00~17:00

（1）公交：乘坐3、130、103、52、56、19、33路等公交均可抵达景区

（2）自驾：长春市—抚长高速—S302—柳抚线—驼靖线—终点

亲子锦囊

1.带孩子欣赏大龙湾、小龙湾、东龙湾等景点，了解火山地形地貌，增长地质知识；

2.带孩子春季欣赏蔚为绚丽的野生杜鹃，夏季欣赏飞流直下的瀑布，冬季观赏层林尽染的红色枫叶，冬季观赏大雾凇，领略“春赏百花秋望月，夏纳凉风冬听雪”的意境；

3.带孩子泛舟湖上，欣赏湖光山色，体味情与景的美妙。

向海国家级自然保护区 | 被誉为“丹顶鹤的故乡”

向海国家级自然保护区位于通榆县境内，是以保护丹顶鹤等珍稀水禽和蒙古黄榆等稀有植物群落为主要目的的内陆湿地与水域生态系统类型的自然保护区，被誉为“丹顶鹤的故乡”。这里拥有沙丘榆林、湖泊水域、蒲草苇荡、羊草草原四大生态景观，是鸟类的天堂。保护有东方白鹳、黑鹳、丹顶鹤、白鹤、白头鹤等野生动物，都是大自然的珍品。

亲子信息

吉林省白城市通榆县向海乡兴隆山镇西南2千米处

0436-4588557/4588392　30元/人　08:00～17:00

（1）公交：先坐车至通榆，再在通榆转乘直达向海的客车

（2）自驾：长春市—长春绕城高速—珲乌高速公路—X110—终点

亲子锦囊

1.带孩子欣赏千姿百态的蒙古黄榆、碧波粼粼的湖泊、风吹叠荡的苇塘、茫茫无际的草原，体验返璞归真的感觉；

2.带孩子观赏丹顶鹤、白鹤、白头鹤、白尾海雕等，感受雁鹅踏波之景象。

查干湖 | 全国十大淡水湖之一

查干湖环境优美、风光旖旎、资源丰富，盛产鲤鱼、鲢鱼、鳙鱼等。此外，查干湖还有着悠久的历史和灿烂的文明，其中青山头在旧石器时代晚期就有古人类居住；塔虎城是辽金古城；满蒙文碑则记载着“北部联姻，南部封王”政策。在此你可以泛舟垂钓；可以赏荷戏水；可以聆听悠扬的马头琴声；还可以品尝奶酒……

亲子信息

吉林省松原市源江东路1500号　0438-2605689　25元/人　08:00～18:00

（1）公交：在松原市乌兰大街梦巴黎门前，每天早上8点设发往景点的旅游专车

（2）自驾：长春市—长春绕城高速—珲乌高速公路—查干湖大路—终点

亲子锦囊

1.带孩子前往郭尔罗斯王府，参观民俗展厅，感受塞北名府的博大精深，豪华壮丽；

2.带孩子参观渔猎文化博物馆，了解查干湖畔先民们的生活方式，感受渔猎文化；

3.带孩子乘坐游艇，聆听百鸟争鸣，感受芦苇荡蔚为壮观的气势；

4.带孩子参加那达慕大会、祭火、祭敖包等节事活动，感受纯正浓郁的蒙古族风情；

5.冬季带孩子观看凿冰捕鱼的场景，感受冬日查干湖雄浑壮阔的风光。

阿拉底民俗村 | 吉林市最大的朝鲜族聚居地

阿拉底民俗村位于乌拉街满族镇，是吉林市最大的朝鲜族聚居地，是一处集民俗、休闲、观光于一身的文化娱乐景点。这里由大门景区、院落区、民宿区、商业街、文化广场、文体活动中心、农民新村等9个分区和基础设施体系及生态体系两个体系建设组成。在此，你可以品尝朝鲜特色美食、欣赏朝鲜族歌舞、住朝鲜族房屋、感受朝鲜半岛的建筑风情……

亲子信息

吉林省吉林市龙潭区乌拉街满族镇　0432-63326111　128元/人　全天

（1）公交：吉林市汽车站乘坐前往舒兰或缸窑的车，在前阿拉或后阿拉下车

（2）自驾：沿G202，过金珠收费站行至吉舒公路阿拉底路标左转按指示牌行驶

亲子锦囊

1.带孩子欣赏朝鲜族建筑，感受朝鲜半岛风格建筑艺术的独特魅力；

2.带孩子欣赏朝鲜族歌舞，体验荡秋千、射箭、摔跤、打打糕等民俗活动项目的乐趣；

3.带孩子品尝冷面、大酱汤、辣炒年糕等特色美食，感受原汁原味的朝鲜族文化。

北山旅游景区 | 一座景色秀美的园林公园

北山旅游景区位于吉林市城内，是一座景色秀美的园林公园。这里拥有划船湖、荷花湖、静水湖等湖泊，每到夏季绿荫蔽日，荷花盛开，一片“接天莲叶无穷碧，映日荷花别样红”的意境。此外，景区由关帝庙、药王庙、坎离宫、玉皇阁等寺庙组成的北山寺庙群也十分有名，其中玉皇阁是地势最高、建筑最雄伟的庙宇。

亲子信息

吉林省吉林市船营区福绥路　0432-5078553　10元/人　06:00~17:00

（1）公交：乘坐1、7、8、45路等公交均可到达

（2）自驾：长春市—长春绕城高速—珲乌高速公路—迎宾大道—越山路—终点

亲子锦囊

1.夏季带孩子赏荷、划船，感受“赏心最是荷塘月，暗渡歌声到水涯”的意境；

2.带孩子参加农历四月初八、四月十八、四月二十八的北山庙会，领略“千山寺庙甲天下，吉林庙会胜千山”的宏大规模；

3.冬季带孩子滑雪，体验爬犁道、雪地摩托等娱乐项目的乐趣；

4.带孩子参观北山鸟语林，欣赏广场鸽、非洲鸵鸟、黑天鹅等鸟类，领略大自然的美妙。

金沙峡谷漂流 | 吉林地区一级漂流场所

金沙峡谷漂流起于桦甸市北大杠，终于桦甸市金沙乡刘家屯，全程5千米，漂流区河宽30~60米，落差大，水流急，漂流时间为1.5~3小时，包括游码头、更衣室、摄影区等，是吉林地区一级漂流场所。在此，你乘着皮划艇在青山环绕的峡谷中顺流而下，欣赏蛤蟆石、银龙戏水、牛头崖等自然景观，感受乡村气息，释放情怀、洗刷烦忧，十分惬意。

亲子信息

吉林省桦甸市金沙乡刘家屯
0432-66841795/66841797/66841007　120元/人　09:00~16:00
（1）公交：从吉林乘车经五里河子、太平岭、地局子村到横道河子乡文华村码头
（2）自驾：长春走长吉高速到红旗街下高速、走丰满环城至旺起镇、常山、桦树、往金沙方向（注意路牌）到下游码头

亲子锦囊

1.夏季带孩子参加漂流活动，欣赏金龟过河、连心树等自然美景，感受乡村生活气息；
2.秋季带孩子欣赏漫山的红叶，领略“霜叶红于二月花”的情景。

朱雀山森林公园 | 位居吉林市四大名山之首

朱雀山又称老母猪砬子，因山上有一块形似老母猪的石头而得名。这里总占地56.62平方千米，最高峰海拔871米，由自然奇石观赏区、自然生态旅游区、人文观赏区、休闲娱乐区和运动体验区5大部分组成。在此，你可以欣赏蔚为壮观的森林景观；可以参加登山、滑雪、拓展等运动；还可以学习地质知识……

亲子信息

吉林省吉林市丰满区吉丰东路10千米朱雀山
0432-64781725　30元/人　07:00~18:00
（1）公交：吉林市内乘坐33路公车的专线小公共汽车可到达
（2）自驾：长春市走长吉高速公路，下高速后经越山路南下，过德胜路立交桥，经北大街至松江中路，过吉林大桥走吉林大街至吉丰东路10千米处

亲子锦囊

1.带孩子登山尽览千山秀水，参观菩提寺，体验打猎的乐趣；
2.冬季带孩子滑雪，尽享坐马爬犁、滑雪橇的乐趣。

长影世纪城

黑龙江
HEILONGJIANG

太阳岛

太阳岛风景区 | 中外驰名的避暑胜地

太阳岛风景区位于松花江北岸，与斯大林公园隔江相望。这里风景旖旎，水光潋滟，花木繁盛，拥有水阁云天、俄罗斯艺术展览馆、丁香山、本熊乐园等多处景点。每到夏季，湖内便荷花艳丽，灿若云霞，红松、樟子松、落叶松等乔灌木翠绿欲滴，浓荫匝地，是中外驰名的避暑胜地；到冬季雪漫冰封时，银装素裹，北国风光，分外妖娆，正是滑冰橇、乘冰帆、溜冰等江上冰雪娱乐活动进行的好时机，此外，这里还会举办闻名遐迩的哈尔滨雪雕游园会。

亲子信息

黑龙江省哈尔滨市太阳岛风景区临江街10号

0451-88191777　　30元/人　　08:00~18:00

（1）公交：哈尔滨市里乘坐旅游观光巴士12号、29、80、85、88路等公交均可到达

（2）自驾：哈尔滨市—江湾路—松北大道—过太阳石160米后即可到达

亲子锦囊

1.带孩子欣赏俄罗斯当代油画、版画、雕塑和民间、民俗艺术珍品，参观俄罗斯皇家金色剧院，漫步俄罗斯风情小镇，品尝俄罗斯特色美食，体会醇厚的异域文化神韵；

2.带孩子参观于志学美术馆，欣赏于志学先生的艺术作品，领略冰雪山水画的魅力；

3.带孩子漫步景观大道，感受“路在林中，人在景中，情融境中”的意境；

4.带孩子欣赏萨满神鼓、太阳神柱、马鹿巨角等民艺精品，了解北方古老民族文明；

5.带孩子参观花卉园、丁香园、鹿苑等，体验与鹿、松鼠、天鹅等近距离接触的乐趣；

6.夏季带孩子去阳光浴场，感受昔日原始的自然风貌和“三野”风情；

7.冬季带孩子参加雪雕艺术节，欣赏冰雪世界迷人的景色，体验置身童话世界的浪漫；

8.带孩子参观东北抗联纪念园，了解抗日战争的历史，激发孩子的爱国主义热情；

9.带孩子参观水阁云天、太阳瀑布等景点，感受欧式建筑的美丽，体验置身仿自然溶洞的美妙。

五大连池风景区 | 被誉为“打开的火山教科书”

五大连池是由于火山爆发堵塞河道而形成的火山景观，五个火山堰塞河形如一串珍珠状自南向北，池池相连，故而得名，是世界上现存最完整、分布最集中的火山地貌，被誉为“打开的火山教科书”。在此，你可以参观龙门石寨，想象火山爆发时石块、岩浆飞腾翻滚的场景；可以漫步冰洞、地下冰河、仙女宫等，体验置身仙境的美妙；还可以参加五月初三至初五的中国火山圣水节，体验抢零点水、放河灯、踏青等活动的乐趣。

亲子信息

黑龙江省黑河市五大连池风景区
0456-7222221
300元/人
08:00~17:00
（1）公交：哈尔滨道外承德广场客运站每天12点发车直达五大连池
（2）自驾：哈尔滨市—鹤哈高速公路—绥北高速公路—前嫩高速公路—终点

亲子锦囊

1.带孩子登上药泉山，参观火山第一寺——钟灵寺，品尝圣水，饱览五大连池景区全貌；
2.带孩子登上老黑山顶或驻足水边临风远眺，感受壮观雄浑、分布神奇的火山格局；
3.带孩子参观龙门石寨，欣赏熔岩奔流时涌起的石柱和石块，感受火山爆发的强大力量；
4.带孩子参观火烧山，欣赏炉灰渣、火山弹及火红的洼地，领略火山喷发遗迹的魅力；
5.农历五月初三至初五带孩子参加火山圣水节，欣赏圣水女神花车巡游，参与抢零点水活动，祈求一整年的平安和幸福；
6.带孩子去长寿园、山泉园，尽享泉水浴、日光浴的舒适。

镜泊湖风景名胜区｜万里长城最有名的一段

镜泊湖曾是牡丹江上游的古河道，由火山喷发而形成，是我国北方最著名的风景区和避暑胜地，被誉为“北方的西湖”，是世界上最大的高山堰塞湖。这里共分为四个湖区，自西南向东北走向，整个景区花红水碧、鱼跃鸟飞，一片自然的天姿美色。除了镜泊湖，这里还有气势雄浑的吊水楼瀑布、奇丽壮观的地下森林、迷雾重重的渤海古国遗址等景点。

亲子信息

黑龙江省牡丹江市西三条路190号
0453-6996683　20元/人　06:00～18:00
（1）公交：在牡丹江火车站前乘坐旅游专车前往，行程约2小时
（2）自驾：哈尔滨市—绥满高速—三道互通—鹤大高速—杏镜公路—终点

亲子锦囊

1.带孩子参观熔岩隧道、夏季仍然可以观看到冰景，体验雾气缭绕、幽深而神秘的意境；
2.带孩子参观地下森林，观看红松、紫椴、黄菠萝等，以及奇岩怪石构成的各种奇观；
3.带孩子乘坐游船观赏湖光山色，领略吊水楼瀑布飞泻而下震声如雷、磅礴的气势。

汤旺河石林旅游风景区｜被称为“树木的王国，植被的天堂”

汤旺河石林旅游风景区属于小兴安岭山脉，形成于古生代末期，以稀有的花岗岩石林地貌景观和完善的原始生态为特色，植被繁茂，山色葱翠，包括云杉、冷杉、落叶等多种珍贵树种，以及三棵针、五味子、刺五加等植被，被誉为“树木的王国，植被的天堂”。

亲子信息

黑龙江省伊春市汤旺河区东风大街102号
0458-3536201　90元/人　08:00～17:30
（1）公交：伊春市火车站打车前往即可
（2）自驾：哈尔滨—鹤哈高速公路—S204—伊春市内—汤旺河石林旅游景区

亲子锦囊

1.带孩子参观石林峰、一线天、绝处逢生、斗金石等景观，感受花岗岩的独特魅力；
2.带孩子欣赏观音山、玛瑙、水晶、孪生树、夫妻树等，感受大自然的鬼斧神工；
3.夏季带孩子漂流、垂钓、原始林探险等，感受“山行本无雨、空翠湿人衣”的意境。

哈尔滨中央大街 | 被誉为“东北一街”

哈尔滨中央大街始建于1898年，全长1450米，是目前亚洲最大最长的步行街，被誉为“东北一街”。这条街上铺满了条石，两边汇集了71栋文艺复兴、巴洛克、折中主义等多种艺术风格的建筑，颇具异域风情。没有去过莫斯科、巴黎、罗马的人们可以通过中央大街两旁鳞次栉比的西洋建筑尽情领略欧洲独特的建筑风格特色。

亲子信息

黑龙江省哈尔滨市道里区　免门票　全天开放

公交：市区可乘坐1、2、8、12、13路等公交到中央大街或友谊路下车

亲子锦囊

1.带孩子漫步大街，欣赏两边的西洋建筑，了解欧洲最具魅力的近300年文化发展史；

2.冬季带孩子在街头欣赏雪雕、冰雕等艺术作品，感受冰城哈尔滨的独特魅力。

黑龙江省广播电视塔（龙塔） | 亚洲第一钢塔

龙塔位于哈尔滨高新科技开发区，高336米，是世界第二、亚洲第一的钢塔，是哈尔滨标志性景观。它设计精巧，每一处都有亮点，每一个角落都有自己独特的魅力。游人在此可以尽情吃喝玩乐。其中恐龙展、动感4D影院、动手乐园、炎黄子孙圣坛、181米云中漫步惊险环、186米空中飞碟餐厅、190米室外观光平台、203米金源文化展等更是不容错过。

亲子信息

黑龙江省哈尔滨市经济开发区长江路178号

0451-82368859　通票150元/人　09:00~21:00

（1）公交：哈尔滨市内乘坐7、71、112、204路等公交可到达

（2）自驾：哈尔滨火车站—红军街—中山路—中宣街—长江路—终点

亲子锦囊

1.带孩子参观科技乐园活动区，在MTV摄影录音棚圆五彩明星梦，领略高科技的魅力；

2.带孩子乘坐透明电梯，体验急速攀升的惊险与刺激；

3.带孩子登上181米处的观光层，欣赏高空美景，体验在透明玻璃钢地板上漫步的刺激。

扎龙自然保护区 | 我国的第一个水禽自然保护区

扎龙自然保护区位于齐齐哈尔市区东南27千米处，面积2100平方千米，是我国的第一个水禽自然保护区，也是我国北方同纬度地区保留最完善、最原始、最开阔的湿地生态系统。这里风景优美，芦苇茂密，鱼虾鲜肥，风光旖旎，约有鸟类248种，包括丹顶鹤、白枕鹤、白鹤、白头鹤等国家级保护动物，被誉为“鸟和水禽的天然乐园”。

亲子信息

- 黑龙江省齐齐哈尔市东南26千米处，乌裕尔河下游
- 0452-2441346　50元/人　08:00～16:00
- （1）公交：齐齐哈尔乘坐中巴车直接到达
  （2）自驾：哈尔滨市—绥满高速公路—扎龙自然保护区

亲子锦囊

1. 4～5月或8～9月带孩子来此观赏两三种珍禽，感受遮天蔽地，蔚为壮观的景象；
2. 8月1日带孩子参加观鹤节，体验拥抱丹顶鹤、白头鹤等国宝级动物的乐趣；
3. 带孩子观看鹤的录像电影，登楼尽览湿地景观，捕捉林栖鸟类和草原旷野鸟的身影。

哈尔滨极地馆 | 世界首座极地演艺游乐园

哈尔滨极地馆位于太阳岛风景区入口处，是中国第一家以极地动物娱乐表演为主题的极地馆，也是世界首座极地演艺游乐园。在此，你可以欣赏中国第一美女驯养师与白鲸米拉共同演绎的《海洋之心》；可以观看快乐天使——世界首只诞生于内陆城市的南极企鹅曼波；可以看到北极熊兄弟堂吉与诃德的搞怪表演，以及俄罗斯小海象伊诺与伊娃的搞笑演出……

亲子信息

- 黑龙江省哈尔滨市太阳岛风景区内
- 0451-88191869/88190909　130元/人　09:00～17:00
- （1）公交：哈尔滨市里乘坐旅游观光巴士12号，29、80、85、88路等公交均可到达
  （2）自驾：哈尔滨市—江湾路—松北大道—过太阳石160米后即可到达

亲子锦囊

1. 带孩子欣赏《海洋之心》《天使之吻》《天使光环》表演，增强孩子保护动物的意识；
2. 带孩子欣赏《疯狂海狮总动员》《憨逗海狮》，体验海狮王国火辣辣的热情和幽默；
3. 带孩子欣赏《北极熊情景剧》、鳐鱼表演、海豹训练堂等，领略企鹅的独特魅力。

哈尔滨游乐园｜黑龙江省规模最大的现代化露天游乐园

哈尔滨游乐园始建于1958年，原名“哈尔滨市文化公园”，占地0.23平方千米，是黑龙江省规模最大的现代化露天游乐园。这里由欢动世界、欧美动感地带、西部探险等部分组成，包括占地2万多平方米的戏水休闲广场、东北三省最大的“钢之龙”悬挂过山车、国内第一部旋转式自由落体、国内最先进的双层旋转木马、甜蜜风暴、玛雅飞轮等，是人们体验惊心动魄的游乐项目的理想之所，是领略北方欧陆风情的现代花园式主题公园。

亲子信息

黑龙江省哈尔滨市南岗区东大直街1号　0451-82525216/82542149

5元/人，游乐一卡通：A 130元/人；B 90元/人；C 100元/人；D 50元/人

08:30～17:00

（1）公交：哈尔滨市内乘坐3、6、14、25、52、53路等公交均可到达

（2）自驾：南岗区宣化街—南通大街向右转1.2千米—在延平街处掉头

亲子锦囊

1.带孩子参加摇头飞椅、三环原子滑车、勇敢者转盘、疯狂列车等，体验惊险与刺激；

2.带孩子欣赏花坛、座椅、园灯、建筑等，感受置身童话世界里的浪漫；

3.带孩子乘坐世界第六高、中国第一高的巨型摩天轮，将“东方小巴黎”美景尽收眼底。

森工雪乡旅游区｜素有“中国雪乡”美称

牡丹江森工雪乡旅游区雪期长达7个月，降雪频繁，积雪量堪称中国之最，且雪质好、黏度高，素有“中国雪乡”的美誉。在此，你可以参加滑雪、高山雪橇、马拉爬犁、雪雕城、雪迷宫等戏雪活动；可以参观由土匪窝、跑马场、木屋等构成的雪乡影视城；还可以欣赏雪蘑菇、雪蛋糕等雪景。

亲子信息

黑龙江省牡丹江市海林县长汀镇双峰林场

0453-7550244　80元/人　全天开放

（1）公交：牡丹江客运站乘坐开往宁安的大巴，至宁安后乘坐到景区的专线游客车

（2）自驾：哈尔滨到牡丹江的高速在亚布力出口出—亚布力—亚雪公路—雪乡

亲子锦囊

1.带孩子赏雪，体验滑雪、滑梯、高山雪橇、雪迷宫等娱乐项目的乐趣；

2.带孩子徒步穿越雪乡，体验置身冰雪世界的美妙；

3.带孩子在羊草山看日出，领略北国第一缕朝阳的魅力；

4.带孩子观看土匪窝、木屋等景点，体验置身《闯关东》《北风那个吹》影视作品情节中的奇妙。

漠河北极村 | 有“北极村”“不夜城”之称

漠河北极村位于中国最北部边陲小村里，有“北极村”“不夜城”之称，是全国观赏北极光和白夜胜景的最佳之处。每到夏至前后，这里有近20小时可以见到太阳，即极昼现象。如果幸运的话还可以见到绚丽多姿、异彩纷呈的北极光。此外，冬季时节，还可以参加江边冰上活动、水上乐园活动、赛马场活动、淘金区淘金等乐趣十足的活动。

亲子信息

黑龙江省大兴安岭地区塔河县漠河镇，北极村最北部

0457-2887171　60元/人　全天开放

（1）公交：在漠河县城西林古镇有班车可直达

（2）自驾：哈尔滨—鹤哈高速公路—绥北高速公路—黑吉高速公路—S209—终点

亲子锦囊

1.带孩子在黑龙江探源、观赏异国风情、江边垂钓等，领略北极光和白夜胜景的神奇；

2.冬季带孩子参加冰上运动，体验水上乐园、赛马、淘金等活动的独特乐趣。

东北虎林园 | 我国东北地区最大的东北虎繁育、山林散养基地

东北虎林园始建于1997年，占地面积38.7万平方米，是我国东北地区最大的东北虎繁育、山林散养基地。这里属温带冬季性气候，沟谷两岸水草丰美，地理环境和自然条件非常适宜东北虎的栖息和繁殖。景区有猛虎园、幼虎园、科普馆、珍稀动物观赏区、大型动物表演场、二级动物区、熊池、鹿园8个景点，是人们旅游、休闲、避暑度假的理想之所。

亲子信息

黑龙江省牡丹江市海林市横道河子镇原哈绥301国道210千米处

0453－7582238　40元/人　08:30～17:00

（1）公交：在牡丹江市火车站乘坐出租车可到达

（2）自驾：哈尔滨市—绥满高速公路—横道河子公铁1号桥离开—终点

亲子锦囊

1.带孩子参观东北虎、非洲狮子、狮虎兽、白虎等，一睹东北虎兽中之王的风采；

2.带孩子乘车观赏猛虎园，领略虎牛相斗、群虎扑食的惊险与二虎相争的刺激；

3.带孩子参观科普展览馆，了解东北虎的相关知识；

4.带孩子观看东北虎、狮子、熊等动物跳火圈、滚大球、玩吊环等表演，感受人口叼肉喂虎表演的惊险与刺激。

黑宝熊乐园水上大世界 | 世界最大的养熊基地

黑宝熊乐园水上大世界位于牡丹江国家级森林公园三道关内，占地60万平方米，共饲养黑熊、棕熊2000余头，是世界最大的熊科动物饲养、繁育及观展基地。在此你可以欣赏人骑车、熊拉车；人蹬缸、熊踩球；人柔术、熊障碍等表演，还可以在高空水上滑梯、激越冲浪池、儿童组合滑梯、熊掌湖、戏水游船区等区域尽情享受亲水的乐趣。

亲子信息

- 黑龙江省牡丹江市爱民区三道关
- 0453-8105496
- 35元/人；表演票60元/人
- 08:00～17:00
- （1）坐车：在牡丹江市火车站乘坐出租车可到达
  （2）自驾：哈尔滨市—绥满高速公路—G301—西地明街—中华路—终点

亲子锦囊

1.带孩子欣赏熊打拳击、打篮球、走钢丝、掰苞米等表演，感受人熊共舞、同台献艺的和谐；

2.带孩子参加高空水上滑梯、激越冲浪、碧波泛舟等亲水娱乐项目，体验斜倚雕栏、喂鱼赏鱼、闲走彩云桥、戏玩踏水坝的乐趣。

柴河九寨风景区 | 素有“北国小九寨”之美称

柴河九寨风景区内石峰秀丽，奇松怪石遍布，清澈见底的金溪谷和银溪谷，终年流水不息，落差较大，多处跌水而形成我国东北罕见且壮观的九叠泉瀑布群，素有“北国小九寨”之美称。这里除了水帘洞、情侣峰、仙人洞、九天瀑布、醉仙桥、日潭等旖旎的自然美景，还辟有水上乐园、森林观光小火车、民俗群寨等游乐项目。

亲子信息

- 黑龙江省牡丹江市海林市柴河林业
- 0451-53848837
- 70元/人
- 08:00～16:00
- （1）公交：火车站有前往景区的旅游车，或者有去景区所在地——柴河的客车
  （2）自驾：哈尔滨市—绥满高速公路—鹤大高速公路—柴河出口—终点

亲子锦囊

1.带孩子欣赏九叠泉瀑布群、情侣峰、仙人洞等，拥抱大自然，探秘大森林，放松心情；

2.带孩子参加四彩滑梯、巨兽碗、儿童乐园、大喇叭、高速滑梯等，尽享亲水乐趣；

3.带孩子参观杨子荣牺牲地、周保中“将军洞”等红色旅游景点，体验北国第一漂的惊险与刺激。

明月岛风景区 | 一座四面环水的江心岛

明月岛风景区因形同一弯明月倒映在嫩水之上而得名。这里四面环水，岛上绿树环绕，动物种类繁多，建筑布局严谨，风格奇特，分为中心游览区、森林区、北方园林植物园、园林生产区、体育活动区等，其中万善寺是最为突出的仿古建筑群。在此，你可以欣赏美景，还可以乘船游江、野餐露宿。

亲子信息

黑龙江省齐齐哈尔市区西北约7千米的嫩江中游
0452-2711505　40元/人　08:00~17:00
（1）公交：市内乘坐6路公交至明月岛码头，转乘开往明月岛的交通船
（2）自驾：哈尔滨市—绥满高速公路—展北公路—健康街—新江路—终点

亲子锦囊

1.春夏时节带孩子欣赏灰喜鹊、鹞鹰、江鸥等数十种鸟类在林中竞飞的壮观场景；
2.带孩子乘坐“六一”号小火车，游览明月岛，感受嫩江两岸多元民俗风情；
3.冬季带孩子来此滑雪，尽情体验置身晶莹剔透、满目银白的冰雪世界的乐趣。

哈尔滨建筑艺术馆 | 展示城市历史文化和建筑艺术的专业展馆

哈尔滨建筑艺术馆由圣·索菲亚大教堂、犹太新会堂和建筑艺术广场三部分组成。其中圣·索菲亚大教堂始建于1907年，为拜占庭式建筑风格，是哈尔滨著名的标志性建筑；犹太新会堂始建于1918年，建筑面积2400平方米，是中国现存最大的犹太教堂；建筑艺术广场汇集了欧式景观建筑、音乐喷泉、可升降的欧式“灯台”、大功率造雪机等为一体的综合性广场。

亲子信息

黑龙江省哈尔滨市道里区透笼街88号
0451-84686904　25元/人　08:30~17:00
公交：市内乘坐116、201、65、13路区间等公交均可到达

亲子锦囊

1.带孩子欣赏圣·索菲亚大教堂，参观《哈尔滨老照片展》《馆藏艺术馆品展》，感受拜占庭式建筑风格艺术的独特魅力，了解沙俄入侵东北的历史；
2.带孩子欣赏钢构塔廊、凯旋门等，冬季还可以领略独一无二的“雪泉”胜景的魅力。

上海
SHANGHAI

上海科技館

citi

东方明珠广播电视塔 | 上海的地标之一

东方明珠广播电视塔位于黄浦江畔，总高468米，是亚洲第二、世界第五的高塔，是上海的地标之一。它由11个大小不一、错落有致的球体从上至下串联而成，展现了一种“大珠小珠落玉盘”的如梦意境。这里拥有世界第一座360度全透明的三轨观光电梯，可以让人们全方位体会现代科技带来的超视觉享受；267米处的空中旋转餐厅，每两小时转一圈，让游客一边享受美味，一边360度俯瞰整个上海滩的美丽景色。

亲子信息

上海市浦东新区世纪大道1号　021-58791888

A票：220元 太空舱+上球体+下球体（含一项目+陈列馆）；B票：160元 上球体+下球体（含一项目）+陈列馆；C票：120元（上球体+陈列馆）

08:30～21:30；空中旋转餐厅 午餐：11:00～14:00，晚餐：17:00～21:00

（1）公交：乘坐81、774、939路、蔡陆专线，陆家嘴金融城1路等公交在陆家嘴环路丰和路下车，步行即到

（2）地铁：2号线地铁陆家嘴站1号出口，沿世纪大道徒步约1分钟

亲子锦囊

1.带孩子参观351米高的太空舱，在神秘的太空舱中探寻宇宙的奥秘；

2.带孩子参观高263米主观光层，全方位欣赏上海城市美景；

3.带孩子漫步259米高的全透明观光廊，体验空中漫步的惊险与刺激；

4.带孩子搭乘360度全透明的三轨观光电梯，俯瞰黄浦江迷人的景致；

5.晚上携孩子去空中旋转餐厅享受顶级的美食，领略大上海最绚烂夜景的独特魅力；

6.带孩子参观上海城市历史发展陈列馆，回顾上海百年历史发展的足迹。

上海野生动物园｜中国首座国家级野生动物园

上海野生动物园饲养了代表性和珍稀动物200多种上万只（头）。人们在动物表演场馆可观看动物运动会、动物时装秀、新春大联欢等节目；在猛兽区可目睹威猛的狮、虎生活在野生状态；在食草区可见到麋鹿、羚羊、亚洲象；在圈养动物区可以见到大熊猫、金丝猴等。

亲子信息

上海市浦东新区南六公路178号　　021-61180000

130元/人　　3～11月 08:00～17:00；12月～次年2月 08:30～16:30

（1）公交：乘惠莘线、南新专线、张南专线在上海野生动物园站下车，步行即到

（2）自驾：市区—南浦大桥—龙阳路—罗山路—外环线（A20公路）—迎宾大道（A1公路）—南六公路

亲子锦囊

1.带孩子欣赏动物迎宾、海狮表演、群狮群虎表演、跑狗跑马表演等，体验无穷乐趣；

2.带孩子乘车参观猛兽区，欣赏猎豹、非洲狮、猛虎等，了解它们最原始的生活状态。

上海科技馆｜一座现代化的科技殿堂

上海科技馆是一座现代化的科技殿堂，分天地馆、生命馆、智慧馆、创造馆、未来馆5个主要展馆和临时展馆，同时设有地壳探秘、生物万象、智慧之光、视听乐园、设计师摇篮、儿童科技园7个展区和巨幕影院、球幕影院、四维影院、太空影院等设施。

亲子信息

上海市浦东新区世纪大道2000号（地铁2号线上海科技馆站）

021-68542000/68622000　　全票60元/人，学生票45元/人

09:00～17:15（周一闭馆，国家法定假日除外）

（1）公交：市内乘坐983、987路等公交在世纪大道丁香路站下车，步行可到达

（2）地铁：2号线地铁上海科技馆站7或8号出口，出站即到

亲子锦囊

1.带孩子参观地壳探秘展区，体验地震历险，领略火山景观，了解地球的运动规律；

2.带孩子参观“机器人世界”展区，体验和机器人对弈、比赛射箭的乐趣；

3.带孩子参观彩虹儿童乐园、探索者长廊、古代科技长廊等，享受快乐的科学之旅。

金茂大厦88层观光厅 | 上海第三高楼

金茂大厦高420.5米，分为地上88层，地下3层，是目前上海第三高楼。其中88层观光厅的面积为1520平方米，是目前国内最高、最大的观光厅，可同时容纳1000多名游客。另外还有两部速度为9.1米/秒的观光电梯，能在45秒内将游客从地下一层送至观光层。

亲子信息

上海市浦东新区世纪大道88号金茂大厦88层
021-50475101/50476688　成人100元/人，学生70元/人　08:00~21:30
（1）公交：乘坐82、85、583路等公交至陆家嘴站下车，步行可到达
（2）地铁：2号线地铁陆家嘴站5号出口，徒步约15分钟可到达

亲子锦囊

1.带孩子乘坐观光电梯，体验速度与激情；
2.带孩子漫步88层观光厅，体验“落霞与孤鹜齐飞，秋水共长天一色”的精妙；
3.带孩子在中国最高的“空中邮局”给亲朋好友寄上一张明信片，捎去空中的祝福。

上海外滩 | 享有“万国建筑博览群”的美誉

上海外滩位于黄浦江畔，全长1.5千米，西侧汇集了哥特式、中西合璧式、罗马式、巴洛克式等风格的建筑52幢，享有“万国建筑博览群”的美誉。在此，游人可以了解外滩对上海及中国的影响；可以领略万国建筑艺术风格的魅力；可以欣赏夜景，感受其刚健雄浑、雍容华贵的气魄；还可以乘坐观光隧道，体验从地心到宇宙的惊险与刺激。

亲子信息

上海市黄浦区黄浦江畔　021-53080529
景区门票免费，观光隧道单程40元/人，双程50元/人
外滩全天开放，观光隧道5~10月：19:00~22:30；11月~次年4月：17:00~22:00
（1）公交：乘坐868、921、37路等公交均可到达景区
（2）地铁：2号线地铁南京东路站2号出口，沿南京东路左转至中山东一路

亲子锦囊

1.带孩子欣赏外滩十八号、汇丰银行大楼、上海大厦等，领略万国建筑艺术风格的魅力；
2.带孩子穿越观光隧道，体验置身浩渺星际间的神奇与刺激；
3.夜晚带孩子欣赏夜景，感受置身五彩斑斓的光影世界的美妙，切身感受上海的繁华；
4.带孩子参观黄浦公园、外白渡桥、瀑布钟、城市雕塑群等，了解上海的百年历史。

南京路步行街 | 上海最著名的商业街

南京路步行街东西两端均有一块暗红色大理石屏，上面是江泽民同志题写的“南京路步行街”6个大字。这里以一条“金色之带”为主线，串联起座椅、购物亭、花坛、垃圾桶等城市公共设施。南京东路则汇集了众多老字号，包括老大房、张小泉、吴良才、亨得利等。

亲子信息

上海市黄浦区南京东路(河南中路—西藏中路)　021-53531119/63526638

免费（步行街观光车票20元/人）　全天开放（观光车营业时间：08:30～22:30）

（1）公交：乘坐14、20、37路等公交及春秋都市观光旅游1线均可到达

（2）地铁：1号、8号线人民广场站；2号、10号线南京东路站出即可到达

亲子锦囊

1.带孩子乘坐观光车，沿途赏景，感受穿梭于电影情节中的浪漫；

2.带孩子逛老大房、蔡同德、张小泉等特色店铺，了解老上海的特色文化；

3.夜晚带孩子欣赏南京路夜景，感受东方宝鼎和音乐喷泉静动相宜的浪漫；

4.带孩子品尝新雅的广式点心、燕云楼的片皮鸭、沈大成的糕点等，了解上海美食文化。

上海杜莎夫人蜡像馆 | 全世界水平最高的蜡像馆之一

上海杜莎夫人蜡像馆是全世界第六座杜莎夫人蜡像馆，也是全世界水平最高的蜡像馆之一，以恐怖屋最为出名。这里由三层楼及地下室组成，共分为四个展览层。其中的蜡像既有政治人物；也有乐坛人物，包括刘德华、周杰伦、邓丽君、梅艳芳等；还有体坛明星姚明、刘翔、大卫·贝克汉姆等；更有皇室名人戴安娜王妃等。

亲子信息

上海市黄浦区南京西路2-88号新世界10楼　021-63587878

成人150元/人；学生110元/人；儿童（1.3米以下）90元/人

10:00～22:00（售票至21:00）

（1）公交：乘坐18、20、37路等公交到人民广场站下车

（2）地铁：1、2、8号线地铁人民广场站下车，5、6、7或19号出口出

亲子锦囊

1.带孩子和比尔·盖茨、李小龙、姚明、刘翔、林丹等“名人”照相；

2.带孩子参加“植发大赛”、与“明星”对歌、拍电影、打篮球等活动，体验无穷妙趣；

3.带孩子学习如何制作蜡像，体验以自己为模本制作蜡像的乐趣；

4.带孩子参观恐怖屋，领略幽灵出其不意地从身边飘过的惊险与刺激。

上海博物馆 | 大型的中国古代艺术博物馆

上海博物馆馆藏文物12万件，包括玉牙器、竹木漆器、甲骨、玺印、少数民族工艺等21个门类，其中尤以青铜器、陶瓷器、书法、绘画为特色，包括唐孙位《高逸图》、五代董源《夏山图》、南石刻、金铜佛像、中国古币等，是名副其实的文物界“半壁江山”。

亲子信息

上海市黄浦区人民大道201号　021-63723500

20元/人，套票：60元/人（提供多种语言导览设备）

09:00～17:00（入场至16:00）

（1）公交：乘坐82、85、583路等公交至陆家嘴站下车

（2）地铁：2号线地铁陆家嘴站下车，5号出口出，徒步约15分钟可到达

亲子锦囊

1.带孩子参观古代青铜馆、古代雕塑馆、古代陶瓷器馆等，感受中国文化的独特魅力；

2.带孩子参观中国明清家具馆，置身明清士大夫家中书房的情景中，生动有趣。

豫园 | 素有“奇秀甲江南”之誉

豫园位于上海老城厢东北部，始建于明嘉靖年间，占地2万平方米多，拥有三穗堂、大假假山、铁狮子、快楼、得月楼、古戏台等亭台楼阁，以及假山、池塘等40余处古代建筑，布局细腻精巧，整体风格清幽秀丽，玲珑剔透，素有“奇秀甲江南”之誉。

亲子信息

上海市黄浦区安仁街137号　021-63260830

旺季（4～6月和～11月）全票40元/人；淡季30元/人

08:30～17:00

（1）公交：乘坐11、26、64路等公交在新北门站下车

（2）地铁：10号线地铁豫园站下车

亲子锦囊

1.带孩子参观鱼乐榭、九曲桥，体验喂食游鱼的乐趣；

2.带孩子参加农历四月下旬的兰花会，农历九、十月份的菊花会，普及花卉知识。

城隍庙·上海老街 | 老上海旅游、购物、休闲的集散地

城隍庙包括霍光殿、甲子殿、财神殿、慈航殿、城隍殿、娘娘殿、父母殿、关圣殿、文昌殿9个殿堂，是上海重要的道教宫观。豫园、城隍庙、老街是在一个旅游区的三个独立的景点，是老上海旅游、购物、休闲的集散地。

亲子信息

上海市黄浦区方浜中路(人民路至河南南路)

城隍庙021-63284494；老街021-63281796　　城隍庙10元/人；老街免费

城隍庙08:00～16:30，农历初一、十五05:00～16:30；老街约08:30～21:00

（1）公交：乘坐11、64、66路或轨道交通9号线等公交在小南门站下车

（2）地铁：9号线地铁在小南门站下车，1号口出，出站后步行约1千米即到

亲子锦囊

1.带孩子逛城隍庙，欣赏明代建筑艺术，感受城隍庙独特的文化底蕴；

2.带孩子欣赏20世纪二三十年代上海的老画像、旧式旗袍、洋油灯，感受老上海风情；

3.带孩子逛童涵春、老同盛、万有全等百年老店，体验置身旧上海繁华都市的美妙；

4.带孩子品尝排骨年糕、蟹黄汤包、南翔馒头等特色小吃，感受舌尖上的上海。

上海人民广场 | 上海最为重要的地标之一

上海人民广场是上海最为重要的地标之一。广场北侧是上海市人民政府，西北是上海大剧院、东北是上海城市规划展示馆，南侧是上海博物馆，地下还有大型商场，包括著名的香港街，是人们来沪旅游不可错过的景点。

亲子信息

上海市黄浦区南京西路231号　　021-63271071

免费，城市规划展示馆30元/人　　06:00～18:00

（1）公交：市内乘坐 802、930路、隧道三线等公交在人民广场站下车

（2）地铁：1、2、8号线地铁人民广场站车下，9、10、16、17或18号出口出

亲子锦囊

1.带孩子参观城市规划展示馆，了解上海城市的昨天、今天、明天；

2.带孩子参观茶馆、老虎灶、咖啡馆、石库门客堂间等，体验置身老上海城区的美妙；

3.带孩子参观大剧院，欣赏交响乐、话剧、歌剧等，陶冶情操；

4.带孩子欣赏五卅运动纪念碑、瞻仰张思德塑像，了解五卅运动历史事件；

5.夏季带孩子赏荷花，体验西池观鱼的乐趣。

世纪公园｜享有“假日之园”的美誉

世纪公园是一处生态型的城市公园，以草坪、森林、湖泊为主体，建有乡土田园区、湖滨区、树林草坪区、鸟类保护区、异国园区和迷你小高尔夫球场等7个景区，以及世纪花钟、镜天湖、大喷泉、绿色世界浮雕等53个景点，享有“假日之园”的美誉。其中草坪区又按照四季交替分为春、夏、秋、冬四个园，每个园内都有该季节代表的花朵，十分美丽。

亲子信息

上海市浦东新区锦绣路1001号　021-38760588　成人票10/人
周二至周日07:00～17:00（3月16日～11月15日至18:00）
（1）公交：乘坐794、640、983路等公交可到达世纪公园
（2）地铁：2号线地铁世纪公园站下车，1或4号出口出

亲子锦囊

1.带孩子欣赏具有跨时代意义的世纪花钟，体验泛舟镜天湖的乐趣；
2.带孩子欣赏音乐喷泉，领略“以乐起水腾、音变水舞、音停水息”的动感意境；
3.带孩子欣赏绿色浮雕墙，看百年银杏树，体验参与迷宫游戏的惊险和刺激；
4.带孩子春赏花、夏看绿、秋赏红叶、冬观梅竹松的盎然生机，别有一番风味。

上海环球金融中心｜世界最高的平顶式大楼

上海环球金融中心楼高492米，是目前上海第一，中国第二高楼，是世界最高的平顶式大楼。这里共101层，其中94层为观光大厅，在此可尽览新旧上海的风貌；97层拥有悬空的观光天桥，漫步其中宛若置身天际；而100层的观光天阁则是世界上最高的观光设施，内设三条透明的玻璃地板。

亲子信息

上海市浦东新区世纪大道100号　4001-100-555/58780101
环球金融中心100层门票价格为150元/人，94层为120元/人
08:00～23:00（22:00 停止售票）
（1）公交：乘坐985、82、961路等公交至陆家嘴环路浦城路站下车
（2）地铁：2号线地铁在陆家嘴站下车，6号出口出

亲子锦囊

1.带孩子参观售票大厅，欣赏“LED光影作品”，体验置身梦幻世界的奇妙；
2.带孩子参观94层观光层，观看各种展会，领略心灵震撼及独特的视听感受；
3.带孩子参观97层观光天桥，感受与蓝天、白云近距离接触的美妙；
4.带孩子参观100层观光阁，尽览魔都全景，体验置身城市最高点的刺激与震撼。

徐家汇源 | 极具海派文化韵味的开放式旅游景区

徐家汇源位于上海都市旅游中心商务圈徐家汇，是一处极具海派文化韵味的开放式旅游景区。在此，你可以体会到上海第一大教堂——徐家汇天主堂的神圣；可以参观徐家汇观象台，感受上海140年历史变迁；可以漫步徐家汇藏书楼，领略上海现存最早的近代图书馆的魅力；可以参观徐汇公学，了解中国最早的西洋办学模式；还可以参观"南春华堂"等历史建筑，体验置身上海现存最早的民居明代建筑中的神奇。

亲子信息

上海市徐汇区徐家汇蒲西路166号　021-54259260

在景区游客中心免费领取"徐家汇源景区旅游联票"，凭票至各参观点免费参观

旅游咨询中心09:30～22:00

（1）公交：42、43、167路等公交均可到达

（2）地铁：1号线地铁徐家汇站下车，3号出口出，出站即达徐家汇旅游咨询中心

亲子锦囊

1.带孩子参观徐汇公学，领略法国文艺复兴建筑风格艺术，了解上海西式办学的历史；

2.带孩子欣赏徐家汇藏书楼、观象楼、圣母院旧址等建筑，感受欧式建筑艺术风格；

3.带孩子参观交大校史博物馆，了解上海交大发展的历史进程，以及学研昌盛的成果；

4.带孩子参观董浩云博物馆，观看舟船展示，了解我国自新石器时代以来的航运历史；

5.带孩子参观百代公司旧址，周六可以欣赏音乐，领略昔日"音乐圣地"的独特魅力；

6.带孩子参观徐家汇公园，欣赏老城厢、纪念烟囱等，了解上海的昨天、今天、明天；

7.带孩子参观光启纪念馆，了解其一生业绩，领略"南春华堂"明代建筑艺术风格的魅力。

上海动物园 | 中国第二大城市动物园

上海动物园原名西郊公园，始建于1954年，占地约0.74平方千米，是中国第二大城市动物园。园内饲养有国内外珍稀动物400余种、6000多只（头），包括大熊猫、金丝猴、非洲狮、长颈鹿、北极熊、袋鼠等，并设有科教馆、九曲长廊、猛兽生态园、热带食草动物生态园、企鹅池等景区。此外，这里还有景色优美的园林景观，是人们亲近自然，尽享野趣的理想去处。

亲子信息

上海市长宁区虹桥路2381号　021-62687775　成人40元/人；学生20元/人

3~10月：06:30~17:30；11~次年2月：06:30~17:00

（1）公交：乘坐沪朱专线、925、57路等公交至上海动物园站下车

（2）地铁：10号线地铁（虹桥火车站方向）上海动物园站下车1、2号出口出

亲子锦囊

1.带孩子参观麋鹿、东北虎、白唇鹿、美洲狮等展馆，了解它们的生活习性，增长知识；
2.带孩子参观科学教育馆，了解人与自然、人与动物的关系，以及动物的进化过程；
3.夏秋季节带孩子欣赏画眉、八哥、天鹅等候鸟，感受群鸟飞舞、天鹅盘旋的景象；
4.带孩子欣赏昆虫展示，观看人象同娱、海狮表演等，体验乘坐高架脚踏游览车的乐趣。

多伦路文化名人街 | “一条多伦路，百年上海滩”

多伦路文化名人街总长550米，曾居住过鲁迅、茅盾、郭沫若、苏雪林、叶圣陶等文学巨匠，进行过左联作家的文学活动，如今依旧保留着白崇禧公馆、景云里、中华艺大、鸿德堂等众多海派建筑，被誉为“一部活动着的历史史诗”。漫步其中，看看风格迥异的建筑，瞻仰栩栩如生的名人雕塑，听听曾经激荡文坛的震耳惊雷，仿佛置身于上海历史的缩影中。

亲子信息

上海市虹口区多伦路　400-811-7888　免费　全天

（1）公交：乘坐18、167、318、854路等公交在四川北路横浜桥站下车

（2）地铁：3、8号线地铁虹口足球场站下车，2号出口出，沿四川北路至中国工商银行附近，向南会看到多伦路的入口牌楼，徒步约15分钟即可到达

亲子锦囊

1.带孩子欣赏鸿德堂、白崇禧公馆、夕拾钟楼等，感受建筑艺术的独特魅力；
2.带孩子瞻仰鲁迅、瞿秋白雕像，参观毛泽东像章馆，领略收藏的乐趣；
3.带孩子参观左联纪念馆，聆听他们的动人故事，感受浓郁的文化气息；
4.带孩子参观景云里，寻找茅盾、冯雪峰、叶圣陶、柔石等人居住的地点。

上海宋庆龄故居纪念馆 | 伟人宋庆龄长期居住和从事国务活动的重要场所

上海宋庆龄故居纪念馆位于淮海中路，占地4300多平方米，由前花园、主楼和后花园组成，是宋庆龄长期居住和从事国务活动的重要场所。其中主楼是一座假三层的砖木结构的西式楼房，建于20世纪20年代初期，一层为客厅、书房、餐厅，二楼是其卧室、办公室和保姆的卧室，陈列均保持其生前原样。漫步其中，依旧能感受到伟人的音容笑貌和不朽风范。

亲子信息

上海市徐汇区淮海中路1843号　021-64747183

成人20元/人，学生10元/人　09:00～16:30

（1）公交：乘坐26、911路区间、911、920、926路公交在淮海中路武康路站下车

（2）地铁：1号线地铁衡山路站或10号线地铁上海图书馆站下车

亲子锦囊

1.带孩子瞻仰宋庆龄白玉雕像，感受其高贵、典雅、和蔼可亲的气质；

2.带孩子参观宋庆龄文物馆，了解宋庆龄光辉的一生和她在寓所生活的方方面面；

3.带孩子参观车库、客厅、餐厅等，漫步长廊，感受雅趣。

锦江乐园 | 上海第一家大型现代化游乐园

锦江乐园分为陆上世界和水上世界两部分，拥有40项游乐项目，包括单轨列车、木马旋转、空中转椅、摇滚滑道、激光射击、45摄氏度奔流冲浪滑板、峡谷漂流、探空飞梭等。此外，乐园还设有中国首座巨型摩天轮、4D环幕影院、喀斯特溶洞、古董相机楼、上海老站等特色景观，令人流连忘返。

亲子信息

上海市闵行区虹梅路201号　021-54200844/54204956

60元/人（含2个游乐项目）；100元/人（含6个游乐项目）；上海大转盘、火山影剧院、韩国4D均为20元/次；动感电影10元/次

08:45～17:00（暑假延长至22:00）

（1）公交：乘坐50、218、703路等公交在锦江乐园站下车

（2）地铁：1号线地铁在锦江乐园站下车，出站后徒步2~3分钟即可到达

亲子锦囊

1.带孩子乘坐旋转摩天轮，尽览乐园美景，在蓝天白云间感受心跳和浪漫；

2.带孩子参加激流勇进、峡谷漂流、探空飞梭、疯狂飞轮等运动，释放激情；

3.夏季带孩子参加“仲夏夜嘉年华”活动，欣赏杂技和流行音乐表演，乐趣十足；

4.带孩子参观喀斯特溶洞、古董相机楼、上海老站等景点，感受海派文化的独特韵味。

热带风暴｜亚洲最大的露天水上乐园之一

热带风暴水上乐园占地约8.7万平方米，是亚洲最大的露天水上乐园之一。乐园营造了湖泊、河流、沙滩，拥有风暴滩、霹雳河、海盗船、群龙争霸、神龙出水等30多种水上娱乐项目。

亲子信息

上海市闵行区新镇路78号　021-64783333

周一至周五成人120元/人，16:00后60元/人；周六、周日成人150元/人，16:00后120元/人，身高0.8米以下儿童免费，0.8~1.5米的儿童半价

6月22~9月8日：09:00~21:00（暑假延长至23:00）

（1）公交：乘坐173、753、763路等公交在新镇路宝铭路站下车

（2）地铁：12号线地铁虹莘路站下车，出站后步行3~5分钟即到

亲子锦囊

1.带孩子参加欢乐水工厂、林屋探秘、小恐龙滑梯等娱乐项目，体验群龙争霸、神龙出水的刺激；

2.带孩子参加霹雳河漂流，感受百慕大风暴，穿越风暴滩，感受热带风情；

3.带孩子去亲子水世界，参加滑道运动，拉近家长与孩子的距离。

海洋水族馆｜上海最大、最具吸引力，以展示水世界生物、生态为主题的旅游景点

上海水族馆占地约1.3万平方米，是上海最大、最具吸引力，以展示水世界生物、生态为主题的旅游景点，也是世界最大的人造海水水族馆之一。海底隧道将这里分为亚洲、南美洲、澳洲、非洲、冷水、极地、海洋、大洋深处8大展区，展示了来自五大洲、四大洋的300多个品种、1万余条珍稀鱼类及濒临灭绝的稀有生物。

亲子信息

上海市浦东新区陆家嘴环路1388号　021-58779988

成人160元/人，儿童120元/人

淡季09:00~18:00，旺季09:00~21:00

（1）公交：乘坐81、82、922、798路等公交在陆家嘴地铁站下车

（2）地铁：2号线地铁陆家嘴站下车，1号出口出，沿陆家嘴环路步行约3分钟可到达

亲子锦囊

1.带孩子漫步海底隧道，欣赏草海龙、扬子鳄、中华鲟、水母等动物，感受海洋文明；

2.带孩子参观SOS拯救鲨鱼展、长江流域珍稀水生物展、致命水生物展，增强环保意识；

3.带孩子观赏斑海豹、企鹅等不同种类的动物，增长科普知识，了解异国地理、人文风貌。

上海欢乐谷 | 沪上规模最大、景色最美、科技含量最高的主题乐园

上海欢乐谷占地90万平方米，分为阳光港、欢乐时光、香格里拉、蚂蚁王国、上海滩、金矿镇和飓风湾七大主题区，是沪上规模最大、景色最美、科技含量最高的主题乐园。在此，游客可以体验“过山车之王”的惊险与刺激；可以在华侨城大剧场观看艺术表演，陶冶情操；可以在亚瑟宫参加集会、展览；可以在蚂蚁城堡体验置身魔幻多变的童话家园的美妙；可以欣赏水母等水生物，还可以欣赏《欢乐魔方》《满江红》《上海滩》等精彩的演绎活动。

亲子信息

- 上海市松江区林湖路888号
- 021-33552222
- 全价200元/人；半价100元/人
- 日场：09:00～17:30；夜场：17:30～22:00（夜场不定期于节假日、寒暑假开放，具体开放时间参见景区公告）
- （1）公交：9号线地铁佘山站下车，过街至欢乐谷接驳站搭乘公园班车，至公园正门口即可
  （2）自驾：延安路高架上G50沪渝高速赵巷出口下左转，至沈砖公路右转即到到上海欢乐谷

亲子锦囊

1.带孩子参与过古木游龙、绝顶雄风、矿山历险、天地双雄等项目，挑战太空失重之感；

2.带孩子去金银岛，在园区的制高点俯瞰整个景区的美景，尽览月湖、佘山的魅力；

3.带孩子参加激流勇进、顺水漂流等项目，或是泛舟湖上，尽情享受亲水乐趣；

4.带孩子参观亚瑟宫、蚂蚁城堡等，体验置身童话世界的浪漫与美妙；

5.带孩子观看《满江红》《欢乐魔方》及大型马戏秀等表演，重温上海滩的峥嵘岁月，体验置身狼烟四起、刀光剑影、万马奔腾的战场的震撼与恢宏之感。

上海影视乐园（上海车墩影视乐园）｜中国十大影视基地之一

上海影视乐园建有南京路、先施百货、马勒别墅、宋子文旧居、苏州河驳岸、徐家汇天主教堂等，展现了旧上海的市井风情，同时设有有轨电车和黄包车，情景表演，以及旧上海特色风味小吃等，还设有揭露电影幕后的秘密，体验骑马飞驰的活动项目，是人们了解和熟悉上海发展演变轨迹的艺术长廊。

亲子信息

上海市松江区北松公路4915号　021-57601166/57600008/57601627

50元/人　08:00~16:30

（1）公交：乘莲石专线、莲金专线、莲枫专线、上石线等到车墩站下，下车即到

（2）自驾：市区—沪闵高架路—沪闵路—北桥—北松公路(320国道)从莘庄走沪杭高速，在新桥出口下，走新车公路，行驶大约6千米，沿指示牌走

亲子锦囊

1.带孩子漫步南京路，欣赏石库门里弄、马勒别墅、浙江路钢桥等，领略旧上海的魅力；

2.带孩子乘坐电车或黄包车，品尝旧上海风味小吃，探究旧上海十里洋场的繁华；

3.带孩子观看电影特技表演，感受拳脚猛攻、刀剑相加的打斗场面的震撼；

4.带孩子参观《上影服道选粹》展馆，参加半成品电影的制摄，了解电影幕后的秘密。

上海大观园｜以《红楼梦》为蓝本的园林

上海大观园位于淀山湖湖畔，占地9万平方米，是一处以《红楼梦》为蓝本的园林。公园分为东、西两部分，东半部分以自然风光和植物造景为主，西半部分则是根据中国古典名著《红楼梦》的意境建造的古典园林，包括大观楼、潇湘馆、怡红院、蘅芜苑等20余个大小景点。此外，这里还有民族文化村、青云塔等景点，同时设有游艇、射箭、古装摄影等项目。

亲子信息

上海市青浦区金商公路701号　021-59262831　60元/人（学生36元/人）

旺季（4~10月）：08:00~17:00；淡季（11月~次年3月）：08:00~16:30

（1）公交：乘坐游4路、青商线等直达大观园

（2）自驾：延安高架路—沪渝高速路—沪清平公路—金商公路—上海大观园

亲子锦囊

1.带孩子参观大观楼、潇湘馆、怡红院等，参加古装摄影活动，了解《红楼梦》文化；

2.春秋两季带孩子参加红楼艺术节、红楼旅游节，体验泛舟、手划船、射箭等活动的乐趣；

3.带孩子漫步仿古街道、登上青云塔，将大观园优美的景色一览无余。

长风公园 | 上海市唯一的山水公园

长风公园是上海市唯一的山水公园。这里浩瀚的湖面和26米高的铁臂山是主景观，同时设有牡丹苑、睡莲池、荷花池、曲廊、画廊等景点，并开设了水上轿车、电动船、碰碰车、海盗船、摇头飞椅等娱乐项目。此外，园内还建有长风海洋世界，展示有海洋生物300多种，一万多尾（只），并开设了灯光、音响效果良好的极地白鲸表演馆，人们在此可从多个角度享受最佳观赏的效果。

亲子信息

上海市普陀区大渡河路189号　021-62453557/62453270

公园免费；海洋世界：成人140元/人，儿童90元/人；家庭套票370元/套

09:00～18:00

（1）公交：乘坐26、911路区间、911、920、926路公交在淮海中路武康路站下车

（2）地铁：1号地铁衡山路站或10号线地铁上海图书馆站下车

亲子锦囊

1.带孩子登上铁臂山，欣赏岁寒三友，在山顶一览全园景色；

2.夏季带孩子欣赏睡莲、荷花等，体验碰碰车、海盗船、小火车等游乐设施的乐趣；

3.带孩子欣赏加勒比海的异域风光、寻找绚丽多彩的珊瑚鱼群，感受水底生物的神奇；

4.带孩子漫步海底鲨鱼通道，领略鲨鱼、鳐鱼、海鳝、海龟等生物的独特魅力；

5.带孩子欣赏白鲸三姐妹的精彩演出、海狮表演等，乐趣无穷。

顾村公园 | 上海市最大的城市郊野公园

顾村公园总规划用地4.25平方千米，是上海市最大的城市郊野公园。这里拥有0.13平方千米的樱花园，是长三角地区规模最大的赏樱胜地，是人们欣赏樱花的理想去处。每年春季，这里都会举办樱花节。

亲子信息

上海市宝山区顾村镇沪太路4788号　021-56045199/56607878

20元/人，学生半价　夏季05:00～19:00；冬季06:00～18:00

（1）公交：乘坐702、527、528、泰罗线、北罗线、宝山3路等公交均可到达

（2）地铁：7号线地铁顾村公园站下车，1、3号出口出

亲子锦囊

1.春季带孩子参加樱花节，欣赏樱花，举办烧烤活动，体验置身樱花海的浪漫；

2.带孩子欣赏湿地美景，体验挖笋、摘果、种菜等农事活动的乐趣；

3.带孩子观看4D电影，体验制作巧克力的乐趣。

世博园 | 上海的国际新名片

如今世博园内的众多展馆已经被拆除，但仍然保持着“一轴四馆”的状态。一轴是指世博轴，四馆包括中国国家馆、世博主题馆、世博中心、世博会演中心。在此，除了参观中国国家馆以外，还可以参观神奇的月亮船、浪漫的意大利馆，尽情领略异国风情。

亲子信息

- 上海市浦东新区世博大道
- 021-31117777/400-921-9021/021-20252018
- 中华艺术宫20元/人；月亮船60元/人；意大利中心60元/人
- 09:00～17:00（周一闭馆，国家法定假日除外）
- （1）公交：乘坐36、146外圈、205路等公交至卢浦大桥总站下车
  （2）地铁：7、8号线地铁耀华路站下车

亲子锦囊

1.带孩子参观中华艺术宫，领略《孔雀》《后羿射日》《鹦鹉》等近代美术的魅力；
2.带孩子参观月亮船，观赏沙特馆独特的艺术和珍贵的手工艺品，尽赏沙特辉煌之美；
3.带孩子参观意大利文化、大量境外艺术品及实物，了解意大利历史和文化。

东方绿舟 | 全国最大的青少年校外活动营地

东方绿洲毗邻淀山湖，占地3.7平方千米，分为智慧大道区、体育训练区、国防教育区、生存挑战区、科学探索区、勇敢智慧区、水上运动区、生活实践区8个园区，是全国最大的青少年校外活动营地，是孩子们的快乐大本营。在这里，孩子们可以参加攀岩、野外扎营、生存挑战等拓展活动项目，学习很多书本上没有的知识，还可以看到仿真的航空母舰和潜艇。

亲子信息

- 上海市青浦区沪青平公路6888号
- 021-59233000
- 50元/人
- 08:30～16:30
- （1）公交：乘坐沪朱高速专线、上朱线、沪商线直达东方绿舟
  （2）自驾：内环线高架—延安路高架—沪青平高速公路至朱家角出口—右转行驶约300米至沪青平公路—左转行驶约4千米到达（东方绿舟一号门）

亲子锦囊

1.带孩子欣赏仿真航空母舰，参观航空博物馆，感受科技的魅力，普及航空知识；
2.带孩子观赏泰国公寓、美国木屋、大象屋等世界各式民居建筑，领略浓郁的异域风情。

朱家角古镇 | 素有“上海威尼斯”及“沪郊好莱坞”之誉

朱家角古镇素有“上海威尼斯”及“沪郊好莱坞”之誉。镇上九条依水傍河的老街、千余栋临河而建的民宅、三十六座风韵犹存的古桥，无不展示着江南水乡的婀娜多姿。其中著名的北大街，又称“一线街”，是上海市郊保存最完整的明清建筑第一街。

亲子信息

上海市青浦区朱家角镇西井街84号　021-59240077
免费（民俗风情游30元/人；新水乡访古游60元/人）
全天开放（罗国船08:30～16:30）
（1）公交：市内乘坐沪商专线、上朱线、沪朱专线、青枫线等可直达朱家角
（2）自驾：市区—延安高架路—沪渝高速公路人城段（G50公路）—朱枫公路下匝道下走朱枫公路—沪青平公路(318国道）—大转祥凝浜路—朱家角旅游区

亲子锦囊

1.带孩子参观课植园、上海全华艺术馆、阿婆茶楼、翰林匾额博物馆等，感受江南文化；
2.带孩子逛北大街，去江南第一茶楼临窗品茗，寻找一种回归自然，崇尚野趣的享受；
3.带孩子参观人文艺术馆、大清邮局、童天和国药号，体验置身明清历史情境的美妙。

古猗园 | 上海最古老的览胜之一

古猗园是上海最古老的名胜之一，位居上海五大古典园林之首。这里由逸野堂、戏鹅池、松鹤园、鸳鸯湖、青清园、南翔壁6个景区组成，并存有唐代经幢、宋代普同塔等古迹，园内处处散发着古朴、素雅、清淡、洗练的气质。其中园内的缺角亭是故意缺一角，以志国耻，值得一看。

亲子信息

上海市嘉定区南翔镇沪宜路218号　021-59127883/59124916
12元/人　07:00～18:00
（1）公交：乘坐虎南线、562、822路等公交至南向汽车站下车
（2）地铁：11号线地铁在南翔站下车，然后向西步行15分钟即到

亲子锦囊

1.带孩子欣赏手法精致的根雕艺术品、竹编工艺品、油纸伞等，感受浓郁的人文气息；
2.带孩子环水漫步，观赏成群的白鹅戏水游弋，欣赏花石小路的动物造型，乐趣十足；
3.带孩子参观缺角亭，了解“八·一三”事变，弘扬爱国主义精神。

枫泾古镇 | 上海地区现存规模较大保存完好的水乡古镇

枫泾古镇成市于宋，建镇于元，是上海地区现存规模最大保存完好的水乡古镇。这里周围水网遍布、河道纵横，拥有桥梁52座之多，素有“三步两座桥，一望十条港”之称。漫步其中，不论是欣赏传统江南粉墙黛瓦的古建筑，感受古镇水乡气息，还是参观丁聪漫画陈列馆、金山农民画村、三百园等展馆，领略古镇的历史文化；不论是泛舟水上体验水乡生活，还是徜徉古镇品尝黄酒、丁蹄、状元糕等美食，都是在品味生活，享受静谧。

亲子信息

- 上海市宝山区枫泾镇新枫路39号
- 021-57335555
- 50元/人
- 08:00～16:30
- （1）公交：乘坐枫泾2路、枫泾1路、莲枫专线、石枫专线等公交至枫泾镇下车
- （2）自驾：延安高架路—沪闵高架路—沪昆高速公路—亭枫公路—枫林路—终点

亲子锦囊

1.夏季带孩子来此赏荷，一边品茗，一边听戏，体验水乡生活，感受枫泾古镇的独特魅力；
2.带孩子乘坐游船，去枫泾长廊小吃街，尽享江南特色美食。

东平国家森林公园 | 华东地区已形成的最大平原人造森林

东平国家森林公园是华东地区已形成的最大平原人造森林。公园森林繁密，湖水波光粼粼，百鸟在枝头鸣唱，野趣十足，同时拥有桂花园、樱花园、梅花园等园中园，风光旖旎。此外，这里还有“蟹”房式多功能游客休闲中心、水上乐园、滑草、吊床、沙滩游泳、彩弹射击等项目。

亲子信息

- 上海市崇明县北沿公路2288号
- 021-59338266/021-59338028
- 70元/人
- 08:30～16:30
- （1）公交：在北区汽车站乘坐申崇线，或在崇明南门汽车站乘南东线和南江线都可
- （2）自驾：上海浦东—上海长江隧桥—陈海公路—蟠龙公路—北沿公路—终点

亲子锦囊

1.带孩子欣赏自然美景，参观森林童话园，领略人与自然和谐交融的完美意境；
2.带孩子参观动物林，参加喂食动物活动，感受人与动物和谐相处的氛围；
3.带孩子参加攀岩、骑马、滑索、天地旋转彩弹射击等活动，挑战自我，体验惊险刺激；
4.春季带孩子参加上海森林野菜节，认识、品尝养生野菜，探寻健康长寿的秘密。

江苏

JIANGSU

钟山风景名胜区 | 被誉为“中华城中人文第一山”

钟山古称金陵山、紫金山，位于南京市东郊，拥有中山陵景区、明孝陵景区、梅花山、灵谷寺景区、紫金山天文台、中山植物园等主要景区，包括玄武湖、环湖的富贵山、九华山、小红山和城墙、城堡等28处省级以上的文物保护单位，被誉为“中华城中人文第一山”。其中中山陵是我国伟大的国父——孙中山先生长眠之地，享有“中国近代建筑史上第一陵”的美誉；明孝陵是明朝开国皇帝朱元璋和皇后马氏合葬墓地，为南京最大的帝王陵墓；梅花山占地0.28平方千米，拥有梅花品种200余种、1.3万株，是全国的梅文化中心。

亲子信息

- 江苏省南京市玄武区钟山风景区　025-84446111/84431174
- 130元/人（含中山陵、明孝陵、灵谷寺、音乐台、孙中山纪念堂）
- 08:30~17:00（中山陵周一休园）
- （1）公交：乘坐9、游1、游2、游3路公交在中山陵停车场站下车
  （2）地铁：2号线地铁（经天路方向）在苜蓿园站下车，1号出口出

亲子锦囊

1.带孩子参观中山纪念堂、中山书院、中山陵等建筑，了解博爱平等、天下为公的精神；
2.带孩子参观美龄宫，领略昔日繁华景象；
3.带孩子在音乐台欣赏歌舞表演，学习声学原理知识；
4.带孩子参观明孝陵，欣赏方城、明楼、宝顶等，参观孝陵博物馆，了解明代文化；
5.春季带孩子参加梅花节，学习梅花精神，体验置身梅花世界的浪漫；
6.带孩子参观灵谷寺，欣赏无梁殿、红山门、灵谷塔等，了解博大精深的佛教文化；
7.带孩子参观紫金山天文台，欣赏色球望远镜、定天镜、双筒折射望远镜等天文仪器，了解我国天文学研究发展的历史轨迹；
8.带孩子参观植物园，夏季还可以在玄武湖赏荷花，别有一番韵味。

夫子庙秦淮风光带 | 享有“十里珠帘”的美称

秦淮河景区有世界最大保存最完好的瓮城——中华门瓮城；有明代被称为“南都第一园”的瞻园；有我国唯一的太平天国史专业博物馆；有明代开国功臣中山王徐达的私家花园——白鹭洲公园；有中国古代最大的科举考场——江南贡院；有东晋豪门贵族“王导、谢安”故居、乌衣巷等著名景点，是名副其实的“十里珠帘”。

亲子信息

江苏省南京市秦淮区龙蟠中路（金陵路1号） 025-52209788

江南贡院20元/人；太平天国历史博物馆50元/人；李香君故居12元/人；中华门20元/人

08:00~21:00

公交：南京市内乘坐4、7、40、44路等公交至夫子庙东站下车

亲子锦囊

1.带孩子参观夫子庙，欣赏大成殿、学宫、尊经阁等，了解我国博大精深的儒学文化；

2.夜晚带孩子泛舟秦淮河上，欣赏秦淮夜景，领略中国第一历史文化名河的独特魅力。

侵华日军南京大屠杀遇难同胞纪念馆 | 全面展示“南京大屠杀”特大惨案的专史陈列馆

侵华日军南京大屠杀遇难同胞纪念馆这里曾是日军江东门集体屠杀场地及“万人坑”遗址，建筑表面为灰白色大理石，是全面展示“南京大屠杀”特大惨案的专史陈列馆。馆内分为悼念广场、祭奠广场、墓地广场、遗骨陈列、史料陈列等部分，构成了以生与死、悲与愤为主题的纪念性墓地的凄惨景象。

亲子信息

江苏省南京市建邺区水西门大街418号 025-86612230

免费 08:30~16:30（周一闭馆）

（1）公交：南京市内乘坐7、37、61、63路等公交至江东门纪念馆站下车

（2）地铁：2号线地铁在云锦路站下车

亲子锦囊

1.带孩子观看《逃难》《家破人亡》《冤魂的呐喊》雕塑，想象当时人们的恐慌悲痛；

2.带孩子观看史料陈列、万人坑遗骨陈列，铭记日本侵华历史，激发爱国主义情感。

雨花台风景名胜区 | 中国新民主主义革命的纪念胜地

雨花台风景名胜区位于南京中华门外，占地1.54平方千米，自公元前472年起这里便是江南登高览胜的佳地。1927年以后，雨花台沦为国民党统治者屠杀共产党人和革命志士的刑场，是中国新民主主义革命的纪念胜地。这里由名胜古迹区、烈士陵园区、雨花石文化区、游乐等功能区组成，是了解新民主主义革命历史，感受江南文化的理想之所。

亲子信息

江苏省南京市秦淮区中华门城堡南　025-52430132
雨花石博物馆10元/人；盆景园5元/人；雨花阁5元/人；观光车10元/人
08:00～17:00（周一雨花石博物馆闭馆）
公交：南京市乘坐游2、游4、26、88、111路等公交至雨花台站下车

亲子锦囊

1.带孩子参观烈士陵园，了解新民主革命的历史，学习烈士们视死如归的精神；
2.带孩子参观雨花阁、二忠祠、乾隆御碑等古迹，感受雨花台浓郁的历史文化底蕴。

红山森林动物园 | 全国野生动物保护科普教育基地

红山森林动物园内山峦叠翠、曲径通幽、环境优美，同时饲养有世界各地具有代表性的动物和珍稀品种近200种、3000余头（只），包括德国白虎、加拿大环尾狐候、日本山魈、南美变色蟒、大熊猫、金丝猴等，还辟有狮、虎、大象、猎狗等动物表演节目，以及儿童游乐场、宠物园、跑马场等休闲娱乐场所，是孩子们的快乐大本营。

亲子信息

江苏省南京市玄武区和燕路168号　025-85620178
40元/人　07:30～18:00（16:30停止入园）
（1）公交：南京市乘坐游1、8、24、30、40、66、77、93路等公交可到达
（2）地铁：1号线地铁在红山动物园站下车，即可到达动物园北门

亲子锦囊

1.带孩子参观斑马馆、长颈鹿馆、河马馆等展馆，体验海盗船、太空飞车等活动乐趣；
2.带孩子参观澳洲动物展区，观看袋鼠表演，领略澳洲风情；
3.带孩子欣赏大象、猎狗、黑熊、猴子等动物表演，感受动物与人类和谐相处的美妙；
4.带孩子参观两栖动物爬行馆、企鹅馆、珍禽馆、大壮观阁、熊猫馆等，增长科普知识。

南京博物院｜我国第一座由国家兴建的大型综合博物馆

建筑为仿辽宫殿式建筑，黄瓦红柱，气势恢宏。院内葱茏的草木与各种石刻文物相映成趣。博物院馆藏文物多达40余万件，藏品上至旧石器时代，下至当代，包括石器、陶器、玉器、青铜器、瓷器、书画等，其中玉串饰、郢爰、广陵玉玺、青铜牛灯、青瓷神兽等最为出名。

亲子信息

江苏省南京市玄武区中山东路321号　025-84807923

凭有效证件取票参观

其他展馆：09:00～17:00；非遗馆：09:00～21:00（周一所有场馆闭馆）

公交：南京市内乘坐4、7、40、44路等公交到夫子庙东站下车

亲子锦囊

1.带孩子欣赏古代拴马桩、清代红衣大炮等，了解南京博物院的建造历史；

2.带孩子参观青铜器、江南织绣、古书画等展馆，感受中华五千年历史文化的魅力；

3.带孩子欣赏错金银铜壶、玉串饰、金兽等国宝级文物，感受古代劳动人民的聪慧。

总统府｜中国最大的近代史博物馆

总统府又名天王府，1921年孙中山改名为总统府，现已开辟为中国最大的近代史博物馆。这里自然环境优美，保存着较为完整、风格迥异的近代建筑遗存和点缀其间的著名碑碣等，是一座极具江南特色的古典园林。景区同时开辟了总统府文物史料、孙中山与南京临时政府、太平天国、清两江总督署等10多个史料和复原陈列，散发出厚重的民国历史文化气息。

亲子信息

江苏省南京市玄武区长江路292号　025-84578700　40元/人

3～10月：07:30～18:00；11月07:30～17:30；12月～次年2月：08:00～17:00

公交：南京市内乘坐游1、游2、31、39路等公交至总统府站下车

亲子锦囊

1.带孩子参观总统府门楼、大堂、总统府史料陈列等，了解总统府几易其主的历史；

2.带孩子参观太平天国展，感受天朝宫殿的奢华，了解太平天国在天京的历史变迁；

3.带孩子参观晚清民国展，了解晚清至民国中期中国社会、政治、教育与科技的发展。

栖霞山风景名胜区 | 被誉为“金陵第一名秀山”

栖霞山山深林茂、泉清石峻，自然风景优美，保存了栖霞寺、隋舍利塔、唐明征君碑、千佛岩等古迹，素有“一座栖霞山，半部金陵史”的美誉。在此，不论你是欣赏绚烂的秋叶，还是领略宗教、地质、民俗气息，都可感受到无法言喻的舒坦和惬意。

亲子信息

- 江苏省南京市近郊栖霞区栖霞街88号
- 025-85766979
- 25元/人（枫叶节期间门票有所上涨约为40元/人）
- 07:00～17:30
- 公交：南京市内乘南栖线、南上线、龙栖线等公交到栖霞寺站下车

亲子锦囊

1.带孩子参观栖霞寺、人工舍利塔、千佛岩等，感受我国博大精深的佛教文明；

2.深秋时节带孩子来此参加枫叶节，赏秋叶，感受层林尽染、殷红夺目的气势；

3.带孩子参观乾隆行宫、桃花湖、李香君墓等景点，感受栖霞山浓郁的文化底蕴；

4.带孩子参观陆羽茶庄，体验茶圣怡然品茗的闲适，了解中国的茶文化。

南京欢乐水魔方水上主题乐园 | 亚洲规模最大、设施最先进的水上乐园

南京欢乐水魔方位于南京汤山，分为激情冲浪、沙滩休闲、魔法滑道、儿童戏水、梦境漂流、SPA水疗6大区域，是亚洲规模最大、设施最先进的水上乐园。

亲子信息

- 江苏省南京市江宁区汤山街道黄栗墅
- 025-84105666
- 200元/人
- 10:00～22:00
- （1）公交：南京市内乘坐宁句线、南汤线在黄栗墅站下车，步行可到达
  （2）自驾：南京市—沪宁连接线—沪蓉高速公路—X302—终点

亲子锦囊

1.带孩子参加惊涛骇浪、回旋风暴、翻江倒海等游戏，体验迎着水流“翻山越岭”的惊险刺激；

2.带孩子漫步真沙沙滩，创作沙滩作品，尽享热带黄金海岸的独特风情；

3.带孩子观赏海啸冲浪秀、异域风情秀、海岛大巡游等，体验与海盗一起探险的刺激；

4.带孩子穿越趣味滑梯和魔幻滑道，享受征服水上世界的乐趣，收获快乐；

5.带孩子参加极速冲刺滑道、深海章鱼怪等，释放激情，尽享垂直失重的极限快感。

拙政园 | 被誉为“中国园林之母”

拙政园始建于明正德初年，是江南园林最杰出的代表，也是苏州园林中面积最大的园林，被誉为“中国园林之母”。林园分为东、中、西和住宅4部分，其中中园为主景区，环水池建有远香堂、倚玉轩、香洲等；东园原称“归园田居”，有兰雪堂、芙蓉榭、天泉亭等景点；西园为“补园”，有十八曼陀罗花馆、与谁同坐轩、倒影楼等精美建筑；住宅区已经布置为园林博物馆展厅。

亲子信息

江苏省苏州市平江区东北街178号　0512-67539869
淡季50元/人；旺季70元/人　07:30～17:30
公交：苏州市内乘坐游1、游2、游5、2、3路公交拙政园站下车，步行100米即到

亲子锦囊

1.带孩子参观东花园，夏季可在芙蓉榭赏荷花，领略“映日荷花别样红”的魅力；
2.带孩子参观香洲，领略被誉为“中国古典园林中造型最美的石舫”的独特魅力；
3.带孩子参观远香堂，欣赏室内陈列，以及香远益清的荷花，了解园主高尚的情操；
4.带孩子参观雅石斋、盆景园等，感受大自然的神奇以及工匠们的独具匠心；
5.带孩子参观苏州园林博物馆，了解苏州园林在两千多年中的悠悠历史及迷人风采。

留园 | 全国四大名园之一

留园始建于明代，是我国四大名园之一。这里有4部分，中部是精华，主要以山水取胜；东部主要是精湛的回廊建筑；北部有盆景园；西部是全园的制高点，有假山等颇具情趣的景点，可尽览留园精致。

亲子信息

江苏省苏州市金阊区阊门外留园路79号　0512-65337903
淡季30元/人；旺季40元/人　07:30～17:30
（1）公交：苏州市内乘坐游1、游3、游5、6、7路等公交留园站下车
（2）自驾：南京市—沪蓉高速—苏州—西环高架—桐泾北路—留园

亲子锦囊

1.带孩子从清风池到荷花厅赏荷花，在木樨香轩闻桂花，在可亭赏雪，领略四季之美；
2.带孩子欣赏十二奇石，参观五峰仙馆、冠云楼、盛家祠堂等，了解留园历史文化；
3.带孩子漫步长廊，参观盆景园、艺圃，感受明代园林艺术的独特魅力。

虎丘山风景名胜区 | 被誉为"吴中第一名胜"

虎丘山高30多米，壁立千仞、气象万千，拥有三绝九胜十八景，被誉为"吴中第一名胜"。这里有头山门、千人石、大雄宝殿、万景山庄等景点，其中高耸入云的虎丘塔吸引着大批游客驻足观赏，而幽奇神秘的剑池更是让游客欲罢不能，另外，秋季万千苍鹭绕塔盘旋的景象也是景区一绝。

亲子信息

江苏省苏州市虎丘山门内8号　　0512-65323488
淡季40元/人；旺季60元/人　　07:30~17:30
（1）公交：苏州市内乘坐游1、游2、游3、949路等公交在虎丘南大门站下车
（2）自驾：南京市—沪蓉高速—苏州—西塘河路—终点

亲子锦囊

1.带孩子欣赏头山门、试剑石、枕石、千人石等景点，了解虎丘的相关历史传说；
2.带孩子观赏中国第一斜塔——虎丘塔，感受历史沧桑，感受工匠们精湛的技艺；
3.带孩子观赏外形宛若一把平铺剑的剑池，了解相关传说，感受其幽奇神秘；
4.带孩子参加春季艺术花会、金秋庙会，感受大自然及民间艺术文化的独特魅力。

周庄古镇 | 被誉为"中国第一水乡"

周庄古镇有"中国第一水乡"的美誉。全镇依河而建，湖水潺缓，舟楫往来，古宅重脊高檐，雕砖门楼美轮美奂，水阁廊坊沿河排列，富安桥、双桥、沈厅等古建筑点缀其间，一派古朴幽静的小桥流水人家景象。除了极具特色的江南美景，这里还有民间收藏馆、西塘博物馆、怪楼、张厅等民间景观。

亲子信息

江苏省苏州市昆山市东南38千米　　400-8282-900
日游100元/人；夜游80元/人；环镇水上游40元/人；欢乐世界38元/人
日游08:00~16:00；夜游16:00~21:00
（1）公交：苏州市内乘坐52路—昆山151路—昆山161路—周庄区域263路
（2）自驾：沪蓉高速—常台高速—江兴东路—周松线—环镇西路—淀南路—终点

亲子锦囊

1.带孩子欣赏双桥，参观沈厅、张厅等古建筑，领略江南小桥流水人家的独特魅力；
2.带孩子参观贞丰民俗文化街，欣赏舞龙、挑花篮、荡湖船等表演，领略传统文化魅力；
3.带孩子参观风景优雅的迷楼，欣赏南社发起人酣歌痛饮的蜡像，了解南社相关知识；
4.夜晚，带孩子游周庄，感悟夜的宁静，感受水巷灯船、河水静静流淌的神韵。

同里古镇 | 享有“东方小威尼斯”的赞誉

同里古镇河网纵横，15条小河将镇区分隔成七个小岛，岛与岛之间由49座风格迥异的桥梁连接，其中又以太平桥、吉利桥和长庆桥最为出名。镇上街巷、店铺、民居等古建筑依水而建，以“家家连水，户户通船”的江南水乡典型的格局赢得了“东方小威尼斯”的美誉。

亲子信息

上海市苏州市吴江市同里镇　0512-63331154/0512-63331390

套票100元/人（含十个景点）；五福水上游70元/人（双程）；丽则女学20元/人

07:30~21:00；夜游同里：周五~周日18:30~21:00

（1）公交：苏州市内有直达同里古镇的大巴，即苏州旅游交通，票价8元

（2）自驾：苏州市—常台高速—庞东路—松汾线—中川路—同里古镇

亲子锦囊

1.带孩子参观退思园、松石悟园、古风园等，领略江南园林典雅精致的魅力；
2.带孩子参观崇本堂、嘉荫堂，围绕太平桥、吉利桥、长庆桥走几遍，图个吉利；
3.带孩子品茶，欣赏江南丝竹、评弹等表演，感受空气中的那种怀旧气息；
4.带孩子参观有百床、木雕、古玩展览的古风园，感受中国文化的丰富多彩，博大精深。

金鸡湖景区 | 中国最大的内城湖泊

金鸡湖由湖滨大道、城市广场、水巷邻里、望湖角、金姬墩、文化水廊、玲珑湾、波心岛8个景区组成，包括山塘书院、巴塞当代美术馆、香樟园、刺绣艺术馆等。

亲子信息

江苏省苏州市苏州工业园区　400-7558-558

免门票，摩天轮乐园：成人80元，儿童50元（不含幽灵船、跑跑卡丁车）

摩天轮乐园09:30~17:30；白塘生态植物园09:00~17:00；
桃花岛09:00~17:00；音乐喷泉20:00~20:30（周五、周六及节假日）

（1）公交：乘坐307、28、26、47路等公交均可到达

（2）地铁：1号线地铁钟南街方向在文化博览中心站下，1号出口出，步行可到达

亲子锦囊

1.带孩子逛湖滨新天地，品尝台湾地区著名的王品台塑牛排和蔡家食谱等美味，大饱口福；
2.带孩子欣赏音乐喷泉，参观白塘生态植物园，秋季还可以感受满坡红叶的绚丽多姿；
3.带孩子参观方洲公园、玉皇宫，参加快艇、帆船等娱乐项目，体验乘坐摩天轮的浪漫；
4.带孩子参观巴塞当代美术馆、江南三雕艺术馆、刺绣艺术馆等，感受艺术文化魅力。

吴中太湖风景区 | 享有“太湖天下秀”的美誉

太湖是中国第二大淡水湖，太湖风光美，精华在吴中，而吴中太湖旅游区位于太湖之滨，享有“太湖天下秀”的美誉。这里有中国碧螺春之乡——东山景区，天下第一智慧山——穹隆山景区和苏州最美的山村——旺山景区等。

亲子信息

江苏省苏州市吴中区太湖风景区　0512-66555665

260元/人　08:00~17:00

（1）公交：苏州市内乘坐58、69、583、691路等公交均可到达

（2）自驾：苏州市—太湖大道—绕城西南线—福鹰路—舟山路—终点

亲子锦囊

1.带孩子参观东山景区，泛舟湖上，品尝碧螺春、杨梅，了解东山的历史文化；

2.带孩子参观穹隆山，欣赏茅蓬坞繁茂的植被，聆听孙子在此著作《孙子兵法》的故事；

3.带孩子参观旺山景区，体验垂钓、骑马、干农活、品尝农家菜的乐趣；

4.带孩子参观太湖湖滨国家湿地公园，欣赏芦荡迷宫、八仙过海、落日听涛等8组景观，体验自然野趣，感受吴地风情。

沙家浜·虞山尚湖旅游区 | 中国十大魅力生态休闲湖泊之一

沙家浜·虞山尚湖旅游区包括2个国家5A级景区，1个国家级名镇，10个省级以上文保单位，5项非物质文化遗产。其中沙家浜是华东地区最大的湿地公园，因京剧《沙家浜》而闻名全国；虞山是国家森林公园，因商周之际吴地先祖虞仲卒葬于此而得名，是我国吴文化的重要发源地；尚湖是中国最佳生态休闲旅游湖泊，因商末姜尚在此隐居垂钓而得名。

亲子信息

江苏省苏州市常熟市环湖南路尚湖风景区　0512-52847192

沙家浜：旺季100元/人，淡季80元/人；尚湖：旺季80元/人，淡季60元/人；虞山45元/人

07:30~17:30（春夏）；07:45~16:30（秋冬）

（1）公交：常熟市内乘坐111、119、103、108路等公交均可到达

（2）自驾：苏州市—沪蓉高速—常台高速—常熟—世纪大道—锡太路—终点

亲子锦囊

1.带孩子参观春来茶馆、红石民俗村、芦苇迷宫等，了解沙家浜人民浴血奋战的英雄故事；

2.带孩子参观太公岛、拂水山庄、船模馆等，体验竹筏、摇橹船、海盗船等活动的乐趣；

3.带孩子欣赏剑门、虞山门城楼、城墙，体验参加“看杨梅、烧萜香”民俗活动的乐趣。

狮子林 | 享有“假山王国”的美誉

狮子林因“林有万竹，竹下多怪石，状如狻猊（狮子）”而得名，享有“假山王国”的美誉。这里以中部的水池为中心，廊桥卧波、亭台隐现、移花栽木，整个园林布局精致、气息典雅、文化深蕴。

亲子信息

- 江苏省苏州市园林路23号
- 0512-67773263/0512-67272428
- 淡季20元/人；旺季30元/人
- 07:30～17:00
- 公交：苏州市内乘坐游1、游2、游5、2路公交在狮子林站下车，步行可到达

亲子锦囊

1.带孩子欣赏九狮峰等假山群，以及燕誉堂、暗香疏影楼、五叠瀑布等，感受园林魅力；
2.带孩子参观怡园，欣赏玉延亭、坡仙琴馆等景观，领略苏州评弹及古曲演奏的魅力。

苏州乐园 | 被公认为“中国第三代主题公园点睛之作”

苏州乐园位于苏州高新区，占地54万平方米，以狮子山为依托，以迪士尼为主题，融合了西方乐园的活泼、欢乐、壮观和东方园林的安适、宁静、自然的特点，被公认为“中国第三代主题公园点睛之作”。这里分为糖果世界、温泉世界、湿地世界、水上世界、欢乐世界五大景区，包括悬挂式过山车、夏威夷海浪、高空弹射、龙卷风等高科技娱乐设施，以及天狮湖、欧美城镇、苏格兰庄园、威尼斯水乡等人文景观，是人们尽享欢乐的大本营。

亲子信息

- 江苏省苏州市新区狮子山麓
- 0512-68717149
- 160元/人
- 欢乐世界、糖果世界、龙凤池景区09:00～17:00；四季悦水世界周一至周四13:00～22:30、周五13:00～23:00、周六日10:30～23:30
- （1）公交：苏州市内乘坐游3路、38、89路等公交停靠或直达水上世界、糖果世界
（2）地铁：1号线地铁木渎方向在苏州乐园站下车，1号出口出

亲子锦囊

1.带孩子乘坐环园小火车、游轮，体验冲浪划艇、极速飞车、空中飞人等项目的刺激；
2.带孩子参加飞碟探索、宇宙大战、拼搏彩弹等，体验滑水、冲淋、攀爬等多样运动；
3.带孩子参加欢乐嘉年华、章鱼滑道、互动水屋、蘑菇喷淋等，体验亲水乐趣；
4.带孩子观看4D脱口秀互动电影、儿童舞台剧，参加DIY创意，尽享梦幻国度的欢乐。

网师园 | 我国江南中小型古典园林的代表作品

网师园是我国江南中小型古典园林的代表作品。这里由东部住宅区、中部山水景物区和西部园中园3部分组成，其中东部为府第，拥有万卷堂、藻耀高翔、撷秀楼等；中部为主园，拥有铁石山房、琴室、蹈和馆等；西部为内园，拥有露华馆、涵碧泉、冷泉亭等，宛若天然图画。

亲子信息

江苏省苏州市沧浪区带城桥路阔家头巷11号　0512-65293190
淡季20元/人；旺季30元/人；夜花园（3～11月）100元/人
淡季07:30～17:30；旺季07:30～17:00；夜花园19:30～22:00
公交：苏州市内乘坐游2、202、511、529路等公交在网师园站下车

亲子锦囊

1.带孩子欣赏江南第一门楼、撷秀楼、万卷堂等建筑，感受江南民宅建筑艺术风格；
2.带孩子欣赏铁石山房、濯缨水阁、彩霞池等自然美景，领略江南古典园林的魅力；
3.夜晚带孩子参加古典夜园游，聆听评弹、昆剧、笛箫等，感受网师园夜景的美轮美奂；
4.带孩子参观附近的沧浪亭，感受其质朴简约、怪石高筑、古木参天的园林风格。

甪直古镇 | 被誉为“神州水乡第一镇”

甪直原名甫里，因唐代诗人陆龟蒙在此隐居而得名，以素壁罗汉和水乡妇女服饰闻名于世，被誉为“神州水乡第一镇”，同时因古桥众多，又有“中国古桥博物馆”的美誉。拨开历史的云烟，展现在人们眼前的是“水巷小桥多，人家尽枕河”的甪直独特景观。在此你可以参观叶圣陶纪念馆、万盛米行、吴东水乡妇女服饰馆等别具一格的展馆，可以漫步萧宅、深宅、保圣寺等风采依旧的名胜，还可以泛舟青青水上，穿梭于座座石桥之间，领略古镇魅力。

亲子信息

江苏省苏州市吴中区甪直镇晓市路21号　0512-69007900
联票：78元/人（不含张林园）；张林园：20元/人
夏季：08:00～17:30；冬季：08:00～17:00
（1）公交：苏州市内乘坐18、52、518路等公交可到达
（2）自驾：南京市—沪蓉高速—常嘉高速—机场路—淞浦路—育才路—正源路

亲子锦囊

1.带孩子参观保圣寺、叶圣陶纪念馆、萧宅、沈宅等，了解甪直古镇的文化底蕴；
2.带孩子乘坐游船，欣赏各式古桥，体验“船在水中走，人在画中游”的意境。

木渎古镇 | 享有“吴中第一镇”“秀绝冠江南”的美誉

木渎古镇位于吴中，香溪、胥江两条河穿镇而过，风光秀美，物产丰富，拥有豪华壮观的严家花园、精致绝伦的古松园与榜眼府第、历史气息浓郁的虹饮山房等园林景观，是江南唯一的中国园林古镇，享有“吴中第一镇”“秀绝冠江南”的美誉。

亲子信息

- 江苏省苏州市吴中区中山西路　　0512-66253688
- 联票78元/人（含严家花园、虹饮山房、古松园与榜眼府第）
- 春夏秋：08:00～17:00；冬季：08:00～16:30
- （1）公交：苏州市内乘坐游4、38、63、312、502路等公交可直达景区
  （2）自驾：南京市—沪蓉高速—绕城西南线—苏福路—中山东路—乐园路—终点

亲子锦囊

1.带孩子参观严家花园、虹饮山房、古松园、榜眼府第等，了解园林古镇历史文化；
2.带孩子参加踏青文化节、亲子童玩节、园林古镇旅游节等，领略古镇文化魅力。

中视传媒无锡影视基地（三国水浒城）| 我国首创的大型影视拍摄基地和文化旅游胜地

中视传媒无锡影视基地，拥有唐城、三国城和水浒城三大景区，是我国首创的大型影视拍摄基地和文化旅游胜地。这里的建筑多为大规模古典建筑群体，其中三国城内的建筑雄浑刚劲，水浒城内的建筑工巧华丽，唐城内的建筑金碧辉煌。另外还有老北京四合院、老上海一条街等建筑景观。

亲子信息

- 江苏省无锡市滨湖区山水西路滨湖区山水西路　　0510-85555219/0510-85558548
- 三国城90元/人；水浒城85元/人；唐城32元/人；三国水浒联票150元/人
- 三国城07:30～17:00；水浒城07:30～18:00；唐城07:00～17:00
- （1）公交：无锡市内乘坐82路公交可直达景点
  （2）自驾：无锡市—太湖大道—蠡溪路—双虹路—湖滨路—山水西路—终点

亲子锦囊

1.带孩子欣赏三国城、水浒城、唐城内的精品建筑，了解当时历史背景下的建筑风貌；
2.带孩子欣赏三英战吕布、武功集锦、华夏古韵等节目，了解历史名著中的经典故事。

善卷洞风景区 | 世界三大奇洞之一

善卷洞风景区山清水秀，古朴自然，风光旖旎。这里拥有梁祝化蝶园、皇帝封禅国山碑、恐龙时代珍稀植物银缕梅、世界一绝——圆通阁、中国第一陶吧、华东第一滑道、开心乐园等景点。当然最出名的还是善卷洞，分上、中、下、水洞，洞内石钟乳形态各异、晶莹剔透、绚丽多彩，宛若仙境。

亲子信息

江苏省无锡市宜兴市西南祝陵村螺岩山　0510-87391169
145元/人　旺季07:00～17:00；淡季08:00～16:00
（1）公交：宜兴市车站乘坐游2路公交到善卷洞站下车
（2）自驾：出发地转宁杭高速，在徐舍、张渚、官林出口下，车行5千米可直达

亲子锦囊

1.带孩子泛舟洞内，欣赏万古双海、倒影荷花、金鸡独立等，领略洞内华彩多姿的魅力；
2.带孩子漫步盘梯，感受风雷隐作，波涛远闻，金鼓齐鸣，万马奔腾的意境；
3.带孩子参观梁祝化蝶园，欣赏国山碑、圆通阁等，了解梁祝化蝶的传奇爱情悲剧故事；
4.带孩子参观中国第一陶吧，体验DIY紫砂作品的乐趣。

灵山胜境景区 | 世界级佛教圣地

灵山胜境景区，拥有小灵山、祥符禅寺、灵山大佛、胜境广场、华夏第一壁、八角井等多处景点。其中88米灵山大佛是目前世界上最高大的露天青铜释迦牟尼佛立像；祥符寺已经有千年历史；灵山梵宫是世界佛教论坛的主会场；九龙灌浴则再现了佛祖诞生之祥和瑞相；香水海中的五印坛城为藏语系佛教的代表，宛如海市蜃楼一样缥缈辽远。

亲子信息

江苏省无锡市滨湖区灵山路　0510-85689393　210元/人
07:30～17:30（冬季17:00）
（1）公交：无锡火车站乘坐88路公交到终点站灵山胜境下车
（2）自驾：无锡市—梁清路—环太湖公路—十里明珠堤—千波路—终点

亲子锦囊

1.带孩子朝拜灵山大佛，参与点燃酥油灯、推转玛尼经筒等互动活动，了解佛教文明；
2.带孩子参观祥符寺、佛教文化博物馆，参加平安抱佛脚、佛身祈愿贴金、聆听佛教；
3.带孩子赏降魔浮雕、百子戏弥勒、菩提大道，领会“一花一世界，一叶一如来”的禅境；
4.带孩子欣赏吉祥颂表演、九龙灌浴喷泉，感受佛祖诞生之祥和瑞相；
5.带孩子欣赏香水海·五印坛城，登上雄奇飘逸的坛城，体味佛陀一生的思想之光。

太湖鼋头渚风景区 | 享有“太湖第一名胜”的美誉

鼋头渚位于太湖的西北岸，因有巨石突入湖中，状如浮鼋翘首而得名，是观看太湖山水的最好位置，故有“太湖绝佳处，毕竟在鼋头”的说法。这里拥有充山隐秀、鼋渚春涛、万浪卷雪、太湖仙岛、樱花谷等10多处景点，包括山清水阔、帆影点点的自然风光，小桥流水、绿树人家的山野田园风光，以及石刻、书画、传说等历史感厚重的人文景观。

亲子信息

江苏省无锡市滨湖区大浮充山村118号　0510-96889688

105元/人（含游船）　非冬季08:00～17:30；冬季08:30～17:00

公交：无锡火车站乘坐1路公交在鼋头渚（充山）站下车

亲子锦囊

1.春季三、四月带孩子参加国际樱花节，赏樱花，体验置身樱花世界的浪漫；

2.带孩子欣赏灯塔、鼋头渚石碑、横云摩崖石刻等，感受鼋头渚灿烂的历史文化；

3.带孩子参观太湖仙岛，欣赏神猴出世、齐天大圣牙旗等，体验置身仙境的美妙；

4.夏季带孩子漫步荷塘，领略“兴尽晚回舟，误入藕花深处”的意境；

5.带孩子参观人杰苑、广福寺、三山道院等，登上天阁，尽览太湖如画美景。

锡惠园林名胜区 | 享有无锡“露天博物馆”和“精神家园”之誉

锡惠园林名胜区拥有3个全国文物保护单位，5个省级文物保护单位，12个市级文物保护单位，包括唐代的天下第二泉，宋代的古桥金莲桥，明代的古园寄畅园、愚公谷，南朝古刹惠山寺，春秋战国时的春申君饮马处——黄公涧等名胜古迹，享有无锡“露天博物馆”和“精神家园”之誉。

亲子信息

江苏省无锡市惠山直街1号　0510-83730083　70元/人

05:30～18:00（夏季延长至22:00）

（1）公交：无锡市内乘81、208、216路旅游观光巴士等公交到锡惠公园站下车

（2）自驾：沪宁高速—无锡北出口—盛岸路出口下—凤翔路—惠钱路—终点

亲子锦囊

1.带孩子参观寄畅园，欣赏九狮台、美人石、七星桥等景点，感受江南古典园林之美；

2.带孩子泛舟湖上，欣赏愚公谷、金莲桥等景点，领略无锡山水灵秀、文化灿烂。

中华恐龙园 | 享有“东方侏罗纪”的美誉

中华恐龙园分为中华恐龙馆、欢乐街区、雨林冒险区、嘻哈恐龙城区、鲁布拉区、库克苏克峡谷城区六大主题区，其中中华恐龙馆是核心区域，这里收藏、展示有中国系列恐龙化石，揭示了恐龙的出现、演化和灭绝的过程，享有“东方侏罗纪”的美誉。此外这里还开辟了4D过山车、疯狂火龙钻、通天塔、水火动力、金刚、热舞恐龙车等惊险刺激的游戏项目。

亲子信息

江苏省常州市新北区长江东路1号　0519-5116668

200元/人　09:00～17:00

（1）公交：常州市内乘坐B12、302、29路等公交至常州恐龙园站下车

（2）自驾：沿江高速第12出口出，换沪宁高速至第15出口出

亲子锦囊

1.带孩子参加灵翼穿梭、雷龙过山车、尖峰速递等游乐项目，体验惊险与刺激；

2.带孩子参观恐龙馆，欣赏恐龙骨架，了解古生物的出现、演化、灭绝的过程；

3.带孩子乘坐游船，览三河三园之景，穿越雨林，感受侏罗纪时代森林的神秘与惊险；

4.带孩子参加灯光节，泡温泉，观看4D恐龙电影，体验美轮美奂的视觉冲击。

天目湖旅游景区 | 被誉为“江南明珠”“绿色仙境”

天目湖旅游景区依偎在群山之中，湖水清澈见底，湖岸蜿蜒曲折，田畔画若棋盘，茶园层次错落，飞禽走兽随处可见，宛如一幅幅原生态的田园风光图。这里拥有状元阁、慈孝园、奇石馆、彩蝶谷等景点，同时开设有逍遥桥、高空滑索、蝴蝶谷等娱乐项目，是人们休闲旅游的绝佳去处。

亲子信息

江苏省常州市溧阳市天目湖镇　400-188-8588/0519-87983333

山水园：102元/人；南山竹海：90元/人；御水温泉：218元/人

夏季08:30～17:30；冬季08:00～17:00

（1）公交：常州火车站乘坐汽车到溧阳，再换乘9路公交车可达

（2）自驾：宁杭高速溧阳南下，左拐往天目湖方向

亲子锦囊

1.带孩子参观百孝园、慈母堂、状元阁、集贤厅等，了解当地的慈孝文化、状元文化；

2.带孩子参观奇石馆、精灵国、蝴蝶馆，体验与孔雀、松鼠、蝴蝶近距离接触的乐趣；

3.带孩子欣赏梦幻竹海、舞狮表演，参观熊猫馆，体验泡御水温泉的舒适与惬意。

春秋淹城 | 春秋时期所筑至今保存完好的地面城池遗址

春秋淹城又叫淹城遗址，是我国目前春秋晚期城池遗存中保存最为完整的一座。这里分为春秋淹城遗址、春秋乐园、野生动物世界、传统商业街坊四大功能区，其中春秋淹城遗址是核心部分，以“三城三河”的建筑形式闻名于世；春秋乐园是展示春秋文化的主题乐园，拥有静态欣赏、活动演绎和体验游乐式相结合的游乐项目；野生动物世界是江苏省内唯一一家超大规模的野生动物园；传统商业街则体现了中医、美食等悠久的历史文化。

亲子信息

江苏省常州市武进区武宜中路197号　400-188-0005/0519-86318622
遗址公园20元/人；百灵水世界80元/人；春秋乐园160元/人
09:00~17:00
（1）公交：常州市内乘坐14、80、B1路等公交至淹城公交中心站下车
（2）自驾：312国道—常州市—长虹路出口—武宜路岔口至延政西路右拐—终点

亲子锦囊

1.带孩子参观遗址公园，欣赏护城河、内城、子城等，了解“三城三河”的建筑形式；
2.带孩子欣赏鬼谷子、孔子等塑像，观看儒家表演、烟雨春秋、春秋王宫等节目，参加峡谷漂流、歌舞升平、九龙问鼎等项目，了解春秋时期灿烂的文化及列国争霸的历史。

濠河风景名胜区 | 被誉为南通城的“翡翠项链”

濠河平静如镜、曲折回环，被誉为南通城的“翡翠项链”。这条项链串起了文峰塔、梅庵书苑、天宁寺、南通博物苑、太平兴国教寺殿等众多自然人文景观。在此，不论你是泛舟湖上，还是漫步林荫道；不论你凭九曲栏杆观日出，还是于湖畔纳凉，都可以感受到一种“城在水中坐，人在画中游”的意境。

亲子信息

江苏省南通市濠河西路　0513-85093121
南通博物苑30元/人　全天开放
公交：南通市内乘坐7、1、5、15路等公交可直达风景区

亲子锦囊

1.带孩子欣赏天宁闻钟、北阁波光、仙桥绿堤等濠河十景，领略濠河的独特魅力；
2.带孩子参观天宁寺、寺街、张謇纪念馆等景点，感受南通古朴凝重的历史文化底蕴；
3.带孩子参观风筝纪念馆、珠算纪念馆、南通博物馆等，感叹江南人民千年来的智慧。

三山风景名胜区 | 由金山、焦山、北固山组成风景各异的风景区

三山风景名胜区位于镇江市区北部，地处长江与镇江主城区交汇处，总面积44.76平方千米。其核心景区为“三山一湖”，即：金山、焦山、北固山和金山湖，还包括西津渡、云台山、伯先公园、博物馆、铁瓮城等名胜古迹。金山居首，以奇丽著称，山上寺庙台阁层叠，有“寺裹山”之说，其中金山寺最为有名，是唐僧出家之地，被誉为“江心一朵芙蓉”；焦山断后，以古雅见长，四面环水，满山苍翠，素有“东西浮玉”之称；北固山则雄踞其中，以雄险闻名于世，山壁陡峭，地势险固，被誉为“天下第一江山”。

亲子信息

金山：江苏省镇江市润州区金山路；焦山、北固山：江苏省镇江市京口区东吴路

金山：0511-85512992；焦山：0511-88817103；北固山：0511-88812169

金山：65元/人；焦山：旺季65元/人（含渡船费），淡季40元/人，登万佛塔15元/人；北固山：旺季40元/人，淡季30元/人；联票：170元/人

08:00~17:00

（1）公交：镇江市内乘坐三山旅游专线、4、10路等公交可直达景区

（2）自驾：沪蓉高速—京沪高速—沪蓉高速—官塘桥路—解放路—东吴路

亲子锦囊

1.带孩子参观金山寺、慈寿塔、流云亭、白龙洞等，欣赏苏东坡的玉带、周鼎、金山图、铜鼓等，聆听《白蛇传》故事，感受金山的历史文化；

2.带孩子参观焦山碑林、焦山行宫、观澜阁、鹤园等，欣赏摩崖石刻、古迹《瘗鹤铭》及御碑亭等，登上万佛塔，尽览江天美景，感受焦山“中流砥柱”的气势；

3.带孩子参观甘露寺、多景楼、祭江亭等三国遗迹，欣赏碑亭、望月望乡诗碑、“天下第一江山”石刻、卫公塔等，感受北固山浓厚的历史文化底蕴；

4.带孩子参观焦山碑刻博物馆，欣赏宝墨轩、摩崖石刻、古炮台等，领略民族文化遗产的独特魅力；

5.带孩子参观伯先公园、西津古渡、老码头文化园、蒜山等，了解云台山的历史文化。

茅山风景区 | 享有“第一福地，第八洞天”的美誉

茅山位于江苏省西南部，以山美、道圣、洞奇的特色闻名遐迩，有“第一福地，第八洞天”的美誉。这里层峦叠翠、云雾缭绕、石怪岩奇、溶洞密布、泉池深幽、涧溪曲折，有九峰、十九泉、二十六洞、二十八池之胜景。除了秀丽独特的自然景观，茅山还有新四军纪念馆、华阳洞、万宁宫等人文景观。

亲子信息

- 江苏省镇江市句容市茅山风景区　　0511-87829805
- 旺季120元/人；淡季90元/人
- 3～11月：07:00～17:30；12月～次年2月：08:00～17:00
- （1）公交：在镇江火车站乘坐15路公交车直达景区
  （2）自驾：镇江市—扬溧高速—常合高速—终点

亲子锦囊

1.带孩子参观九霄万福宫、元符万宁宫、华阳洞、仙人洞等，瞻仰老子神像，感受江南独特气质的仙灵，感叹福地洞天的巧夺天工和神秘莫测；

2.带孩子参观喜客泉，感受“客来泉喜冒、泉水油面盖、水往高处流”的奇特现象；

3.带孩子参观新四军纪念馆、苏南抗战胜利纪念碑等，了解新四军抗日历史。

大明寺 | 享有“淮东第一观”的美誉

大明寺因建于南朝宋大明年间，故而得名，后因鉴真东渡日本前在此传经而名扬天下，享有“淮东第一观”的美誉。这里风景旖旎，文物古迹众多，拥有鉴真纪念堂、栖灵塔、欧阳祠、平山堂、印心石屋等主要景点，其中主要大殿是山门殿，平西堂以西还有著名的西园，园中又有天下第五泉，是一处集寺庙、园林、文物古迹等于一身的著名旅游胜地。

亲子信息

- 江苏省扬州市邗江区平山堂东路1号　　0514-87340720
- 旺季45元/人；淡季30元/人（栖灵塔、钟鼓楼另外收费）　　07:30～17:15
- （1）公交：扬州市内乘坐11、39、40路等公交至蜀冈西峰站下车
  （2）自驾：南京市—长深高速—沪陕高速—启扬高速—扬子江北路—终点

亲子锦囊

1.带孩子参观鉴真纪念堂、大雄宝殿、卧佛殿等景点，瞻仰玉佛，领略佛教文明；

2.带孩子瞻仰中国之尤峻特者——栖灵塔，领略其气势磅礴、高耸云天的雄伟气势；

3.带孩子参观平山堂、欧阳祠、天下第五泉等，了解大明寺的历史文明；

4.带孩子参加新年撞钟许愿、腊八感恩粥等法会，领略佛德智慧，感受佛教文化。

瘦西湖风景区 | 享有“园林之盛，甲于天下”之美誉

瘦西湖是扬州湖上园林的代表，原来是一段自然河道，后经历代的疏浚治理，建造园林，于清代康乾时期形成基本格局，自古便以二十四景闻名于世，享有“园林之盛，甲于天下”之美誉。景区内湖水清瘦幽长、蜿蜒曲折、古朴多姿，长堤上春柳风姿摇曳，五亭桥、小金山、白塔等建筑层次错落，宛如一幅幅优美的自然山水画长卷。

亲子信息

江苏省扬州市维扬区大虹桥路28号　0514-87357803

150元/人　07:00～17:30

（1）公交：扬州市内乘坐游1、游2、4、5、6路等公交可直达景区

（2）自驾：南京市—长深高速—沪陕高速—启扬高速—扬子江北路—终点

亲子锦囊

1.带孩子欣赏虹桥、五亭桥、二十四桥等景点，登上小金山风亭，尽览全园美景；

2.带孩子欣赏熙春台、望春楼、月观，参观凫庄、徐园、冶春园，领略诗情画意的意境；

3.带孩子参加4月18日的旅游节、春季赏花游园会、万花会，领略扬州烟花三月的魅力；

4.带孩子参加水上游活动，体会“山重水复疑无路，柳暗花明又一村”的意境。

溱湖国家湿地公园 | 素有“水乡明珠”之称

溱湖国家湿地公园是泰州市内唯一的5A级景区。这里湖水湛蓝、河网纵横、洲滩岛屿星罗棋布，水乡民俗文化浓郁，溱湖八鲜营养丰富。园内现有野生植物150多种，野生动物90多种，包括麋鹿、丹顶鹤、扬子鳄等珍稀物种。

亲子信息

江苏省泰州市姜堰区溱湖大道1号　0523-88623022

湿地公园100元/人；溱潼古镇40元/人；生态园30元/人

08:00～17:00

（1）公交：泰州市内有至溱潼的旅游专线公交，可直达景区

（2）自驾：南京—长深高速—沪陕高速—启扬高速—江海高速—溱湖大道—终点

亲子锦囊

1.带孩子泛舟十里溱河，参观鳄鱼馆、麋鹿观赏区等，体验骑马驰骋马场的潇洒；

2.带孩子参观石头科普馆、候船大厅、古农具展示馆等，感受湿地文化魅力；

3.带孩子参加湿地探险、拓展训练、水上娱乐活动等，体验泡温泉、漫步沙滩的舒适；

4.带孩子参加溱潼会船节、生态旅游节、美食节等活动，感受溱潼文化魅力。

花果山风景名胜区 | 享有“东海第一胜境”和“海内四大灵山之一”的美誉

花果山风景名胜区位于江苏省东北，因古典名著《西游记》所描述的“孙大圣老家”而闻名于世，因美猴王的神话故事而人人皆知，名扬海内外，自古就有“东海第一胜境”和“海内四大灵山之一”的美誉。这里古木参天、水流潺潺、花果飘香、猕猴嬉闹、峰奇洞异、怪石云海、景色神奇秀丽。

亲子信息

江苏省连云港市郁林路5号　0518-85723837

旺季100元/人；淡季50元/人　旺季07:00～16:30；淡季08:00～16:00

（1）公交：连云港市华联商厦广场有直达花果山的班车，10路公交也可到达

（2）自驾：南京—长深高速—淮连高速—花果山大道—圣湖路—终点

亲子锦囊

1.带孩子参观唐僧崖、三元宫、猴苑、毛公碑、七十二洞等，体验穿越水帘洞的乐趣；
2.带孩子欣赏瑶池、蟠桃园、天宫酒会、南天门等景观，了解孙悟空大闹蟠桃宴的故事；
3.带孩子欣赏多宝佛塔、吴承恩纪念馆、会心泉等，领略云台铺海、海上日出的美妙；
4.带孩子参加法会、拜山等活动，秋季可赏满山红叶，冬季可观晶莹雪景。

徐州汉文化景区 | 国内最大的汉文化主题公园

徐州汉文化景区占地0.8平方千米，分为汉代物质文化遗存展示区和汉传佛教游览区，有俑有陵有汉画、有山有水有古刹，是国内最大的汉文化主题公园。其中狮子山楚王陵是核心景区，在此发现了中国第三批兵马俑军阵，震惊世界。

亲子信息

江苏省徐州市兵马俑路1号　0516－83566263　90元/人　08:30～17:00

（1）公交：火车站乘坐50、58、71路公交在楚王陵站下车

（2）自驾：连徐高速徐州出口出，进入104国道，直行11.2千米，至景区左侧

亲子锦囊

1.带孩子参观王后陵展示亭、彩绘兵马俑，了解汉朝军阵和发达的军事、经济、工艺；
2.带孩子欣赏汉画像石雕刻、拓片、印章篆刻等，了解汉人的精神气质和审美追求；
3.带孩子参观竹林寺、观音阁、南北山门、钟鼓楼等，领略汉传佛教的历史风采；
4.8月带孩子来此赏桂花雨，感受“一树浓香呢喃，一地落英低语”的意境。

寒山寺 | 中国历史上十大名寺之一

寒山寺因张继的《枫桥夜泊》一诗而扬名全国，是历史上十大名寺之一。这里有大雄宝殿、庑殿、藏经楼、碑廊等建筑，其中大雄宝殿是主殿。寺内最著名的是各种碑文，既有张继本人的《枫桥夜泊》墨宝，也有其他知名人士的笔迹，其中以俞樾书写的最佳，堪称寺中一绝。

亲子信息

江苏省苏州市金阊区寒山寺弄24号　　0512-67236213
20元/人　　07:30~17:30
（1）公交：乘坐33、307、游3路等公交在何山桥站下车，步行上桥后沿匝道可到
（2）自驾：上海市—沪蓉高速—京沪高速—西环快速路出口离开—沪宁高速苏州西互通—金政街—西环高架路—西环路—枫桥路—寒山寺

亲子锦囊

1.带孩子欣赏枫桥夜泊碑，阅读古诗，了解当时诗人落榜后辗转难眠的心情；
2.带孩子赏观音峰，参观大雄宝殿，瞻仰如来、阿难、十八罗汉等佛像，了解佛教文化；
3.带孩子欣赏唐寅、文徵明、康有为等人的诗词碑刻及雕刻，感受我国的雕刻文化；
4.带孩子参观禅意书画院、妙利普明塔、塔院等，了解寒山寺的历史文化底蕴。

山塘街 | 享有“姑苏第一名街”之誉

山塘街已有1000多年的历史，是最具苏州街巷特征的老街，有“杭州游西湖，苏州有山塘”之说。这里不仅拥有山塘老街、玉涵堂、博物馆、木刻年画馆等特色景点，还有众多相关联的名人、名事，其中以白居易、曹雪芹为代表人物。

亲子信息

江苏省苏州市金阊区广济路218号　　0512-67236980
100元/人（包括山塘老街、玉涵堂、博物馆、木刻年画馆、安泰救火会）
08:00~21:00
（1）公交：乘坐406、317、529路等公交在山塘街站下车，沿广济路向北步行可到
（2）地铁：2号线地铁高铁苏州北站方向，在山塘街站下车

亲子锦囊

1.带孩子漫步山塘街，参观苏州老字号商店，领略“姑苏第一名街”的独特魅力；
2.带孩子参观玉涵堂、泉州会馆、绍兴会馆等，感受苏州古建筑艺术的美丽；
3.带孩子欣赏昆曲，参观船文化博览馆、苏州商会博物馆等，了解苏州浓郁的文化底蕴；
4.带孩子乘坐舟楫，穿过座座弯月般的石桥，看着灯笼渔火倒映在水中，别有一番韵味。

浙江

ZHEJIANG

西湖风景名胜区 | 享有“人间天堂”的美誉

西湖古称钱塘湖，又名西子湖，享有“人间天堂”的美誉。西湖风景名胜区以西湖为中心，分为湖滨区、湖心区、北山区和钱塘区，总面积49平方千米，有三秋桂子、六桥烟柳、九里云松、十里荷花，以及著名的“西湖十景”和“新西湖十景”等自然美景，还有北山街历史文化街区、高丽寺、八卦田遗址公园等人文景观。在此，你可以欣赏阴晴雨雪、雷峰夕照，领略西湖景区之美；可以听白娘子传奇，寻灵隐禅踪，感受文化底蕴之深；可以漫步苏堤，体验环湖休闲之乐；可以泛舟湖上，品一壶西湖龙井茶，了解中国茶文化之悠久。

亲子信息

浙江省杭州市西湖区西湖风景区　　0571-87179617

免费，园内部分项目另外收费　　全天

公交：杭州市内乘坐1、2、3、4路等旅游专线车均可到达西湖风景名胜区

亲子锦囊

1.带孩子欣赏雷峰塔、六和塔、南屏晚钟，漫步云栖竹径，体验花港观鱼的乐趣；

2.带孩子漫步苏堤，欣赏三潭印月，夏赏曲院风荷，冬观断桥残雪，别有一番韵味；

3.带孩子参观龙井村、梅家坞、中国茶叶博物馆，了解我国源远流长的茶文化艺术；

4.带孩子参观灵隐寺、岳庙、岳坟、于谦故居、苏东坡纪念馆等，感受其文化底蕴；

5.带孩子参观杭州花圃、植物王国、飞来峰石刻造像等，感叹工匠们精湛的技艺；

6.带孩子漫步白堤、赵公堤，欣赏平湖秋月之景，体会“人在画中游”的意境。

西溪国家湿地公园｜中国首个国家湿地公园

西溪国家湿地公园是中国唯一的集城市湿地、农耕湿地、文化湿地于一身的罕见湿地，也是全国首个国家湿地公园。在此，你可以漫步福堤、绿堤、寿堤；可以欣赏秋芦飞雪、渔村烟雨、深潭会舟、曲水寻梅、蒹葭泛月等美景；还可以参观洪园、越剧首演地、词人圣地等文化场所。

亲子信息

浙江省杭州市天目山路西溪国家湿地公园　0571-88106789

东区套票140元/人；西区套票145元/人；西区亲子票（2大1小）365元、（1大1小）220元；东区成人票80元/人；西区成人票80元/人

08:30～17:30

公交：市内乘坐83、193、290、310、506路等公交可直达景区

亲子锦囊

1.带孩子春赏绛雪桃花、秋观秋雪芦花、冬看香雪梅花，领略西溪“三雪”的魅力；

2.带孩子参观湿地博物馆，感受洪园表达出的宁静淡泊、远离喧嚣的归隐文化；

3.带孩子参观梅竹山庄、西溪草堂、秋雪庵等，泛舟湖上，领略江南水乡的柔情。

千岛湖景区｜被誉为“天下第一秀水”

千岛湖景区因湖中星罗棋布了1078座岛屿而得名，又因水质优良，被誉为“天下第一秀水”。在此不论是享受漂流玩水的惊险刺激，还是体验湖上泛舟、沿湖自驾、露营垂钓的舒适惬意；不论是欣赏怪石、悬崖、古道、灵洞，还是观看汾口草龙、龙灯、舞狮子等民俗表演，都可以感受到这里的独特魅力。

亲子信息

浙江省杭州市淳安县境内　400-8811-988　旺季150元/人；淡季120元/人

旺季08:00～17:00；淡季08:40～16:30；森林氧吧：48元/人；石林：60元/人

（1）公交：在杭州可乘坐大巴直达景区

（2）自驾：杭州市—长深高速—杭新景高速—白小线—富西线—千岛湖景区

亲子锦囊

1.带孩子登上梅峰，纵览300余座大小岛屿，体验漂流、滑草的惊险与刺激；

2.带孩子体验水上自行车、游艇等项目，领略草龙、龙灯、舞狮子等民俗表演的魅力；

3.带孩子吃大锅饭、看老电影，参加浑水摸鱼、扶犁耕地等，体验山野的原始情趣。

溪口风景区 | 蒋氏故里，弥勒圣地

溪口风景区是蒋氏故里，弥勒圣地。这里拥有“蒋氏故居”系列人文景观、因北宋仁宗皇帝梦中到此一游而得名“应梦名山”的雪窦山、天下禅宗十刹之一——雪窦寺、世界最高坐姿铜制露天弥勒大佛造像、溪口博物馆等景点，是一个集人文之精华、山水之灵秀、佛教之庄严于一身的旅游胜地。

亲子信息

浙江省宁波市奉化区溪口镇　0574-88888899

通票230元/人（溪口风景区通票、雪窦山景区交通票）　07:30～16:30

（1）公交：宁波汽车南站至奉化有班车15分钟一班，05:00～20:30

（2）自驾：上海—沪杭高速—杭州绕城高速—34省道—36省道—终点

亲子锦囊

1.带孩子参观博物馆，了解其文化遗存、鲜为人知的民国往事和多姿多彩的民俗民风；

2.带孩子参观蒋氏故居、蒋氏宗祠，了解蒋氏家族史，以及我国台湾历史、两岸关系等知识；

3.带孩子参观张学良幽禁地、民国大杂院等，瞻仰王安石像，感受溪口的人文之风；

4.带孩子参观雪窦寺，朝拜弥勒佛，感受佛教的庄严。

南湖 | 中国共产党的诞生地

南湖自古以“轻烟拂渚，微风欲来”的迷人景色闻名于江南。南湖也是党的诞生地，1921年中共第一次全国代表大会在此召开，并宣告中国共产党成立。如今这里除了中共“一大”会址、革命历史陈列馆，还有疏密相间的亭台水榭、假山回廊，环湖而立的四季公园、揽秀园、湖滨公园等，错落有致的精严寺、烟雨楼等。

亲子信息

浙江省嘉兴市南湖区南湖路1号　0573-82532600/0573-82532848

联票60元/人（含革命纪念馆、湖心岛、揽秀园、伍相祠、塔院）

08:00～18:00

（1）公交：嘉兴市乘坐1、8、36、81路等公交都可到达景区

（2）自驾：沪昆高速—杭州湾环线高速—嘉兴/新丰出口离开—广益路—终点

亲子锦囊

1.带孩子参观中共“一大”会址、南湖革命纪念馆、英雄园等，了解中国革命历史知识；

2.带孩子欣赏会景园、湖心岛、梅湾老街等，领略文徵明、吴道子等人的石碑、石刻魅力；

3.带孩子参加端午节，观赏农民画展、摄影书画展等，感受民俗文化和民间艺术的魅力。

雁荡山 | 享有“海上名山，寰中绝胜”的美誉

雁荡山山水奇秀，天开图画，是中国十大名山之一，享有“海上名山，寰中绝胜”的美誉。景区峰奇石怪，古洞石室、飞瀑流泉众多，分为灵峰、灵岩、大龙湫、三折瀑、雁湖、羊角洞等8个景区，其中灵峰、灵岩、大龙湫3个景区被称为“雁荡三绝”。

亲子信息

- 浙江省温州市乐清县雁荡镇境内
- 0577-62178888
- 灵峰景区、灵岩景区、大龙湫景区：40元/人；仙桥景区：30元/人；显胜门景区、雁湖景区、三折瀑、羊角洞景区：15元/人
- 05:30～18:00（因季节和天气会有所变动，以景区公告为主）
- （1）公交：上海、宁波、温州、杭州都有直达景区的大巴
  （2）自驾：上海—沪昆高速—杭州湾绕城高速—常台高速—深海高速—雁荡山

亲子锦囊

1.带孩子参观灵岩寺、龙鼻洞、天窗洞、灵岩飞渡等景点，感受悬空表演的惊险刺激；
2.带孩子欣赏中国落差最大的瀑布——大龙湫，感受其飞流直下三千尺的浩瀚气势。

杭州野生动物世界 | 华东地区规模最大的野生动物世界

杭州野生动物世界是华东地区占地面积最大、生态环境最好、物种最丰富的野生动物园。这里山川秀丽、景色优美，开设有步行区和车行区两部分，拥有孔雀馆、天鹅湖、非洲原野、亚洲原野、猩猩馆等20多处景点，饲养了白狮、白虎、白袋鼠、朱鹮、金丝猴等200多种1万多只（头）动物，并建有大型马戏表演场、大象表演场、鸟类表演场等。

亲子信息

- 浙江省杭州市杭富路九龙大道1号
- 0571-23211118
- 180元/人
- 09:00～17:00
- （1）公交：杭州市内乘坐前往富阳的中巴车，可直达景区
  （2）自驾：上海沪杭高速—杭州绕城高速—9号出口下高速—富阳方向直行即到

亲子锦囊

1.带孩子欣赏大象扣篮、跳迪斯科、踢足球等表演，感受动物的聪明，培养环保意识；
2.带孩子参观极地动物展示区，欣赏海狮、企鹅的表演，捕捉北极熊的美丽身影。

沈园 | 越中名园

沈园因陆游与唐婉的伉俪情深，后被迫分离的爱情故事而闻名于世。这里小桥流水，颇具江南园林特色，分为古迹区、东苑、南苑3处相对独立的景区，包括孤鹤亭、双桂堂、半壁亭、琴台等景点。在此，游人可以夜游沈园，感受宋代夜市的繁华；可以欣赏感情大戏；还可以品尝风味小吃。

亲子信息

浙江省绍兴市鲁迅中路318号　0575-85135140

40元/人；夜公园70元/人　日游：08:00～17:00；夜游17:30～21:00

（1）公交：绍兴市内乘坐7、8、10、13路等公交至鲁迅故里向东步行200米可达

（2）自驾：杭州市—杭甬高速—绍兴市—中兴路—景区

亲子锦囊

1.带孩子参观孤鹤亭、双桂堂、八咏楼等建筑，领略江南古典园林的独特魅力；

2.带孩子夜游沈园，品尝特色小吃，体验置身宋代繁华夜市的美妙。

乌镇 | 享有“鱼米之乡，丝绸之府”的美誉

乌镇是江南六大名镇之一。镇上东、西、南、北四条古风犹存的老街互相交叉，呈“十”字形，构成了双棋盘式河街平行、水陆相邻的古镇格局。这里的街道两旁保存着大量的明清建筑，加上河上座座形态各异的石桥，彰显了小桥流水人家的江南古镇风韵。

亲子信息

浙江省嘉兴市桐乡乌镇石佛南路18号　0573-88731088

东西栅联票150元/人；东栅100元/人；西栅120元/人

东栅：07:00～18:00；西栅：08:00～17:00（冬令提前半小时关闭）

（1）公交：嘉兴汽车西站乘车可直达乌镇

（2）自驾：上海市—沪昆高速—申嘉湖高速—乌镇/桐乡出口离开—乌镇

亲子锦囊

1.带孩子参观江南百床馆、江南民俗馆、江南木雕陈列馆等，感受江南特色文化；

2.带孩子观看皮影戏、花鼓戏、社戏等，体验巡更、制作花灯、乌陶拉坯的乐趣；

3.带孩子参加湖羊节、狂欢节、童玩节、圣诞节等，感受极具水乡特色的节日氛围。

横店影视城 | 目前亚洲最大的影视拍摄基地

横店影视城拥有13个影视拍摄基地，被誉为“中国好莱坞”。这里分为清明上河图、江南水乡、大智禅寺、明清宫苑、广州街·香港街、屏岩洞府等8个景区，是人们了解影视知识，感受我国南北地域文化的理想场所。

亲子信息

浙江省杭州市东阳市横店镇万盛街58号　0579-86547180
联票410元/人；联票加梦幻谷540元/人
景点08:30～17:30；梦幻谷16:00～20:00（如遇加场延长至21:00）
（1）坐车：在杭州汽车南站乘坐浙江快客可直达横店
（2）自驾：上海市—沪杭高速—杭金衢高速—诸永高速横店出口下

亲子锦囊

1.带孩子参观明清宫苑、清明上河图等，在秦王宫感受沙场点兵、金戈铁马的豪迈；
2.带孩子参观梦幻谷，欣赏古装表演，感受江南水乡的民生百态和万种风情；
3.带孩子欣赏《梦幻太极》表演，参与“纵横博彩”的主题游戏，体验“灾难性震撼”；
4.带孩子参观香港街、桃花源、秦淮河，了解不同的地域文化，体验当群众演员的乐趣。

根宫佛国文化旅游区（开化县根博园）| 浓缩自然奇观，一枝一叶而观天下

根宫佛国文化旅游区依托根雕艺术、盆景艺术、赏石文化与园林古建，将中华五千年灿烂的历史文化融于奇根异木，宛如一幅淡雅恬静、天人合一的画卷。这里拥有福门祥光、云湖禅心、根雕佛国、集趣斋、天工博物馆、醉根宝塔、历史文化长河等近30个景点，陈列有世界最大的根艺释迦牟尼佛造像和680米长的巨型根雕五百罗汉阵，是神秘的艺术殿堂。

亲子信息

浙江省衢州市开化县根博路1号　0570-6162588　120元/人
08:00～17:00
自驾：衢州市区—G320—沪昆高速—京台高速—杨家园隧道—京台高速—终点

亲子锦囊

1.带孩子欣赏大殿佛塔、亭台楼阁等汉唐风格建筑群，领略华夏之美，感受静世繁华；
2.带孩子参观罗汉文化长廊、大雄宝殿、五百罗汉像等，感受神秘的佛教文化；
3.带孩子参加元宵彩灯节，欣赏草龙、跳竹马、踩高跷等表演，了解当地的民风习俗。

普陀山风景名胜区 | 中国四大佛教名山之一

普陀山是中国四大佛教名山之一，素有“海天佛国”的美誉。这里主供观音菩萨，是著名的观音道场，其寺庙坐落在山间的海滨，与大海浑然一体；古木参天，华盖如伞，有海上植物园之称。景区分为南天门、潮音寺、普济禅寺、法雨禅寺、慧济禅寺等13个景区，是名副其实的净土佛国。

亲子信息

浙江省舟山市舟山群岛东南部　0580-3191919/6091414
160元/人；节假日200元/人；每年12、1月：140元/人
06:00~17:00
（1）公交：舟山市内乘坐13、37、929路等公交可到达景区
（2）自驾：上海市—沪昆高速—杭州湾环线高速—杭州湾跨海大桥—沈海高速—宁波绕城高速—甬舟高速—岭陀隧道—滨港路—梅岑路—终点

亲子锦囊

1.带孩子参观普济寺、慧济寺、法雨寺等，朝拜南海观音佛像，感受佛教文明；
2.带孩子踏沙看海，参观文物馆，欣赏十里金沙等景色，体验制作沙雕作品的乐趣。

清河坊历史街区 | 杭州最著名的街区

清河坊历史街区因南宋时被封为清河郡王的张俊住宅坐落于此故而得名，是杭州市唯一保存较完整的古街区。经过历史风霜的洗礼，这里依旧是杭州的繁华地带。古色古香的明末清初建筑群中聚集着回春堂、保和堂、荣宝斋、五杭三绝等百年老店，还有世界钱币博物馆、雅风堂馆、绍兴老酒等特色店馆。

亲子信息

浙江省杭州市上城区吴山脚下
历史街区10元/人；胡雪岩故居20元/人；胡庆余堂10元/人；清河坊民俗博物馆10元/人；城隍阁30元/人；青上阁石雕艺术馆5元/人；鼓楼10元/人
09:00~17:00
（1）公交：杭州市内乘坐8、K8、30、38路等公交可到达
（2）地铁：1号线地铁湘湖方向在安定路站下车，C口出，步行940米即可到达

亲子锦囊

1.带孩子参观香溢馆，欣赏大烟具、旱烟、水烟、烟斗等，了解我国烟草、烟具文化；
2.带孩子参观回春堂、胡庆余堂、保和堂、潘永泰等老字号，了解杭州市井生活情景。

杭州宋城 | 中国人气最旺的主题公园

宋城是中国最大的宋文化历史之城，也是中国人气最旺的主题公园。这里依托张择端的《清明上河图》而设计，建成了宋城千古情文化演艺区、高科技体验区、市井街、仙山佛窟区、文化广场区、城楼广场区、宋河区、戏水天地等主题区，同时开设了古今穿越快闪秀、抛绣球、山崩地裂、史前洪荒等精彩演出。

亲子信息

浙江省杭州市之江路148号　0571-87373101
贵宾票280元/人；尊宾票300元/人；豪华票480元/人
10:00～21:00
公交：杭州市内乘坐202、287、308，观光8号线等车到宋城站下车

亲子锦囊

1.带孩子参观《清明上河图》再现区，欣赏各种演艺表演，感受浓郁的古宋风情；
2.带孩子参观聊斋鬼影、鬼气长廊、僵尸蛊洞等恐怖区，体验惊险刺激的感觉；
3.带孩子参加火把节、泼水节、万神节等活动，领略民间文化的魅力。

杭州乐园 | 华东地区最具个性的主题游乐园

杭州乐园园区分为吴越千古情文化演艺区、大型游乐区、儿童游乐区、杭州乐园水公园、吴越古城等主题区，包括过山车、雨神之锤、风神之手、激流勇进、双海盗船、大摆锤、穿越云霄、丛林迷旋、幽灵鬼船、缆车等数十项惊险刺激的游乐项目，其中威廉王子号帆船最具人气。

亲子信息

浙江省杭州市萧山区风情大道2555号　0571-82880333
160元/人；夜游（17:00～21:00含水公园、不含其他游乐设施）：70元/人
旺季10:00～21:00；淡季10:00～17:00（周六、周日09:30开门）
（1）公交：杭州市内乘坐16、K515区间可直达景区
（2）地铁：1号线地铁湘湖方向，在湘湖站下车，E口出

亲子锦囊

1.带孩子乘坐虫虫特工队、音乐船、碰碰车等，体验亲水的乐趣；
2.带孩子参加戏水狂欢节、泥浆“泡”妞节、万圣节等精彩活动，尽享无限乐趣；
3.带孩子去王子号海盗世界，欣赏民俗表演，体验穿着海盗服，带着佩枪的威风。

杭州极地海洋公园 | 华东地区最大的海洋主题公园

极地海洋公园位于萧山湘湖湖畔，占地0.22平方千米，集极地动物展示、极地景观体验于一身，是华东地区最大的海洋主题公园。这里有极地海洋世界、极地欢乐剧场、鸟语林、室内极地冰原奇观等功能区，同时开设了极地探险、雨林探险、遨游海底、科普天地等主题景点，展示了北极熊、北极狼、北海狮、企鹅、北极狐等极地动物，是孩子最喜爱的场所之一。

亲子信息

- 浙江省杭州市萧山湘湖旅游度假区　0571-82609090
- 220元/人
- 09:00~17:00（节假日及特殊活动日营业时间以景区公告为准）
- （1）公交：杭州市内乘坐K327、K515、K315、K405路等公交均可到达
  （2）自驾：杭州江南大道—时代大道（四桥高架）—滨康路—风情大道—终点

亲子锦囊

1.带孩子观赏北极熊、海牛、领航鲸等，在爱斯基摩人冰屋前体验极地探险的神奇；
2.带孩子观赏雨林奇观、大海龟、古朴渔村等，体验树穴探险的惊险与刺激；
3.带孩子漫步海底世界，欣赏鲨鱼等海洋动物的表演，领略闻所未闻的精彩和神奇；
4.带孩子参观科普天地、欢乐海洋、冒险乐园、童趣王国等，尽享欢乐。

瑶琳仙境 | 享有“全国诸洞之冠”的美誉

瑶琳仙境位于桐庐县境内，又名瑶琳洞，是华东沿海中部亚热带湿润区喀斯特洞穴的典型代表，是“中国旅游胜地四十佳”之一。洞内地貌弯曲别致，群石瑰丽多姿，享有“全国诸洞之冠”的美誉。这里有7个洞厅，包括玉柱擎天、三十三重天、银河飞瀑、广寒舞台等奇观，在灿烂的灯光下宛如仙境宫殿。

亲子信息

- 浙江省杭州市桐庐县　0571-64361171　100元/人　08:00~16:00
- （1）公交：乘坐火车到杭州或汽车到桐庐，桐庐县城到瑶琳有中巴车直达
  （2）自驾：上海沪杭高速—杭州绕城高速—杭新景高速—桐庐出口下—终点

亲子锦囊

1.带孩子参观广寒舞台，感受蓬莱宫阙、银河飞瀑的烟岚缭绕，影影绰绰变幻莫测；
2.带孩子欣赏华表、石竹丛林、灵芝仙山等群石奇观，感受大自然的鬼斧神工。

龙门古镇 | 孙权故里

龙门古镇以孙权故里而闻名，是三国东吴大帝孙权后裔最大的聚居地，是江南明清古建筑中保存比较完整的山乡古镇。这里以两座孙氏宗祠为中心，共建有40多座孙氏厅堂，包括孝友堂、思源堂、百步厅、子孙厅、龙门溪、世德堂等主要景点，以卵石古街相连接，宛若迷宫。

亲子信息

浙江省杭州市龙门古镇　0571-63507877　80元/人　08:00~16:30

（1）公交：富阳市区到龙门每天都有数十趟中巴往返

（2）自驾：上海沪昆高速—杭州绕城高速—长深高速—S19—龙胡线—龙门古镇

亲子锦囊

1.带孩子参加同年会、九月初一的庙会、元宵灯节等，了解古镇的民风民俗；

2.带孩子参观余庆堂、世德堂、子孙堂等古宅，读楹联，了解古镇深厚的文化底蕴；

3.带孩子欣赏溪畔人家、乡野田园、山色水声之景，体验原生态自然风光的情趣。

台州天台山风景名胜区 | 活佛济公故里

台州天台山是中国最美的十大宗教名山之一，是佛教天台宗的发祥地，以济公“活佛”的故乡而闻名于世，享有“佛宗道源，山水神秀”的美誉。这里分为赤城、石梁、华鼎、琼台仙谷、济公故居、龙穿峡等13个景区，以“古、幽、清、奇”为特色，其中尤以石梁瀑布、华顶归云最为别致，而国清寺则为最出名的寺庙，内奉有重达13吨的释迦牟尼坐像。

亲子信息

浙江省台州市天台县北部　0574-87586317

国清景区15元/人；赤城景区30元/人；石梁景区60元/人；华顶国家森林公园40元/人；济公故居20元/人；琼台仙谷50元/人；天台山佛教城10元/人

08:00~17:00

（1）公交：从杭州东站坐快客到天台县，再从县城乘坐公交5路可到天台山

（2）自驾：杭州市区上杭甬高速，转三高速，天台出口出，往赤城路直走即到

亲子锦囊

1.带孩子参观国清寺，欣赏隋塔，朝拜释迦牟尼佛像，了解佛教天台教的发展；

2.带孩子参观济公院，欣赏梁妃塔，领略“赤城栖霞”万丈红光映碧寥的魅力；

3.带孩子欣赏石梁飞瀑、铜壶瀑布、水珠帘瀑布等景点，感受摩崖石刻的独特魅力。

仙居风景名胜区 | 素有“神仙居之奇，景星之雄、公盂之巍、十三都之清、淡竹之忧”的称誉

仙居风景名胜区自古就以南峰钓铤、景星望月、麻姑积雪等八景闻名于世。这里群山叠翠、溪涧纵横、峰奇石怪，分为神仙居、景星、十三都、公盂、淡竹5个景区，包括饭甑岩、将军岩、西天门、鸡冠岩、景星岩、公盂崖、神龙瀑、人字瀑等139处景点。

亲子信息

- 浙江省台州市仙居县中南部白塔镇　　0576-87910666
- 仙居景区55元/人；景星岩45元/人；永安溪漂流40元/人；皤滩古街35元/人；古高迁民居25元/人；响石山28元/人；桐江书院20元/人
- 08:00~16:00
- （1）公交：仙居汽车站乘坐出租车可到仙居景区，或乘坐至景区的大巴
  （2）自驾：杭州市区上沪昆高速，到诸暨改行暨永高速直接到仙居下高速可到

亲子锦囊

1.带孩子参加永安溪漂流，感受“小小竹排溪中游，巍巍青山两岸走”的意境；

2.带孩子参观皤滩古镇，欣赏三透九门堂、无骨花灯、桐江书院等，了解皤滩文化。

凤凰山主题乐园 | 享有“中国好莱坞”的美誉

凤凰山主题乐园是目前全球最大的影视拍摄基地，享有“中国好莱坞”的美誉。这里分为世界广场、魔幻村庄、凤凰城堡、探险旅程4个主题园区，以及东海龙宫和波波社区两个游乐区域，包括亚洲回环最多、惊险刺激的云霄飞车，世界落差最大的漂流，国内唯一的双冲水项目及舞蹈、特技、魔术等表演。

亲子信息

- 浙江省宁波市北仑区辽河路728号　　0574-26852685
- 160元/人　　09:00~17:00
- （1）公交：宁波市内乘坐783-1、550-1、789路等公交均可到达
  （2）自驾：杭州市—杭甬高速—甬台温高速—宁波市泰山路—辽河路—终点

亲子锦囊

1.带孩子观看舞蹈、特技、魔术等表演，感受浓郁的地域风情；

2.带孩子观看泡泡秀、滚环等表演，品尝炒冰、烧烤等美味，其乐无穷。

雅戈尔动物园 | 中国水域面积最大的野生动物园

雅戈尔动物园是目前中国水域面积最大的生态型花园式动物园。这里饲养了大熊猫、长颈鹿、犀牛、灰大袋鼠、火烈鸟、棕熊、白狮、大象等180余种珍稀动物，同时开辟了国内首条水上观赏动物游线，并设有精彩刺激的动物和民族风情表演，是人们感受人与自然，人与动物和谐之美的绝佳场所。

亲子信息

浙江省宁波市鄞州区东钱湖旅游度假区鄞县大道旁
0574-88378378
130元/人
旺季（5~10月）08:00~16:30；淡季（11月~次年4月）08:30~16:30
（1）公交：乘坐902、106、621路等公交在动物园站下车
（2）自驾：杭州市上杭甬高速至宁波—甬台温高速—宁波绕城公路—终点

亲子锦囊

1.带孩子欣赏大象、老虎、狮子等动物，体验观看动物表演、竞技、摄影等表演的乐趣；
2.带孩子泛舟湖上，观看动物，尽情地呼吸大自然美妙的芬芳，悠闲地享受如画的胜景；
3.带孩子参加摩天轮、碰碰车、太空车、攀岩等游乐项目，体验惊险刺激；
4.4月、10月带孩子参加开渔节、服装节、梁祝婚俗节等节日，感受民俗风情。

桃花岛 | 素有“海岛植物园”之美誉

桃花岛是舟山群岛的第七大岛，林木资源丰富，是水仙名品普陀水仙和浙江名茶普陀佛茶的主产地，素有“海岛植物园”之美誉。这里拥有舟山群岛第一高峰——安期峰、舟山第一深港——桃花港、东南沿海第一大石——大佛岩，还有根据金庸名著《射雕英雄传》中描写的桃花岛所建的景区，整体上碧海含情、草木成趣，是名副其实的海上仙山、世外桃源。

亲子信息

浙江省舟山市舟山群岛东南部
0580-6063688
联票140元/人
09:00~17:00
（1）公交：从普陀山乘坐当地快艇直达桃花岛
（2）自驾：沪杭甬高速到北仑出口下，至宁波郭巨码头上“东海神珠”轮直达

亲子锦囊

1.带孩子参观黄药师山庄、牛家村、黄蓉房等，体验置身金庸先生名著情景中的奇妙；
2.带孩子去桃花岛远观海景、日出，领略弹指峰、神雕石、海龟巡岸等怪石的神奇；
3.带孩子参加钓、捕、笼、溜、扳等各种渔业作业，感受古代渔民生活的情趣。

柯岩风景区 | 越中名胜

柯岩风景区是一处以采石遗址景观为特色的景区，自古就是越中名胜。这里分为柯岩、鉴湖、鲁镇三大景区，展示了绍兴独特的石文化、水文化、桥文化、酒文化、戏曲文化、名士文化、民俗文化等人文资源，其中云骨和一尊高12米的石佛堪称景区一绝。

亲子信息

浙江省绍兴市越城区余渚村　　0575-84361555
联票115元/人（含柯岩、鉴湖、鲁镇、游船）
冬季：08:00~16:30 夏季：07:30~17:00
（1）公交：绍兴市区603路、77路公交直达柯岩风景区
（2）自驾：沪杭甬高速柯桥道口、杭金衢高速杨汛桥道口下去即可到达

亲子锦囊

1.带孩子参观石佛、镜水湾、圆善园等景点，瞻仰石佛、云骨，感受佛教文明的魅力；

2.带孩子欣赏东汉笛亭、南洋秋泛、五桥步月、葫芦醉岛等，感受水文化、桥文化之美；

3.带孩子去鲁镇寻找《祝福》《阿Q正传》《狂人日记》等鲁迅作品中的典型人物环境，体验与鲁迅笔下人物进行跨越时空交流的神奇。

会稽山景区 | 中华九大名山之一

会稽山位列中华九大名山之首。这里风光旖旎，以大禹陵、百鸟乐园、香炉峰为主要景观，其中阳明洞天为道家七十二洞天之一、若耶溪为道家三十六福地之一，文化底蕴十分深厚。此外，这里还开设了射箭、古乐编钟表演、人鸟对话、雀鸟剧场鸟技表演等项目，吸引着大批的游人。

亲子信息

浙江省绍兴市袍江北路144　　0575-88366666
50元/人　　08:00~17:00
（1）公交：绍兴市内乘坐10路、2路等公交可达景区
（2）自驾：杭甬高速绍兴出口出，经斗门、104国道，过市区走32省道可达

亲子锦囊

1.带孩子参观大禹陵，参加4月20日的民祭活动，了解大禹辉煌的一生，学习其精神；

2.带孩子登上香炉峰，参观炉峰禅寺，烧香、拜佛，祈求全家平平安安；

3.带孩子参观百鸟乐园，欣赏人鸟对话、鸟技表演等，增长与鸟类相关的科普知识。

南浔风景名胜区 | 素有“鱼米之乡”“丝绸之府”“文化之邦”的美誉

南浔古镇素有“鱼米之乡”“丝绸之府”“文化之邦”的美誉。这里河街相交、黛瓦粉墙、绿柳拂水，保存着大批的古民宅、民居、园林等古建筑，包括小莲庄、张石铭旧宅、刘氏梯号、百间楼、张静江故居、嘉业藏书楼、求恕里、南浔文园、广惠宫等景点，宛如一幅古色古香的画卷。

亲子信息

- 浙江省湖州市南浔镇适园路38号
- 0572-3016999/3012215
- 100元/人
- 08:00~17:00
- （1）公交：湖州市浙北客运中心、湖州汽车站每天都有直达南浔的快客
  （2）自驾：延安高架—沪渝高速—南浔/练市出口离开—南浔大道—G318—终点

亲子锦囊

1.带孩子参观小莲庄、嘉业藏书楼、张石铭旧宅等古迹，感受江南传统建筑艺术特色；
2.带孩子欣赏百间楼，感受“百间楼上倚婵娟，百间楼下水清涟”的意境；
3.带孩子参观红军长征纪念馆、吴寿谷艺术馆、名人长廊等，体验泛舟、垂钓的乐趣；
4.春节、元宵节、端午节等带孩子来此体验古镇节日活动，感受古镇的文化魅力。

西塘 | 被誉为“生活着的千年古镇”

西塘早在唐开元年间就形成了村落，是吴越文化的发祥地之一，这里保存着众多的明清古建筑，被誉为“生活着的千年古镇”。这里以“桥多、弄多、廊棚多”为特色，拥有西园、薛宅、倪宅、根雕馆、民间瓦当陈列馆、中国酒文化博物馆、明清木雕馆、五姑娘主题公园等景点。另外，这里每年都会举办中国年、庙会、中秋赏月等节庆活动，吸引着大批的游人。

亲子信息

- 浙江省嘉兴市嘉善县西塘镇
- 0573-84564161/84567890
- 联票100元/人（含五姑娘主题公园及11个景点）
- 全天开放
- （1）公交：嘉兴市客运北站乘坐K152路空调车在西塘古镇站下车
  （2）自驾：杭州市—练杭高速—申嘉湖高速—嘉兴市平黎线—南苑路—西塘

亲子锦囊

1.带孩子参观酒文化博物馆、张正根雕馆、纽扣博物馆、民间瓦当陈列馆等，感受历史文化；
2.带孩子漫步廊棚，徜徉狭长、蜿蜒的古巷道，领略风格迥异的古桥的独特魅力；
3.带孩子参观西园、五姑娘公园、醉园等，感受西塘古镇的独特魅力和历史文化底蕴；
4.带孩子参加中国年、夜游古镇、中秋特制节目等，体验身在江南如诗如画梦中的美妙；
5.带孩子欣赏越剧《五女拜寿》、田歌《五姑娘》等表演，领略江南水乡民风民俗之美。

山东

SHANDONG

趵突泉

泰山方特欢乐世界
TAISHAN FANTAWILD ADVENTURE

泰山 | 被誉为“中华国山”“天下第一山”

泰山又称“东岳”，被誉为“中华国山”“天下第一山”，是我国“五岳”之首。它海拔1532.7米，占地面积426平方千米，气势雄伟磅礴，拥有岱庙、岱麓、红门路、天外村路、岱顶、桃花源路等景区，是一处集奇山险峻、自然文化遗产、古风寺庙等景观于一身的风景名胜区。在泰山，你可以体验会当凌绝顶的磅礴气势，可以感受苍松巨石、云烟缥缈的神奇变化，可以眼观云雾弥漫的“佛光”奇观，可以抚摸名人骚客亲笔题写的石刻碑文。

亲子信息

山东省泰安市泰山区红门路
0538-6228289
旺季127元/人；淡季100元/人
全天开放
（1）公交：乘坐2、14、19、45等路公交在红门站下车
（2）自驾：济南市—济广高速—京台高速—泰安—G104—环山路—终点

亲子锦囊

1.带孩子参观岱庙，欣赏泰山神巡游图、历代石碑和石画像，领略华夏历史文明的魅力；

2.带孩子走走十八盘，尽览雄伟、壮美的自然风光；

3.带孩子登临岱顶，体会“一览众山小”的美妙；

4.带孩子观赏旭日东升、晚霞夕照、云海玉盘等景观，领略朝晖夕阴、云霞缭绕的魅力；

5.带孩子参观大观峰，欣赏《纪泰山铭》等书法作品，了解我国博大精深的书法文化；

6.带孩子逛逛天街，感受天上街市的美妙；

7.带孩子参观桃花峪景区、樱桃园景区等，感受其景色的幽深静丽；

8.带孩子欣赏鸳鸯松、卧龙松、姊妹松、烛焰松等，感受大自然的神奇与瑰丽。

泰山方特欢乐世界 | 享有“东方梦幻乐园”“亚洲科幻神奇”的美誉

泰山方特欢乐世界属于第四代大型高科技科幻主题公园，由恐龙危机、飞越极限、神秘河谷等17个主题项目区组成，包含飓风飞椅、星际航班、神秘河谷等主题项目、游乐项目、休闲及景观项目300多个，是一个以科技和幻想为主题的乐园。

亲子信息

- 山东省泰安市泰山区东部新区明堂路北首
- 0538-8526888
- 成人200元/人；儿童150元/人
- 周一到周五09:00～17:30，周六、周日及节假日08:30～18:00
- （1）公交：泰安市内乘坐7、K1、K37等路公交在方特欢乐世界站下车
  （2）自驾：济南—济广高速—京台高速—泰新高速—莱泰高速—碧霞大道—终点

亲子锦囊

1.带孩子参加飓风飞椅、星际航班、飞越极限、神秘河谷等娱乐项目，尽享惊险与刺激；

2.带孩子观看海螺湾4D演出，体验漫步美丽海底世界、观赏海底居民盛大表演的乐趣；

3.带孩子化身未来警察与邪恶势力斗争，还可以与《生命之光》电影一起探寻生命奥秘；

4.带孩子参观维苏威火山、聊斋剧场、影视特技摄影棚等，领略东方梦幻乐园的魅力。

趵突泉公园 | 被誉为“天下第一泉”

趵突泉公园位于济南市中心的繁华地段，其中趵突泉位列济南七十二名泉之首，是一处以泉水、人文景观为主的文化名园。这里占地面积10.5万平方米，泉水众多，除趵突泉之外，还有漱玉泉、金线泉、马跑泉、柳絮泉等，以及众多名胜古迹，是人们寻古访幽的佳地。

亲子信息

- 山东省济南市历下区趵突泉南路1号
- 0531-86920439
- 40元/人，晚间半价（10月～次年4月18:00～21:00，其他月份至22:00）
- 春、夏、秋三季07:00～22:00；冬季07:00～21:00
- 公交：乘坐3、5、19、K51等路公交均可到达

亲子锦囊

1.带孩子欣赏金线泉、漱玉泉、马跑泉、卧牛泉等，感叹“济南泉水甲天下”；

2.带孩子乘坐游船欣赏趵突泉、黑虎泉、五龙潭等景点，尽享“不出城郭而获山水之怡，身居闹市而有林泉之致”的都市休闲意趣。

大明湖公园 | 素有“泉城明珠”的美誉

大明湖公园素有“泉城明珠”的美誉，湖水“恒雨不涨，久旱不涸”，澄净如练、遍生荷莲，两岸柳树婀娜多姿，南面的千佛山倒影婆娑，沿湖的亭台楼阁参差错落，水榭长廊轮回曲折，宛如一幅天然画卷，令人流连忘返，以“四面荷花三面柳，一城山色半城湖”来形容最贴切不过。另外，铁公祠、北极阁、稼轩祠等古迹又给它抹上了一层神秘的人文色彩。

亲子信息

山东省济南市历下区明湖路271号　0531-86088910/86088900

30元/人（不含超然楼），联票（含大明湖、超然楼）70元/人

淡季06:30～17:30；旺季06:30～18:30

公交：济南市内乘坐11、41、83、30等路公交均可到达

亲子锦囊

1.带孩子参观历下亭，领略“春季修竹婆娑、翠柳笼烟，秋季荷花溢香”的意境之美；

2.带孩子参观北极阁，了解我国道教文化，在庙台之上尽览景区美景，心旷神怡；

3.带孩子参观汇泉堂、汇泉寺、铁公祠等，泛舟湖上，领略佛山倒影的独特魅力。

五龙潭公园 | 素有“夹岸桃花，恍若仙境”之美誉

五龙潭公园素有“夹岸桃花，恍若仙境”之美誉。这里占地面积5.44万平方千米，由潭、池、溪、港等景观组成，其中27处泉池形成了五龙潭泉群，为济南的四大泉群之一。园中建筑风格融汇了南北造园的精华。漫步园中，好不惬意。

亲子信息

山东省济南市历下区趵突泉北路筐市街18号

0531-86921741　40元/人　07:00～19:00

公交：乘坐1、K50、K54等路公交均可到达五龙潭公园

亲子锦囊

1.带孩子欣赏五龙潭、天镜泉、七十三泉等，领略“五龙潭泉群”风情万种的魅力；

2.春季带孩子赏桃花、观翠柳、戏锦鱼、闻鸟鸣，体验置身人间仙境的美妙；

3.带孩子参观秦琼故宅旧址，瞻仰秦琼塑像，了解其金戈铁马的一生。

千佛山 | 济南三张名片之一

千佛山因雕刻了众多佛像而得名，是济南三张名片之一。这里峰峦起伏、林木苍翠，宛如济南的天然屏障。兴国禅寺、历山院建于山腰处，唐槐亭、齐烟九点、云径禅观等景点散落山间，燕子山、平顶山、金鸡岭、佛慧山、开元寺遗址、石窟造像等围于四周，可谓“一山分三带，景色各千秋”。

亲子信息

- 山东省济南市南部偏东处
- 0531-82662292
- 成人30元/人，兴国禅寺5元/人，观音园3元/人，万佛洞15元/人
- 06:30~18:30
- 公交：济南市内乘坐2、48、64等路公交均可到达

亲子锦囊

1.带孩子参观兴国禅寺，欣赏130多尊隋代佛像，感受佛教文化的博大精深；
2.带孩子春赏杜鹃、桃花，夏望壮观瀑布，秋观漫山红叶，领略景区的四季之美；
3.带孩子参观舜帝庙、鲁班祠、乾隆御碑、革命烈士陵园等，感受景区的历史文化底蕴。

曲阜明故城（三孔）旅游区 | 儒家文化的首创之地

三孔，即位于曲阜的孔府、孔庙、孔林三处景点。其中曲阜是孔子的故乡，是集古城古镇、名人遗迹、纪念建筑、寺庙等于一身的历史古城，是儒家文化的首创之地；孔庙极具东方建筑特色、规模宏大、气势雄伟，是祭祀孔子的地方；孔林有“碑林”之称，是孔子的家陵。在此，你可以领略儒学的博大精深；可以感受孔府的“圣人家”气派；可以感悟“天下第一家”的辉煌历史；还可以了解孔氏家族的源远流长。

亲子信息

- 山东省曲阜市明故城
- 0537-4414002
- 联票150元/人（包括孔府、孔林、孔庙），孔府60元/人，孔庙90元/人，孔林40元/人
- 08:00~17:30
- （1）公交：曲阜市内乘坐801路公交在曲阜汽车站下车
  （2）自驾：济南市—京台高速—静轩东路—半壁街—终点

亲子锦囊

1.带孩子参观孔庙，领略我国古代建筑、雕刻、书法、绘画的独特魅力；
2.带孩子参观孔府，欣赏美丽的园林景观，了解“天下第一家”的辉煌历史。

水泊梁山风景区 | 寻访水浒遗迹、体验水浒遗风、感受水浒精神的理想目的地

水泊梁山风景区由南梁山、北水泊组成，因《水浒传》而驰名中外。梁山由虎头峰、郝山峰、雪山峰、青龙山四山峰七支脉组成，山体险峻、藏奇纳胜，因毗邻的黄河多次决溃，水汇山麓，围成大泽，烟波浩渺而形成了“八百里水泊梁山”，成为藏龙卧虎、英雄豪杰出没的地方。这里建有水浒寨、忠义堂、石碣亭等景点，是寻访水浒遗迹、体验水浒遗风、感受水浒精神的理想之所。

亲子信息

山东省济宁市梁山县越山南路36号　0537-7329017

60元/人　06:30～19:00

（1）公交：从梁山汽车站、火车站乘坐2路公交车，到梁山景区下车即到

（2）自驾：济南市—济广高速—S337—S333—水泊梁山风景区

亲子锦囊

1.带孩子瞻仰施耐庵塑像，欣赏水泊梁山记，感受景区“河岳阔峻，草木萧森”的雄伟；

2.带孩子参观水浒寨、一关、号令台、影视基地等，感受置身水浒故事情节中的神奇；

3.带孩子欣赏宋江战船、子午门功夫、斗羊、斗鸡表演，感悟水泊梁山的民风民俗。

崂山 | 享有“海上第一名山”的美誉

崂山是山东半岛的主要山脉，最高峰崂顶的海拔为1133米，山海相连、山光海色，是我国唯一一座屹立在海边的山脉，享有“海上第一名山”之称。它由巨峰、流清、太清、棋盘石、仰口、北九水和华楼等几个游览区组成，拥有巨峰旭照、龙潭喷雨、明霞散绮、太清水月、海峤仙墩、华楼叠石、九水明漪等十二景，还有太清宫、华严寺、法海寺等道观。

亲子信息

山东省青岛市崂山区海尔路178号　0532-8898866

通票160元/人　旺季06:00～18:00；淡季07:00～17:00

（1）公交：青岛市内乘坐104、107、110、112、304路公交均可到达景区

（2）自驾：济南市—济广高速—青银高速—青新高速—辽阳东路—S214—Z004

亲子锦囊

1.带孩子登上巨峰，远眺大海、极目天海一色，领略云海、旭日、彩球奇观的独特魅力；

2.带孩子参观太清宫、明霞洞、上清洞等景点，寻古访幽，感受源远流长的道教文化；

3.带孩子参观龙潭瀑，欣赏五四抢险救人英雄群体纪念碑，领略“龙潭喷雨”的魅力。

青岛海洋世界 | 全国独具特色的海洋生态大观园

青岛海洋世界依托青岛水族馆、标本馆、淡水鱼馆等原有旅游资源，加上依山傍海的自然美景，辅以现代化的展示手段、充足的展览资源，成为全国独具特色的海洋生态大观园。这里山中有海，饲养着包括扬子鳄、水母、中华鲟、五彩神仙鱼等鱼类，同时还开设了人鲨共舞、梦幻美人鱼表演、海底芭蕾、海底春晚等表演，超级梦幻。

亲子信息

- 山东省青岛市市南区莱阳路2号
- 0532-82878218
- 通票旺季120元/人，淡季100元/人
- 08:30～17:00
- （1）公交：青岛市内乘坐26、316、312、501等路公交在鲁迅公园站下车
  （2）地铁：6号线隧道在鲁迅公园（海洋世界）站下车

亲子锦囊

1.带孩子参观潮间带，观看海胆、海星、章鱼等无脊椎动物，感受海底沉船的惊险刺激；
2.带孩子欣赏护士鲨、日本须鲨、黑鳍鲨、豹纹鲨等鲨鱼，体验漫步海底隧道的梦幻；
3.带孩子欣赏珊瑚礁生物群圆柱展缸，感受海底珊瑚世界的神秘莫测、绚丽无比；
4.带孩子欣赏海底特技、悟空闹海底、龟兔赛跑、海底奥运会等表演，乐趣十足；
5.带孩子参观水母馆、海洋科普教室等，了解海洋知识，增强环保意识。

青岛海滨风景区 | 享有“世界最美海湾”之美誉

青岛海滨风景区汇山、海、城于一体，熔自然与人工于一炉，风光秀美别致，享有“世界最美海湾”之美誉。这里旅游资源丰富，拥有天然岬角、滨海、沙滩、礁岩等自然景观，有栈桥回澜阁、小青岛灯塔、八大关建筑群等文物遗址，也有品种繁多的古树名木，珍稀植物等，还有五四广场等。

亲子信息

- 青岛市市南区南部沿海
- 鲁迅公园、百花苑各5元/人；小鱼山公园、小青岛：旺季各15元/人，淡季各10元/人
- 旺季07:00～19:00；淡季08:00～17:00
- 公交：青岛市内乘坐5、8、316、801等路公交车，均可抵达

亲子锦囊

1.带孩子漫步栈桥，沐浴着习习的海风，观赏着小青岛、百花苑的美景，心旷神怡；
2.带孩子参观音乐广场、五四运动广场，感受充满生机、无比瑰丽的现代都市风光画卷。

青岛极地海洋世界 | 为国内外游客创造欢乐的“海洋迪士尼”

青岛极地海洋世界融吃、住、行、游、购、娱为一体，是全国首家海洋不夜城。这里共有36个展馆，极地动物展示区、极地童话城堡、神秘的海兽区、精品鱼类区、海洋动物剧场5个展区，展示了白鲸、企鹅、北极熊等10余种200余只极地动物，以及千余种万只（头）珍稀海洋生物，是目前国内最大，拥有极地海洋品种最全、数量最多的场馆。

亲子信息

山东省青岛市崂山区东海东路60号　　0532-89091908/89091159

极地馆+欢乐剧场全价票150元/人，极地馆全价票120元/人，极地馆+欢乐剧场半价票为75元/人，极地馆半价票为60元/人

08:30～16:30（16:10停止售票）

公交：青岛市内乘坐11、317、102等路公交在青岛极地海洋世界站下车

亲子锦囊

1.带孩子欣赏白鲸、北极熊、企鹅、海獭等，体验近距离观看它们生活状态的乐趣；

2.带孩子欣赏动物表演、因纽特风情表演、美人鱼表演等，体验参与动物喂食的乐趣。

金沙滩 | 享有“亚洲第一滩”的美誉

金沙滩是我国沙质最细、面积最大、风景最美的沙滩，享有“亚洲第一滩”的美誉。这里有青岛最美的海滩和波涛，从黄海吹来的强劲海风在这里掀起的浪涛不停地涌上海滩，让狭长的海滩显得格外壮观。景区景致怡人，海滨休闲、娱乐、餐饮、运动等各项旅游功能应有尽有，精彩不容错过。

亲子信息

山东省青岛开发区薛家岛街道办事处金沙滩　　0532-86707399

免费　　全天（浴场开放时间为7月1日至9月15日）

（1）公交：青岛市内乘坐1、18、19等路公交，在金沙滩站下车

（2）自驾：济青高速—胶州湾高速—江山路—滨海大道—经唐岛湾公园—终点

亲子锦囊

1.带孩子观海景、做沙雕、放风筝、逐波踏浪，体验乘坐电瓶车游览沙滩岸线的浪漫；

2.带孩子乘沙滩飞机、坐快艇、蹬水上自行车等，尽享惊险与刺激；

3.带孩子参与水上步行球、旋转木马、海盗船等丰富的游乐项目，趣味无穷。

万平口海滨风景区 | 最能体现日照"蓝天、碧海、金沙滩"特色的景区

万平口海滨风景区以优美宜人的自然环境、湿润清新的空气、宽阔洁净的沙滩、清澈透明的海水和明媚灿烂的阳光闻名于世，是最能体现日照"蓝天、碧海、金沙滩"特色的景区。在此，不论你是享受海水浴、日光浴、沙滩浴，还是在海滩赶海、垂钓；不论你是观海上日出，还是乘快艇游览海上风光，都可以尽情释放压力，享受那份回归自然的情趣。

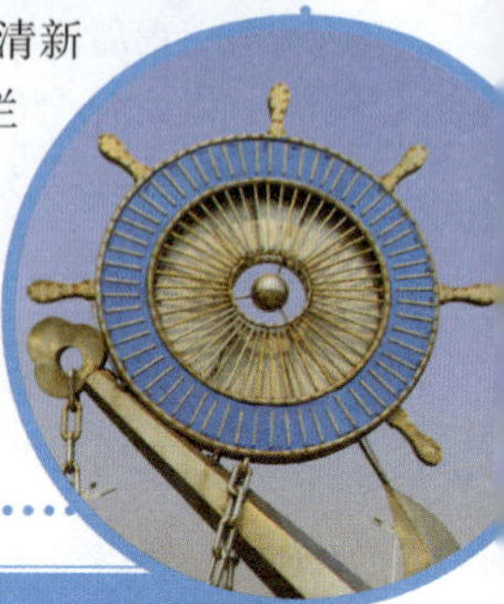

亲子信息

- 山东省日照市东港区海曲东路东首万平口
- 0633-8785910
- 无门票
- 全天开放
- （1）公交：日照市内乘坐1、5、6路公交沿海旅游专线车或旅游出租车到达景区
  （2）自驾：京台高速—泰新高速—京沪高速—日兰高速—日照迎宾路—海曲东路

亲子锦囊

1.带孩子泛舟、垂钓，尽享海水浴、日光浴、沙滩浴、沙滩排球等运动的舒适、惬意；
2.带孩子观海上日出，乘快艇游览海上风光，参加海滩赶海，感受当地民风民俗。

刘公岛 | 享有"海上仙山"的美誉

刘公岛的北部有直立陡峭的海蚀崖，南部平缓绵延，森林覆盖率达87%，有"海上仙山"的美誉。这里既有保持着原始风貌的国家森林公园，也有1000多年前的战国遗址，还有甲午战争博物馆、北洋水师提督署、北洋水师铁码头和古炮台等，以及功能齐全的休闲娱乐购物区，是人们避暑、度假的理想之所。

亲子信息

- 山东省威海市区东2.1海里的威海湾
- 0631-5287807
- 138元/人（含往返船票、景点门票）
- 07:00～17:00
- 公交：乘坐15、10、7、1等路公交，在华联大厦站下车，向东步行到刘公岛旅游码头，换乘轮渡抵达刘公岛

亲子锦囊

1.带孩子参观甲午战争纪念馆，欣赏水师巨型舰炮，了解当年甲午战争的历史面貌；
2.带孩子参观北洋海军提督署、丁汝昌纪念馆、水师学堂等，感受北洋水师当年的风采。

成山头风景名胜区 | 被人们称为“中国的好望角”

成山头风景名胜区又称天尽头、成山角，是一块突出于大海之中的陆地，是我国陆地的最东端，也是我国海上日出最早的地方，被人们称为“中国的好望角”。成山头直插入海，山体十分陡峭，山崖下水流湍急，常年受海水冲击，是典型的海蚀地貌。这里不仅自然风景壮丽，人文内涵也很丰富，包括福如东海文化区、好运角、始皇庙、国际灯塔等。

亲子信息

- 山东省威海荣成市西霞口村
- 0631-7835280
- 150元/人，联票（含天尽头、摩天岭）180元/人
- 全天开放
- （1）公交：从威海码头乘坐西霞口专线游大巴车即可到达景区
  （2）自驾：济南市—青银高速—威青高速—环海公路—环行路—成山头风景区

亲子锦囊

1.带孩子观日出，欣赏猕猴、野猪、猎豹、北极熊、天鹅等动物，乐趣十足；
2.带孩子参观海洋生物博物馆，观赏鱼类、贝类等生物，获得丰富的知识和乐趣。

蓬莱阁景区 | 素有“人间仙境”的美誉

蓬莱阁景区是传说的海中的三座仙山之一，是神仙居住的地方，也是秦始皇东寻求药、汉武帝御驾访仙之地，“八仙过海，各显神通”之所，素有“人间仙境”的美誉。蓬莱阁始建于北宋嘉祐六年（1061年），由天后宫、龙王宫、吕祖殿、三清殿、弥陀寺等建筑构成，十分壮观。此外，景区还有戚继光故里、蓬莱水城、田横山、水师府、登州古船博物馆等20多处景点。

亲子信息

- 山东省烟台蓬莱市迎宾路7号
- 0535-5631111
- 100元/人，通票140元/人
- 夏季7:00～18:00，冬季7:30～17:00
- （1）公交：在蓬莱市乘坐8路公交即可到达
  （2）自驾：济南市—济广高速—青银高速—荣潍高速—新潍高速—荣乌高速—终点

亲子锦囊

1.带孩子登临古朴壮观的蓬莱阁，欣赏烟雾缭绕之景，感受置身仙境、超凡出世之美；
2.带孩子参观吕祖殿、仙人洞等，欣赏形态各异的彩塑，聆听“八仙过海”的神话故事；
3.带孩子登上宾日楼，观海上日出，还可以欣赏卧碑亭、感德碑亭，了解我国碑刻文化；
4.带孩子参观戚继光故里、水师府、古船博物馆等，感受景区深厚的历史文化底蕴。

南山旅游景区 | 拥有目前世界上第一铜铸大佛

南山旅游景区分宗教历史文化园、主题公园和东海旅游度假区3部分。其中宗教历史文化园有晋、唐时期的南山禅寺、香水庵、南山道院等，全面展现了中华文明的博大精深和民族文化的多姿多彩；主题公园内有南山大院、马术俱乐部、宠物园、欢乐岛等部分；东海旅游度假区拥有20千米的黄金海岸线。另外，景区内还有一尊举世罕见的锡铜释迦牟尼大佛，堪称目前世界第一铜铸大佛像。

亲子信息

山东省龙口市南山旅游景区　　0535-8615090
120元/人　　07:30～18:00
（1）公交：乘坐5、10路公交在南山博商购物中心站下车
（2）自驾：荣乌高速—莱西/南山/龙口离开—南山路—X060—景区路—终点

亲子锦囊

1.带孩子朝拜南山大佛，感受世界第一铜铸大佛像的独特魅力；
2.带孩子参观南山道院、南山禅寺、香水庵等景点，感受佛家文化的博大精深；
3.带孩子参观宠物园、欢乐岛、马术俱乐部等，看民俗表演，了解我国丰富的民族文化；
4.带孩子参观高尔夫球场、康乐宫、水上乐园等，尽享欢乐。

三仙山风景区 | 被誉为“神话仙境，蓬莱再现”

三仙山由三和大殿、蓬莱仙岛、方壶胜境、瀛洲仙境、珍宝馆、玉佛寺、十一面观音阁等景观组成，是山东半岛黄金旅游线上的一颗璀璨明珠。其中重108吨的世界第一大整玉卧佛、重72吨的整玉立观音、重260吨的十一面观音是景区的镇园之宝，珍宝馆中的“百鸟朝凤”木雕是10位木刻大师耗时三年的作品，堪称稀世珍品。这里建筑恢宏、园林精美、藏品震撼、文化深厚。

亲子信息

山东省烟台蓬莱市海滨路9号　　0535-5664777
通票120元/人　　夏季07:30～15:30，冬季08:00～15:00
（1）公交：在蓬莱市乘出租车即可到达
（2）自驾：济青高速—潍莱高速—威乌高速—蓬莱出口下—北行至海滨—终点

亲子锦囊

1.带孩子欣赏雄伟的三和大殿、精美的园林，感受人与自然和谐、天人合一的美妙绝伦；
2.带孩子参观珍宝馆，看“百鸟朝凤”木雕，感叹我国劳动人民的聪明才智和高超技艺。

莲花山 | 被誉为“观音胜境，北方普陀”

莲花山是中国北方最大的观音道场，也是齐鲁第一佛山，被誉为“观音胜境、北方普陀”。这里山势陡峭、奇峰林立、沟深谷幽、流泉飞瀑、岩石奇特，风景十分优美，拥有行宫、太平庵、云谷寺、北天门、响铃碑、魔子坊等六大景区，包括观音院、太平禅寺、云谷寺、朝圣天梯等众多景点。

亲子信息

山东省泰安市新泰市泉沟镇

0538-7549166

旺季80元/人，淡季50元/人

全天开放

（1）公交：新泰市内乘坐前往莲花山的旅游专线车即可到达

（2）自驾：济南市—京台高速—泰新高速—S103—迈莱河路—终点

亲子锦囊

1.带孩子瞻仰天成观音，参观菩提大道、梵音宫、观音阁等，感受佛教文化的博大精深；

2.农历的二月十九、四月初八等日子带孩子参加佛教节会，体验佛教文化的魅力。

东平湖 | 宋代“百里梁山水泊”的唯一遗存水域

东平湖是《水浒传》中八百里水泊唯一遗存的水域。这里三面环山，景色优美，风光秀丽，文物古迹遍布，包括水浒英雄头领宋江攻打东平府城时的驻地、后汉东平国宪王刘苍及其后代的墓葬地、东平古八景之一“黄石悬崖”、京杭大运河故道、水浒英雄晁盖等好汉聚义的司里山、国家森林公园腊山、明朝万历七年时修建的寺院月岩寺等，是人们欣赏如画美景，了解我国历史，感受水浒文化的理想之所。

亲子信息

山东省泰安市东平县

0538-2289666/2289777

80元/人

07:30～18:30

（1）公交：乘坐东平县城到水浒古镇的旅游专线，可以游遍东平湖

（2）自驾：济南市—济广高速—东平/汶上/东平湖出口离开—东平互通—终点

亲子锦囊

1.带孩子参观东平湖湿地，欣赏珍稀动物，感受菱芡茂盛、芦苇丛生、鱼跃鸟鸣之美；

2.带孩子参观孙二娘酒店、桃花山山寨、二龙山山寨等，听水浒故事，了解水浒文化；

3.带孩子乘船游东平古城，欣赏宋代风格的沿街建筑，感受宋代街市的繁华景象；

4.带孩子参观聚义岛、水浒影视城等，了解水浒七雄聚义的故事，感受北宋特定氛围。

沂蒙山旅游区｜东夷文化、镇山文化发祥地

沂蒙山旅游区由沂山景区、蒙山龟蒙景区、蒙山云蒙景区3个景区组成，拥有大汶口文化、龙山文化、岳石文化等几十处遗址，以及大量的碑碣铭文、诗章名句，是东夷文化、镇山文化发祥地，是世界文化遗产齐长城所在地、世界著名养生长寿圣地。其中沂山古称海岳，有“东泰山”之称，居中国五大镇山之首；蒙山是山东第二高峰，兼有泰山之雄、黄山之美、华山之险、雁荡山之奇的特征。

亲子信息

山东省临沂市蒙阴县　　0539-4406289/4552098/3463686

通票150元/人；云蒙山80元/人，龟蒙山80元/人，沂山90元/人

05:00～19:00

（1）公交：平邑县城乘坐开往蒙山的旅游专线车，在景区下车即可

（2）自驾：济南—京台高速—日兰高速—平邑县—G327—万平线—终点

亲子锦囊

1.带孩子瞻仰蒙山大佛，感受东夷文化，了解孟良崮战役、解放战争的历史；

2.春节期间携孩子参加祈福庙会，领略古装婚礼、大宋皇帝巡游、民俗杂耍等表演的魅力。

山东地下大峡谷｜被誉为“中国地下河漂流第一洞”

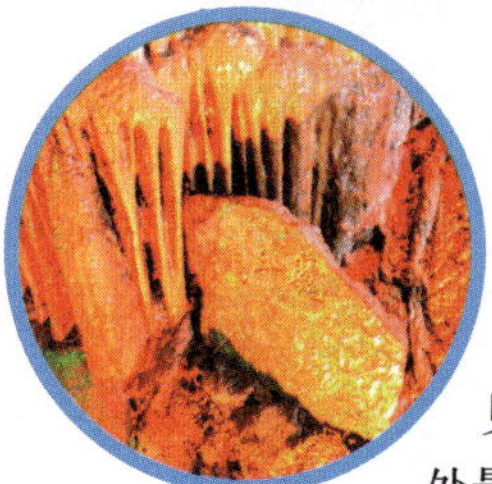

山东地下大峡谷是一处融休闲、游憩、娱乐、度假、溶洞漂流、洞内观景于一体的旅游区。整个洞穴由喀斯特裂隙发育而成，长约6100米，是江北第一长洞。洞内流水潺潺，奇形怪状的钟乳石密布其间，石笋、石瀑布、石竹、石花、月奶石等千姿百态，随处可见，有一河、五关、六瀑、九宫、九泉、十二峡等160多处景点，尤其是地下暗河四季长流，而且可以进行漂流。

亲子信息

山东省临沂市沂水县姚店子镇　　0539-2558888

96元/人　　07:30～17:30

（1）公交：在沂水县城乘坐开往姚店子、院东头的班车，在景区下车即可

（2）自驾：济南市—京沪高速—青兰高速—S236—S229—终点

亲子锦囊

1.带孩子欣赏九龙瀑、天泉瀑、天水瀑、巨石滩瀑布等，感受其磅礴、壮观的气势；

2.带孩子乘坐管轨电动滑道车，俯视龙岗全景，体验参加洞内漂流的惊险与刺激。

地下荧光湖旅游区 | 蝴蝶的海洋，萤火虫的世界

地下荧光湖旅游区分为蝴蝶谷、萤火虫水洞两大主题旅游区，包括崖瀑漂流、滑道车、梦幻昆虫园等60余处景点。其中蝴蝶谷为原始生态蝴蝶谷，有丝带凤蝶、枯叶蝶、麝香凤蝶等世界著名蝶种，是我国北方最大的自然与人工巧妙结合的蝴蝶文化公园；萤火虫水洞形成于约0.65亿年至2.3亿年前，全长1200米，洞内拥有大量的钟乳、奇石等奇特景观，以及成千上万的萤火虫。

亲子信息

山东省临沂市沂水县院东头镇四门洞　　0539-2558888
通票80元/人　　07:30～18:00
（1）公交：沂水县城乘坐开往旅游区的公交，在景区下车即是
（2）自驾：济南市—京沪高速—青兰高速—S236—S229—终点

亲子锦囊

1.带孩子参观蝴蝶谷，观赏丝带凤蝶、枯叶蝶、麝香凤蝶等，感受蝴蝶世界的浪漫；
2.带孩子乘一叶扁舟，欣赏萤火虫，体验置身漫天繁星闪烁的童话世界里的神奇。

台儿庄古城 | 被誉为“活着的运河”“京杭运河仅存的遗产村庄”

台儿庄古城内汇集了茶楼、客栈、山东非物质文化遗产展示等，被誉为“活着的运河”。在此你可以欣赏九座桥、五条水街的美景；可以参观以湿地植物为特色的城市湿地公园；可以领略以传统商业街为主题的水上街市景区；到了晚上，还可以品味白墙黛瓦、马头出墙的久和客栈的韵味。

亲子信息

山东省枣庄市台儿庄区大衙门街西首　　0632-6679038
160元/人　　24小时营业
（1）公交：台儿庄区乘BRT2路公交车至台儿庄大桥停车场转乘景区电瓶车可达
（2）自驾：济南市—京台高速—岚曹高速—枣庄—S244—S234—兴中路—终点

亲子锦囊

1.带孩子欣赏扶风堂、鲁南民居、久和客栈等景点，感受明清建筑艺术风格的魅力；
2.带孩子参观台儿庄大战临时指挥所、台儿庄战史陈列馆等，了解台儿庄大战的历史；
3.带孩子参加千年大庙会、开河节、赛龙舟等节庆活动，感受当地的民风民俗；
4.带孩子泛舟运河，参观桃花坞、杨柳岸、杏花渡等景点，感受我国古运河文化。

安徽

ANHUI

黄山风景名胜区 | 被誉为“天下第一奇山”

黄山位于安徽省南部，原名黟山，后因轩辕黄帝曾在此炼丹的传说而改名“黄山”，被誉为“天下第一奇山”。这里核心景区约160.6平方千米，自古以奇松、怪石、云海、温泉“四绝”著称于世，有“黄山内无峰不石，无石不松，无松不奇”之说。景区拥有82座错落有致、形态各异的山峰，其中莲花峰、天都峰、光明顶为三大主峰，享有“五岳归来不看山，黄山归来不看岳”的赞誉。此外，还有极其丰富的动植物资源，被称为“华东植物园”。

亲子信息

安徽省黄山市黄山区，南大门在汤口镇北9千米，北大门在太平镇南21千米

0559-5561111　旺季230元/人；淡季150元/人　08:00~17:00

（1）公交：上海、南京、杭州、合肥、芜湖都有直达的汽车班次往来黄山

（2）自驾：黄山市—滨江东路—杭瑞高速—京台高速—X036—终点

亲子锦囊

1.带孩子欣赏蓬莱三岛、百步云梯、一线天、鳌鱼洞等景点，感受迎客松苍劲挺拔的雄姿；

2.带孩子欣赏云门峰、云际峰等梦幻景点，体验穿越步仙桥的惊险与刺激；

3.带孩子欣赏西湖大峡谷、飞来峰、九龙峰、西海瑶台、丹霞峰等景点，在排云亭前观赏仙人晒靴、文王拉车、武松打虎、仙女弹琴等奇石，感叹大自然的鬼斧神工；

4.带孩子欣赏狮子峰、扇子松、麒麟松等，体验在光明顶尽览东海奇景、西部群峰之美；

5.带孩子欣赏百丈泉、三叠泉、人字瀑、河口飞瀑等，领略其飞流直下三千尺的气势；

6.带孩子登上天都峰，观日出、云海，领略“此景只应天上有”的意境；

7.带孩子泡温泉，放松心情，忘却烦恼，尽享舒适、惬意。

太平湖风景区 | 被誉为“江南翡翠”“黄山情侣”“东方日内瓦”

太平湖风景区森林资源丰富，湖面碧波荡漾，水质常年达国家一级标准，被誉为“江南翡翠”“黄山情侣”和“东方日内瓦”。这里除了旖旎的自然风光，还有众多人文景观，包括新石器时代的众家山遗址、千年古城——广阳城、“三里秦淮”——龙门街、朱熹题写的“秀荫”石刻等一大批文物古迹。

亲子信息

安徽省黄山市黄山区西北部平湖镇　0559-8561515

旺季55元/人；淡季35元/人　08:00～17:00

（1）公交：从屯溪、汤口、黟县等地乘车至太平（甘棠）再转车至太平湖

（2）自驾：黄山市—杭瑞高速—京台高速—S103—终点

亲子锦囊

1.带孩子参观八卦岛，观赏猴子、梅花鹿等，体验玩幸运钟、八卦转盘、太极图的乐趣；

2.带孩子参观黄金岛、陵阳山等景点，体验水上飞伞、游艇、竹筏等娱乐项目的乐趣；

3.带孩子乘游船，欣赏三门峡之景，领略“山重水复疑无路，柳暗花明又一村”的意境。

九华山风景名胜区 | 素有“东南第一山”的美誉

九华山是地藏王菩萨的道场，素有“东南第一山”的美誉。这里植被茂盛、飞瀑流泉众多，山势雄伟、群峰竞秀，共有大大小小的山峰99座，以天台、十王、莲华、天柱尤为出名，其中十王峰海拔1342米，为最高峰。景区内拥有九华街、甘露寺、闽园、天台、花台等6大景点，包括海慧寺、慈佛精舍、静修茅蓬、大愿茅蓬、大慈庵等94座寺院。

亲子信息

安徽省池州市青阳县九华镇　0566-2831471

旺季190元/人；淡季150元/人；化城寺、大悲楼、百岁宫8元/人；祇园寺5元/人

08:00～17:30

（1）公交：青阳县内乘车至达柯村，买票后可乘旅游专车到达九华街景区

（2）自驾：池州市—G318—S219—终点

亲子锦囊

1.带孩子参加九华河漂流，一边欣赏两岸的群山奇景，一边体验惊险与刺激；

2.带孩子欣赏1400多岁的凤凰松，领略“天下第一松”的魅力。

巢湖风景名胜区 | 素有“温泉之都”的美誉

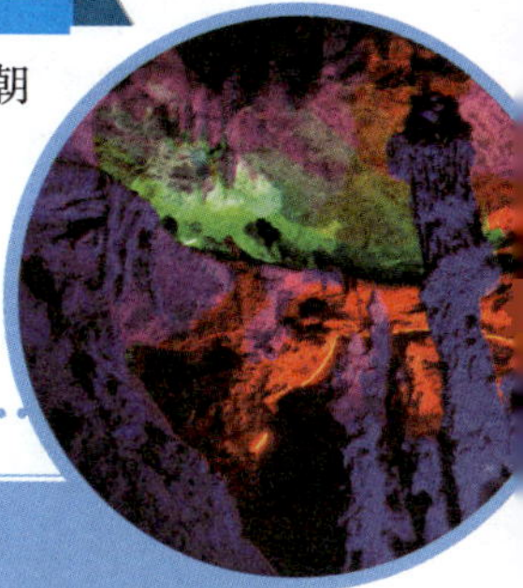

巢湖这里既有湖光、山色、温泉、溶洞、奇花、朝霞、林海等绚丽多彩的自然景观，又有名人、故居、名作、古庙、古塔、古人类遗迹等底蕴深厚的人文景观，还有伍子胥过韶关、楚霸王乌江自刎等历史故事，是省一级风景名胜区。

亲子信息

安徽省合肥市巢湖市　0551-3367762

45元/人（含船票），快艇60元/人　07:00～17:30

（1）公交：合肥市金大塘对面的汽车站有去往巢湖的车，每隔5～10分钟一班

（2）自驾：合肥市—绕城高速—京台高速—芜合高速—巢湖市半汤路—姥山路

亲子锦囊

1.带孩子参观姥山岛，听焦婆母女救乡邻化为山的神话，感受其三山九峰的独特魅力；
2.带孩子参观银屏山，春季还可以参加牡丹花观赏节，领略“天下第一奇花”的风采；
3.带孩子参观紫薇洞、仙人洞、王桥洞等，感受喀斯特地貌的独特魅力；
4.带孩子品尝湖蟹、银鱼、虾米、玉带糕、乌江霸王酥等美食，泡温泉尽享舒适惬意。

三河古镇 | 享有“装不完的三河”“皖中商品走廊”的美誉

三河古镇位于皖中，已有2500多年的历史，因丰乐河、杭埠河、小南河三条河贯穿其间而得名，是典型的江南水乡。这里自古就是商家云集的地方，享有“装不完的三河”“皖中商品走廊”的美誉。如今的古镇保留着江淮地区独有的古河、古桥、古圩、古街、古居、古茶楼、古战场等八古奇观，还有三河大捷等著名的历史故事，是人们访古寻幽的好去处。

亲子信息

安徽省合肥市肥西县三河镇　0551-8757113　50元/人　全天开放

（1）公交：合肥旅游汽车站、南门换乘中心可以乘坐直达三河的中巴车

（2）自驾：合肥市—潜山路—合肥绕城高速—京台高速—X005—终点

亲子锦囊

1.带孩子参观天然亭、刘同兴隆庄、鑫越阁、英王府、望月阁等，感受古镇昔日的繁华；
2.带孩子参观三河大捷古战场，了解太平天国后期军事胜利的故事，了解古镇历史文化；
3.带孩子泛舟湖上，欣赏济公桥、天然桥、仙龟桥等古桥，了解古镇的古桥文化；
4.带孩子参观古娱坊、仙姑楼、杨振宁客居、孙仲德纪念馆等，领略古镇的风采；
5.带孩子参观万年台广场，欣赏庐剧表演，了解当地的民风民俗。

合肥野生动物园 | 地球——人类与动物共享的空间

合肥野生动物园内山势连绵、草木繁盛、空气清新，有大熊猫馆、小熊猫馆、食草动物放养区、猛兽放养区、孔雀园、松鼠猴园、日本猴园、百鸟园、黑猩猩馆、河马馆、火烈鸟园和海狮表演场等景点，共展示了120种、2000余头（只）动物。

亲子信息

- 安徽省合肥市望江西路600号
- 0551-65395716
- 35元/人
- 08:00～18:00
- 公交：合肥市区乘坐801路公交车可直达景区

亲子锦囊

1.带孩子观赏孔雀、梅花鹿、牦牛、麋鹿等动物，体验触摸、喂食它们的乐趣；

2.带孩子观看海狮表演，感受小海狮的憨态可掬；

3.带孩子参加魔兽世界、星际大战、海盗船等大型游乐设施，感受惊险与刺激；

4.带孩子参加唐老鸭拼图、魂斗罗游戏等，听动物故事，增强动物保护意识。

包公园 | 为纪念北宋著名清官包拯而建的主题公园

包公园由包公祠、包公墓、清风阁、浮庄等景点组成，其中包公祠是人们祭祀包公的地方；包公墓是包拯及其夫人、子孙遗骨所葬之地；清风阁是演出与包公相关戏曲的舞台；浮庄则是纪念包公后代包兆龙先生的地方，也是餐饮娱乐场所。景区通过历史资料陈列、文物展示和戏剧表演将宋代重臣包拯的清正廉洁、执法严明、铁面无私、不畏权贵的人格魅力展现得淋漓尽致。

亲子信息

- 安徽省合肥市包河区城南路
- 0551-62885950/62887011
- 50元/人
- 夏季08:00～18:00；冬季08:00～17:30
- （1）公交：合肥市内乘坐6、11、119、154、226路等公交在包公园站下车
  （2）自驾：京台高速，沿徽州大道、环城南路行驶，即可到达

亲子锦囊

1.带孩子参观包公祠，瞻仰包公塑像，了解包拯的生平、氏族世系脉络等知识；

2.带孩子参观包公墓，欣赏碑画廊内的国内书法大家的作品，感受我国书法文化的魅力；

3.带孩子参观清风阁，欣赏与包拯有关的戏曲表演，以及展示包公生平的浮雕、《古庐州市井图》等展示，了解江淮特色文化；

4.“十一”期间带孩子参加包公文化节，学习包公“忠、孝、清、廉”的精神。

徽州古城 | 千年徽州府治所在地

徽州古城是千年徽州府治所在地。这里看点多多，包括徽州“三绝”之牌坊、古民居、祠堂，上演“钟馗捉鬼”的古戏表演的徽园第一楼，有东方凯旋门之称的许国石坊，全国唯一的一座八角牌楼，以及李白饮酒的太白楼、陶行知先生幼时读书纪念馆等。所有的建筑不论是门后的牌楼，还是窗棂上的木雕刻都栩栩如生，人物的形态、服饰都带着一种小家碧玉型的婉约气质，让人在感受其磅礴的气势之后领略到一种细腻的儿女情。

亲子信息

安徽省黄山市歙县徽城镇　　0559-5631586

联票80元/人　　07:00~20:00

（1）公交：黄山市汽车总站有开往歙县的汽车，15~20分钟一班，6元/人

（2）自驾：沪杭高速—杭州绕城高速—杭徽高速—终点

亲子锦囊

1.带孩子观看许国石坊，欣赏其典雅的建筑彩绘雕饰，领略徽州石牌坊的独特魅力；

2.带孩子漫步斗山街，参观许、汪、杨、王四大家宅，感受徽州三雕精致细腻之美；

3.带孩子参观渔梁古埠，欣赏古代街衢、水埠、码头的风貌，了解徽州昔日的繁华；

4.带孩子参观徽园、陶行知纪念馆、太白楼等，了解徽州深厚的历史文化底蕴。

安徽宏村 | 被誉为“中国画里的乡村”

安徽宏村保存着原始风貌，被誉为“中国画里的乡村”。这里最神奇的是牛形村落，其中九曲十弯的水圳是“牛肠”，傍泉眼挖掘的“月沼”是“牛胃”，“南湖”是“牛肚”，牛肠旁边的民居则是“牛身”。村里每户水道都相连，涓涓清泉从鳞次栉比的皖南民居间流过，美不胜收。

亲子信息

安徽省黄山市黟县宏村镇宏村　　0559-5541162　　104元/人　　07:00~17:00

（1）公交：黟县城内乘坐前往西递的旅游公交车，20分钟一班，2元/人

（2）自驾：上海—杭州（徽杭高速）—屯溪—黟县—终点

亲子锦囊

1.带孩子泛舟湖上，参观书院、敬德堂、承志堂等老宅，感受“三雕”精美绝伦的魅力；

2.带孩子观看风舞，品尝保罗壳黄烧饼、宏谭豆腐乳、宏村御饼等美食，了解民俗民风。

西递村 | 素有“桃花源里人家”之称

西递村素有“桃花源里人家”之称。整个村落呈“船”形，全部都是明清时期的典型徽派建筑，雄伟精致，包括走马楼、胡文光刺史坊、膺福堂、敬爱堂、桃李园、瑞玉亭等景点，被人们誉为“中国明清建筑博物馆”。徜徉古村落，不论是欣赏古建筑，还是乘坐画舫泛舟湖上，都如同置身如诗如画的梦境一般。

亲子信息

安徽省黄山市黟县东部8千米处　0559-515533

104元/人　08:00~18:00

（1）公交：黄山市汽车站乘坐班车至黟县，然后再转乘黟县至西递的班车可到

（2）自驾：上海—杭州（徽杭高速）—屯溪—黟县—终点

亲子锦囊

1.带孩子参观走马楼、敬爱堂、膺福堂、桃李园、履福堂等，了解古村的历史文化底蕴；

2.带孩子欣赏胡文光刺史坊牌坊上的浮雕、透雕、圆雕等工艺装饰，了解其图案的寓意；

3.春季带孩子观赏满山坡的桃花、油菜花，品尝腊八粥、石头粿、徽州菜等美食，了解当地的民风民俗。

九龙瀑 | 中国七大名瀑之一

九龙瀑在香炉、罗汉两峰之间直泻而下，形成了长600米、落差360米的瀑布，且一瀑九折，有“飞泉不让匡庐瀑，峭壁撑天挂九龙”的描述。除了九条瀑布之外，景区内还有众多大小冰臼，组成冰臼群奇观，还有龙女潭、青龙涧、龙盘岛、虬龙潭等景点及轩辕黄帝养龙、龙女献珠、龙生九子的传说。在此，游人可感受九龙瀑壮观的气势，也可以欣赏黄山美景及奇松、山花、灵猴、飞禽等。

亲子信息

安徽省黄山市黄山区汤口镇　0559-5561459　65元/人　07:00~17:00

（1）公交：黄山市汽车站乘屯溪至太平的班车在九龙瀑景区门口下车

（2）自驾：沿合铜黄高速公路汤口出，向右5千米即可到达景区

亲子锦囊

1.带孩子欣赏慈母岩、金狮池、金龟献瑞等景点，了解相关传说，感受景区文化魅力；

2.带孩子参观轩辕宫文化园，欣赏“黄山胜境”坊和乾隆御道，感受儒、释、道文化；

3.带孩子在观瀑亭欣赏瀑布，感受其宛若九条白龙穿云破雾、凌空而降的雄伟气势；

4.带孩子欣赏神秘冰川遗迹，增长地质方面的相关知识。

天柱山风景名胜区 | 有"江淮第一山""古南岳"之盛誉

天柱山有"江淮第一山""古南岳"之盛誉。这里以"峰雄、石奇、洞幽、水秀"闻名于世，拥有天柱峰、飞来峰、三祖寺、炼丹湖、薛家岗古文化遗址、龙潭河、神秘谷、大天门等景点，还有数十种珍稀动物，水资源极其丰富。此外，景区还有漂流、攀岩、探险等活动，以及黄梅戏演唱、天柱山气功等表演。

亲子信息

安徽省安庆市潜山县梅城镇　400-0556-900

旺季150元/人；淡季110元/人　07:00～17:30

（1）公交：安庆、合肥都有至潜山的客运大巴，潜山县汽车站有至景区的大巴

（2）自驾：沪蓉高速合界段、东香高速六潜段在天柱山出口下

亲子锦囊

1.带孩子登上天都峰，在拜石台上看云海，领略"孤立擎霄，中天一柱"的独特魅力；

2.带孩子参观三祖寺、山谷流泉文化园、太平寺等，欣赏宋代石刻，感受景区文化品位；

3.带孩子欣赏鹦哥石、迎真峰、虎头崖、仙桃石、皖光苑等，感叹大自然的神奇；

4.带孩子参观孔雀坟，了解《孔雀东南飞》的故事，体验攀岩、漂流、烧烤等的乐趣；

5.带孩子欣赏黄梅戏、天柱山气功等表演，感受景区的民风民俗。

天堂寨风景区 | 被誉为"中华山祖"

天堂寨古称"多云山"，山顶有被誉为"天池"的天塘；山腰有九影瀑布、泄玉瀑、四叠瀑等多处瀑布；山下溪流纵横。此外，这里还有"千里跃进大别山的前方指挥部"旧址、登山索道、白马寺等人文景观，以及戏水、漂流等令人流连忘返的娱乐项目，让人有"我在山里行，赛过做神仙"之感。

亲子信息

安徽省六安市金寨县天堂寨　0564-7528098/7526486　115元/人

09:00～17:00

（1）公交：合肥、上海等地有直达景区的旅游班车

（2）自驾：合肥市—合肥绕城公路—沪蓉高速—X054—六安市—终点

亲子锦囊

1.带孩子欣赏银弓瀑、淑女瀑、泄玉瀑等，感受它们宛如洁白素练飞挂长空的气势；

2.带孩子乘坐溜索，欣赏白马大峡谷的迷人风光，体验天水涧漂流的惊险与刺激；

3.带孩子参观盆景园，欣赏情侣峰、白象戏水、金狮啸天等景观，感受大自然的鬼斧神工；

4.带孩子欣赏精巧的闺楼、书阁、花园等南河古民居建筑，感受当地古民居的独特风格；

5.带孩子欣赏接姑娘、花棍、采茶、民歌等节目表演，了解天堂寨的民俗民风。

琅琊山风景区 | 被誉为"蓬莱之后无别山"

琅琊山因山川秀美和欧阳修的《醉翁亭记》而闻名于世，拥有名山、名寺、名亭、名泉、名文、名碑、名洞、名林的"皖东八名胜境"，被誉为"蓬莱之后无别山"。整个景区占地115平方千米，分为醉翁亭、丰乐亭、野芳园、同乐园、琅琊寺、南天门、深秀湖、清流关等景区，包括琅琊洞、雪鸿洞、桃花洞、有让泉、紫薇泉、卜家墩古遗址、唐吴道子画观音像、李幼卿等摩崖石刻等景点。

亲子信息

安徽省滁州市西南郊琅琊区　0550-3512999

旺季95元/人；淡季80元/人　08:00～18:00

（1）公交：滁州火车站有公交车直达景区

（2）自驾：宁和高速—全椒出口下—滁州琅琊山景区

亲子锦囊

1.带孩子参观野芳园，欣赏墨苑碑廊内的名人书法墨宝，了解琅琊山历史文化底蕴；

2.带孩子欣赏醉翁亭，赏梅观溪，感受"九曲流觞"胜景的美妙。

花戏楼 | 祭祀山西名人关羽的庙祠

花戏楼原名歌台，为演戏的舞台，是祭祀山西名人关羽的庙祠，也是明清时山西、陕西的药商在亳州经营药材的联络之地，因此称"山陕会馆""大关帝庙"。这里由火神庙、朱公书院、岳王庙、张飞庙和大关帝庙组成，其中火神庙是供奉火德真君的庙宇；朱公书院是为纪念康熙年间知州朱之琏的德政而修建的生祠；岳飞庙则是祭祀爱国名将岳飞的庙祠。

亲子信息

安徽省亳州市区花戏楼路西北角　0558-5551199/5552589

60元/人　08:00～17:00

（1）公交：乘坐7路公交在风华中学站下车，走过大地桥即可

（2）自驾：合肥市—绕城高速—蚌合高速—滁新高速—济广高速—亳州—终点

亲子锦囊

1.带孩子参观花戏楼，欣赏其彩绘雕刻，感叹工匠们精湛的技艺和聪明的才智；

2.带孩子参观朱公书院，了解康熙年间知州朱之琏的德政故事；

3.带孩子参观岳飞庙，了解岳飞精忠报国的故事，学习岳飞的民族气节。

八里河风景区 | 被评为环保“全球500佳”之一

八里河风景区位于颍上县南部，是联合国环境规划署授予环保“全球500佳”之一。这里占地2平方千米，分为世界风光、锦绣中华、鸟语林、碧波游览区几部分，其中世界风光景区汇集了希腊宙斯神庙、法国凯旋门、德国柏林众议院等世界著名建筑；锦绣中华用苏式园林、白雀寺庙、百龙亭等景点将中国传统文化之精华展现得淋漓尽致；鸟语林中饲养了绿孔雀、白鹳、丹顶鹤等近百种珍禽；碧波游览区则拥有河马、鳄鱼、神龟蟒蛇等野生动物。

亲子信息

安徽省阜阳市颍上县八里河镇　　0558-4585006/4585008/4581199

80元/人　　08:00~18:00

（1）公交：阜阳市汽车站乘坐汽车至颍上县，然后转乘景区专车即可到达

（2）自驾：合肥市—绕城高速—蚌合高速—滁新高速—阜阳市—颍上县—终点

亲子锦囊

1.带孩子欣赏凯旋门、宙斯神庙、戴高乐广场、荷兰风车等景点，领略世界风光；

2.带孩子观赏丹顶鹤、绿孔雀、白鹳、鳄鱼、河马等，体验与它们近距离接触的乐趣；

3.带孩子参加惊险世界、儿童乐园内的娱乐项目，体验游泳、溜冰的乐趣。

方特欢乐世界 | 目前中国规模最大的第四代主题乐园

方特欢乐世界分为阳光广场、渔人码头、太空世界、神秘河谷、维苏威火山、失落帝国、精灵山谷、西部传奇、恐龙半岛、海螺湾、嘟噜嘟比农庄、儿童王国、水世界、火流星等主题区，包括多个惊险刺激的项目。在此你可以重返恐龙世纪、体验太空之旅、探秘影视特技、感受科幻神奇。

亲子信息

安徽省芜湖市芜湖长江大桥开发区　　0553-5889803

200元/人　　周一至周五09:30~17:00；节假日09:00~18:00

（1）公交：芜湖火车站乘坐19、32路等公交均可到达

（2）自驾：合肥市—京台高速—芜合高速—芜湖—港一路—银湖北路—终点

亲子锦囊

1.带孩子参观卡通城堡，感受电视拍摄氛围，了解卡通动画的制作奥秘；

2.带孩子参加未来警察项目，体验高智能机器人和人类之间战争的惊险与刺激；

3.带孩子参加古墓惊魂、水漫金山、极速飞车等项目，体验失重、离心状态的惊险之乐。

大别山主峰景区 | 全国十大红色旅游基地之一

大别山主峰景区位于安徽省六安市霍山县，是黄麻起义的策划地、鄂豫皖苏区首府所在地、刘邓大军千里跃进大别山的落脚地，是全国十大红色旅游基地之一。这里地形丰富多样，峡谷纵横、湖泊映天、瀑布遍地，拥有主峰白马尖、瀑布群交——龙井峡、高山湖泊——别山湖、古城堡遗址——四望寨等景区景点，还有高山漂流等娱乐项目，是人们休闲旅游的好去处。

亲子信息

安徽省六安市霍山县　0564-5757777

旺季 白马尖110元/人，龙井峡90元/人；淡季 白马尖55元/人，龙井峡45元/人；别山湖120元/人；四望寨80元/人

07:00～18:00

（1）公交：安庆、合肥等地乘坐客运班车至霍山县，转乘当地公交即可到达

（2）自驾：合肥市—绕城高速—沪蓉高速—六安S203—解放中路—终点

亲子锦囊

1.带孩子登上四望山，参观炮台、碉堡遗址，了解革命历史故事，体味如今生活的美好；

2.带孩子欣赏霸王寨、仙女洞、莲花洞等景，体验一边泛舟，一边欣赏湖光山色的惬意。

采石风景名胜区 | 素有“千古一秀”之美誉

采石矶是一座自然景观和人文景观相结合的天然公园。这里由采石矶、濮塘、青山、横山4块区域组成。在此，您可以泛舟江上，赏“风荷疏影”；徜徉古栈道，寻大脚印；漫步古刹禅林，聆听晨钟暮鼓；登临三台阁，瞰湖光山色，眺天门晓日，叹大江东去。

亲子信息

安徽省马鞍山市采石镇唐贤街1号　0555-2101058　旺季50元/人；淡季40元/人

大门06:00～18:00；景区各馆08:30～17:15；古栈道09:00～17:00

（1）公交：鞍山市内乘坐4、26路公交车可直达

（2）自驾：合肥市—京台高速—芜合高速—巢马高速—马鞍山G205—天门大道

亲子锦囊

1.带孩子参观采石矶，了解宋金采石之战的历史故事，了解其历史文化；

2.带孩子漫步古栈道，体验泛舟千年古河——锁溪河的悠闲自在。

五千年文博园 | 中华文化主题公园

五千年文博园占地40万平方米，分为人文历史、主题公园和休闲度假3个景区，包括中华百工坊、文化走廊、龙行天下、孝道园、天上人间、龙飞凤舞等景点，是中华文化主题公园。在此，您可以欣赏古典徽派与苏州园林风格相结合的建筑群；可以漫步十里画廊，领略我国江南著名水乡的十二大名景的魅力；可以徜徉三百六十行文化园，了解各个行业的历史发展轨迹；还可以徜徉清明上河图文化园，欣赏宋代汴河两岸车水马龙的盛景，感叹汴梁繁华。

亲子信息

安徽省安庆市太湖县高速路口处　400-100-9996　120元/人

（1）公交：太湖县乘坐2路公交至工商局，换乘1路公交可直达景区

（2）自驾：沪渝高速路从太湖/花亭湖出口离开，转入S211进入人民东路即可

亲子锦囊

1.带孩子参观黄梅戏艺术街、四大名著文化园、文化古栈道等，领略一梦千年之美；

2.带孩子欣赏天台楼阁、人物铜雕群等，了解康乾盛世时期的三百六十个行业的情况；

3.带孩子欣赏江南著名水乡的十二大名景，领略小桥流水、乘船摆渡、渔歌互答的古韵；

4.带孩子参观创意石界文化园，欣赏根雕艺术作品，感知博大精深的中华文化。

桃花潭 | “层岩衍曲，回湍清深”，“清冷皎洁，烟波无际”

桃花潭因唐代诗人李白的《赠汪伦》而名扬天下。这里地势平坦，湖面宽阔、水光潋滟，碧波荡漾，两岸怪石耸立，古树青藤缠绕，拥有垒玉墩、书板石、彩虹岗、古岸阁等人文景观。每到春季，这里便成为桃花的海洋，飞阁危楼在一片粉红中隐隐约约，似蓬莱仙境，又若武陵人家。

亲子信息

安徽省宣城市泾县063县道陈村镇境内　0563-5870418

桃花潭58元/人；渣济村30元/人

旺季（3~11月）：07:00~18:00；淡季（12月~次年2月）：07:00~16:30

（1）公交：在泾县城内可乘坐巴士直达桃花潭

（2）自驾：合肥市—京台高速—X037—宣城市X063—终点

亲子锦囊

1.带孩子参观踏歌岸阁、怀先阁、西岸门楼、万村老街等，感受桃花潭古色古香的风韵；

2.带孩子参观太白楼、垒玉阁、汪伦墓等，瞻仰李白塑像，诵读《赠汪伦》，了解李白与汪伦之间的深厚友情。

江西

JIANGXI

庐山 | 素有"匡庐奇秀甲天下"之美誉

庐山位于九江市境内，以雄、奇、险、秀闻名于世，青峰秀峦巍峨挺拔，银泉飞瀑喷雪鸣雷，云海奇观瞬息万变，园林建筑俊奇巧秀，素有"匡庐奇秀甲天下"之美誉。这里拥有171座山峰，其中主峰大汉阳峰海拔1474米，山中一年平均有190天大雾，夏季凉爽，7月份平均气温22℃，是理想的避暑胜地。除了秀丽的自然景色，景区还有美庐别墅、庐山会议会址、白鹿洞书院、罗马式与哥特式的教堂等人文景观，是人们休闲度假的理想去处。

亲子信息

- 江西省九江市庐山区鄱阳湖畔
- 0792-8281040
- 旺季180元/人；淡季135元/人
- 06:00~20:00
- （1）公交：九江客运码头有去往庐山的中巴，甘棠湖烟水亭附近也有"庐山一日游"中巴
  （2）自驾：南昌市—枫生高速—南昌绕城高速—福银高速—S212—庐山南大道—五里大道—S212—海会路—终点

亲子锦囊

1.带孩子欣赏锦绣谷、五老峰、牯岭街、黄龙潭等，感受"三叠泉"瀑布壮观的气势；

2.带孩子参观美庐别墅、庐山会议旧址、庐山博物馆、周恩来纪念馆、东谷名人别墅等景点，了解庐山的历史文化；

3.带孩子参观花径，欣赏花径亭、景白亭等，体验置身白居易的"人间四月芳菲尽，山寺桃花始盛开"古诗意境中的浪漫；

4.带孩子参观东林寺，漫步悬索桥，欣赏铁船峰、石门、九奇峰，十分浪漫；

5.带孩子参观白鹿洞书院，登汉阳峰尽览江汉倒悬之景，体验"一览众山小"之概；

6.带孩子参观桃花源、爱莲池等，体验置身桃花世界的浪漫，感受荷花的亭亭玉立；

7.带孩子欣赏云海、云雾，泡温泉，尽享舒适、惬意。

三清山 | 被誉为“中国古代道教建筑的露天博物馆”

三清山位于上饶市东北部，总面积756.6平方千米，主峰玉京峰海拔1819.9米，因玉京、玉虚、玉华三峰峻拔，宛如道教玉清、上清、太清三位最高尊神列坐山巅而得名，以“奇峰怪石、流泉飞瀑、古树名花、云海雾涛”四绝闻名于世。这里奇峰耸天、幽谷千仞，分为南清园、三清宫、西海岸、梯云岭、玉京峰、冰玉洞等景区，拥有丰富的动植物资源，以及遍布全山的道教建筑，被誉为“中国古代道教建筑的露天博物馆”。

亲子信息

江西省上饶市东北部德兴市、玉山县的交会处　0793-2407066/8218891

旺季150元/人；淡季130元/人；索道：上山50元/人；下山40元/人　06:00~20:00

（1）公交：在玉山县汽车站乘坐中巴至三清山；上饶火车站有专车至三清山

（2）自驾：上海—沪昆高速G60（沪杭高速）—杭州绕城高速G2501—沪昆高速G60（杭金衢高—梨温高速）—玉山出口—人民大道—三清山环山公路—终点

亲子锦囊

1.带孩子欣赏禹皇顶、巨蟒出山、东方女神等景色，感受山岳雄浑、云海壮阔之美；

2.带孩子漫步阳光海岸，脚踏浮云，身披雾纱，目览日出，体验遨游仙境的魅力；

3.带孩子参观三清宫景区，欣赏风雷石塔、灵济庙、龙虎殿等，感受我国道教文化；

4.带孩子欣赏高空栈道、云海、大峡谷、古树名木群，领略响云、瀑布云的魅力；

5.带孩子欣赏彭祖祝寿、观音台、白头偕老峰等，了解我国传统祥寿文化的相关知识；

6.带孩子登临玉京、玉虚、玉华三峰，领略“地到无边天作界，山登绝顶我为峰”；

7.带孩子漫步步云古道、步虚桥，欣赏老子看经峰等景色，感受诗情画意的田园风光。

滕王阁 | 位列“江南三大名楼”之首

滕王阁最初是李世民的弟弟滕王李元婴所建，故而得名，后因王勃的《滕王阁序》而闻名天下，素有“西江第一楼”之美誉，位列“江南三大名楼”之首。如今的滕王阁是1989年重建的，为仿宋的建筑风格，高57.5米，是南昌的骄傲，是豫章古文明的象征，真乃中华民族文化遗产之瑰宝。步入阁中，宛如置身一座滕王阁文化的艺术宫殿之中。

亲子信息

江西省南昌市仿古街58号　0791-86702036　50元/人
旺季07:30～18:00；淡季08:00～17:00
公交：南昌市内可乘坐1、201、801、806路等公交可到达

亲子锦囊

1.带孩子欣赏滕王阁建筑，参观主阁、庭园、假山等，感受仿宋建筑风格的独特魅力；
2.带孩子参观圣旨博物馆，欣赏明清历代皇帝的圣旨、牌匾、懿旨等，增长知识；
3.带孩子参观园区，漫步仿古一条街，体验置身古代街市的奇妙之感；
4.带孩子赏景，阅读《滕王阁序》，领略“落霞与孤鹜齐飞，秋水共长天一色”的魅力。

婺源 | 中国最美的乡村

婺源林木葱郁、峰峦延绵、峡谷幽深、溪水潺潺，奇峰、怪石、驿道、古树、茶亭、廊桥随处可见，拥有历史最悠久的古村楼——江湾，最美、最古朴的桥乡——坑头，美如武陵之桃源的庆源，美到让人视觉疲劳的理坑，中国最美的廊桥——彩虹桥等景点，被誉为“中国最美的乡村”。

亲子信息

江西省上饶市婺源县　0793-7293246/7370999
210元/人（5天）　全天开放
（1）公交：在景德镇、上饶、九江、南昌等地均有长途汽车直达景区
（2）自驾：从上饶、景德镇、黄山等方向出发，经沪昆高速/京台高速/杭瑞高速，从江湾/S307出口离开，行驶即可到达江湾景区

亲子锦囊

1.带孩子参观萧江宗祠、三省堂、敦崇堂、培心堂等，领略徽派建筑艺术的独特魅力；
2.带孩子参观婺源博物馆、李坑、汪口、晓起村、延村等，泛舟品茗，享受片刻宁静；
3.春季带孩子欣赏漫山遍野的油菜花，感受置身金黄色世界的浪漫；
4.带孩子参观文工山、延村、理坑、卧龙谷等景点，领略婺源美如武陵的魅力。

武功山 | 人间仙境，天上草原

武功山奇峰罗列、怪石林立、幽谷深壑、悬崖峭壁，泉涌瀑飞，拥有“瀑布群、高山草甸、金顶古祭坛群”三大绝景，包括“植物三元老”之一的银杏树、夫妻瀑布、活体灵芝、石鼓寺、九龙山宗教文化区等，是名副其实的“人间仙境，天上草原”。

亲子信息

江西省萍乡市芦溪县新泉镇和安福县泰山乡交界处　0799-7557777

70元/人；索道来回90元/人　全天开放

（1）公交：萍乡市火车站乘坐1、2路公交到萍乡南站转乘至武功山的旅游客车

（2）自驾：从沪瑞高速芦溪出口下，约40分钟车程即达

亲子锦囊

1.带孩子参观高山草甸、红岩谷瀑布群、金顶古祭坛群，领略武功山景区的独特魅力；

2.带孩子泛舟武功湖，赏白鹭、野鸭、野猪等珍稀动物，尝鲇鱼、银鱼、青鱼等美味。

瑶里古镇 | 素有“瓷之源、茶之乡、林之海”的美称

瑶里古镇位于景德镇市浮梁县，是景德镇陶瓷的发源地，植被资源丰富，包括南方红豆杉、银杏树、香榧树、金钱豹、娃娃鱼等180多种国家珍稀动植物，素有“瓷之源，茶之乡，林之海”的美称。这里分为瓷茶古镇、汪湖生态、高岭土矿遗址、绕南陶瓷、梅岭休闲度假5个景区。来此旅游除了能欣赏古镇风景之外，还可以去当地的手工作坊过把制陶的瘾。

亲子信息

江西省景德镇市浮梁县瑶里镇

400-0791-225　98元/人　全天开放

（1）公交：景德镇有班车直达瑶里古镇，11元/人

（2）自驾：过瑶湖大道，走昌万公路，过军山湖，过余干，从万年上高速，直奔景德镇从浮梁穿过即可到达

亲子锦囊

1.带孩子参观东埠古街、古码头，感受昔日装运高岭土繁忙的景象与今日的沧桑落寞；

2.带孩子参观明清商业街、程氏祠堂、陈毅旧居等景点，感受瓷茶古镇的独特魅力；

3.带孩子漫步千年古樟林、蝶恋谷、红军桥等，感受诗情画意的田园风光；

4.带孩子参观古矿坑、釉果加工坊、陶瓷手工制坯作坊，体验制陶制釉的乐趣。

龙虎山 | 我国道教的发源地和历史悠久的道教名山

龙虎山是我国道教的发源地和历史悠久的道教名山。这里山水秀丽、风光旖旎、峰奇石怪，规划面积262平方千米，拥有仙水岩、正一观、上清宫、马祖岩、应天山、天门山、圣井山七大景区和一个鬼谷洞外围独立景区，包括云锦披不得、蘑菇采不得、玉梳梳不得、丹勺盛不得等景点。

亲子信息

江西省鹰潭市南郊16千米处

400-8853-766

225元/人（含：①龙虎山游览门票 ②观光车 ③竹筏漂流或游船游览）

08:00~16:00

（1）公交：鹰潭火车站广场有旅游专线车直达龙虎山景区，约15分钟一趟

（2）自驾：206国道(烟台—汕头)、320国道(上海—瑞丽)经过鹰潭，可到景区

亲子锦囊

1.带孩子欣赏七级瀑布、碧莲池、九峰联屏、玉渊卧龙等，领略碧水丹山的独特魅力；

2.带孩子参观上清宫、正一观，了解道教的思想教义、阴阳哲学，感受道教的文化；

3.带孩子欣赏雄狮峰、神色翘楚、水上玉梳、天女散花等景观，感受大自然的鬼斧神工；

4.带孩子泛舟洪五湖，欣赏湖光山色，体验芦溪河漂流的惊险与刺激。

井冈山风景名胜区 | “红色的土地，绿色的宝库”

井冈山被称为“中国革命的摇篮”。井冈山风景名胜区山峦环绕、水流潺潺、植被繁茂，拥有茨坪、龙潭、黄洋界、主峰、笔架山、桐木岭、湘洲、仙口、茅坪、砻市等十一大景区76处景点，是名副其实的“红色的土地，绿色的宝库”。

亲子信息

江西省井冈山市茨坪镇

0796-6554400

旺季190元/人；淡季160元/人

07:30~17:30

（1）公交：吉安城南车站有至井冈山的汽车，一小时一班，25元/人

（2）自驾：南昌市走大广高速、泰井高速至井冈山下，全程约315千米

亲子锦囊

1.带孩子参观革命博物馆、红军洞、烈士陵园，感受当年井冈山革命斗争的历史风貌；

2.带孩子乘坐缆车欣赏水帘瀑、金狮面、长虹瀑等，感受大自然的鬼斧神工；

3.带孩子漫步砻市古道，参观龙江书院、会师纪念碑等，了解朱毛会师的革命历史。

鄱阳湖国家湿地公园｜被誉为“地球上最美的母亲”

鄱阳湖国家湿地公园位于江西省东北部，总面积为365平方千米，是目前国内规划面积最大的湿地公园。鄱阳湖是我国第一大淡水湖，每到丰水期，这里便河湖一体，烟波浩渺，水天一色，气势宛若汪洋大海；每到枯水期，水落滩出，形成了广袤的湿地草原，同时与景区内高低起伏的沙山相映成趣，是名副其实的“地球上最美的母亲”。此外，在南昌市永修县内还设有候鸟保护区，每年十月下旬都会有大批的候鸟来此越冬，包括白鹤、天鹅、黑鹅等鸟类，那时的鄱阳湖珍禽翔集、芳草连天、芦花飞舞，美不胜收。

亲子信息

江西省上饶市鄱阳县鄱阳湖　　0793-6666699

60元/人；观鸟台15元/人；石钟山61元/人；大孤山5元/人

湿地公园 09:00～18:00；石钟山 07:00～18:00；大孤山 全天开放

（1）公交：从九江出发乘坐中巴至湖口县，再从当地乘坐渡船至石钟山即可

（2）自驾：南昌—枫生高速—福银高速—德昌高速—上饶市人民路—锦宇大道

亲子锦囊

1.带孩子去南昌吴城的候鸟保护区观鸟，感受“鸟飞千百点，日没半红轮”之景；

2.带孩子参观老爷庙、鹤舍古村、汪山土库等，探寻赣鄱民风民俗，拜祭鄱阳湖湖神；

3.带孩子参观星子温泉城，观赏山水相互交融、诗泉相辉之景，享温泉休闲文化之趣；

4.带孩子参观吴城自然保护区、实验研究基地、国家湿地公园等，了解相关知识；

5.带孩子参观南矶山、长岛山等，听悠扬的渔歌、古朴的渔鼓，感受独特的渔家风情；

6.带孩子参观鞋山、康山大堤、忠诚庙，探寻老表由来，了解鄱阳湖大战的神奇传说。

古窑民俗博览区 | 被称为“活的陶瓷博物馆”

古窑民俗博览区集文化博览、陶瓷体验、娱乐休闲于一身，被誉为“活的陶瓷博物馆”。这里拥有景点50多个，包括古代制瓷作坊、镇窑、佑陶灵祠、古窑群、天后宫、瓷碑长廊等，其中古建筑群古朴典雅，气势恢宏；古作坊构造简洁，布局合理；古窑房构架巧妙，朴实经用；古工艺流程精准，分工明确。

亲子信息

江西省景德镇市瓷都大道古窑路1号（伊龙大酒店旁）

400-118-1728　95元/人　09:00～17:00

（1）公交：景德镇市内乘2、5、9路公交在陶瓷历史博览区站下车

（2）自驾：景德镇西口下高速走迎宾大道至西客站转进入瓷都大道即可到达

亲子锦囊

1.带孩子参观古代制瓷作坊、清代镇窑、明代葫芦窑等景点，了解中国千年陶瓷文化；

2.带孩子参加DIY学堂，体验在师傅的指导下完成一件独一无二的精美瓷器的乐趣。

仙女湖 | “仙女下凡”的发祥地

仙女湖位于新余城区西南，因东晋文学家干宝所著《搜神记》中记述的“毛衣女”下凡豫章新喻县的神话传说而闻名于世，是“仙女下凡”的发祥地。这里山峰连绵曲折、泉瀑众多，古木繁盛，风光秀丽，婀娜多姿。在此可观水天相连、烟波浩渺、渔帆点点的汪洋平湖；可领略“碧簪”星罗棋布、山水缠绵相依、湖汊曲径通幽的迷幻世界；可轻舟漫游在蜿蜒曲折、船动景移的湖光水色中；还可体验空中飞伞、水上飞机、跑马等活动项目的乐趣。

亲子信息

江西省新余市渝水区西南郊16千米

0790-6851187　160元/人　08:00～18:00

（1）公交：新余火车站乘坐502、503路公交可直达景区

（2）自驾：上高沿G320行驶6.8公里后，沿大广高速行驶59.7千米左转可至

亲子锦囊

1.带孩子泛舟仙女湖，欣赏姿态各异、风姿绰约的岛屿，领略置身仙境的美妙；

2.带孩子参观蛇岛、白鹭岛、猴岛等，体验与蛇共舞、同群猴斗智斗勇的乐趣；

3.带孩子参加水上飞机、滑板、空中飞伞等亲水项目，体验惊险与刺激。

叶坪红色旅游景区 | 中华苏维埃共和国的诞生地

叶坪红色旅游景区位于瑞金市境内，既是中国第一个全国性红色政权——中华苏维埃共和国临时中央政府的诞生地，又是中共苏区中央局和临时中央政府机关在瑞金的第一个驻地。这里主要有中国共产党苏维埃区域中央局旧址、第一次全国苏维埃代表大会会址、红军检阅台、红军烈士纪念塔、公略亭、博生堡等建筑，是革命传统教育和爱国主义教育基地。

亲子信息

- 江西省赣州市瑞金市叶坪乡叶坪村
- 0797-2522063/2303991
- 25元/人
- 08:00～18:00
- （1）公交：瑞金城东车站乘坐前往云集、壬田、日东的车均可到达景区
- （2）自驾：南昌沪昆高速—福银高速—济广高速—赣州厦蓉高速—G206—终点

亲子锦囊

1.带孩子参观第一次全国苏维埃代表大会会址、中华苏维埃共和国邮政局、中华苏维埃共和国国家银行等景点，了解当时中共苏区革命的历史，激发爱国主义情感；

2.带孩子欣赏红色歌舞节目，体验穿红军服、学做竹编小工艺品等参与性活动的乐趣。

客家文化城 | 客家人的“精神家园”

客家文化城是一座展示客家文化的“大观园”，堪称客家人的“精神家园”。这里风景优美，依托客家名人公园、七里古镇、文昌阁及十里樱花带，建造了客家宗祠、客家博物馆、杨公祠、客家艺术长廊、客家风情街、客家风情园等景点，展示了客家先民光辉灿烂的姓氏宗教、方言、民俗、饮食、服饰、风水文化，体现了“团结、勤俭、文明、开放”的客家精神。

亲子信息

- 江西省赣州市赣县梅林镇杨仙大道1号
- 0797-4431590
- 60元/人
- 08:30～17:30
- （1）公交：城区内乘坐1、2、100、101、129路等公交可到达景区
- （2）自驾：沪昆高速—樟吉高速—大广高速—赣州厦蓉高速—G105—终点

亲子锦囊

1.带孩子参观客家宗祠、杨公祠、大门石牌坊等景点，领略客家特色建筑的魅力；

2.带孩子参观客家风情街、客家风情园等，品尝客家美食，了解客家方言，领略客家民俗民风的独特魅力。

南昌八一起义纪念馆 | 军旗升起的地方

南昌八一起义纪念馆旧址，这里二、三层开辟为4个陈列馆和1个题词纪念室，大量的历史文献资料、图表、照片、文物及参加南昌起义的老同志题词，将南昌起义的光辉历史篇章展现得淋漓尽致。

亲子信息

江西省南昌市中山路中段380号（朱德旧居位于花园街2号）
0791-86783806 免费 08:00～17:30（周一闭馆）
（1）公交：南昌市内乘坐2路公交、7路电车可到达
（2）地铁：1号线地铁胜利路步行街站下车

亲子锦囊

1.带孩子参观南昌八一纪念馆，参观曾经举行过领导会议的喜庆礼堂、周恩来工作过的25号房间、军事参谋团的办公地点9号房间等，了解南昌起义的全过程及意义；

2.带孩子参观贺龙指挥部旧址，观看当年留下的敌方炮弹痕迹，感受起义时的激战场面。

明月山天沐温泉度假村 | 拥有800多年历史的温泉池地

明月山天沐温泉度假村拥有800多年历史的温泉汤池，日出水量达7000吨，水质优良，水温常年保持在68℃～72℃，无色无味，具有低矿化度、低钠、富硒、偏硅酸含量高等特点，口感醇正，可饮可浴，为国内外罕见富硒温泉。这里设有30多个中药泡池和大型的水上娱乐项目。

亲子信息

江西省宜春市袁州区温塘镇明月山脚下　0795-7058301
268元/人；儿童80元/人　全天开放
（1）公交：宜春市火车站乘坐2、5路至汽车西站转乘至明月山旅游的中巴在温汤站下车
（2）自驾：南昌市—沪昆高速—宜春大道—环城西路—G320—江源北路—终点

亲子锦囊

1.带孩子泡温泉，补充体内所需钠、硒、钙等微量元素，尽享舒适、惬意；

2.带孩子体验海浪池、皮筏滑梯、逆流泳池、温泉水底健身等，感受水的无限动感。

龙宫洞 | 《西游记》中的“东海龙宫”

龙宫洞青山环绕、绿水长流、洞奇石怪，整个景区由溶洞群、仙真岩庙宇、森林公园和情人谷漂流等部分组成。2700米的洞内蕴藏着大量的石钟乳、石幔和石笋，其中前厅的3根石笋仿佛三位白发苍苍的寿星；西宫有一石笋与洞顶相连，宛如定海神针；宫顶垂下的石钟乳就像是宫灯，中央是龙王宝座，与《西游记》中描写的“东海龙宫”如出一辙。

亲子信息

江西省九江市彭泽县天红镇乌龙山
0792-5840010　80元/人　09:00~17:00
（1）公交：先从九江乘车至湖口县，然后从湖口乘坐班车至景区
（2）自驾：南昌市—福银高速—杭瑞高速—彭湖高速—X276—终点

亲子锦囊

1.带孩子参观龙宫洞，欣赏定海神针、三星迎宾、金钟宝塔等，感叹大自然的鬼斧神工；
2.带孩子参观宛如人间仙境的玉壶洞、玉仙洞、天仙洞等，体验观看龙宫篮球的乐趣；
3.带孩子参观仙真岩寺庙，朝拜笑佛迎宾，烧香、祈福，感受佛教文明；
4.带孩子参加情人谷漂流，在回环曲折的河道中尽享惊险与刺激。

灵山风景名胜区 | 被誉为“石的王国，石的世界”

灵山风景名胜区，是道、佛宗教的圣地，是道家书列天下第三十三福地。这里拥有水晶瀑布、华表峰、南峰塘、太极岩、圆墩峰等自然景观，还有东山岩画、道士仙峰、世永亭、明清一条街、芳殿等人文景观，是一处融观光体验、度假休闲、宗教朝觐为一体的山岳型风景名胜区。

亲子信息

江西省上饶市上饶县灵山风景名胜区
0793-8467189　35元/人　全天开放
（1）公交：上饶市火车站乘19路车到老火车站，再往前走80米坐上饶到清水的客车
（2）自驾：南昌生厚高速—沪昆高速—S205—G320—岑阳大道—X635—终点

亲子锦囊

1.带孩子欣赏石人峰、石屏峰、至圣峰、天梯峰、水晶峰等，感受石头的独特魅力；
2.带孩子欣赏东山岩画、道士仙峰、明清一条街，感受“里街百店”的古色古香。

福建
FUJIAN

鼓浪屿 | 素有“海上花园”“万国建筑博览”的美誉

鼓浪屿位于厦门岛西南角，占地1.78平方千米，景观秀丽多姿，完好地保存了中西风格各异的建筑，素有“海上花园”“万国建筑博览”的美誉，又因音乐人才辈出，也有“钢琴之岛”“音乐之乡”的美名。这里拥有菽庄花园、日光岩、皓月园、毓园、鼓浪石、郑成功纪念馆、鼓浪屿钢琴博物馆、厦门海底世界、天然海滨浴场、海天堂构等景点。每当夜幕降临，八卦楼、八角楼、天主堂等欧式建筑在各色灯光的照耀下熠熠生辉，特别是几条激光射线跨越鹭江海空，摇曳变幻，交相辉映，闪耀夺目，其浪漫与美妙无法言喻。

亲子信息

- 福建省厦门市思明区西南部
- 0592-2060186
- 联票100元/人
- 日光岩07:00~20:45；菽庄花园07:00~18:30,19:30之后免费，21:30关门；皓月园07:30~19:30；风琴博物馆08:00~17:00；国际刻字艺术博物馆08:30~20:00
- 公交：厦门轮渡码头乘坐摆渡船上岛，去程免费，回程35元/人

亲子锦囊

1.带孩子登临日光岩，看云天近在咫尺，凭栏放眼，纵目远眺，尽览厦门岛美景；

2.带孩子参观菽庄花园，欣赏四十四桥、十二洞天之景，感受精巧雅致、雄浑壮观之美；

3.带孩子参观皓月园，欣赏明代风格建筑群，瞻仰郑成功雕像，领略海峡两岸文化魅力；

4.带孩子参观风琴博物馆，欣赏管风琴、簧片风琴、“爱奥里安”风琴等，增长知识；

5.带孩子参观黄荣远堂，欣赏古罗马风韵的廊柱、女儿墙等，领略中西结合的建筑之美；

6.带孩子参观世界名人蜡像馆、郑成功纪念馆、英雄园等，感受中外名人的风采；

7.带孩子参观海底世界，欣赏花鳗鲡、鲨鱼、珊瑚、动物表演等，感受海洋世界的绚烂；

8.带孩子参观钢琴博物馆，欣赏四角钢琴、立式钢琴、手摇钢琴等，领略音乐的魅力；

9.带孩子参观国际刻字艺术馆，欣赏中、日、韩等国的展品，了解国际现代刻字艺术；

10.带孩子参观海天堂构，欣赏木偶戏、南音等表演，品味景区中西合璧的建筑和文化；

11.带孩子品尝张三疯奶茶、叶氏麻糍、Babycat私家御饼等美食，大饱口福；

12.带孩子参观林语堂故居、金瓜楼、林文庆别墅、时钟楼等，领略万国建筑的魅力。

厦门大学 | 被誉为“中国最美丽的大学校园”

厦门大学其中本部位于厦门岛南端，依山傍水，建筑独特，被誉为“中国最美丽的大学校园”。在此，您可以在芙蓉湖欣赏摇摆的黑天鹅；可以去情人谷在相思树下感受浪漫；可以漫步中国最长的涂鸦隧道——芙蓉隧道品味文艺；可以徜徉白城沙滩在夕阳下享受无限的小资情调。

亲子信息

福建省厦门市思明区思明南路442号
0592-2180000　免费　全天开放
公交：厦门市内乘坐48、950路公交即可到达

亲子锦囊

1.带孩子漫步芙蓉湖边，欣赏芙蓉晨曦，夏季可以领略到满树殷红的凤凰花的魅力；
2.带孩子漫步芙蓉隧道，欣赏同学们的各种艺术创作，感受中国最长涂鸦隧道的魅力；
3.带孩子去白城沙滩看日落，体验散步、游泳的乐趣。

鼓山风景区 | 素有“古今名山”之称，“风景区莱佐股”之誉

鼓山风景区拥有鼓山、鼓岭、鳝溪、磨溪、凤池白云洞5大景区，以摩崖石刻、天风海涛、瀑潭溪泉、山林峡谷、古寺名刹闻名于世，素有“古今名山”之称、“蓬莱佐股”之誉。这里以古刹涌泉寺为中心，东有灵源洞、回龙阁等20多景；西有洞壑数十景，其中以十八景最为有名；南有香炉峰、罗汉台等50多景；北有白云洞、大顶峰等45景，是人们登山游憩、健身避暑的理想之所。

亲子信息

福建省福州市晋安区鼓山镇　0591-83669142
涌泉寺40元/人；十八景10元/人；观光缆车单程35元/人，往返50元/人
涌泉寺06:00～18:00；十八景07:30～17:30
公交：福州市内乘坐7、29、58、70、97路等公交均可到达

亲子锦囊

1.带孩子参观涌泉寺，领略“进山不见寺，进寺不见山”奇特建筑格局的独特魅力；
2.带孩子欣赏达摩面壁、南极升天、古壑巢云等达摩十八景，感受大自然的无比神奇；
3.带孩子登上绝顶峰，尽览蓉城美景，享受纳凉、休闲、品茗的悠闲、惬意。

南普陀寺 | 闽南最具规模的名刹

南普陀寺是闽南最具规模的名刹。大雄宝殿是整个寺院的中心，为典型的闽南佛教建筑，藏经阁是中轴线上的最高建筑，阁里有摩崖石刻，其中最著名的是高一丈四、宽一丈的“佛”字。另外，五老峰是厦门八大胜景之一，登上巅峰亭台，放眼海天深处，碧波荡漾，巨轮轻艇往来如梭；俯瞰足下，梵宇琳宫浮现于云雾缥缈之间，恍若置身蓬莱仙阁之上，飘然欲仙，乐趣无穷。

亲子信息

福建省厦门市思明区五老峰下　0592-2088554　3元/人　08:00~20:00

公交：厦门市内乘坐1、15、17路等公交即可到达

亲子锦囊

1.带孩子参观南普陀寺，欣赏特色建筑、名贵石刻，朝拜佛像，感悟佛教的博大精深；
2.带孩子参加正月十六至十八、四月初八等大型法会，品尝厦门素食，感受佛教文明；
3.带孩子登临五老凌霄赏景，领略“鹭岛名山藏古寺，梵宫胜景纳游人”的意境。

厦门园林博览苑 | 目前世界上最大的水上园博园

厦门园林博览苑水域面积占了全园面积的一半以上，是目前世界上最大的水上园博园。这里依托杏林湾水域，建设了自然原生岛、杏林岛、教育之园、山林休闲园等部分，其中江南园内荷花摇曳、红鲤浮动，临水建筑颇为雅致；国际园内荷兰风车转不停、茅草屋在狮身人面像前蹲伏；嘉园馆内的三角梅绚丽多姿；闽西院的土楼堪为世界奇观……每个园区都有自己鲜明的特色。

亲子信息

福建省厦门市集美区杏林湾畔

0592-6220908　60元/人　07:30~10:00

（1）公交：厦门市内乘坐52、66、69、534路等公交在园博苑站下车
（2）自驾：同安高速公路出口—沿省道206往集美—同集路—往杏林—集杏海堤

亲子锦囊

1.带孩子参观苏州园、宁波园、武汉园、济南园，漫步江南水街，感受浓郁的江南风味；
2.带孩子参观民族风情园、中华教育园、经典情景园等，感受我国独特的历史文化魅力。

太姥山｜素有“山海大观”“海上仙都”之美誉

太姥山以“峰险、石奇、洞幽、雾幻”四绝闻名于世。这里以花岗岩峰林岩洞为特色，分为太姥山岳、九鲤溪瀑、福瑶列岛、晴川海滨4大景区和瑞云古刹、翠郊古民居2处独立景点。在此，您可以欣赏蓝天与碧海共妍，岛礁同港湾并美景象，体会“山增海阔，海添山雄”的意境；可以观赏古刹、石碑，感受景区的文化气息；可以欣赏各种奇峰怪石，领略大自然的神奇与美丽。

亲子信息

福建省东北部宁德福鼎市秦屿镇境内　0593-7820922

115元/人（含风景区内交通环保车15元）　08:00~17:00

（1）公交：福鼎市区有前往秦屿镇的班车，秦屿汽车站有直达景区的旅游车

（2）自驾：G15高速公路(又称沈海线、同三线)在太姥山站互通口下高速即到

亲子锦囊

1.带孩子参观太姥山岳，观云海，眺望碧波万顷的东海，领略“山海大观”的独特魅力；

2.带孩子欣赏夫妻峰、仙翁对弈、金犬望榕等肖形景观，感叹大自然的鬼斧神工。

白水洋鸳鸯溪景区｜享有“爱侣圣地”“鸳鸯故乡”“猕猴乐园、人间仙境”之美誉

白水洋鸳鸯溪景区是目前世界上唯一的浅水广场，每年秋季都会有上百成千只的鸳鸯从北方飞来越冬，故有“爱侣圣地”“鸳鸯故乡”的美誉。在此不论是赤足从水面蹚过，还是赤身自天然滑道而下；不论是冲浪，还是体验拔河、武术、骑车、舞狮等水上运动，都可以享受到大自然给予的清凉。

亲子信息

福建省宁德市屏南县宜洋村　0593-3302892/3455002

鸳鸯溪68元/人；白水洋景区110元/人；联票160元/人　08:00~17:00

（1）公交：在宁德市乘坐汽车至屏南县，然后再从屏南包车前往景区即可

（2）自驾：福州—连江—宁德漳湾出口下高速按白水洋风景区指示牌行驶即可到达

亲子锦囊

1.带孩子观看鸳鸯、猕猴等动物，欣赏水帘洞、虎嘴岩等，领略鸳鸯戏水的甜蜜与浪漫；

2.带孩子漫步十里水街，体验赛跑、拔河、武术、骑车、舞狮等水上运动的乐趣；

3.带孩子泛舟鸳鸯湖，欣赏四季杜鹃花、古寺塔庙，体验游泳、垂钓等休闲活动的乐趣。

湄洲岛 | 妈祖文化的发祥地

湄洲岛是闻名遐迩的妈祖故乡，妈祖文化的发祥地。这里拥有湄屿潮音、九宝澜黄金沙滩、“小石林”鹅尾怪石、妈祖庙等风景名胜。妈祖庙后方的岩石上有“升天古迹”“观澜”等石刻，站在岩石上，眺望大海，心情顿时豁然开朗。每年农历三月二十三妈祖诞辰日和九月初九妈祖升天日，朝圣的善男信女络绎不绝，盛况空前。

亲子信息

福建省莆田市秀屿区湄洲镇　0595-22162068
进岛50元/人；妈祖庙15元/人；黄金沙滩20元/人；鹅尾山15元/人　07:00~19:00
（1）公交：从文甲码头乘坐渡船20分钟即可到达，船票7元/人
（2）自驾：莆田市—莆永高速—S202—文甲轮渡—湄洲大道—环岛东路—终点

亲子锦囊

1.带孩子参观妈祖庙、慈孝洞、圣父母祠等，欣赏石刻，了解中华民族的孝行美德；
2.带孩子参观妈祖文化园，瞻仰妈祖雕塑，观看妈祖故事石雕、碑林等，了解妈祖文化。

玉华洞 | 被誉为“闽山第一洞”

玉华洞因洞内岩石如玉，光芒四射而得名，是“中国四大名洞”之一，被誉为“闽山第一洞”。这里气温常年保持10℃左右，冬暖夏凉，洞厅道路平坦，大厅宽敞，拥有两条通道，分为藏禾、果子、雷公、黄泥、溪源、白云6个支洞，包括琼楼玉宇、渴龙饮水、朝天曙色、蓬莱叠翠等景观，以仙人田、炼丹炉、荔枝柱等最为栩栩如生，自古就有“炫巧争奇，遍布幽奥”的赞誉。

亲子信息

福建省三明市将乐县水南镇　0598-2323977
75元/人（含宝华洞、岩仔洞、洞中秘境、标本馆）　08:00~16:30
（1）公交：从三明市区玉华宾馆乘旅游专线可直达景区
（2）自驾：福州市—福银高速—将乐/玉华洞出口离开—S204—S304—终点

亲子锦囊

1.带孩子欣赏一扇风、三龙吸水、八仙归洞等景点，感受大自然的鬼斧神工；
2.带孩子欣赏《西游记》电视剧拍摄时留下的道具，体验置身美妙仙境的神奇。

泰宁世界地质公园 | 被称为"丹霞洞穴博物馆"

泰宁世界地质公园被称为"丹霞洞穴博物馆"。这里分为大金湖、石网、八仙崖、金铙山四个园区和泰宁古城游览区，包括"水上丹霞"奇观，尚书第、金湖风情演艺馆，朱德、周恩来同志旧居，塞下大峡谷、大赤壁等景点，整个景区生态良好，水质优良，生物多样性丰富，是人们度假避暑、休养旅游、科考科普、水上运动的理想场所。

亲子信息

- 福建省三明市泰宁县　　0598-7866621
- 165元/人（含船票、导游费）　　08:00～17:00
- （1）公交：福州汽车北站有至泰宁的大巴，泰宁县城内有到各景区的公交车
  （2）自驾：福州市内—福银高速—泰宁/S205出口离开—S205—终点

亲子锦囊

1.带孩子参观泰宁古城，领略梅林戏、祭祖、娶新娘、杂耍、歌舞等民俗表演的魅力；
2.带孩子参观朱德、周恩来同志旧居，瞻仰雕塑，感受老革命家运筹帷幄，指挥作战的情景。

南靖土楼 | 被誉为"神话般的山区建筑"

南靖土楼泛指漳州市南靖、华安、平和、漳浦、诏安、云霄等县山区的土楼，以历史悠久、规模宏大、数量众多、造型奇异、风格独特而出名，被誉为"神话般的山区建筑"。光南靖县就有土楼1.5万多座，其中3层以上的圆楼386座，方楼1751座，历时500年以上的有20多座，拥有怀远楼、和贵楼、田螺坑土楼群、云水谣古镇、河坑土楼群等景点。

亲子信息

- 福建省漳州市靖南县境内　　0596-9834021
- 怀远楼、云水谣古栈道、和贵楼联票90元/人；田螺坑土楼群、裕昌楼、塔下景观村落联票100元/人；河坑土楼群50元/人；交通车票15元/人（全程）　　08:30～17:30
- （1）公交：南靖县有至景区的班车，15元/人；若去塔下村可在曲洋下车，23元/人
  （2）自驾：福银高速—沈海高速—厦蓉高速—南靖县G318—厦蓉高速—终点

亲子锦囊

1.带孩子参观田螺坑土楼群，欣赏步云楼、和昌楼、文昌楼等，感受劳动人民的聪明才智；
2.带孩子参观河坑土楼群、石桥土楼群等，感受我国民族建筑艺术的独特魅力。

火山岛自然生态风景区 | 我国唯一的滨海火山地质地貌风景旅游区

火山岛自然生态风景区是我国唯一的滨海火山地质地貌风景旅游区，也是国内现有国家地质公园中规模最大、保存最完好、景观最有特色的火山地质公园。这里拥有香山、林进屿、南碇岛三个景区及崎沙湾、江口湾、后蔡湾三个海水浴场，其中拥有140万根柱状节理玄武岩的南碇岛奇观名列火山岛世界之最；海水浴场之间连绵近10千米的沙滩被誉为“东方夏威夷”。这里是人们回归自然的理想场所。

亲子信息

- 福建省漳州市漳浦县前亭镇
- 0596-3649100
- 80元/人
- 08:00～17:00
- （1）公交：漳州市南客运站有至镇海的班车
- （2）自驾：漳州港出高速，沿港尾路直行，至漳浦县前亭镇，出发至江口村即到

亲子锦囊

1.带孩子欣赏南碇岛的发状石林、石瀑布、石柱林，感受如画风景、海上日出的独特魅力；
2.带孩子欣赏海誓山盟台、莲花宝座、巨龙界海等景点，了解火山地质的相关知识；
3.带孩子漫步沙滩，欣赏蔚蓝的海洋，吹着轻柔的海风，感受夏威夷风情。

永定客家土楼 | 被誉为“东方文明的一颗璀璨明珠”

客家土楼是世界上独一无二的山区民居建筑。土楼分为方形和圆形，全用土石夯筑而成，牢固无比，冬暖夏凉，全楼的设施布局既有苏州园林的踪迹，也有古希腊建筑的特征，并保存着独特的中原遗风，凝聚着浓厚的乡土气息，展示了中国传统文化内涵及特有的客家文化内涵，体现了中国传统审美思想和审美情趣的民居建筑艺术风格，是人们旅游、探秘的胜地。

亲子信息

- 福建省龙岩市永定县
- 0597-5830397/5833197
- 洪坑土楼90元/人；高北土楼50元/人；振福楼50元/人
- 07:00～19:00
- （1）公交：永定县汽车站有直达景区的班车
- （2）自驾：龙岩市—莆永高速—永定县—S203—S309—X622—永定客家土楼

亲子锦囊

1.带孩子参观洪坑土楼群，欣赏振成楼、福裕楼、如升楼等，感受奎聚楼猛虎般的气势；
2.带孩子参观初溪土楼群，感受衍香楼的书香韵味，领略其在山水环绕中的田园气息；
3.带孩子参观北高土楼群，欣赏最大的圆形土楼——承启楼、博士楼等，感受客家文化。

武夷山风景名胜区 | 素有“碧水丹山”之誉

武夷山位于福建省西北部，属壮年期丹霞地貌，拥有发育完整的红层峰林、壁立千仞的赤壁丹崖、国内稀有的连续穿洞、武夷山最长的层面岩洞、集中分布的蜂窝状砾石脱落岩洞、曲折幽深的崩积洞穴、小巧玲珑的堆石小景等，同时还有蜿蜒回环的九曲溪，素有“碧水丹山”之誉。在此不论你是欣赏奇秀深幽的自然美景，还是参观架壑船棺、虹桥板、汉城遗址等人文景观；不论你是乘坐一叶竹筏顺流而下，还是品尝武夷茗茶，都可以感受到浓浓的武夷文化。

亲子信息

福建省南平武夷山市武夷镇　0599-5112321

联票：一日140元/人，二日150元/人，三日160元/人；九曲溪竹筏漂流100元/人；青龙大瀑布40元/人；玉龙谷景区60元/人；华夏民族城歌舞表演100元/人

08:00~17:00

（1）公交：武夷山市内乘坐6路公交即可到达

（2）自驾：福银高速—长深高速—京台高速—宁上高速—金盘亭路—武夷大道—终点

亲子锦囊

1.带孩子乘竹筏于九曲河，感受“一溪贯群山，两岩列仙岫”的诗情画意和美学意境；

2.带孩子参观武夷山历史文物陈列馆、三清殿、古代名人馆等，了解其历史文化底蕴；

3.带孩子登上天游峰，欣赏云窝在峰石间轻扬游荡的烟雾，体验置身宛若仙境的美幻；

4.带孩子参观大红袍景区，欣赏霞宾岩、水帘洞、鹰嘴岩等，了解武夷山景区的茶文化；

5.带孩子参观水帘洞，感受“赤壁千寻晴拂雨，明珠万颗画垂帘”之朦胧的自然山水意境；

6.带孩子参观莲花峰景区，朝拜释迦牟尼、观音菩萨，感受博大精深的佛教文明；

7.带孩子参观一线天、隐屏峰、酒坛峰、虎啸岩等景点，感受大自然的神奇与伟大；

8.带孩子参观桃源洞，欣赏巨大的老君岩雕，了解“洒脱自在，超然物外”的道家思想；

9.带孩子欣赏青龙大瀑布，感受其如从天降、气势磅礴、奔流不息的气势。

重庆
CHONGQING

茶

长江三峡｜中国古文化的发源地之一

长江三峡由瞿塘峡、巫峡、西陵峡组成，是世界著名的大峡谷之一，也是中国古文化的发源地之一，万里长江在此走过一段山水壮丽的大峡谷，被评为中国十大风景名胜之一。这里峡谷全长191千米，拥有丰都鬼城、石宝寨、云阳张飞庙、夔门、白帝城、大宁小三峡、神女溪、巫山十二峰等景点，以壮丽河山的天然胜景驰名中外。

亲子信息

- 重庆市奉节县
- 丰都鬼城120元/人；石宝寨30元/人；云阳张飞庙40元/人；白帝城60元/人；大宁河小三峡30元/人；马渡河小小三峡100元/人；神女溪130元/人
- 08:00~17:00
- 公交：乘飞机至重庆，然后再转乘汽车至各个景区

亲子锦囊

1.带孩子参观瞿塘峡、古城、八阵图、古栈道、犀牛望月等，感受其雄伟险峻的气势；

2.带孩子参观白帝城，观赏“夔门天下雄”，吟诵《早发白帝城》，了解其“诗城”的地位。

巫山小三峡｜享有“不是三峡，胜似三峡”的赞誉

巫山小三峡是大宁河下游流经巫山境内的龙门峡、巴雾峡、滴翠峡的总称，全长60千米，林木葱翠，被誉为中华奇观、天下绝境。这里有千姿百态的峻岭奇峰，变幻莫测的缭绕烟雾，清幽壮观的飞瀑清泉，神秘莫测的悬崖古洞，攀树纵岩的嬉戏群猴，畅游碧水的各种鱼类，谜存千古的巴人悬棺、船棺、古寨等美丽的景致，享有“不是三峡，胜似三峡”的赞誉。

亲子信息

- 重庆市巫山县马渡河场
- 023-57756666
- 小三峡150元/人；小小三峡70元/人；1.2~1.4米儿童半价
- 08:00~17:00
- 公交：在朝天门码头乘坐高速水翼船至巫山，转乘公共汽车前往小三峡龙门渡口

亲子锦囊

1.带孩子乘坐游船，欣赏两岸的奇峰怪石、流泉飞瀑、猴群、古代悬棺、古代栈道等，感受龙门峡的峭壁如削、天开一线、状若一门的气势；

2.带孩子漫步大昌古镇，参观陆游洞、小小三峡等，体验峡谷漂流的惊险与刺激。

丰都鬼城名山景区 | 堪称中国“神曲”之乡

鬼城位于长江北岸，古称“平都山”，素以“鬼国京都”“阴曹地府”闻名于世，为道家72洞天福地之一，名山古刹多达27座，传说是人类亡灵的归宿之地，也是集儒、道、佛教文化于一身的民俗文化艺术的宝库，堪称中国“神曲”之乡。这里拥有奈何桥、鬼门关、黄泉路、十八层地狱、考罪石等景点，还有苏轼、陆游、范成大等历代名人的碑刻题咏等。

亲子信息

重庆市丰都县境内　　023-70613323

通票120元/人（包括丰都名山、双桂山和鬼国神宫）；索道20元/人

05:00~24:00

（1）公交：朝天门汽车站乘班车至丰都新县城，再转乘市内交通或小面的可到

（2）自驾：沪渝南线高速—清溪出口离开—S103—连新路—丰都鬼城名山景区

亲子锦囊

1.带孩子参观奈何桥、鬼门关、望乡台等，观赏阴曹地府塑像群；

2.农历三月三带孩子参加“鬼城庙会”，欣赏阴天子娶亲、城隍出巡、钟馗嫁妹、鬼国乐舞等民俗民风游行表演，感受秦风楚韵，蜀气巴魂。

云阳张飞庙 | 素有三绝（文章绝世、书法绝世、镌刻绝世）之盛誉

云阳张飞庙又名张桓侯庙，传说张飞的首级就葬于此，是为纪念三国时期蜀汉名将张飞而建的庙宇。这里依江背山造有正殿、旁殿、结义楼、得月楼、杜鹃亭等建筑，形成一组完美的古建筑群，实为罕见。此外，景区还有许多诗词歌赋、石碑、摩崖石刻等，素有三绝（文章绝世、书法绝世、镌刻绝世）之盛誉。其中杜鹃亭和得月亭是为纪念唐代诗人杜甫在此客居两年而建。

亲子信息

重庆市云阳县长江南岸飞凤山麓　　023-55381666

40元/人　　08:00~17:00

（1）公交：重庆市内乘车至云阳，在云阳县长席子码头乘坐至张飞庙的渡船即到

（2）自驾：沪渝高速—沪蓉高速—云阳出口离开—云江大道—移民大道—终点

亲子锦囊

1.带孩子欣赏江上风景、结义楼、望云轩等建筑，感受其庄严肃穆、磅礴壮观的气势；

2.带孩子瞻仰张飞像，参观助风阁、正殿等，感受人们对这位猛将的敬仰和钦佩。

武隆喀斯特旅游区 | 中国南方喀斯特的重要组成部分

武隆喀斯特旅游区位于重庆东南部，由天生三桥、芙蓉洞、龙水峡地缝、仙女山、芙蓉江五大景区组成，是中国南方喀斯特的重要组成部分。其中天生三桥由天龙桥、青龙桥、黑龙桥组成，气势磅礴、恢宏壮观，是亚洲最大的天生桥群；芙蓉洞景区拥有玉柱擎天、巨幕飞瀑、珊瑚瑶池、海底龙宫等景点，被誉为“最美的地下艺术宫殿”；龙水峡地缝景区有银河飞瀑、九滩十八潭、急流深潭等标志性景观；仙女山则享有“落入凡间的伊甸园”的美誉。

亲子信息

- 重庆市武隆县境内
- 4008-023666
- 芙蓉洞70元/人；天生三桥55元/人，索道20元/人；仙女山50元/人
- 08:00~17:00
- （1）公交：重庆朝天门汽车站有发往景区的汽车
  （2）自驾：渝宜高速—长涪高速到达武隆县—国道319—芙蓉洞

亲子锦囊

1.带孩子登上仙女山看日出，欣赏林海、奇峰、草场、雪原“四绝”，体验垂钓的乐趣；
2.带孩子参观龙水峡地缝，欣赏银河飞瀑、九滩十八潭、蛟龙寒窟等，探听地球心跳；
3.带孩子欣赏天生三桥，游览《满城尽带黄金甲》唯一外景地，感受大自然的鬼斧神工。

大足石刻景区 | 被誉为“神奇的东方艺术明珠”

大足石刻景区拥有造像70多处，总计10万多尊，特以北山摩崖造像和宝顶山摩崖造像最为有名，是中国晚期石窟艺术的代表作。其中宝顶山摩崖造像中以千手观音像、释迦涅槃圣迹图、华严三圣等尤为著名；而北山摩崖造像中以佛湾136号转轮藏经窟和125号窟中的“数珠手观音”最为出彩。

亲子信息

- 宝顶山摩崖石刻：重庆市大足县宝顶乡；北山摩崖石刻：重庆市大足县龙港镇
- 023-43722268
- 淡季：联票130元/人；旺季180元/人
- 08:30~18:00
- （1）公交：重庆汽车站均有开往大足县的高速客车，后转乘至景区的观光车即可
  （2）自驾：从双塔路出发直行—北环中路—沿北山路行驶250米—终点

亲子锦囊

1.带孩子欣赏六道轮回、华严三圣像、千手观音等，参观圣寿寺，感受佛教文明；
2.带孩子欣赏养鸡女、卧佛、普贤菩萨、千里眼等石刻，领略我国石窟造像艺术的魅力。

涞滩古镇 | 中国首批历史文化名镇，中国十大古镇之一、首批“中国最美的村镇”

涞滩古镇曾是商贾云集的码头，由上场与下场组成，其中上场坐落在鹫峰山上，磅礴大气；下场沿渠江而建，一派田园风光。这里有佛教禅宗造像集聚点——二佛寺、建于清光绪年间的太平池、清代戏院文昌宫等。

亲子信息

重庆市合川区东北28千米

023-42820015/42561888/42561777

文昌宫20元/人；二佛寺10元/人

全天开放

（1）公交：从合川乘坐中巴可到达古镇，10元/人

（2）自驾：渝武高速—肖家/云门出口离开—S207—小正路—莱兴街—终点

亲子锦囊

1.带孩子参观上场、下场建筑，漫步青石小巷，逛古街店铺，感受明清时期的原始风貌；

2.带孩子参观文昌宫、二佛寺、古戏台，赏精美木雕，感受古代劳动人民文化艺术魅力。

酉阳桃花源风景区 | 世界上有两个桃花源，一个在您心中，一个在重庆酉阳

酉阳桃花源因景致与陶渊明笔下描述的“世外桃源”相吻合而得名。这里由古桃源、伏羲洞、桃花源广场、桃花源国家森林公园、酉州古城、桃花源风情小镇、二酉山世外桃花源文化主题公园等七大部分组成，集秦晋历史文化、土家民俗文化、自然生态文化、天坑溶洞地下河共生岩溶地质奇观于一身，是“远离尘世喧嚣、步入秦晋田园、探寻科学奥秘、回归绿色天堂”的休闲旅游绝佳地。

亲子信息

重庆市酉阳土家苗族自治县境内

023-75559222/75766888

桃花源（桃花源、伏羲洞）120元/人；桃花源森林公园（金银山）20元/人

夏季08:00~18:30；冬季08:00~18:00

（1）公交：重庆有至酉阳的班车，景区距县城500米左右，可乘坐出租车或步行

（2）自驾：渝湘高速—桃花源/酉阳城区/酉阳北/G319下高速—G319—终点

亲子锦囊

1.带孩子穿越大酉洞，参观问津亭、石鸣钟鼓、美池等，感受置身秦晋田园的美妙；

2.带孩子漫步古城，欣赏唢呐、推推灯、苞谷灯戏等表演，感受土家族苗族文化。

乌江画廊旅游景区 | 被誉为“乌江百里画廊”

乌江发源于贵州乌蒙山，流经重庆汇入长江，全长1036千米，其中彭水至贵州段的风光最为奇异，碧波秀美，叠彩峰岭，全长103千米，被誉为“乌江百里画廊”。这里拥有马蜂峡、碧翠峡、荔枝峡、阿蓬江、神龙谷等自然风景，还有重庆历史文化第一古镇龚滩、苗家山歌的发源地鞍子苗寨等人文景点。你可以乘坐“乌江画廊”游船，置身“百里画廊”之中，切身感受峡江景色之幽邃，山形之变幻，崖壁之崔巍，江水之湍急。

亲子信息

- 重庆市彭水县高谷镇至酉阳县万木镇
- 023-75556441
- 游船55元/人
- 全天开放
- 公交：重庆朝天门码头乘坐水游船或汽车至涪陵，转乘快船至彭水县即可

亲子锦囊

1.带孩子乘坐游船欣赏夹石峡、荔枝峡、银铜峡等，体验亲近最自然最原始的生活的情趣；
2.带孩子参观龚滩古镇，漫步石板路，欣赏大红檐灯高挂的古村落，感受重庆历史文化；
3.带孩子欣赏苞谷灯戏、阳戏、马马灯等民俗表演，感受当地魅力的民族风情；
4.带孩子漫步清泉廊桥，参观马鞍城、永和寺、石林等，体验阿蓬江漂流的惊险与刺激。

重庆野生动物世界 | 西部地区最大的野生动物物种基因库

重庆野生动物世界占地3033平方千米，分为非洲原野区、猛兽王国区、欧亚大陆区和澳洲丛林区几个部分，拥有动物430种，3万余只（头），包括260种珍稀动物，是全国最大的国家级野生动物生态游览区。

亲子信息

- 重庆市永川县双竹镇境内
- 023-85380255
- 旺季100元/人；淡季80元/人
- 08:30~18:00，猛兽表演时间：11:20、14:00、16:00（森林剧院）
- （1）公交：永川城区乘坐203、501路公交即可到达
  （2）自驾：经纬大道—成渝高速—永川出口离开—兴龙大道—S109—终点

亲子锦囊

1.带孩子观赏羚羊、长颈鹿、斑马、犀牛等动物，感受非洲部落蔚为壮观的气势；
2.带孩子观赏非洲狮、白虎、非洲猎豹、熊等动物，体验与它们擦身而过时的惊心动魄；
3.带孩子欣赏各种野生鹿群、羚牛、澳洲袋鼠等，感受异域风情；
4.带孩子观看猛兽表演，感受动物们的聪明伶俐、憨态可掬。

金源方特科幻公园｜以青少年科技活动及旅游游乐为目的的现代都市主题公园

金源方特科幻公园是一处依托现代高科技技术、以青少年科技活动及旅游游乐为目的的现代都市主题公园。这里拥有银河广场、太空山、恐龙危机、生命之源、飞越极限、西部追忆、影视特技摄影棚、嘟噜嘟比剧场、海螺湾、儿童天地等10个主题项目，是人们旅游度假、放松心情、尽享惊险刺激的理想场所。

亲子信息

重庆市江北区滨江路金源时代购物广场内

023-86359888

120元/人

周一至周五：10:00～18:30；周六至周日：09:30～19:30

公交：市内乘坐617、630、605a、605b、810、813路等公交在万唐路欧鹏、紫色华唐站下车，往南步行3分钟即到

亲子锦囊

1.带孩子参观银河广场、太空山、恐龙危机，体验乘坐救援车逃离恐龙世界的惊险刺激；
2.带孩子观看生命之源180° 动感影片，了解生命的起源、进化、毁灭的过程；
3.带孩子参观能源天地、西部追忆等，体验飞跃极限、自旋滑车等活动项目的乐趣；
4.带孩子参观影视特技摄影棚、嘟噜嘟比剧场、海螺湾等，增长科普知识。

重庆动物园｜全国城市大型动物园之一

重庆动物园山峦绵延起伏，浅壑曲折蜿蜒，绿水青山，平湖驳岸，古树名木繁茂，植物种类繁多，自然风光清新绮丽。园区辟有专类动物馆20多处，展出动物230余种，4000余只（头），包括大熊猫、小熊猫、金丝猴、角马、食火鸡等珍稀动物，还有儿童乐园、旱冰场、露天舞台等娱乐设施。在此，不论是观赏动物，还是泛舟湖上，都可以感受大自然的其乐无穷。

亲子信息

重庆市九龙坡区杨家坪

023-68422285

旺季30元/人；淡季20元/人

08:00～18:00

公交：市内乘坐148、204、207、229、341路等公交在动物园站下车

亲子锦囊

1.带孩子观赏火烈鸟、大熊猫、懒猴、非洲狮等动物，了解其生活习性，增长科普知识；
2.带孩子参加转马、小火车、欢乐组合等项目，体验激流勇进、惯性滑车的惊险刺激。

南山植物园 | 享有“重庆肺叶”“山城花冠”之美誉

南山植物园分为观赏植物园风景林区、专类观赏植物园区、科研苗圃区和植物生态保护区4个部分，建有蔷薇园、兰园、梅园、山茶园、盆景园、中心景观园、大金鹰园、一棵树观景园、大型展览温室等专类园，还定期举办茶花展、梅花艺术节、樱花节、金秋赏桂等大型花展，以及各类游园及文艺演出等丰富的文化活动，享有“重庆肺叶”“山城花冠”之美誉。

亲子信息

重庆市南岸区南山植物园路101号　023-62479135

植物园30元/人；展览温室50元/人；植物园与展览温室套票50元/人；大金鹰园12元/人；一棵树观景园20元/人　08:00~17:00

公交：南平车站乘坐346、347路公交至上新街站，转乘384路公交或定线车至南山植物园

亲子锦囊

1.带孩子参观温室，赏热带雨林、亚高山植物、四季花卉、沙漠奇观等，增长科普知识；

2.带孩子参观大金鹰园，赏云蒸霞蔚的绿荫，鸟瞰重庆美景，感受浓郁的诗情画意氛围。

四面山国家森林公园 | 被誉为“天然的物种基因库”

四面山是典型的丹霞地貌，瀑布景观丰富，有大小瀑布100多处，还有2000余种动植物，其中濒危植物19种，被誉为“天然的物种基因库”。这里分为望乡台、土地岩、龙潭湖、洪海、珍珠湖等五大核心景区，包括128个景点，其中落差158米的望乡台瀑布被誉为“华夏第一高瀑”。

亲子信息

重庆市江津区四面山镇境内　023-47666559

110元/人　08:00~18:00

（1）公交：重庆陈家坪汽车站有发往江津的汽车，在江津换乘中巴到四面山镇

（2）自驾：内环快速路—蓝海高速—重庆绕城高速—成渝环线高速—S107—S312

亲子锦囊

1.带孩子参观望乡台景区，欣赏“华夏第一高瀑”，感受其万马奔腾的磅礴气势；

2.带孩子参观龙潭湖，感受“一龙凌波起，半湖柔绿痕，和风传倩影，霞阳笼翠情”；

3.带孩子欣赏“亚洲第一神岩”、阿凡提、美女图、万卷书等图案，感受大自然的神奇；

4.带孩子参观双峰寺，欣赏奇联，感受我国丛林宗教文化的独特艺术及中华文字魅力。

黑山谷原始生态风景区 | 被专家誉为“渝黔生态基因库”

黑山谷地形独特，风光旖旎，是目前重庆地区最大的、原始生态保护最为完好的自然生态风景区，动植物种类繁多，国家一级保护植物银杉、珙桐，国家一级保护动物黑叶猴、云豹等分布其间，被专家誉为“渝黔生态基因库”。在此，不论是欣赏奇峰、异石、参天古树，还是观看碧水、高峡、迎面飞瀑；不论是勘测古老的地质地貌，还是体验漂流攀岩、野营露宿、垂钓狩猎，都很享受。

亲子信息

重庆市綦江区万盛经济技术开发区黑山镇境内

023—48279999　　100元/人　　08:00~18:00

（1）公交：重庆南坪汽车站乘坐长途汽车至万盛，在南桐车站乘至景区的班车即可

（2）自驾：重庆市内环快速路—兰海高速—綦万高速—黑山谷大道—S414—终点

亲子锦囊

1.带孩子漫步狭窄的鲤鱼河十里峡谷、鱼跳峡、神龙潭，感受飞鱼瀑的磅礴壮观气势；

2.带孩子参观渝黔大峡谷，欣赏各类佛像、似人头的天然浮雕，感受大自然的神奇；

3.带孩子登天王峰，欣赏保存极为完好的亚热带—温带原始生态风貌，增长科普知识。

金佛山 | “金佛何崔嵬，缥缈云霞间”

金佛山喀斯特地貌特征明显，是一个融山水、石洞、林泉为一体，集雄奇、幽险、秀丽于一身的国家级风景名胜区。这里拥有天星度假区、碧潭幽谷景区、牵牛坪景区、高穴子景区等12个景区，包括品种繁多的珍稀动植物，雄险怪奇的岩体造型，神秘幽深的洞宫地府，变幻莫测的气象景观和名刹古寺遗迹等众多景点，真可谓“金佛何崔嵬，缥缈云霞间”！

亲子信息

重庆市南部南川区境内　　023—71435018

旺季75元/人；淡季50元/人　　8:00~16:00

（1）公交：重庆南坪汽车站乘大巴至南川区长途车站，换乘旅游大巴至金佛山

（2）自驾：沪蓉高速—遂内高速—成渝环线—兰海高速—渝湘高速—S413—终点

亲子锦囊

1.带孩子参观金佛洞、古佛洞，欣赏形态各异的钟乳石、壁画，感受深厚的佛教文化；

2.带孩子参观猴园，近距离接触憨态可掬、调皮的猴子，乐趣十足。

四川
SICHUAN

九寨沟 | 享有“童话世界”的美誉

九寨沟因有九个藏族村寨而得名，有“中华水景之王”之称。这里主沟呈“Y”字形，高耸的雪峰环绕四周，清澈艳丽的湖水潺潺流动，多姿多彩的飞瀑气势磅礴，急流汹涌澎湃，婆娑的林木青葱，加上蓝蓝的天空，明媚的阳光，清新的空气及点缀其间的古老村寨、栈桥、磨坊，构成了一幅内涵丰富、和谐统一的优美画卷，宛若童话世界。景区由九寨沟、黄龙和牟尼3个相对独立的景区构成，其中黄龙景区享有“世界奇观”“人间瑶池”的美誉。

亲子信息

- 四川省阿坝藏族羌族自治州九寨沟县　　0837-7739753
- 旺季220元/人，环保车90元/人；淡季80元/人，环保车80元/人
- 07:00～18:00
- （1）公交：成都新南汽车站有发往九寨沟的旅游专线车，每天上午08:00发车
  （2）自驾：成都市—都江堰—汶川—茂县—松潘—黄龙—九寨沟

亲子锦囊

1.带孩子欣赏芦苇海、犀牛海、火花海等景点，领略“鱼游云端，鸟翔海底”的奇景；
2.带孩子欣赏晨曦、日出，参观黄龙寺，朝拜黄龙真人坐像，了解黄龙助禹治水的传说；
3.带孩子观赏诺日朗瀑布、树正瀑布等，感受其似巨幅品帘凌空飞落，雄浑壮丽的气势；
4.金秋时节带孩子欣赏光怪陆离的彩林，领略置身绚丽的色彩王国的浪漫与美妙；
5.带孩子登上尕尔纳山，尽览逶迤的山峦，体验在云海雾浪中沉浮升降的神奇之感；
6.带孩子欣赏藏族建筑、服饰，参加节日盛典等活动，了解辉煌、璀璨的藏族文化；
7.带孩子欣赏威仪万千的蓝色冰瀑、冰柱和冰球、冰挂和冰幔，感叹大自然的神奇。

乐山大佛景区｜被诗人誉为“山是一尊佛，佛是一座山”

乐山大佛位于四川盆地西南部，开凿于唐玄宗开元初年（713年），大佛通高71米，是世界最大的摩崖石刻弥勒坐像，被诗人誉为“山是一尊佛，佛是一座山”。这里依山傍水，风光旖旎，文化和自然景观和谐统一，宛若一幅多彩的山水画卷，除了乐山大佛以外，还有自然和人文奇观——“巨型睡佛”、青衣别岛——乌尤寺、佛教雕刻艺术荟萃——东方佛都、宋元古战场——三龟九顶城、中国最早的佛像之一——结跏趺坐佛，以及秦时离堆、汉时尔雅台、唐时海师洞、宋时东坡楼等古迹，是人们观光朝圣、休闲度假的理想场所。

亲子信息

四川省乐山市东凌云山上，岷江、青衣江和大渡河三江汇流处　0833-2302121

90元/人（含乐山大佛、乌尤寺、麻浩崖墓）；游船70元/人　08:00~17:00

（1）公交：成都市新南门、石羊场乘坐至乐山的班车，至乐山站，出站转乘9路公交至乐山长途汽车客运站，换乘13路公交直达大佛寺

（2）自驾：成都市—京昆高速—成乐高速—乐宜高速—朝乐山大佛方向—乐自高速—从乐山大佛/五通出口/S104出口离开—S104—S305（旧）—终点

亲子锦囊

1.带孩子瞻仰大佛，参观乐山大佛博物馆，了解乐山地域文化、唐汉文化、山水文化；

2.带孩子登九曲栈道，参观凌云寺、沫若堂等，了解现代文学巨匠郭沫若灿烂的一生；

3.带孩子参观东方佛都，欣赏3000多尊国内外佛像，体验置身净土佛国的神圣之感；

4.带孩子参观麻浩崖墓，欣赏精美的画像雕饰，了解东汉至南北朝时期的墓葬文化；

5.带孩子参观文化气息浓郁的碑林、云海汹涌的九龙滩、悠闲自得的载酒亭，乐趣十足。

峨眉山 | 素有天然“植物王国”“动物乐园”“地质博物馆”之美誉

峨眉山是中国四大名山之一，普贤菩萨道场，同时自然遗产极其丰富，素有天然“植物王国”“动物乐园”“地质博物馆”之美誉。这里占地623平方千米，由高、中、低三大主题游览区组成，包括大峨眉、二峨眉、三峨眉、四峨眉，其中主峰金顶海拔3000余米，是世界最大的佛教朝拜中心，拥有世界最高的金佛——四面十方普贤、世界最大的金属建筑群、世界最壮丽的自然观景台等。

亲子信息

四川省峨眉山市峨山镇　0833-5533355

旺季150元/人；淡季90元/人；观光车全山90元/人　08:00~17:00

（1）公交：成都市新南门旅游中心客运站乘坐旅游巴士可直达峨眉山

（2）自驾：成都市—京昆高速—成乐高速—成渝环线—乐汉高速—峨洪路—终点

亲子锦囊

1.带孩子登上金顶，欣赏日出、云海、佛光、圣灯，领略山高云低的壮丽景色的魅力；

2.带孩子欣赏川剧、峨眉武术、变脸、杂技、茶艺等表演，感受当地民间文化特色。

黄龙风景名胜区 | 被誉为“仙境胜地”“人间瑶池”

黄龙风景名胜区以彩池、雪山、峡谷、森林“四绝”著称于世，被誉为“仙境胜地”“人间瑶池”。这里由黄龙沟、牟尼沟、红星岩、雪宝顶、四沟、丹云峡等部分组成，其中位于岷山主峰雪宝顶下的黄龙沟是主景区，那里拥有3400多个大小各异的池沼，宛如巨龙的片片龙甲，是世界上规模最大、结构最完整、造型最独特的高原地表喀斯特地貌景观。

亲子信息

四川省阿坝藏族自治区松潘县境内　0837-7249055/87322733

成人200元/人；儿童100元/人　淡季07:00~21:30；旺季06:30~22:00

（1）公交：先到九寨沟、松潘、川主寺等景点，然后再从这些景点包车前往

（2）自驾：成都市—都江堰市—汶川县—茂县—松潘—黄龙

亲子锦囊

1.带孩子欣赏金沙铺地、彩池群、五彩池、盆景池等，感受“人间瑶池”的独特魅力；

2.带孩子参观黄龙古寺，参加农历六月十五至十七的庙会，感受祭拜黄龙真身的盛大场面；

3.带孩子参观雪宝顶景区，欣赏冰川、高山湖泊等，体验骑马、登山、探险的乐趣。

西岭雪山 | 成都第一高峰

西岭雪山因杜甫的“窗含西岭千秋雪，门泊东吴万里船”诗句而得名。这里分为前山景区和后山景区，拥有茫茫的原始林海、险峻的悬崖绝壁以及云海、森林佛光、阴阳界、日照金山等奇妙景观，同时还开辟了目前国内规模最大的高山滑雪场，是滑雪爱好者的最佳去处。

亲子信息

四川省成都市大邑县西岭镇邛崃山脉中段　028-88302026
平时120元/人；黄金周160元/人　09:00~17:00
（1）公交：成都市新南门车站和金沙车站每天早晨和中午都有发往景区的班车
（2）自驾：从成都出发,沿成温邛公路经成温立交桥、温江区、崇州市到大邑县

亲子锦囊

1.带孩子欣赏云海、日出、佛光、日照金山、阴阳界等景观，感受高山自然风景的神奇；

2.带孩子春赏满山杜鹃，夏季在满眼苍翠的景色里寻找清凉，秋观万山红遍，美轮美奂；

3.冬季带孩子滑雪，体验雪地摩托、蛇形滑雪车、雪上飞碟、雪上滑车、雪上飞片、雪地冲锋舟、狗拉地橇等10余项冰雪游乐项目的乐趣。

都江堰 | 闻名世界的水利工程

都江堰是全世界迄今为止年代最久远、唯一留存的以无坝引水为特征的重大水利工程，被誉为“世界水利文化的鼻祖”“世界古代水利工程的典范”。这里自然风光旖旎，文物古迹众多，主要有二王庙、伏龙观、安澜索桥、翠月湖、灵岩寺、玉垒山公园等主要景点，其中二王庙是俯瞰整个都江堰水利工程的最佳观景点；伏龙观后殿可尽览西山雪山、鱼嘴、岷江激流等景色。

亲子信息

四川省成都都江堰市灌口镇　400-1151-222/028-87143056
90元/人；年票100元/人　09:00~19:30
（1）公交：成都茶店子客运站每天都有发往都江堰的班车，16元/人
（2）自驾：成都市—成都绕城高速—成灌高速—迎宾路—彩虹大道—都江堰大道

亲子锦囊

1.带孩子参观二王庙，了解李冰父子修建都江堰的故事，在秦堰楼尽览该水利工程的全貌；

2.带孩子参观伏龙观，观看都江堰灌区的电动模型，感叹我国古代劳动人民的聪明才智；

3.带孩子漫步安澜索桥、南桥，观赏奎光塔、清溪园，体验虹口漂流的惊险与刺激；

4.带孩子参观普照寺、灵岩寺、玉垒山公园、城隍庙等景点，领略都江堰文化的魅力。

青城山风景区 | 道教名山

青城山是我国道教发源地之一，以“青城天下幽”闻名于世，拥有日出、云海、圣灯三大奇观。景区分前山和后山两个景区，其中前山景区人文景观十分丰富，拥有大量的道观，是问道的好去处；后山景区全程10千米，风景秀美，自然景观众多，包括山泉雾潭、白云群洞、圣母洞、天桥奇观等景点，是人们亲近自然，体验原生态的生活情趣之所。

亲子信息

四川省成都都江堰市青城山镇　400-1151-222/028-87288159

前山90元/人，索道（往返）60元/人；后山20元/人，索道（往返）55元/人

09:00～19:30

（1）公交：成都火车站广场和西门车站每天都有发往青城山的旅游专线

（2）自驾：成都市—日月大道—成都绕城高速—成灌高速—崇义站出口离开—彭青路—IT大道—聚青线—东软大道—青城山路—终点

亲子锦囊

1.带孩子参观建福宫、天师洞、祖师殿、朝阳洞等，了解我国古代道教文化及哲学思想；

2.带孩子欣赏壁画，以及“天然圣迹”“天下第五名山”等摩崖石刻，了解我国的书画文化艺术。

成都大熊猫繁育研究基地 | 保护大熊猫的重要场所

成都大熊猫繁育研究基地是为拯救大熊猫而兴建的具有世界水平的大熊猫繁育科研基地，是大熊猫保护和繁育研究的重要场所之一。这里占地37.33万平方米，绿化覆盖率达96%，建有熊猫博物馆、小熊猫研究所、大熊猫纪念馆、实验楼等科研设施，还有天鹅湖、成千上万的竹林灌木丛等生态设施，环境十分优美。除了国宝大熊猫以外，基地还饲养有其他珍稀动物，是孩子们亲近动物的理想场所。

亲子信息

四川省成都市成华区熊猫大道1375号　028-83510033

58元/人（学生证不打折）　08:00～18:00

（1）公交：成都市内乘坐1、49、53路等公交至青龙场汽车站，换乘198、87路公交可到

（2）自驾：成都市—总府路—红星路—青龙场高架桥—熊猫大道—终点

亲子锦囊

1.带孩子参观大熊猫产房、活动场等，了解不同年龄阶段的大熊猫悠闲的日常生活；

2.带孩子观赏小熊猫、天鹅、鸳鸯、孔雀等动物，体验近距离接触动物的乐趣。

成都欢乐谷主题公园 | 西部地区规模最大、最具生态特色、最具时尚魅力的现代主题乐园

成都欢乐谷是西部地区规模最大、最具生态特色、最具时尚魅力的现代主题乐园。这里分为阳光港、欢乐时光、加勒比旋风、飞行岛、巴蜀迷情等7大主题区，拥有130余项体验观赏项目，包括中国第一套双龙过山车组合、中国最长的双提升矿山车、中国第一个顶仓旋转式飞行岛、中国荧幕最大的4D影院、中国第一台双塔太空梭等设施，以及卡通剧场、滑稽小丑、马戏、杂技等表演。

亲子信息

四川省成都市金牛区西华大道16号　028-61898999
190元/人；夜场70元/人（仅限夜场开放时段，具体信息参考景区公告）
09:00~22:00
（1）公交：成都市内乘坐749、36、48等路公交在华侨城站下车
（2）自驾：沿三环路行至三环路交大立交桥即可到达

亲子锦囊

1.带孩子参加欢乐转马、旋转飞椅、雪域飞龙、渔猎漂流等娱乐项目；尽享欢乐时光；
2.带孩子乘摩天轮、桑巴气球、游船、小火车、神树天梯等，体验置身魔幻城堡的浪漫。

成都动物园 | 成都市唯一一座综合性城市动物园

成都动物园始建于1953年，是成都市唯一一座综合性城市动物园，是西南地区最大的动物园，位列全国十佳城市动物园第四名。这里绿树成荫、湖光潋滟、鸟语花香、风景诱人，拥有国家保护的珍稀濒危野生动物300余种、3000多只（头），是亲子游的绝佳去处。

亲子信息

四川省成都市成华区昭觉寺北路234号　028-83516953
20元/人　08:00~18:00
（1）公交：成都市内乘坐9、18、32路等公共可以到达公园正门
（2）自驾：成都市—顺城大街—北门大桥—昭觉寺南路—终点

亲子锦囊

1.带孩子观看大熊猫、金丝猴、扬子鳄、华南虎等动物，体验近距离接触动物的乐趣；
2.带孩子参观科普馆，欣赏动物标本、照片、知识展品等，学习动物知识。

成都海昌极地海洋世界 | 西南地区第一个极地海洋旅游项目

成都极地海洋世界是西南地区首个极地海洋旅游项目。这里拥有极地动物展示区、鲸豚表演场、欢乐剧场、海洋动物展示区、风情小岛休闲区五大核心板块，展示了白鲸、北极熊、企鹅、海豚、北海狮等国内罕见的极地动物及上千种珍稀海洋鱼类。在此你可以漫步海底观光隧道，欣赏着种类繁多的热带鱼及色彩斑斓的珊瑚，切身感受置身极地世界的美妙奇幻。

亲子信息

- 四川省成都市华阳镇天府大道南段
- 028-67070888
- 成人130元/人；儿童70元/人
- 09:00～18:00
- （1）公交：1号线地铁至世纪城站，换乘华阳4c在极地海洋世界站下车
  （2）自驾：成都市—人民南路—天府大道—海昌路—成都海昌极地海洋公园

亲子锦囊

1.带孩子欣赏白鲸、北极熊、企鹅、海豚等，体验置身于真实纯净的极地世界的美妙；
2.带孩子漫步海底观光隧道，欣赏热带鱼、珊瑚等生物，探索海洋世界的神秘；
3.带孩子欣赏白鲸、海豚、伪虎鲸的表演，在玩中学习极地、海洋、动物的科普知识。

武侯祠博物馆 | 中国唯一的君臣合祀祠庙

武侯祠博物馆建于1984年，是国内纪念蜀汉丞相诸葛亮、刘备及蜀汉英雄的纪念地。这里面积约15万平方米，分为三国历史遗迹区、三国文化体验区和锦里民俗区三部分，是全世界影响最大的三国遗迹博物馆，享有“三国圣地”的美誉。武侯祠历史悠久，景区内的刘备陵寝始建于223年，武侯祠则建于唐代以前，明朝初年汉昭烈庙重建时将武侯祠并入，形成了中国唯一的君臣合祀祠庙。千百年来，几经毁损，多次重修，香火始终旺盛。

亲子信息

- 四川省成都市武侯区武侯祠大街231号
- 028-85581934
- 60元/人
- 08:00～18:00
- 公交：成都市内乘坐1、57、334路等公交在武侯祠站下车

亲子锦囊

1.带孩子参观刘备殿，欣赏关羽、张飞、赵云等蜀国文臣武将的彩塑，感受蜀国风采；
2.带孩子参观诸葛亮殿，瞻仰其羽扇纶巾的塑像，了解其生平，感受其儒雅超脱的风骨；
3.带孩子参观三义庙，瞻仰刘、关、张塑像，阅读记述桃园三结义的碑文，寻幽访古。

洛带古镇 | 中国西部最大的也是唯一的客家古镇

洛带古镇被誉为“天下客家第一镇”。这里历史悠久，传说众多，遗迹遍地，主要分为洛带古镇核心保护区、金龙湖景区、宝胜原生态客家村三部分。镇内的千年老街、客家民居保存完好，呈现了“一街七巷子”格局。街道两边商铺林立，囊括了湖广会所、川北会馆、广东会馆、江西会馆及客家博物馆等历史建筑，均为典型的明清建筑风格，具有极高的艺术欣赏价值。

亲子信息

四川省成都市龙泉驿区洛带镇　028-84866125　免费　全天开放

（1）公交：成都市内乘坐81、58路公交至五桂桥汽车总站换乘219路公交在洛带客运站下车

（2）自驾：成都市—东大街—迎晖路—厦蓉高速—成环公路—终点

亲子锦囊

1.带孩子漫步古街，参观湖广会馆、广东会馆、江西会馆等感受置身古代街市的神奇；
2.带孩子参观客家公园、四川客家博物馆，了解客家人入川、安居、创业的历程及成就；
3.带孩子参观金龙寺，攀登金龙长城，感受其磅礴、恢宏的气势；
4.带孩子参加水龙节、火龙节等特色民俗活动，感受客家文化的独特魅力。

杜甫草堂博物馆 | 中国文学史上的“圣地”

杜甫草堂博物馆保留了清代嘉庆年间重建时的格局，总体面积0.2平方千米，是现存的杜甫行踪遗迹中保存最好、最具特色、规模最大的一处。杜甫先后在此居住近4年，创作诗歌流传至今的有240余首。旧址内的照壁、正门、大廨、诗史堂、柴门、工部祠等排列在一条中轴线上，两边配以对称的回廊和其他附属建筑，在自然园林景观的点缀下，更显雅致幽静。此外，这里还珍藏了大量研究杜甫的珍贵材料和文物，被视为中国文学史上的“圣地”。

亲子信息

四川省成都市青羊区草堂路28号　028-87344294　60元/人　09:00~17:30

公交：成都市内乘坐35、59、82路等公交在草堂寺站下车

亲子锦囊

1.带孩子参观大廨、诗史堂，瞻仰杜甫塑像，欣赏历代名人题词，感受敞厅式建筑的气势；
2.带孩子参观工部祠，纪念杜甫，欣赏两通草堂石刻全景图，感受整体建筑的肃穆、庄重；
3.带孩子参观大雅堂，瞻仰李白、屈原、苏轼等诗人雕塑，领略彩釉镶嵌磨漆壁画的魅力；
4.带孩子登上万佛楼，尽览草堂及周边美景，参观唐代遗址博物馆，感受唐代文化底蕴。

剑门关 | 享有“剑门天下险”“天下第一关”“蜀之门户”的美誉

剑门关是我国著名的天然关隘之一，自古就是兵家必争之地，唐代大诗人李白的“剑阁峥嵘而崔嵬，一夫当关，万夫莫开”的诗句让其名扬于世，享有“剑门天下险”“天下第一关”“蜀之门户”的美誉。如今这里保存着诸葛亮当年修建的关隘遗址、剑门四景等景观，包括剑门关、剑门楼、将公祠等。

亲子信息

四川省广元市剑阁县剑门关景区　0839-6750978

剑门关100元/人；翠云廊50元/人；关楼30元/人；梁山寺30元/人

07:00~17:00

（1）公交：广元市内乘坐1、11、45路公交至昭觉寺，换乘至景区的直通车即可

（2）自驾：京昆高速—绵广高速—京昆高速—剑阁/剑门关出口出—G108—终点

亲子锦囊

1.带孩子参观剑门关剑楼，观看浮雕，了解司马错败蜀人关、王建闭关谋帝业等历史故事；

2.带孩子漫步剑门蜀道，欣赏石笋峰、雷鸣桥、观剑廊等，感受峡谷壮观、磅礴的气势。

三星堆博物馆 | 被誉为“长江文明之源”

三星堆古遗址距今已有5000—3000年，是迄今西南地区发现的范围最大、延续时间最长、文化内涵最丰富的古城、古国、古蜀文化遗址，被誉为“长江文明之源”。三星堆博物馆是我国一座大型现代化的专题性遗址博物馆，分为第一展馆和第二展馆，前者是综合馆，陈列金、铜、玉、石、陶等类文物，后者为青铜专馆。加上景区周围优美的环境，这里成为“中国最值得外国人去的50个地方”之一。

亲子信息

四川省德阳市广汉市西安路133号　0839-5500349

80元/人　综合馆08:30~18:00；青铜馆08:30~18:30

（1）公交：在成都的高笋塘汽车站有多班中巴车至广汉，约20分钟一班

（2）自驾：成都市—红星路—青龙杨高架桥—京昆高速—西三路—向新路—终点

亲子锦囊

1.带孩子观看大型壁画“长江文明之源”，感受三星堆文明的深邃与厚重；

2.带孩子观看陶器展、玉石器展、冶炼工艺展，了解当时人的农业经济、定居生活状况；

3.带孩子参观青铜器展，观看青铜面具、神巫群像、祭祀大典等，感受古蜀先民的风俗；

4.带孩子观看青铜大立人像、纵目人像、神树、金杖等，感受先民们高超的技艺。

阆中古镇｜中国保存最完好的四座古城之一

阆中古镇古作阆苑，相传是远古时期帝王伏羲的出生地，自秦朝设立县以来已经有2300多年的历史，是我国保存最完好的四座古城之一。城内的建筑按照唐代天文风水理论建造，棋盘式的古城格局，融南北风格为一体，是中国古代建筑选址“天人合一”完备的典范。这里历史古迹、人文景点众多，包括张飞庙、巴巴寺、华光楼、锦屏山、滕王阁、大佛寺、清代考棚、马家院、状元洞等，风光旖旎，生态良好，十分难得，可谓是“阆中城南天下稀”！

亲子信息

- 四川省广元市西陵峡东段
- 0817-6232439
- 联票130元/人
- 08:00～18:00
- （1）公交：成都、南充、广元、绵阳、巴中等地均有直达阆中的班车
- （2）自驾：沪蓉高速—城巴高速—兰海高速—阆中/G212出口离开—G212—终点

亲子锦囊

1.带孩子参观规模恢宏、建造精美的张飞庙，了解张飞的生平事迹，感受三国文化魅力；

2.带孩子参观清代四川贡院、全国规模最大的科举文化博物馆，了解我国的科举制度；

3.带孩子登上阆中风水第一楼——中天楼，尽览古城旖旎美景，了解全城风水格局；

4.带孩子登上典雅的华光楼，感受古镇“三面江光抱城郭，四围山势锁烟霞”的意境；

5.带孩子参观锦屏山的吕祖殿、观音殿、武侯祠等景点，感受儒、释、道宗教文化；

6.带孩子参观大佛寺，朝拜摩崖大佛，欣赏各代碑刻、石刻经幢等，感受佛教石刻文化；

7.带孩子参观阆中名城展览馆，欣赏太师椅、雕花古床等，了解川北古民居大院特色；

8.带孩子参观滕王阁、红军烈士纪念园、三国文化产业园等，了解三国文化知识，亲眼目睹阆州醋、张飞牛肉的传统制作过程。

四姑娘山 | 被誉为“东方的阿尔卑斯”

四姑娘山森林繁密、绿草如茵，清澈的溪流潺潺不绝，拥有大姑娘山、双桥沟、长坪沟、海子沟、枯树滩等景点，是人们野营、野外穿越的理想去处。此外，还可以在当地的藏民聚居区体验藏域的民俗风情。

亲子信息

四川省阿坝藏族羌族自治州小金县与汶川县交界处　0837-2791847/2791867

双桥沟 旺季80元/人，淡季50元/人；长坪沟 旺季70元/人，淡季50元/人；海子沟 旺季60元/人，淡季40元/人　08:00~18:00

（1）公交：成都茶店子客运中心每天有四班车发往景区（6:30、7:00、7:30、12:00）

（2）自驾：成都市—绕城高速—成灌高速—都汶高速—G213—G317—G213—终点

亲子锦囊

1.带孩子漫步唐柏古道，参观喇嘛寺，了解藏传佛教文化，体验骑马、赏花、露营的乐趣；

2.带孩子欣赏打尖包、大海子、夫妻海、海子沟等景点，体验参加“朝山会”的热闹；

3.带孩子参观朝山坪，欣赏四姑娘山的美景，参观藏民聚居区，体验藏族的民俗风情。

蜀南竹海 | 中国最壮观的竹林

蜀南竹海原名万岭箐，是一片浩瀚的翠竹海洋，是我国最大的集竹景、山水、溶洞、湖泊、瀑布于一身的森林公园。这里总面积120平方千米，由8大主景区和2大序景区，包括天皇寺、仙寓洞、七彩飞瀑、观云亭等124个景点，生长有60多个品种的竹类，包括楠竹、紫竹、罗汉竹、人面竹、琴丝竹等珍稀品种，堪称中国最壮观的竹林。

亲子信息

四川省宜宾市长宁县蜀南竹海风景区　0831-4980-558

110元/人　08:00~18:00

（1）公交：宜宾南客运站乘车至长宁县，再转车至蜀南竹海景区西大门

（2）自驾：成自高速—成泸高速—渝昆高速—成渝环线—江红路—终点

亲子锦囊

1.带孩子参观天皇寺、天宝寨、仙寓洞等景点，体验乘竹筏漂流的美妙；

2.带孩子漫步翡翠长廊，欣赏七彩飞瀑、花溪十三桥等景点，体验置身桃花源的惬意；

3.带孩子观忘忧谷、挂膀岩，登观海楼，览竹海美景，感受人间仙境的虚无缥缈之美；

4.带孩子乘坐索道鸟瞰竹海美景，参观竹海博物馆，观看竹类标本，增长科普知识。

稻城亚丁 | 最后的香格里拉

稻城亚丁位于四川甘孜藏族自治州南部，亚丁藏语意为“向阳之地”，即“圣地”之意，属于高山峡谷类风景区，被誉为“最后的香格里拉”。这里地势西高东低，既有终年积雪的高海拔山峰，又有幽深的低海拔河谷及宽阔的草场。景区以仙乃日、降边央、夏纳多吉三座神山为核心区，拥有海子山、亚丁自然保护区、珍珠海等景点，是中国目前保存最完整、最原始的高山自然生态系统之一，是集高山生态旅游和宗教文化旅游于一身的观光胜地。

亲子信息

- 四川省甘孜藏族自治州南部
- 0836-5728888
- 150元/人
- 07:00~18:00
- （1）公交：成都新南门汽车站有直达景区的大巴，每天10:00发车，全程2天
  （2）自驾：成都沿成雅高速至雅安，经二郎山、泸定、康定、新都桥、雅江、黎塘到达终点

亲子锦囊

1.带孩子欣赏三神山、西落牛场、卓玛拉措湖、珍珠海等，体验观看仙乃日佛光的神奇神圣；

2.带孩子参观亚丁自然保护区，欣赏冰水瀑布、卡斯峡谷、俄初河等，领略冲古彩虹的美妙；

3.带孩子欣赏五色海、俄绒错、勒西措等景点，感受湖水翠绿、野花绽放、牛马信步之美；

4.带孩子参观洛绒牛场，欣赏鬼斧神工的峰林、三座雪山美景，感受风吹草低现牦牛之景；

5.带孩子参观建筑宏伟的贡嘎狼吉岭寺，欣赏精美壁画，朝拜达赖，了解黄教的相关知识；

6.带孩子参观海子山、兴伊错、红草地等景点，在著杰寺、奔波寺、雄登寺等感受宗教文化；

7.带孩子参观阿西高山公园，欣赏冲古草坪美景，感受大自然的雄壮、美丽、神奇和妩媚。

中国死海旅游度假区 | 以“死海漂浮”为主题的休闲度假胜地

中国死海旅游度假区形成于1.5亿前的地下古盐湖，人在水中可以保持漂浮不沉，因而被誉为“中国死海”。旅游区以“死海漂浮”为主题，开设了室内外漂浮池、水上世界、盐卤温泉、盐疗会馆等主要项目，同时辟有公路卡丁车、滑翔机、蹦极等体验活动。

亲子信息

四川省遂宁市大英县中海大道888号　0825-78555555/800-886-3355

200元/人；黑泥SPA 60元/人；儿童票+黑泥票150元/人；成人+黑泥票228元/人

10:00～19:00

（1）公交：成都十陵汽车站有至大英的班车

（2）自驾：成都市—沪蓉高速—大英出口出—中海大道—终点

亲子锦囊

1.带孩子参加死海漂浮项目，欣赏蓝天白云，享受海风拂面的天然乐趣；

2.带孩子参加激情冲浪、温泉、儿童互助水屋等娱乐项目，体验亲水的乐趣；

3.带孩子参加黑泥SPA水疗、盐疗等，舒缓身体、缓解精神压力、消除疲劳；

4.携孩子逛阿拉伯集市，欣赏阿拉伯风格的3D道具，感受异域风情。

泸沽湖风景区 | 神秘的东方女儿国

泸沽湖是我国最清澈的高原深水湖泊之一。这里拥有六个岛屿，青山环绕，林木葱郁，百花争艳，野鸭成群，分为泸沽湖及湖周边的摩梭村落、永宁景区、阿夏幽谷景区、格姆女神山、泸沽湖小落水村5大区域。其中最神秘的是摩梭人，他们依旧保留着母系氏族社会的“走婚”习俗，被誉为“神秘的东方女儿国”。

亲子信息

四川省凉山州盐源县　0834-6390302

100元/人；篝火晚会15元/人；猪槽船80元/人；格姆女神山索道110元/人

全天开放

（1）公交：成都乘火车至西昌站，西昌有至泸沽湖景区的汽车

（2）自驾：成都—京昆高速—泸黄高速—S307—宁泸公路—永宁线—终点

亲子锦囊

1.带孩子置身10平方千米的草海，欣赏各种鸟类、鱼、虾、贝等，体验乘坐猪槽船的乐趣；

2.晚上携孩子参加篝火晚会，听摩梭民歌，欣赏甲搓舞等，感受摩梭人的风俗民情。

云南
YUNNAN

丽江古城 | 没有城墙的历史文化名城

丽江古城又名大研镇，始建于宋末元初，地处云贵高原，海拔2400多米，全城面积达3.8平方千米，是我国保存完好的四大古城之一。整个城市没有城墙，街道依山势和水流而建，有着美丽的自然风光、辉煌的古典建筑，拥有木府、四方街、玉泉公园、纳西古乐宫、世界遗产公园、万古楼、三角眼等主要景点，其中木府曾是丽江的世袭土司衙署，被誉为“丽江紫禁城”；四方街是古城的中心，被誉为“丽江古城的心脏”。在此，漫步青石板街，满目的雕梁画栋，小桥流水，绿树浓荫……能体验到仿佛进入世外桃源的感觉。

亲子信息

云南省丽江市古城区大研镇　0888-5116666

免门票，古城维护费80元/人；木府60元/人；世界遗产公园15元/人；狮子山公园15元/人

全天24小时开放

（1）公交：昆明有直达丽江市的汽车，丽江市乘坐7路公交即可到达

（2）自驾：昆明市—安楚高速—杭瑞高速—大丽高速—束河路—长水路—祥和路—南门街—终点

亲子锦囊

1.带孩子参观四方街，欣赏鳞次栉比的古色古香的店铺，了解其“权镇四方”的含义；

2.带孩子参观木府内的忠义坊、光碧楼、戏台等，了解木氏土司大家族的辉煌历史；

3.带孩子参观古意十足的束河民居建筑群，漫步石拱桥，感受温暖祥和的氛围；

4.带孩子参观黑龙潭公园，欣赏福国寺五凤楼，感受其纳西、白族、藏族等建筑艺术；

5.带孩子参观纳西古乐宫，听《八卦》《浪淘沙》《笃》等演出，了解我国古代音乐文化；

6.带孩子登上万古楼，遥望玉龙雪山，俯瞰整个丽江，感受整个古城的宁静；

7.带孩子参观世界遗产公园，欣赏微缩的丽江，从而全面认识丽江。

束河古镇 | 丽江三大古镇之一

束河是丽江三大古镇之一。这里依山傍水，房舍错落，阡陌相通，曾是纳西先民最早的聚居地之一，也是茶马古道上的重要集镇。此地有“夜市萤火”“龙门望月”“雪山倒映”“断碑敲音”“鱼水亲人”“西山红叶”“石莲夜话”“烟柳平桥”著名的“束河八景”，每一处景点听起来都令人浮想联翩。

亲子信息

云南省丽江市古城区大研镇束河村　0888-5136488

50元/人（含茶马博物馆的门票），龙泉寺5元/人　全天开放

（1）公交：在古城乘11路公交车可到

（2）自驾：昆明市—安楚高速—杭瑞高速—大丽高速—束河路—东阳路—终点

亲子锦囊

1.带孩子参观水草曼舞、游鱼逍遥的九鼎龙潭，赏雪山倒映其中，清姿傲岸，意境无穷；

2.带孩子参观茶马古道博物馆，了解我国茶马古道的历史文化及普洱茶文化。

玉龙雪山 | 北半球最南的大雪山

玉龙雪山是北半球最南的大雪山。这里以险、奇、美、秀著称于世，气势磅礴、玲珑秀丽，主要有玉柱擎天、甘海子、云杉坪、冰塔林、白水河等景点，山上白雪皑皑，给人庄严、神圣的视觉美感；山下林木苍翠，野生动物繁多，享有“天然高山动植物园”的美誉，可尽情体验生态旅游、感受生物多样性及人与自然亲密和谐。

亲子信息

云南省丽江市玉龙自治县白沙镇西北部　0888-5161501/8889999（上山索道）

220元/人（大玉龙通票）；玉龙雪山150元/人（含甘海子、蓝月谷）

09:30～16:00

（1）公交：乘坐7路公交可到云杉坪景点；或包车前往，价格为60～100元/天

（2）自驾：安楚高速—杭瑞高速—大丽高速—束河路—东康小道—玉泉路—终点

亲子锦囊

1.春冬季带孩子来扇子陡观雪景、冰川，感受其银星闪烁、切入云天、巍峨壮观的气势；

2.带孩子看巨石壁字、太子洞、观音岩等，听爱情圣地的传说，极目纵览丽江山川风光。

石林风景名胜区｜素有“天下第一奇观”的美誉

石林风景名胜区是世界上唯一一处位于亚热带高原地区的喀斯特地貌风景区。这里总占地面积400平方千米，拥有大石林、小石林、乃古石林、大叠水、月湖、芝云洞等风景区，包括石林盛景、千钧一发、莲花峰、双鸟渡食、犀牛望月等景点。其中最值得一提的是乃古石林，那里的石林奇形怪状、气势磅礴、古朴黝黑，置身其中，宛如进入充满肃杀气氛的古战场一般，十分神秘。

亲子信息

- 云南省昆明市石林彝族自治县石林镇022县道叠风段
- 0871-67711439/67710137
- 175元/人
- 09:00～17:00；歌舞时间14:00～14:30、15:00～15:30
- （1）公交：在昆明东站或北站乘坐各类交通车均可到
  （2）自驾：昆明市—广昆高速—昆石高速—西石公路—终点

亲子锦囊

1.带孩子欣赏石林胜景、千钧一发、莲花峰、犀牛望月等景点，感叹大自然的鬼斧神工；
2.带孩子参加火把节、三月花会等活动，欣赏彝族音乐、舞蹈表演，了解其风俗民情。

滇池｜被誉为“高原明珠”“五百里滇池”

滇池是云南省最大的淡水湖。它位于金马山、碧鸡山、鹤山、蛇山四座山的怀抱中，土壤肥沃，水源充足，气候温和，盛产稻米、小麦、蚕豆、玉米、油料等农作物，是云南著名的“鱼米之乡”，同时拥有海埂公园、大观公园、郑和故里、云南民族博物馆、金刚塔、盘龙寺、观音山等景点。

亲子信息

- 西山区滇池路1318号
- 0871-66316995
- 免费，海埂公园10元/人
- 全天开放
- 公交：昆明市内乘24路、44路公交车到海埂公园下车即到

亲子锦囊

1.带孩子参观海埂公园，漫步湖中长堤，冬季欣赏上万只红嘴鸥，体验湖滨游泳的乐趣；
2.带孩子参观云南民族村、民族博物馆，领略彝、傣、白等民族的深情厚谊和民族风情。

昆明世界园艺博览园 | 全世界规模最大、最具原创性的园林园艺大观园

昆明世界园艺博览园汇集了世界各地的园艺成果，是昆明最具特色的城市公园，也是全世界规模最大、最具原创性的园林园艺大观园。它总共包括64个展园，不仅是“花的海洋”，也是世界建筑的集中展示地。

亲子信息

云南省昆明市盘龙区世博路10号

0871-65012367

100元/张（上午）；70元/张（下午2:00以后）

8:00~18:00

公交：昆明市内乘坐68、71路等公交在世博园站下车；在长寿路乘中巴车可到

亲子锦囊

1.带孩子参观中国馆的江南庭园、北方庭园和大理庭园，感受中国园林园艺的独特风采；

2.带孩子参观国际馆内世界各国的展厅，感受世界建筑、园林园艺的文化。

云南民族村 | 云南风情的最佳范本

云南民族村融合了云南少数民族的建筑、宗教、音乐、舞蹈、文化等元素，囊括了云南全部的25个少数民族，是云南风情的最佳范本。这里水陆相交，村寨错落有致，环境清新优雅，拥有云南各民族村寨、滇池大舞台、民族团结广场、风味食品城、激光喷泉、水幕电影等景点。你在此不仅可以欣赏云南各民族的特色景观，了解云南各民族的建筑、民俗、服饰等，还可以观看民族歌舞和大象表演，体验傣族泼水节、彝族火把节、白族三月街、傈僳族刀杆节等少数民族节日。

亲子信息

云南省昆明市西山区滇池路1310号

0871-4311108

90元/人

08:30~17:00；18:00~22:00

公交：昆明市内乘坐44、73、A1路等公交在云南民族村站下车

亲子锦囊

1.带孩子参观云南民族博物馆，欣赏56个民族的服饰，了解云南各少数民族历史文化；

2.带孩子参观彝族村、苗族村、傣寨、壮族村等，感受各民族风情，了解其神秘的色彩。

大理古城 | 享有“文献名邦”的美誉

大理古城主要景点有文献楼、护国路、五华楼、基督教堂等，其中文献楼始建于清康熙年间，是大理古城的标志性建筑，外观雄伟、壮丽，匾额是当时云南提督偏图所题的“文献名邦”四字，素有“古城第一门”之称。这里的每一处建筑都流溢着别致、优雅的古韵，令人沉醉其中而流连忘返。

亲子信息

云南省大理白族自治州复兴路苍屏街

0872-2663370　古城内免费　全天

（1）公交：下关乘坐4、8路公交即可达古城，时间约40分钟，1.5元/人

（2）自驾：安楚高速—杭瑞高速—大理/下关出口出—南涧路—大丽线—终点

亲子锦囊

1.带孩子参观文献楼，欣赏柳树成荫，拂面依依之景，感受其雄伟、壮丽的气势；

2.带孩子漫步洋人街，在白族、藏族等民族特色的西餐咖啡厅内品尝美食，十分惬意；

3.带孩子观看街巷间一些老宅，欣赏民族歌舞表演，寻找大理古城的美。

崇圣寺三塔文化旅游区 | 我国南方最壮丽的塔群

崇圣寺三塔是我国南方最壮丽的塔群，是南诏国和大理国时期的一组颇具规模的佛教寺庙，其中主塔又名千寻塔，始建于唐代，塔身全部涂饰成白色；南、北两座小塔分立于主塔后面，它们建于宋代，外观装饰成楼阁式，两塔身均涂饰有一层白色泥皮。景区内还有三塔倒影公园、天龙八部影视城、蝴蝶泉公园、南诏风情岛等景点。

亲子信息

云南省大理白族自治州大理古城北门三文笔村　0872-2670469

121元/人　08:00~19:00

（1）公交：下关乘4、8路公交到大理古城，然后从古城北门步行10分钟即到

（2）自驾：安楚高速—杭瑞高速—大理/下关出口出—南涧路—人民北路—三塔路

亲子锦囊

1.带孩子参观三塔倒影公园，吟诵楹联，赏百草花卉，观水中三塔，领略自然典雅之美；

2.带孩子参观崇圣寺、楼钟等，了解汉传佛教，感受其大气磅礴、庄严宏伟的气派；

3.带孩子参观山海大观，登上望海楼，眺望大理全景，苍洱毓秀，尽收眼底，美不胜收；

4.带孩子参观天龙八部影视城的大理国、辽国、西夏王宫，了解古代大理白族的民族风情；

5.3、4月带孩子参加蝴蝶会，体验乘坐洱海大游船赏景的乐趣。

苍山洱海 | 素有“风景画廊”之称

苍山洱海集自然景观、地质地貌、生物资源、人文历史于一身，素有“风景画廊”之称。其中苍山又名点苍山，是云岭山脉南端的主峰，共由19座山峰组成，俗称“苍山十九峰”；洱海状如一只耳朵，享有“群山间的无瑕美玉”之美誉。

亲子信息

云南省大理白族自治州洱海西侧；洱海：云南省大理白族自治州市区西北

0872-2675718

30元/人；洱海：免费，乘船游洱海120元/人　　全天

（1）公交：乘坐4路等公交车在感通寺路口站下车，然后骑马上山；下关乘6路公交或出租车可到达洱海码头

（2）自驾：安楚高速—杭瑞高速—大理/下关出口出—南涧路—人民北路—苍山

亲子锦囊

1.阳春三月带孩子欣赏苍山雪，体验置身冰清玉洁的水晶世界的浪漫；
2.带孩子赏十八溪及云弄、沧浪、五台等高耸的山峰，领略“望夫云”“玉带云”之美；
3.月圆之夜带孩子泛舟湖上，欣赏白族民俗表演，品三道茶，尽情感受白族风俗民情；
4.带孩子登上望海楼，尽览整个苍山洱海的秀丽风光，尽享心旷神怡的感觉。

南诏风情岛 | 素有“大理风光在苍洱，苍洱风光在双廊”之美誉

南诏风情岛是洱海三岛之一，浓缩了大理数千年的文化底蕴。这里旅游资源得天独厚，风光秀美，海天一色，风月无边；千年古榕枝繁叶茂，幽穴古洞蜿蜒交错；岛屿四围水清沙白，苍洱百里景色壮丽，可谓“山同人朗，水与情长”，拥有沙壹母群雕码头、海景别墅、白族本主文化艺术广场、渔家傲别景、太湖石石群等景点。

亲子信息

云南省大理白族自治州洱源县双廊乡境内　　0872-2461040

50元/人；游船100元/人　　08:00～19:00

（1）公交：洱源县乘坐2路公交至才村码头，乘坐轮船前往

（2）自驾：安楚高速—杭瑞高速—双廊/南诏风情岛出口出—匝道—终点

亲子锦囊

1.带孩子瞻仰阿嵯耶观音像、“洱海的女儿”塑像，欣赏工匠们精湛的技艺；
2.带孩子欣赏太湖石石群、渔家傲别景等，漫步沙壹母群雕码头，体验海滩拾趣；
3.带孩子参观乐雪榭、南诏行宫，品尝新鲜的海产品，领略南诏古代文化的韵味。

西双版纳傣族园 | 被誉为“中国生态第一村”

西双版纳傣族园拥有我国保存最好的5个傣族自然村，包括大门楼、迎宾广场、泼水广场、旅游购物区、江边活动区、烧烤场、大型露天剧场等主要景区。这里的村寨是原汁原味的傣族村寨，极富民族特色，是人们体验傣族传统民族风情的理想去处。

亲子信息

云南省西双版纳傣族自治州景洪市橄榄坝

0691-2504601/2504099　100元/人　08:00~18:00

（1）公交：在景洪港乘船顺江而下可到；在景洪市民族北路乘小客车可到

（2）自驾：昆磨高速—小磨高速—小磨公路—终点

亲子锦囊

1.带孩子参观曼松满古佛寺，参加赕佛、诵经、拜佛等活动，了解佛教文化；

2.带孩子参观傣家村寨，参加放高升、燃放孔明灯、斗鸡等民俗活动，品版纳名茶，尝傣家特色美食，加入大型泼水活动中，体验做傣家人的生活乐趣。

西双版纳民族风情园 | 西双版纳的缩影

西双版纳民族风情园集热带动植物和民族风情于一身，是西双版纳的一个缩影。这里由南园、北园两部分组成，其中南园拥有植物标本、热带水果、沙滩日浴游泳三个游览区；北园则分为民族情展览、民族游乐活动两部分。此外，园区内分别设有多个动物展馆，包括鸟馆、孔雀馆、大象馆、爬行动物馆等，并开设了傣族孔雀舞、哈尼族竹筒舞、基诺族大鼓舞等民族舞表演。

亲子信息

云南省西双版纳傣族自治州景洪市农林南路4号　0691-2127275

50元/人；民族歌舞及马术表演40元/人；野生动物标本展示厅10元/人

08:30~18:00

（1）公交：乘坐1路公交在风情园老大门或风情园新大门站下车

（2）自驾：昆磨高速—小磨高速—小磨公路—宣慰大道—终点

亲子锦囊

1.带孩子参观傣族馆、哈尼族馆、基诺族馆等，体验丢包、泼水、斗鸡等项目的乐趣；

2.带孩子欣赏傣族孔雀舞、象脚鼓舞、哈尼族竹筒舞等表演，领略少数民族风情的魅力。

中科院西双版纳热带植物园 | 目前中国最大的植物园

中科院西双版纳热带植物园拥有棕榈园、榕树园、苏铁园、民族文化植物区等35个专类园区，保存着大量的热带雨林，引进国内外近万种热带植物，包括周恩来总理从西非带来的“神秘果”、从拉美亚马孙河流引进的世界上叶面最大的水生植物“王莲”、会闻乐起舞的“跳舞草”、会流血的“龙血树”、会下雨的“下雨树”等奇特的植物，是我国目前保存物种最多的植物园。

亲子信息

云南省西双版纳傣族自治州勐腊县勐仑镇　0691-8715649
104元/人　08:00～18:00
（1）公交：景洪客运站乘客车到勐仑下车，到达勐仑客运站后步行可达
（2）自驾：昆磨高速—小磨高速—小磨公路—G213（旧）—终点

亲子锦囊

1.带孩子欣赏大板根、绞杀植物、独木成林、空中花园等，感受热带雨林景观的神奇；
2.带孩子参观民族植物园，聆听神秘精彩的雨林传说，感受多姿多彩的民族风情；
3.带孩子入驻园区，聆听天籁之音，欣赏美好夜色，体验置身世外桃源的惬意与宁静；
4.带孩子参加“热带雨林科考”“观鸟”“定向运用”等活动，增长科普知识。

西双版纳原始森林公园 | 西双版纳最大的综合性生态旅游景点之一

西双版纳原始森林公园依托北回归线以南保存最完好的热带沟谷雨林，开设了孔雀繁殖基地、猴子驯养基地、大型民族风情演艺场、爱伲寨、九龙飞瀑、曼双龙白塔、百米花岗岩浮雕、金湖传说、民族风味烧烤场等50多个景点，体现了“原始森林、野生动物、民俗风情”三大主题。

亲子信息

云南省西双版纳傣族自治州景洪市昆洛公路旁　0691-2759999
50元/人；景区观光车票价30元/人（参与爱伲族抢亲活动则另行收费）
07:00～17:00
（1）公交：在景洪客运站乘班车可到
（2）自驾：昆磨高速—小磨高速—勐腊/磨憨出口离开—小磨公路—终点

亲子锦囊

1.带孩子欣赏九隆飞瀑，参观孔雀繁殖基地，感受孔雀开屏的壮丽和炫目；
2.带孩子参观热带沟谷雨林，欣赏盘根错节的景象，品尝神秘果，领略热带雨林的独特魅力；
3.带孩子观看大象、长臂猿、叶猴、犀鸟等动物，体验与它们亲密接触的乐趣；
4.带孩子参观爱伲寨、傣家村寨、曼听佛寺等，欣赏多彩的表演，体验野营野炊的乐趣。

野象谷 | 西双版纳唯一可以观赏到野象的地方

野象谷也是西双版纳唯一可以观赏到野象的地方。这里沟河纵横、森林茂密、植物繁多，是集中展示西双版纳热带雨林的神奇秘境和植物王国。景区分为亚洲象种源繁育中心、亚洲象生态观测区、佤族文化展示区和白象湖度假区4个部分，包括树上旅馆、大象驯养教室、百鸟园、人工蝴蝶养殖园等。在此，游客可以欣赏美丽的热带雨林景观，还可以观看民族风情表演，十分有趣。

亲子信息

云南省西双版纳傣族自治州景洪市勐养镇　0691-2431040/2431024
65元/人，索道：单程40元/人，双程60元/人　08:00~18:00
（1）公交：在景洪客运站乘专车可直接到达野象谷景区
（2）自驾：昆磨高速—野象口出口离开—G213—终点

亲子锦囊

1.带孩子住在树上旅店，等待野象的到来，感受“人象和睦”的祥和之景；
2.带孩子观看驯象表演，和大象拍照，乐趣十足；
3.带孩子参观百鸟园，欣赏白鹇、云南原鸡、虎皮鹦鹉等珍稀鸟类，增长科普知识；
4.带孩子参观人工蝴蝶养殖园、七彩蝶园，与蝴蝶近距离接触，感受蝴蝶纷飞的美好。

西双版纳热带花卉园 | “园林的外貌，科研的内涵”

西双版纳热带花卉园以“园林的外貌，科研的内涵”为主题，拥有百草园区、棕榈植物区、稀树草坪区、果树区和经济作物区等部分，保存了近7000份种质的热带经济植物。其中热带花卉园主要分为热带植物花卉、热带橡胶和热带水果及周总理纪念碑群文物区四大主题，包括叶子花园、周总理纪念碑、热带棕榈区、空中花园、观鱼等景点。

亲子信息

云南省西双版纳州府景洪市城区的云南省热带作物科学研究所内　0691-2147097
40元/人，学生半价；园内电瓶车30元/人　07:30~18:00
（1）公交：乘西双版纳景洪市至勐仑的大巴车，在勐仑植物园门口下车
（2）自驾：昆磨高速—小磨高速—宣慰大道—森林公园/野象谷方向—终点

亲子锦囊

1.带孩子欣赏王莲、炮仗花、三角梅、鸡蛋花、跳舞草等，感受热带雨林的旖旎风光；
2.带孩子参观空中花园，品尝热带水果，观看现场割胶演示，了解乳胶的制作过程；
3.带孩子参观科技陈列馆，欣赏会晤碑，了解我国热带植物的科研成果。

普达措国家公园 | 我国大陆第一个国家公园

普达措国家公园海拔3500～4159米，总面积约300平方千米，是中国大陆第一个由林业主管部门审批的“国家公园”。这里由碧塔海自然保护区、“三江并流”属都湖景区两部分构成，以碧塔海、属都湖和霞给藏族文化自然村为主要组成部分，拥有地质地貌、湖泊湿地、森林草甸、河谷溪流、珍稀动植物等，原始生态环境保存完好。在这里，游客可以在碧塔海欣赏奇特的景观，还可以在属都湖享受摄影的美妙之感，也可以品尝鲜美的裂腹鱼、重唇鱼。

亲子信息

云南省迪庆州香格里拉县双桥　0887-8232533
258元/人（含120元游览车费，138元门票）　08:00～17:00
（1）公交：在香格里拉县乘坐班车前往，09:30发车，车票30元/人，15:00返程
（2）自驾：安楚高速—杭瑞高速—大丽高速—G214—康珠大道—东环线—终点

亲子锦囊

1.带孩子泛舟碧塔海，赏“杜鹃醉鱼”奇观，仿佛置身草径通幽、鸟语花香的蓬莱仙岛；
2.带孩子参观草甸花海、高山牧场等，欣赏雾漫属都湖之景，修身养性、陶冶情操；
3.带孩子观赏猕猴、云豹、黑熊、画眉等动物，领略天然动植物乐园的独特魅力。

梅里雪山 | 云南最壮观的雪山群

梅里雪山以巍峨壮丽、神秘莫测而著称于世，是云南最壮观的雪山群。这里有13座山峰的平均海拔超过6000米，被称为“太子十三峰”，其中卡瓦格博峰是梅里雪山的主峰，海拔6740米，为云南第一高峰。每年10月到次年5月，雪山上阳光灿烂，空气纯净，风景秀丽，是到梅里雪山旅游的最佳时节。

亲子信息

云南省迪庆州德钦县升平镇东北部　0887-8414949
套票308元/人（含金沙江大湾、雾浓顶、飞来寺、明永冰川）　全天
（1）公交：在香格里拉县城乘坐发往德钦县的班车，车程7～9个小时
（2）自驾：安楚高速—杭瑞高速—大丽高速—G214—梅里雪山方向—终点

亲子锦囊

1.带孩子登上飞来寺，观日照金山，感受卡瓦格博峰巍峨壮丽、神秘莫测的魅力；
2.带孩子骑马至雨崩村，欣赏原始森林和雪山美景，体验置身“世外桃源”的感觉；
3.带孩子徒步朝拜雪山，在雨崩神瀑下看彩虹绕身之景，感受大自然的神奇与伟大；
4.带孩子欣赏明永冰川，参观取登贡寺、衮玛顶寺等寺庙，感受浓郁的藏乡风情。

普者黑风景区 | 被誉为“世间罕见、中国独一无二的喀斯特山水田园风光”

普者黑风景区是典型的喀斯特溶岩地貌。这里拥有神奇壮丽的岩溶地貌高原湖泊群、独特的孤峰群、珍稀的野生荷花、宽广的岩溶湿地、多姿多彩的民族风情五大特色，其中普者黑村是2013年湖南卫视大型亲子秀节目《爸爸去哪儿》第一季第三个外景拍摄地。

亲子信息

云南省文山州丘北县城西北13千米处　0876-4610006
门票免费；联票（含船费、仙人洞、观音洞、火把洞）200元/人
07:00~18:00
（1）公交：在文山市内乘班车到丘北县，然后乘坐去往景区的专车即可到达
（2）自驾：昆石高速—广昆高速—普者黑风景区/炭房出口离开—S206—终点

亲子锦囊

1.带孩子欣赏革雷瀑布、歹马瀑布等，体验乘船欣赏猴爬岩峡谷、普者黑湖美景的乐趣；
2.带孩子参观普者黑村、凤尾洞等，欣赏曼妙的野荷花，感受歹马古榕树的神奇。

坝美村 | 现实中的“世外桃源”

坝美村四面环山，居住着100户壮族人家，村民要撑船经过几千米长的水洞才能进出。这里的壮族妇人穿戴着帕角、黑蓝色裙、绣花鞋，有的推磨，有的纺线、织布，有的绣花，男子则去山里背柴火，小孩和老人用竹水桶去泉眼里挑水，是现实中的“世外桃源”。村内每年都会按时节举行祭龙、祭祖、斗鸡、对歌、花糯米饭节等活动。

亲子信息

云南省文山州广南县八达乡、阿科乡交界处　0876-5154498
35元/人（含进洞船票、桃花溪船票、马车票、出洞船票）　全天
（1）公交：在文山市乘班车到丘北县，然后换乘广南到坝美村的公交即可到达
（2）自驾：昆石高速—广昆高速—珠西公路—终点

亲子锦囊

1.带孩子欣赏麻栏楼等建筑及水车、水磨、木碓、独木舟等古老用具，感受远古文化；
2.带孩子唱坝美村民歌、跳坝美村舞蹈、听坝美村神话传说等，尽享乐趣。

贵州

GUIZHOU

黄果树瀑布风景名胜区 | 中国最大的瀑布

黄果树瀑布风景名胜区位于贵州省西南，以黄果树瀑布景区为中心，分布有天星桥景区、陡坡塘景区、滴水滩瀑布景区、霸陵河峡谷三国古驿道景区、郎宫景区、以石头寨为首的黄果树布依族十大村寨等几大景区，是国家重点风景名胜区和首家国家5A级旅游区。其中黄果树大瀑布以其雄奇壮观的气势，享有“中华第一瀑布”的美誉，在大瀑布的上游和下游20千米的河段上分布着雄、奇、秀、险姿态万千的瀑布18个，是世界上最大的瀑布群。

亲子信息

贵州省安顺市镇宁布依族苗族自治县境内白水河　400-6833-333

夏季180元/人；冬季160元/人　08:30～17:00

（1）公交：在贵阳体育馆乘大巴至安顺，换乘安顺至黄果树的中巴，即可到达

（2）自驾：清镇高速—沪昆高速—镇胜高速—黄果树/六盘水出口离开—X453—终点

亲子锦囊

1.带孩子欣赏黄果树大瀑布、盆景园、水帘洞、犀牛潭等，领略大瀑布雄奇壮阔的气势；

2.带孩子参观水帘洞，欣赏犀牛潭的双道彩虹，体验伸手触摸飞泻瀑布的乐趣；

3.带孩子欣赏陡坡塘瀑布，感受其“捣珠崩玉，飞沫反涌，如烟雾腾空，势甚雄伟”的气势；

4.带孩子欣赏美女榕、寻根岩、银链坠潭瀑布等，感受天然山石、水石盆景的独特魅力；

5.带孩子参观神龙洞，欣赏似百花、若彩旗、像锦带的石钟乳，领略大自然的鬼斧神工；

6.带孩子参观变色湖、苗厅、中洞人家等，体验跳伞、漂流的惊险与刺激；

7.带孩子参观屯堡，欣赏天龙屯堡地戏等汉族风俗，了解我们已经不熟悉的中古汉族文化；

8.带孩子参观石头寨，欣赏碓、磨、钵、槽等石头制品，参加布依族节庆活动，乐趣十足。

龙宫风景区 | 被誉为“大自然的奇迹”

龙宫风景区洞内地下暗河串联30余座山头，接90个暗河溶洞，被誉为“大自然的奇迹”。这里分为中心、漩塘、油菜湖、仙人箐四大景区，包括被游客誉为“中国第一水溶洞”的地下暗河溶洞、全国最大的洞中寺院——龙宫观音洞、全国最大的洞中瀑布——龙宫龙门飞瀑、山不转水转的旋水奇观——龙宫漩塘等景点，以及布依族、苗族等丰富多彩的民族风情。

亲子信息

贵州省安顺市镇宁布依族苗族自治县境兴龙路龙宫风景区　0853-3661049
旺季120元/人；淡季100元/人（含门票和船票，不含观光电梯、滑索）　08:00~17:00
（1）公交：贵阳火车站、安顺火车站乘坐“黄果树、龙宫一日游”的旅游专线车
（2）自驾：沿贵黄高等级公路1.5小时可到达目的地

亲子锦囊

1.带孩子乘船欣赏地下暗河溶洞内千姿百态的钟乳石，感受置身龙王宫殿的神奇美妙；
2.带孩子参观观音洞，欣赏天然和人造的佛像，感叹大自然的神奇及工匠高超的技艺；
3.带孩子欣赏气势磅礴的龙门飞瀑、顺时针方向旋转着的漩塘，景象珍奇，令人陶醉；
4.带孩子欣赏布依族、苗族的服饰，参加跳花、吃新节、颂龙庆典等活动，感受民族风情。

夜郎洞风景名胜区 | 世界上喀斯特地貌最集中的溶洞群景区

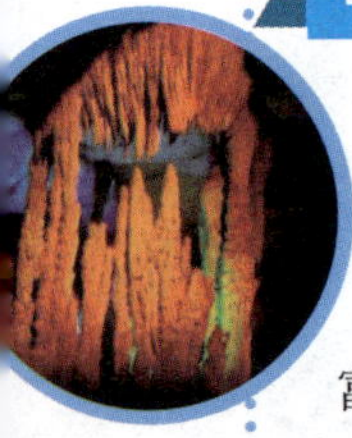

夜郎洞是世界上喀斯特地貌最集中的溶洞群景区。全长6000千米，第一层为水洞，第二、三层为旱洞。洞内密布着大大小小的石幔、石笋、石柱，洞内大厅雄伟壮观，有天然形成的“万里长城”“中国地图”，各种形态的岩洞堆积物极为丰富。洞外景观有官寨、白骨塔、麻元水库、麻元河，沿河两岸有秀丽的田园风光，十分优美。

亲子信息

贵州省安顺市镇宁布依族苗族自治县城西北部普利山
0853-6823366　120元/人　08:30~17:30
（1）公交：在贵阳或安顺汽车站乘坐客车至镇宁，再在镇宁转乘直达景区的中巴
（2）自驾：清镇高速—沪昆高速—镇胜高速—黄果树/六盘水出口出—X460—终点

亲子锦囊

1.带孩子参观夜郎洞，欣赏万里长城、中国地图等奇景，听布依族姑娘导游解说夜郎之谜；
2.带孩子参观官寨、布依竹楼等，感受浓郁的少数民族风情。

红枫湖风景名胜区 | 贵州高原上最大的人工湖泊之一

红枫湖享有“高原明珠”之誉。这里由北湖、南湖、中湖、后湖四个区域组成，其中北湖的岛、南湖的洞、中湖的水、后湖的湾并称“红枫四绝”。景区除了优美的自然风景，还有侗寨、鼓楼、风雨桥、苗族吊脚楼、布依寨石板房等人文景观。在此乘一叶轻舟，或游弋于危崖幽谷，或漂荡在群凫乱飞的汊湾，或驶入湖边的桃湖洞寻幽探奇。

亲子信息

- 贵州省贵阳市清镇市湖滨路清镇平坝县境内　0851-2624639
- 淡季30元/人，旺季40元/人；侗寨、苗寨：40元/人；船费：50元/人
- 旺季：08:00~18:00；淡季08:30~17:30
- 公交：贵阳市内河滨公园有旅游专线直达，20多分钟可到

亲子锦囊

1.带孩子参观鸟岛、蛇岛、龟岛、将军洞、打鱼洞等景点，体验乘船赏景的惬意、美妙；
2.带孩子参观红枫湖民族村，欣赏原始风俗表演，体验参加“土风狂欢夜”活动的乐趣。

南江大峡谷 | 被誉为“喀斯特生态博物馆”

南江大峡谷以发育典型、气势宏大的喀斯特峡谷风光，类型多样的瀑布群，优越的生态为特色，被誉为“喀斯特生态博物馆”。这里为典型的低中山峡谷地貌景观，拥有80多处自然景观，其中姿态各异的瀑布就有40多条。另外，这里的动植物资源也十分丰富，野趣十足。人们在此除了可以欣赏奇峰飞瀑，还可进行惊险刺激的漂流。

亲子信息

- 贵州省贵阳市开阳县南江乡龙广村　0851-7524258
- 68元/人；休闲漂流 148元/人；激情漂流 168元/人　08:00~18:00
- （1）公交：在黔灵公园对面的旅游车站乘坐直达南江大峡谷的客车，车票20元
  （2）自驾：贵阳—新添寨—水田—羊昌—马场—哨上—南江大峡谷，约1.5小时

亲子锦囊

1.带孩子漫步悬空木栈道，亲密接触自然，呼吸新鲜空气，感受喀斯特景观的千姿百态；
2.带孩子欣赏国内最大的金钟瀑布，轻轻敲之，会传来悠扬的钟声，十分神奇。

贵阳森林野生动物园 | 西部规模最大的森林野生动物王国

贵阳森林野生动物园以野生动物和森林景观的展示观赏为主线，串联起观光游览区、休闲娱乐区、科普教育区、商业服务区、后勤服务区五大功能区，根据不同动物的生活习性，划分了水禽湖、大象表演场、小熊猫馆、大型猛兽表演场、科普馆、鸟艺表演场等部分，展示了200多种，5000多只（头）野生动物，是人们生态观光、休憩娱乐的理想场所。

亲子信息

贵州省贵阳市修文县扎佐镇贵州省扎佐林场冷水沟分场内
0851-2359168/2359088　80元/人　08:00～18:00
（1）公交：在黔灵公园对面的旅游车站乘坐直达景区的专线车，半小时一趟
（2）自驾：从贵阳上贵遵高速，到扎佐收费站，行驶2公里左右可到达园区

亲子锦囊

1.带孩子欣赏大熊猫、小熊猫、华南虎、金丝猴等珍稀动物，了解它们的生活习性；
2.带孩子欣赏大象表演、猛兽表演、鹦鹉表演等，感受动物的兽性、野性和灵性；
3.带孩子参观科普馆，了解相关科普知识，还可以在雉类园体验喂食鸵鸟、火鸡的乐趣。

黔灵山公园 | 素有“黔南第一山”之称

黔灵山公园位于贵阳市西北角，因素有“黔南第一山”的黔灵山而得名。园内古树参天、峰峦叠翠、谷深潭幽、古洞清涧，拥有清代初期的古建筑群——弘福寺、山顶呈凹形的第四纪冰川遗址、麒麟洞、古佛洞、洗钵池、“虎”字摩崖等古迹。另外，山后还建有动物园，圈养着各种珍禽异兽。

亲子信息

贵州省贵阳市枣山路187号　0851-6823039
5元/人；弘福寺2元/人；麒麟洞5元/人　09:00～17:00
公交：市内乘坐7、48、209路大站快车等公交均可到达

亲子锦囊

1.带孩子观赏成群栖息的猕猴，充分领略人与动物和谐相处的自然情趣；
2.带孩子参观麒麟洞，了解“西安事变”，以及张学良、杨虎城两位名将被关押的情况。

镇远古镇 | “中国最美的十大古城”之一

镇远古镇素有“滇楚锁钥、黔东门户”之称。古城一半在山坡，一半在水中，舞阳河呈“S”状贯穿全城，酷似一幅太极图。这里存有雄伟奇特的青龙洞古建筑群和明清古建筑群、古巷道、古码头、古城垣、古石桥等人文景点，还有十几个少数民族生活于此，民族风情独特而浓郁。

亲子信息

- 贵州省黔东南苗族侗族自治州镇远县镇远古镇　0855-5727777
- 舞阳河20元/人；青龙洞30元/人；舞阳河船票100元/人；铁溪50元/人
- 夏季08:00～17:30；冬季08:00～17:00
- （1）公交：乘K110次列车至镇远，在火车站转乘中巴、三轮车前往
  （2）自驾：贵阳绕城高速—沪昆高速—沿蓉高速—X828—终点

亲子锦囊

1.带孩子欣赏青龙洞建筑群落，感受飞檐翘角、贴壁凌空、红墙青瓦的殿阁楼台的宏伟气势；

2.带孩子乘船在舞阳河上，欣赏火烧赤壁的景象、三叠水瀑布的奇观，感受历史沧桑。

西江千户苗寨 | 全国最大、最典型的苗族吊脚楼村寨聚居群落

西江千户苗寨位于黔东南，具有2000多年的建寨历史，其中1200多户居民为苗族西氏支系，是全国最大、最典型的苗族吊脚楼村寨聚居群落。这里四面环山，重峦叠嶂，梯田依山顺势直连云天，白水河穿寨而过，吊脚楼层层叠叠，连绵成片，房前屋后有翠竹点缀，完整地保存着苗族“原始生态”文化，是人们领略和认识中国苗族漫长历史与发展的首选之地。

亲子信息

- 贵州省黔东南苗族侗族自治州雷山县东北部的雷公山麓　0855-3348699
- 100元/人；西江博物馆10元/人；电瓶车观光5元/人
- 苗寨08:00～16:00；西江博物馆08:00～17:30；李玉福家08:00～20:00
- （1）公交：在凯里二龙车站乘坐开往脚高的班车，在郎利西江岔路下车可至景区
  （2）自驾：贵阳市—沪昆高速—从雷山/凯里东出口离开—S308—X886—终点

亲子锦囊

1.带孩子参观西江博物馆，欣赏服饰、银饰，了解苗族的发展历史及人民的聪明与智慧；

2.带孩子参观田园观光区，欣赏层层梯田，漫步河滨道，享受苗寨舒适安闲的生活氛围。

四渡赤水纪念馆 | 展现红军四渡赤水出奇兵的真实历史的革命纪念馆

四渡赤水纪念馆为二层中西合璧式建筑，分为四渡赤水纪念馆展馆、实地的青杠坡战斗遗址、一渡赤水土城渡口及其他四渡赤水战役旧址文物点4个部分，收藏红军文物300余件，翔实地再现了红军1935年1月遵义会议后在毛泽东等的领导下，四次飞渡赤水河，至5月9日渡过金沙江，取得战略转移伟大胜利的光辉历史。

亲子信息

贵州省遵义市习水县土城镇　0852-2661958　免费开放

09:00~17:00（周一闭馆）

（1）公交：在习水县城可包车前往

（2）自驾：兰海高速—杭瑞高速—遵赤高速—土城/S302/遵义出口离开—X308—终点

亲子锦囊

1.带孩子参观战史陈列，观看土城战役、四渡序曲，一渡赤水、扎西整编，二渡赤水、再占遵义，三渡赤水、调虎离山，四渡赤水、出奇制胜等展示，了解四渡赤水的“神”与“奇”；

2.带孩子观赏红军标语、刺刀、马灯、子弹等文物，感受四渡赤水精神及革命老区的光耀。

三岔河风景区（中国丹霞谷风景区）| 内涵丰富的景区

三岔河风景区由三岔河、三岔口和三岔古镇组成，山峦重叠、水网纵横交错，素有“九沟十八岔”之称，是一处内涵丰富的景区。这里拥有子牙封神、关侯拜印、七仙锁滩的亘古传说；有地阴崖、恶鬼谷、飞仙石、巨幅画岩等栩栩如生的怪石奇峰；有云豹、红白腹锦鸡、珙桐、楠木、鹅掌楸等国家一、二级保护的动植物；有鲜美河鱼、野生猕猴桃、竹荪等土特产、中药材；还有花楼、古墓、牌坊等古遗址，令人叹为观止。

亲子信息

贵州省遵义市习水县三岔河镇　0852-2536318　60元/人　08:00~17:00

（1）公交：在遵义市内可乘车至习水县，后乘坐“面的”前往

（2）自驾：贵阳市—杭瑞高速—遵赤高速—习水/S10方向—长江东路—终点

亲子锦囊

1.带孩子欣赏雷公山、韦驮岩、火凤凰、情侣石等景点，感受大自然的神秘与伟大；

2.带孩子欣赏轿子山、红子林、五跌瀑、麻姑献寿等丹霞奇石，了解丹霞地貌的知识；

3.带孩子参观望仙台的招财牌坊、花楼等，观赏人物造像、佛像，感受贵州第一石窟的魅力；

4.带孩子欣赏锅圈岩瀑布群、转塘奇观，体验涉陡滩、攀绝壁、爬木梯、越沟堑的惊险刺激。

赤水大瀑布景区 | 中国第二大瀑布

赤水大瀑布景区又叫十丈洞景区，拥有十丈洞大瀑布、中洞瀑布、奇兵古道、转石奇观、香溪湖、百亩茶花、石笋峰、亿年灵芝、会水寺摩崖造像、红军标语等自然人文景观。其中赤水大瀑布是中国第二大瀑布，瀑水从76米高悬崖绝壁上倾泻而下，似万马奔腾，气势磅礴，几里之外声如雷鸣，数百米内水雾弥漫。在阳光之下，呈现出绚丽多彩的彩虹，偶尔会出现奇妙的“佛光环”景象，随游人移动，一人一环，美不胜收。

亲子信息

贵州省遵义赤水市两河口乡

0852-2883899/2021166

40元/人，观光车票20元/人

夏季08:00～17:00；冬季08:30～14:30

（1）公交：赤水市客运站乘坐旅游专线车可到达景区，车票20元/人

（2）自驾：贵阳—兰海高速—杭瑞高速—遵赤高速—元厚/X380出口出—终点

亲子锦囊

1.带孩子欣赏赤水大瀑布、中洞瀑布、蟠龙瀑布等，感受其磅礴、壮观、恢宏的气势；

2.带孩子参观香溪湖，观百亩茶花，欣赏石笋峰、亿年灵芝等丹霞奇观，乐趣十足；

3.带孩子欣赏赤水大瀑布群，参观奇兵古道、红军标语等，体验观瀑览胜、怀古寻幽之乐。

赤水风景名胜区 | 被誉为“千瀑之市”“丹霞之冠”

赤水风景名胜区以瀑布群、竹海、丹霞地貌、桫椤、原始森林等自然景观为特色，被誉为“千瀑之市”“丹霞之冠”。景区内溪泉、瀑布密布，云豹、麋鹿、猕猴等野生动物十分活跃，拥有四洞沟、十丈洞、野竹坪竹海森林公园、金沙沟桫椤自然保护区、丙安古镇、大同古镇等多个景区，其中四沟洞景区被评为“没有败笔的景区”，十丈洞景区享有“空谷佳人”的美誉。

亲子信息

贵州省遵义赤水市境内

0852-2861329/2883899/2021166

四沟洞30元/人；十丈洞60元/人；野竹坪25元/人；金沙沟25元/人；丙安古镇20元/人

07:00～17:00，古镇：全天开放

（1）公交：乘车至遵义赤水市内，市内有旅游专线车可直达各个景区

（2）自驾：贵阳—兰海高速—杭瑞高速—遵赤高速—元厚/X380出口出—终点

亲子锦囊

1.带孩子参观竹海森林公园，欣赏天罗、地瀑、八仙树等自然景观，尽享回归自然的美妙；

2.携孩子参观丙安古镇、大同古镇，感受赤水的盐运文化、竹文化、饮食文化和苗族文化等。

遵义会议旧址 | “红色”纪念馆

遵义会议旧址位于遵义市老城红旗路80号，是一座砖木结构、中西合璧的两层楼房，该楼建于20世纪30年代初，曾是国民党二十五军第二师师长柏辉章的私宅。1935年1月15日至17日，著名的遵义会议就在主楼上原房主的小客厅举行。这里现有200多件文物、党和国家领导人参加会议的照片和题词，还保存了许多当年红军写下的宣传标语。

亲子信息

贵州省遵义市红花岗区老城红旗路80号　0852-8222785

免费（凭身份证领票）　08:30~17:30

（1）公交：遵义市内乘坐1、3、9、18路等公交可达

（2）自驾：贵阳市—兰海高速—贵遵高速—遵义/G210出口离开—X301—终点

亲子锦囊

1.带孩子欣赏整个主楼建筑，欣赏“彻上明造”的古建风格，感受中西合璧建筑的魅力；

2.带孩子参观会议室、作战室、周恩来办公室等，观看党和国家领导人参加会议的照片和题词，以及各种宣传标语，了解遵义会议召开的背景、过程、意义。

娄山关风景区 | 全国百个爱国主义教育基地之一

娄山关风景区位于遵义市汇川区板桥镇娄山关村，是全国百个爱国主义教育基地之一。这里以人文景观为特征，文物古迹众多，分为乌江渡、播雅天池、红花岗区、凤凰山、海龙屯、娄山关、天门洞、夜郎镇等8个景区和8个独立景点；既有举世闻名的遵义会议会址，又有统治播州700多年杨氏土司的各类建筑遗址，还有异常密集的瀑布，风景十分秀美。

亲子信息

贵州省遵义市汇川区板桥镇娄山关村　0852-7520500　免费　全天开放

（1）公交：在茅草铺车站乘坐至桐梓县的车，在娄山关站下车

（2）自驾：贵阳市—兰海高速—板桥/四渡G210出口离开—G210—终点

亲子锦囊

1.带孩子瞻仰红军战斗纪念碑、战斗遗址、遗址陈列馆等，了解红军战士靠双足万里长征的历史；

2.带孩子欣赏乌江飞瀑、虎跳崖、雁愁崖等，参加乌江美食节，品尝乌江鱼，了解乌江文化；

3.带孩子参观遵义会议会址、湘山寺、桃溪寺等，感受田园风光，领略亲近自然的情趣。

马岭河峡谷风景区 | 被誉为“地球上最美丽的伤疤”

马岭河峡谷风景区全长74.8千米，平均宽度和深度为200～400米，上如地缝、下如天沟，两岸峭崖对峙，青峰横陈，河谷幽深，碧水回还，被誉为“地球上最美丽的伤疤”。这里分为东榔温泉、五彩长廊、天星画廊、赵家渡景区。峡谷中有上百条逾百米的瀑布，还有百余处水帘洞和泉水等，其中以珍珠瀑布、彩虹瀑布最为奇特、美妙。

亲子信息

贵州省黔西南布依族苗族自治州兴义市城东北6千米　0859-3122666

峡谷30元/人；马岭河漂流160元/人　07:30～18:30

（1）公交：在贵阳长途汽车站乘坐汽车至兴义，然后转乘前往马岭河的中巴即可

（2）自驾：清镇高速—镇胜高速—晴兴高速—汕昆高速—兴义东/S77出口出—G324—终点

亲子锦囊

1.带孩子欣赏峡谷内壮观的瀑布群，感受珍珠瀑布的水珠四溢，彩虹瀑布下彩虹的美丽；
2.带孩子泛舟峡谷，欣赏彩崖峡、天赐石窟、五里幽谷等，感受岩页壁挂的绚丽多彩；
3.带孩子乘坐空中缆车，尽览峡谷全景，参加漂流，观赏两岸奇绝风光，体验惊险刺激。

织金洞 | 被评为“中国最美的旅游洞穴第一名”

织金洞洞内景观琳琅满目、流金溢彩，囊括了世界上所有溶洞的堆积形态和类别，包括迎宾厅、讲经堂、雪香堂、寿星宫、广寒宫、凌霄殿等景观；地面湖泊峡谷、箱状大峡谷、天生桥、天窗、石芽、峰丛等风光别具特色。此外，这里还有苗族射弩、芦笙舞、跳花等民族风情体验活动，是名副其实的“中国最美的旅游洞穴第一名”。

亲子信息

贵州省毕节市织金县城东北23千米处的官寨乡　0857-7812018/7812019

旺季120元/人；淡季100元/人　09:00～19:00

（1）公交：贵阳市金阳客车站乘车至安顺，安顺有直达织金洞的车

（2）自驾：兰海高速—贵毕公路—黔织高速—织金洞/八步出口出—X748—终点

亲子锦囊

1.带孩子欣赏金塔之城、雪压青松、百尺垂帘、凌霄殿等景点，感受大自然的神奇与壮丽；
2.带孩子泛舟东风湖，尽情领略多彩的喀斯特风貌，上岸入寨感受浓郁的苗家风情；
3.带孩子参观恐龙湖，欣赏水上水、洞上洞、桥上桥、天外天，体验漂流、攀岩的乐趣；
4.带孩子参与苗族射弩、跳芦笙舞等表演，感受苗家儿女求偶择伴的“跳花”情景。

百里杜鹃风景名胜区 | 被誉为“地球的彩带、世界的花园”

百里杜鹃风景名胜区拥有五彩路、数花峰、百花坪、千年古桑、杜鹃花王等20多个景点，共有杜鹃品种40多个，包括马缨杜鹃、大白花杜鹃、水红杜鹃、露珠杜鹃等。每年3月中下旬到4月底，这里的百里花山色彩缤纷，犹如广袤的锦缎华章铺山盖岭，千姿百态，堪称一幅“千峰叠起嶂，乌金地下埋，杜鹃花似海，满山留异香”的美丽画卷。

亲子信息

贵州省毕节市黔西、大方两县的交会处，金坡景区在黔西县金坡乡

0857-2198555　120元/人；环保车40元/人　07:00~18:00

（1）公交：乘坐长途汽车至黔西县城，在客运站乘坐景区班车即可到达

（2）自驾：贵毕公路—迎宾路—洪福路—清毕路—X722—杜鹃大道—X738—景区

亲子锦囊

1.3~4月带孩子来此赏姹紫嫣红的杜鹃，体验“置身世界上最大的天然花园”的浪漫；

2.带孩子参观大坑洞、燕子洞等溶洞，欣赏对嘴岩、红岩峰、白岩峰等，十分神奇；

3.带孩子参加彝族年、火把节、插花节等，欣赏刺绣、蜡染、织布等，感受民族风情；

4.带孩子参观奢香岭、黄家坝阻击战纪念碑、醉九牛等景点，了解景区的历史文化底蕴。

梵净山 | 被称为“贵州第一名山”“武陵第一峰”

梵净山是著名的佛教名山，为中国五大佛教名山中唯一的弥勒菩萨道场，被称为“贵州第一名山”“武陵第一峰”。这里以老金顶、凤凰山、新金顶为主要山峰。山上建有释迦殿、弥勒殿、承恩殿等庙宇，还有敕赐碑、禁砍山林碑和金顶摩崖石刻，更有佛光、禅悟、幻影、瀑布四大天象。

亲子信息

贵州省铜仁市江口县，南门在江口县太平镇，北门在印江县永义乡　0856-6720000

旺季110元/人；淡季90元/人；观光车20元/人；索道160元/人（儿童半价）

09:00~17:00（节假日会根据客流做相应的调整）

（1）公交：铜仁市区和江口县城有“面的”直达景区

（2）自驾：兰海高速—沪昆高速—玉屏/新店出口出—X510—X010—X508—终点

亲子锦囊

1.带孩子参观寺庙古殿、红色文化遗址、土司遗址等，了解景区历史文化，体验攀岩乐趣；

2.带孩子参观土家、苗族、羌族民居，欣赏民族服饰，体验毛古斯、金钱杆、锅桩舞的乐趣。

西藏

XIZANG

布达拉宫 | 被人们称为世界屋脊上的明珠

布达拉宫位于西藏首府拉萨市区西北的红山上，是藏族人心目中最神圣的地方，是世界十大杰出土木石建筑之一、世界三大宫堡之一、世界上海拔最高的宫殿和世界上唯一一座政教合一的宫殿。公元7世纪中叶，松赞干布为迎娶大唐的文成公主而修建此宫殿，后来发展成为整个西藏的政治和宗教中心。主体建筑分为红宫和白宫，其中白宫是政治、宗教领导人的起居处，而红宫则为存放历代达赖喇嘛的灵塔。宫内存放有大量经书、壁画和艺术珍品，被人们称为世界屋脊上的明珠。

亲子信息

西藏自治区拉萨市城关区北京中路宫前巷35号　0891-6226566

旺季200元/人；淡季100元/人；金顶10元/人；珠宝展10元/人；灵塔殿10元/人（为控制游客人数，每日限制游客为2300人，其中1600张给旅行社，700张给散客。散客参观需提前到布达拉宫排队，依次领取布达拉宫购票凭证，次日凭购票凭证购票参观）

09:00~16:00（除重大节日）

公交：拉萨市乘坐1、6、12、17、24路等公交至拉百站下车，或者在萨拉市内乘出租车从后山到达布达拉宫顶部

亲子锦囊

1.带孩子欣赏宫殿整体建筑，感受群楼重叠，殿宇嵯峨，气势雄伟的藏式建筑风格艺术；

2.带孩子参观白宫，欣赏绘有壁画的门廊，感受阳光普照，了解达赖喇嘛的生活情况；

3.带孩子参观红宫最高的殊胜——三界殿、法王洞，瞻仰松赞干布、文成公主、尺尊公主等人塑像、乾隆皇帝画像及十一面观音像，了解文成公主入藏的历史故事；

4.带孩子参观坛城殿，欣赏佛教名人名寺及教史壁画，了解藏传佛教文明的发展过程；

5.带孩子参观长寿乐集殿，欣赏千尊无量寿佛像，了解六世达赖喇嘛仓央嘉措的生平；

6.带孩子参观十三世达赖喇嘛灵塔，欣赏上万颗珠宝镶嵌的灵塔面，了解其灿烂的一生；

7.带孩子参观金顶，欣赏经幢、经幡等装饰，感受藏族古建筑迷人的特色；

8.带孩子欣赏唐卡、泥塑重彩、木雕、金印、金册、壁画等，感受藏族人民的聪明才智；

9.带孩子参观布达拉宫广场，观看海拔标记，瞻仰西藏和平解放纪念碑，感受民族和谐；

10.藏历四月十五日带孩子来宗角禄康参加萨嘎达瓦节，参与献哈达、点酥油灯、施供品等活动，感受藏族风情。

大昭寺 | 西藏现存最辉煌的吐蕃时期的建筑

大昭寺是松赞干布为纪念尺尊公主入藏而建的藏传佛教寺院，融合了唐、藏、尼泊尔、印度等建筑风格的特色，是西藏现存最辉煌的吐蕃时期的建筑，也是西藏最早的土木结构建筑。大昭寺建筑面积达2万余平方米，拥有20多个殿堂，其中主殿内供有释迦牟尼12岁时的等身镀金铜像，是当年文成公主带去的珍品。

亲子信息

西藏自治区拉萨市城关区八角街　0891-6323129　旺季85元/人；淡季35元/人
07:00～12:00　15:00～18:30（上午11:30以前主要对信徒群众开放）
公交：可步行前往，或乘中巴至藏医院下车，或乘三轮车、出租车前往

亲子锦囊

1.带孩子欣赏大殿壁画，了解最早期布达拉宫的样子及当年填湖建大昭寺的情景；
2.带孩子参观宗喀巴及其八大弟子殿，参拜宗喀巴，了解他们弘扬黄教的巨大贡献；
3.带孩子参观千手千眼观音殿、八药师佛殿，朝拜观音、八药师，祈求平安、健康。

哲蚌寺 | 藏传佛教最大的寺院

哲蚌寺是藏传佛教最大的寺院。这里白色的建筑鳞次栉比，铺满山坡，远望宛若巨大的米堆，故名哲蚌。寺内有果芒扎仓、罗色林扎仓、德央扎仓、阿巴扎仓四大经学院。寺中大堂雄伟壮观，有183根立柱，上雕刻着精美图案，可容纳8000人同时诵经。此外，寺内还珍藏有佛教经典、佛教注疏《甘珠尔》各100多部，以及几百部佛经手抄本。

亲子信息

西藏自治区拉萨市郊约8千米的根培乌孜山的南山坳里　0891-6860011
50元/人（藏人免费）　09:00～13:00
公交：拉萨市区内乘坐301、302路中巴可直达山脚

亲子锦囊

1.带孩子欣赏措钦大殿，欣赏释迦牟尼的百行转图、人间形成图、生死轮回图等壁画，朝拜强巴佛像，还可以有机会观看喇嘛辩经，感受藏传佛教的独特魅力；

2.盛夏带孩子参加雪顿节，观看晒大佛、藏戏表演等，感受喜庆的节日气氛。

纳木错｜西藏三大圣湖之一

纳木错藏语意为“天湖”，是西藏三大圣湖之一，海拔4718米，是我国第二大咸水湖，也是世界上最高的咸水湖。纳木错的形状像静卧的金刚度母，湖的南面有乌龟梁、孔雀梁等18道梁，北面有黄鸭岛、鹏鸟岛等18个岛，四面建有扎西多波切寺、古尔琼白玛寺、多加寺、恰妥寺4座寺庙，象征着佛教所说的愠、怒、权、势。

亲子信息

- 西藏自治区拉萨市当雄县纳木湖乡，在拉萨北部190千米处
- 夏季120元/人；冬季45元/人，进入扎西岛另加5元管理费　06:00～18:00
- （1）公交：从拉萨包车，或坐车到当雄，再包车前往
  （2）自驾：拉萨市—金珠东路—金珠中路—金珠西路—G109—终点

亲子锦囊

1.带孩子欣赏纳木错蓝色纯净的湖水及远处皑皑的雪山，洗涤整个灵魂，感受心灵震撼；
2.带孩子参观扎西岛，欣赏千姿百态的怪石，在扎西寺感受香烟缭绕、暮鼓晨钟的静谧。

米堆冰川｜世界上海拔最低的冰川

米堆冰川是西藏最主要的海洋型冰川之一，也是世界上海拔最低的冰川，被《中国国家地理》杂志评选为中国最美的六大冰川之一。这里冰川、湖泊、村庄、农田融合在一起，是一处人与自然和谐相处的典范。漫步巍峨峻峭的大山之间，满眼都是鬼斧神工、泼墨山水，以及冰川绝壁、雪山云雾，可尽情地体验原始生态的情趣。

亲子信息

- 西藏自治区林芝地区波密县玉普乡境内　0894-5422662
- 50元/人（学生半价）　全天开放
- （1）公交：从然乌包车往波密方向行驶50千米到达米堆，穿过米堆村即可到达
  （2）自驾：拉萨—江苏路—拉萨大桥—川藏公路—G318—终点

亲子锦囊

1.带孩子欣赏冰洁如玉的冰盆、形态各异的冰瀑、烂漫的山花等，感叹大自然的神奇；
2.带孩子参观米堆藏族村，喝奶茶、食藏餐，感受景区人文景观的魅力。

雅鲁藏布大峡谷｜堪称“地球上最后的秘境”

雅鲁藏布大峡谷是世界上最大的峡谷。这里冰川、绝壁、陡坡、泥石流和巨浪滔天的大河交错在一起，环境十分恶劣，堪称“地球上最后的秘境”。峡谷拥有4处罕见的大瀑布群，还有从高山冰雪带到低河谷热带雨林等9个垂直自然带，保存有多种生物资源。

亲子信息

西藏自治区林芝地区米林县　0894-5833361

旺季150元/人；淡季75元/人　09:00～17:00

（1）公交：从拉萨乘车至林芝八一镇，再转车至排龙，然后徒步可到

（2）自驾：拉萨—江苏路—拉萨大桥—川藏公路—G318—双拥北路—岗派公路—终点

亲子锦囊

1.带孩子欣赏雅鲁藏布大拐弯，感受其神奇、壮丽之势，为大自然的鬼斧神工拍手称赞；

2.带孩子在色剂拉山口欣赏伟岸的云中天堂——南迦巴瓦峰，领略观看日出的别样韵味；

3.带孩子访巴族村落，住门巴民居，品鲁朗石锅鸡，参观雍布拉康宫殿，体验藏族风情；

4.带孩子欣赏四大瀑布群，感受其“挂流三百丈，喷壑数十里”的壮观气势；

5.带孩子参观玉梅，漫步柔软沙滩，体验露营的乐趣，还可以参加“文化旅游节”“徒步大会”，了解雅鲁藏布大峡谷文化。

巴松措｜藏东南最大的堰塞湖

巴松措是藏东南最大的堰塞湖，也是红教的一处著名神湖和圣地。这里湖水清澈见底，周围雪山倒映其中，加上森林、瀑布牧场、文物古迹、名胜古刹、野生动植物等独具特色的景观，已逐步享有“西藏的阿尔卑斯”及“户外天堂”等美誉。

亲子信息

西藏自治区林芝地区工布江达县　0894-6333453

100元/人（4月20日～10月20日）。其余时间50元/人；游艇票80元/人　09:00～17:00

（1）公交：拉萨、八一镇均有长途班车前往，在八一桥头下车即到达景区售票处

（2）自驾：拉萨—江苏路—拉萨大桥—川藏公路—G318—老虎隧道—终点

亲子锦囊

1.带孩子参加巴河漂流，边欣赏沿途两岸多变的山水长卷和自然景观，边体验惊险刺激；

2.带孩子徒步钟措湖，赏沿途雪山、瀑布、松林、冰川等，感受大自然的神奇与灵性；

3.带孩子参观甲子堂湿地，观看水鸟，去扎西岛寻找水葬台、剑痕、蹄印等古迹；

4.带孩子参观结巴村，品尝藏香猪、麦饼、青稞面等美食，体验工布人古朴的习俗。

鲁朗林海 | 素有“西藏江南”美称

鲁朗林海是典型的高原山地草甸，是鲁朗最吸引人的景致。草甸中，溪水潺潺，野花争奇斗艳，木篱笆、木板屋星罗棋布，山间云雾变幻莫测，还有远处的雪山、冰川，近处的原始森林，共同构成了一道优美的风景线，林海云蒸霞蔚、大气磅礴、风光优美，被誉为“小瑞士”。每年4月中旬到6月初，色季拉山便是杜鹃花的季节，各色杜鹃从山脚至山顶次第尽情绽放，五颜六色、千姿百态，让人宛如置身花海，心旷神怡。

亲子信息

西藏自治区林芝县鲁朗镇　60元/人；色季拉国家森林公园30元/人　08:30～17:30

（1）公交：从拉萨乘坐班车至波密，波密与林芝每天都有对开的班车，80元/人

（2）自驾：拉萨—江苏路—拉萨大桥—川藏公路—G318—双拥北路—双拥南路—终点

亲子锦囊

1.带孩子在观景台上欣赏草甸、溪流、泉水、野花等风光，感受置身人间仙境的美妙；

2.农历初一、十五带孩子来贡措湖参加烧香、祈福等宗教活动，了解藏民们的精神生活；

3.带孩子参观扎西岗村，欣赏经幡阵、如画的美景，感受当地古朴的民风；

4.带孩子参观色季拉山，观云海、林海，在4～6月还可以领略杜鹃花开成海的魅力。

南伊沟 | 神秘藏医药文化的重要发源地

南伊沟是喜马拉雅山脉无数个美丽的峡谷之一，气候温润，自然生态保护完好，动植物资源丰富，被誉为“地球上最高的绿色秘境”，是神秘藏医药文化的重要发源地。此外，南伊沟还是民族风情浓郁的地方，居住着我国人口最少的民族——珞巴族。

亲子信息

西藏自治区林芝市米林县南伊乡南伊沟

200元/人（门票110元+环保车90元）　全天开放

（1）公交：从拉萨乘班车至林芝，然后在八一镇乘车至景区，或租吉普车前往

（2）自驾：拉萨—江苏路—拉萨大桥—川藏公路—G318—终点

亲子锦囊

1.带孩子参观珞巴民族村，过吊桥，欣赏民族服饰，感受浓郁的民族风情；

2.带孩子漫步天边牧场，徜徉原始森林浴体验栈道，尽享绿苔如毯、古木参天的景观；

3.带孩子参观藏药观赏园，以及扎贡沟原始森林中的黄牡丹园、珞巴歌舞台、山神大殿、平安塔等景点，了解藏医药文化的神秘及其发展过程。

珠穆朗玛峰 | 世界第一高峰

珠穆朗玛峰山顶常年积雪，山形呈金字塔状，气候环境极为复杂，是中国最美、令人震撼的十大名山之一。除了珠穆朗玛峰以外，景区还有其他4座海拔8000米以上的山峰，包括绒布寺、卡玛山谷、冰塔林、卓奥友峰等景点，其中绒布寺海拔5154米，是世界上海拔最高的寺庙。该寺庙是从北坡登临珠峰的大本营，也是观赏、拍摄珠峰的绝佳地点。

亲子信息

西藏自治区日喀则市定日县尼泊尔边境处　65元/人　全天开放

（1）公交：从日喀则或拉孜到新定日没有班车，一般是包车或搭便车前往

（2）自驾：从拉萨出发沿中尼公路经江孜、日喀则至协格尔，然后再经帕卓区沿简易公路南下，行车110千米后就到珠峰北麓

亲子锦囊

1.带孩子攀登珠穆朗玛峰，住珠峰大本营，培养毅力，体验登山、探险的乐趣；

2.带孩子参观绒布寺，欣赏壁画，感受藏传佛教文化，还可以向南欣赏珠峰的山体形状；

3.带孩子参观卡玛山谷，欣赏杜鹃、喜马拉雅冷杉、落叶松、尼泊尔檀木等，增长知识；

4.带孩子参观卓奥友峰，欣赏冰塔林，与海拔纪念碑合影，感受大自然的雄奇与神秘。

扎什伦布寺 | 日喀则地区最大的寺庙

扎什伦布寺是四世班禅之后历代班禅驻锡之地，是藏传佛教格鲁派的“四大寺”之一。这些殿宇中以大弥勒佛殿和历代班禅灵塔殿最为宏伟。大弥勒佛殿奉有26.2米的弥勒佛坐像，为世界上最大的铜佛坐像；历代班禅灵塔殿内藏有历世班禅的法体肉身，其中四世班禅的灵塔最为奢华。

亲子信息

西藏自治区日喀则市西南郊尼色日山　0892-8836825

藏人免费，游客55元/人，逢跳神节免费，拍照80元/张；导游50元以上

09:00～17:00（12:00~14:00佛殿不开放）

（1）公交：日喀则市内可乘坐三轮车或步行前往

（2）自驾：拉萨—江苏路—拉萨大桥—川藏公路—G318—迎宾路—终点

亲子锦囊

1.带孩子参观大经堂、甲纳拉康佛堂、强巴佛殿、灵塔殿等，感受藏传佛教文化的魅力；

2.藏历五月十五日前后三天带孩子参加展佛会，膜拜过去佛、现在佛、未来佛，参加献哈达活动，磕头祈求佛祖驱灾降吉。

萨迦寺 | 被誉为“第二敦煌”

萨迦寺是一座城堡建筑，也是萨迦派的第一座寺院，分南、北两处，北寺已毁坏，南寺拥有正殿、偏殿、转经廊、北寺佛塔等，保存了众多文物，包括宋、元以来的佛像、法器、瓷器，用金粉、朱砂抄录的甘珠尔和贝叶经，还有上万卷有关天文、地理、医药、历史等方面的藏文典籍，被誉为“第二敦煌”。除文物古迹外，这里的建筑形制也很特别，有两圈城墙，城墙上有垛口，四角上有碉楼，外面还有护城河，颇有战争防御的意味。

亲子信息

- 西藏自治区日喀则萨迦县八思巴路
- 0892-8242589
- 45元/人（藏民免费）
- 09:00～18:00
- （1）公交：日喀则客运站每天有两班至萨迦县的班车，在萨迦县步行可到萨迦寺
  （2）自驾：拉萨市—金珠东路—金珠中路—金珠西路—G318—萨初线—终点

亲子锦囊

1.带孩子参观萨迦古城，欣赏古城民居，感受淳朴、自然、原始的生态环境；

2.带孩子欣赏城墙、角楼，在城墙上可远眺整个景区的美景，了解其建筑形制；

3.带孩子参观萨迦寺，欣赏壁画、经书，朝拜弥勒菩萨、白度母，了解萨迦班智达的一生，感受藏传佛教文明。

然乌湖 | 藏东第一大湖

然乌湖湖水碧蓝，湖边是一大片碧绿的草甸和独特的民居，北面是著名的拉古冰山，湖边山腰上则是茫茫的森林，体现出一种“不食人间烟火”的原始之美。湖水随季节变换出不同的颜色，或碧蓝、或青绿，再加上河道中的小岛及岩石点缀其间，这里宛若一个色彩斑斓的童话世界。

亲子信息

- 西藏自治区昌都地区八宿县境内西南角，距离县城白马镇约90千米的然乌乡
- 免费　全天开放
- （1）公交：从八宿县城乘坐发往然乌湖方向的公交，或者乘坐波密的扎木镇和八宿的白马镇的来往于然乌镇的车，还可在路上搭顺风车，车费约40元/人
  （2）自驾：拉萨市—江苏路—川藏公路—G318—双拥北路—双拥南路—G318—终点

亲子锦囊

1.带孩子欣赏碧绿的草甸、深邃的蓝湖、绚烂的杜鹃花、皑皑雪山，感受其绚丽的颜色；

2.带孩子漫步绿茵般的草滩，领略青藏高原独有的壮丽风貌及藏式田园牧歌的韵味。

羊卓雍错 | 西藏三大圣湖之一

羊卓雍错简称羊湖，藏语意为“碧玉湖”“天鹅池”，是喜马拉雅山北麓最大的内陆湖，湖光山色，冠绝藏南，也是西藏三大圣湖之一，被誉为“世界上最美的水”。这里的21个岛屿大小各异，分为羊卓雍错、空母错、沉错、巴纠错等景点。每到春季，牧人会将牛羊运到湖中岛上，让它们悠闲地享用牧草；夏季，湖畔水草丰美，是牧人放牧牛羊的最佳时期；冬季羊湖冰封，宛若一位衣着素净的美女躺在喜马拉雅山的怀抱中，令人叹为观止。

亲子信息

- 西藏自治区山南地区浪卡子县浪卡子镇北10千米处
- 40元/人（甘巴拉山顶收取）　全天开放
- （1）公交：先乘车到雅鲁藏布江大桥（曲水大桥）边，再乘出租车游览景区
  （2）自驾：拉萨市—机场高速—G318—S101—S307—终点

亲子锦囊

1.带孩子参观桑丁寺，瞻仰佛像、佛塔，感受宗教文化；
2.带孩子参观藏族村落，欣赏玛尼堆、经幡等，感受藏族文化的独特魅力。

桑耶寺 | 藏族第一座剃度僧人出家的寺院

桑耶寺是藏族第一座剃度僧人出家的寺院。这里珍藏和保存着自吐蕃王朝以来西藏各个时期的历史、宗教、建筑、壁画、雕塑等多方面的历史文化遗产。桑耶寺中心主殿是乌孜大殿，其建筑风格独特，上、中、下分别采取印度、汉、藏式建筑风格，是藏族古老而独特的早期文明宝库之一，也是西藏第一座佛、法、僧三宝齐全的佛教寺院。

亲子信息

- 西藏自治区山南地区的扎囊县桑耶镇
- 进寺门不要钱，但进主寺乌孜大殿要门票45元/人（藏人免费，学生半价）　09:00~16:00
- （1）公交：可从泽当乘车前往，或乘船渡过雅鲁藏布江后再转车前往
  （2）自驾：拉萨市—鲁定南路—机场高速—S101—S306—终点

亲子锦囊

1.带孩子参观乌孜大殿，欣赏别具一格的建筑、壁画、雕塑等，了解桑耶寺的历史文化；
2.带孩子参观诸州神殿，欣赏精致的白塔、红塔、黑塔、绿塔等，感受寺庙的建筑艺术。

玛旁雍错｜西藏三大圣湖中的圣湖之主

玛旁雍错位于阿里地区普兰县城东35千米、冈仁波齐峰以南，是唐玄奘在《大唐西域记》中称为“西天瑶池”的地方，佛教信徒非常推崇此湖，认为是胜乐大尊赐予人类的无上甘露，是西藏三大圣湖中的圣湖之王，转湖一周约83千米，需两三天。这里湖水最深处达70米，是中国湖水透明度最大的淡水湖，也是亚洲四大河流的发源地。玛旁雍错分莲花门、垢浴门、香甜门、信仰门4个洗浴门。朝圣者以在此湖洗浴作为人生最大的幸事。

亲子信息

西藏自治区阿里地区普兰县霍尔乡、冈仁波齐峰东南30千米

与冈仁波齐峰的联合门票200元/人　全天开放

（1）公交：乘拉萨至狮全山的班车，然后包吉普车或在大金或巴嘎检查站搭便车

（2）自驾：拉萨市—鲁定南路—机场高速—G318—G219—终点

亲子锦囊

1.若为佛教信徒夏秋季可带孩子来此朝圣，在湖里“沐浴净身”以“延年益寿”；

2.带孩子转湖（藏传佛教为顺时针，苯教为逆时针），沿途住寺庙，感受宗教文化魅力；

3.带孩子欣赏碧波如镜的湖，了解其历史地位，以及相关的传说，感受该湖的神秘。

冈仁波齐峰｜享有“神山之王”的美誉

冈仁波齐峰是中国冈底斯山脉的主峰，山形如橄榄，直插云霄，峰顶如七彩圆冠，周身宛如八瓣莲花，山身如水晶堆砌。其间孕育了250多条冰川，是恒河、印度河、雅鲁藏布江等大江、大河的发源地。同时被印度教、藏传佛教、苯教及古耆那教认定为世界的中心，山四周有曲古寺、止热寺、松楚寺等5座寺庙，享有“神山之王”的美誉。

亲子信息

西藏自治区阿里地区普兰县巴嘎乡，新藏公路旁，距普兰县城100余千米

转山门票100元/人，或者买与玛旁雍错的联合门票200元/人　全天开放

（1）公交：从拉萨租车前往，或者从拉萨乘车到拉孜或萨迦，再乘前往普兰的车

（2）自驾：拉萨市—鲁定南路—机场高速—G318—G219—终点

亲子锦囊

1.去景区之前得办理边境通行证，在巴嘎会有检查站，有时候还会有流动检查；

2.带孩子参观曲古寺、止热寺、松楚寺等，欣赏雕刻、塑像、壁画等，感受宗教文化。

陕西

SHANXI

秦始皇兵马俑博物馆 | 世界上最大的地下军事博物馆

秦始皇兵马俑博物馆展出的是秦始皇嬴政陵寝的陪葬坑，是世界上最大的地下军事博物馆。这里拥有三个俑坑，有铜车马、驭手俑、骑兵俑、跪谢俑、立射俑、高级军吏俑等，每个陶俑的脸型、发型、体态、发式、装束、神情都各不相同，震撼人心。整个军阵布局严密，酷似待发之势，令人不禁联想到当年中国第一位皇帝——秦始皇大帝金戈铁马、横扫六国、所向披靡的威望。

亲子信息

- 陕西省西安市临潼区秦始皇陵东侧约1000米
- 029-81399001
- 旺季90元/人；淡季65元/人
- 08:30~17:00
- （1）公交：西安火车站乘坐914、915、游5路等公交在兵马俑站下车
- （2）自驾：西安市—西安高架快速干道—连霍高速—兵马俑专线出口出—终点

亲子锦囊

1.带孩子参观一号坑，观看形态各异的兵俑，感叹我国古代劳动人民的聪明才智；

2.带孩子参观二号坑，观看车兵、步兵、骑兵组成的曲尺形军阵，感受蓄势待发的气势；

3.带孩子欣赏铜车马、驭手俑、武士俑、车士俑等，感受秦始皇陪葬的奢华。

秦始皇陵 | 中国历史上第一个规模庞大、设计完善的帝王陵寝

秦始皇陵依骊山，北临渭水，以其巨大的规模和丰富的陪葬物居中国历代帝王陵墓之首。这里地面上有寝殿（祭祀大殿）和便殿（供居住用），周围有供出行的车马、供打猎的场所，还有宫廷艺人的百戏表演。陵墓内有水银做成的江河湖海、日月星辰，并有大量的陪葬物品。由于机关重重，至今尚未完全发掘。

亲子信息

- 陕西省西安市临潼区城东约5千米处的骊山北麓
- 029-83820601
- 与兵马俑博物馆联票150元/人
- 07:00~18:00
- （1）公交：市内乘坐游5、306、307路等公交到秦始皇陵的专线车即可到
- （2）自驾：西安市—西安高架快速干道—连霍高速—兵马俑专线出口出—终点

亲子锦囊

1.带孩子参观铜车马坑、秦始皇陵陵区、陵园、地宫沙盘模型展示，探索秦陵的奥秘；

2.带孩子漫步于凝重、高大的墓冢之间，身临其境地感受王者的尊荣、王者的威仪；

3.带孩子欣赏“重现的仪仗队——秦始皇守陵部队换岗仪式”表演，感受陵园壮观场景。

骊山国家森林公园 | 我国古今驰名的风景游览胜地

骊山国家森林公园位于关中平原中部，海拔1302米，因系西周时骊戎国国地，故而得名，是我国古今驰名的风景游览胜地。这里有森林植物300余种，野生动物和鸟类30余种，森林覆盖率达92%以上，还有众多文物古迹、人文景观，包括周幽王“烽火戏诸侯，褒姒一笑失天下”的烽火台、纪念女娲娘娘的老母殿、震惊中外的“西安事变”遗址兵谏亭、三元洞、七夕桥等。此外，“骊山晚照”的自然之景也极为出名。

亲子信息

陕西省西安市临潼区环城东路3号　029-83820601　45元/人　08:00~17:00

（1）公交：西安市内乘坐306路、西安到秦兵马俑、骊山的专线车可直达景区

（2）自驾：西安市沿西临高速前行24千米即可到达

亲子锦囊

1.带孩子参观上德苑广场、上善湖，踩元宝沾财气，体验人在画中游的诗情画意；

2.带孩子参观兵谏园，欣赏五间厅、兵谏亭、三间厅，了解西安事变的历史及意义；

3.带孩子参观金沙洞，观赏唐玄宗、杨贵妃及众宫娥的白玉雕像，了解皇朝历史；

4.带孩子参观老母殿，了解女娲“抟黄土做人”、炼石补天的劳苦功高，农历正月二十还可以过“补天、补地”节，吃烙馍，感受华夏文明；

5.带孩子参观烽火台，了解“烽火戏诸侯，一笑失天下”的历史故事；

6.带孩子参观鸟语林，体验与宝贵鸟、喜鹊、腊嘴、代胜等珍禽异鸟近距离接触的乐趣；

7.带孩子参观长生殿遗址、老君殿，了解唐明皇和杨贵妃那段天宝爱情逸事；

8.带孩子欣赏夕阳，泡“天下第一泉”，忘却烦恼，尽享舒适与惬意。

华清池 | 中国最古老的皇家园林

华清池又名华清宫，建于唐华清宫故址之上，南依骊山，北临渭水，因唐玄宗与杨贵妃的罗曼史而著称于世，是中国最古老的皇家园林。这里风光旖旎秀美，遗留了周、秦、汉、唐、明、清等朝代的文化古迹，拥有自然造化的天然温泉、西安事变旧址、芙蓉湖、梨园、唐御汤遗址、中外书法碑林、长生殿等自然人文风景，并定期上演大型实景历史舞剧《长恨歌》，现为国家首批5A级旅游示范景区。

亲子信息

陕西省西安市临潼区华清路038号　029-83818888/83812003/83812970

旺季110元/人；淡季80元/人　旺季07:00～18:00；淡季07:30～18:30

（1）公交：西安市内乘坐游5、914、915、306路等公交至华清池站下车

（2）自驾：环城北路—华清西路—西安高架快速干道—连霍高速—临潼/斜口/G108/G310出口离开—陕鼓大道—华清路—终点

亲子锦囊

1.带孩子参观芙蓉园、长生殿、梨园，欣赏山水情景舞剧《长恨歌》，了解贵妃入宫、梨园春晓、贵妃出浴、七夕盟誓及安史之乱等历史，以及李、杨缠绵悱恻的爱情故事；

2.晚上带孩子在星辰汤泡温泉，一边享受舒适，一边欣赏漫天的星光，十分惬意。

大雁塔 | 中国唐朝佛教建筑艺术杰作

大雁塔建于唐永徽三年（652年），又名大慈恩寺塔，是古都西安的象征，也是中国唐朝佛教建筑艺术杰作。相传唐朝高僧从印度游学归来，在大慈恩寺内修建而成5层砖塔，后武则天时重建。现在的大雁塔共7层，通高64.5米，内有楼梯可盘旋而上，每层都有拱门，可凭栏眺望。

亲子信息

陕西省西安市和平门外雁塔路南端　029- 85527958

50元/人；登大雁塔30元/人　旺季08:00～17:30；淡季08:00～17:00

公交：西安市内乘坐游6、21、22、24、601路等公交在大雁塔南广场站下

亲子锦囊

1.带孩子欣赏雁塔古钟，登上大雁塔，尽览美景，感受唐代建筑艺术的独特魅力；

2.晚上带孩子来此欣赏亚洲规模最大的音乐喷泉，别有一番韵味。

大唐芙蓉园｜中国第一个全方位展示盛唐风貌的大型皇家园林式文化主题公园

大唐芙蓉园共有帝王、诗歌、民间、饮食、茶文化、宗教、科技、外交、科举、歌舞等12个文化主题区域，包括紫云楼、仕女馆、御宴宫等壮观的唐式建筑群，以及《梦回大唐》、祈天鼓舞、教坊乐舞等演出，让人们从视觉、听觉、嗅觉、触觉、味觉五感全身心地感受盛唐文化。

亲子信息

陕西省西安市曲江新区芙蓉西路99号　029-85511888
120元/人　09:00～22:00
公交：西安市内乘坐526、609、715、720、通宵4号线、游4路等公交可到达

亲子锦囊

1.带孩子欣赏雕塑群、祈天鼓舞、教坊乐舞、水火景观等表演，漫步大唐集市，感受梦回大唐的浪漫，领略唐朝辉耀四方的精神风貌，璀璨多姿、无与伦比的文化艺术；

2.带孩子参加大唐仪仗队、杏园探花、雁塔题名、曲江流饮等活动，乐趣无穷。

西安城墙｜世界上至今保存最完整、规模最大的古城垣

西安城墙始建于明洪武三年（1370年），是西安市的地标性建筑之一，也是世界上至今保存最完整、规模最大的古城垣。该城墙呈长方形，墙高12米，底宽18米，总周长11.9千米，有东长乐门、西安定门、南永宁门、北安远门4座主城门，还有护城河、吊桥、闸门、箭楼、正楼、角楼、女儿墙、垛口等一系列军事设备遗址，是游客们到西安后必游的景点之一。另外，这里每年都会举行国际马拉松赛跑活动。

亲子信息

陕西省西安市中心区　029-87283602/87286373　54元/人　08:00～20:00
公交：西安市内乘坐22、23、27、29、33、37路等公交均可到达

亲子锦囊

1.带孩子参观魁星楼，欣赏开城式、活体雕塑、武士军阵等表演，领略古城的魅力；

2.带孩子欣赏护城河、吊桥、闸楼、箭楼等，了解古代战争、城市建设及建筑艺术；

3.带孩子参加古乐文化周、主题灯会、中秋赏月、马拉松等活动，尽享乐趣。

陕西历史博物馆 | 目前我国最大型、最现代化的博物馆之一

陕西历史博物馆位于西安市雁塔区，筹建于1983年，占地6.5万平方米，是目前我国最大型、最现代化的博物馆之一，被誉为“华夏珍宝库”“中华文明的瑰丽殿堂”。这里收藏有上起远古人类的简单石器，下至1840年鸦片战争时期的各类器物，时间跨度100多万年，藏品37万多件，包括西周鼎、西汉玉玺、唐纹银壶、宫女图、贝币、布币、秦半两、“皇后之玺”玉印等国宝级文物，其中兽首玛瑙杯为镇馆之宝。

亲子信息

陕西省西安市雁塔区小寨东路91号　029-85254727　免费

（11月~次年3月）09:00~17:30；（3~11月）08:30~18:00

公交：西安市内乘坐5、19、24、26、27路等公交均可到达

亲子锦囊

1.带孩子参观《陕西古代文明》展览，了解陕西古代文明孕育、产生、发展的过程及其对中华文明的贡献；

2.带孩子观看蓝田猿人、大荔人、西安半坡等先民遗存，了解中华民族的起源及文明；

3.带孩子观看《凤鸣岐山》展览，了解中国早期国家政治制度、经济形态及青铜铸造技术；

4.带孩子观看《东方帝国》展览，欣赏众多秦文物，了解秦帝国垂范后世的制度文明；

5.带孩子参观壁画珍品馆，欣赏章怀太子墓客使图、马球图、狩猎出行图等，感受唐代文明；

6.带孩子参观大唐遗宝专题馆，了解大唐的时代生活。

西安秦岭野生动物园 | 西北首家最大的动物园

西安秦岭野生动物园是西北首家最大的动物园。这里拥有兽类、鸟类、两栖类和爬行类野生动物300多种、近万只，分为步行游览区、草食区、猛兽区、鸟语林4个区域，其中步行区建有大熊猫馆、小熊猫池、灵长馆、白虎馆、海洋表演馆等展馆；鸟语林为全国规模最大、功能最全的鸟类展示馆。

亲子信息

陕西省西安市长安区秦岭北麓环山生态旅游带　029-85670040

100元/人；1.2～1.4米半价；1.2米以下儿童免费　09:30～18:00

（1）公交：西安市内乘坐环山旅游1号线、9、321、322路等公交可直达

（2）自驾：西安市—长安南路—子午大道—关中环线—终点

亲子锦囊

1.带孩子乘坐缆车与虎、狼、狮、熊等猛兽近距离接触，体验惊险与刺激；

2.带孩子观赏长颈鹿、羚羊、斑马、角马等，体验亲手喂食长颈鹿带来的震撼与快乐；

3.带孩子观赏海狮、海豹、鸵鸟芭蕾、猴走钢丝、空中飞人等表演，乐趣无穷；

4.带孩子观赏鹦鹉推车、拍球、走钢丝、做算数等表演，感受人与动物的和谐。

曲江海洋极地公园 | 西北最大的海底世界

曲江海洋极地公园是西北第一家将高科技与海洋文化相结合，展示海洋世界景观、极地旖旎风光的海洋极地文化主题公园。这里占地4.7万平方米，由海洋馆、极地馆及黄金海岸商业街3部分构成，其中极地馆及黄金海岸商业街是以极地观赏动物展示为核心的文化旅游项目，深受家长、小朋友的喜欢。

亲子信息

陕西省西安市曲江新区曲江二路1号（大雁塔沿雁引路向东1000米）　029-85517311

160元/人　海洋馆09:00～17:30；极地馆09:00～18:00

（1）公交：西安市内乘坐610、601、501路等公交在曲江海洋公园站下车

（2）自驾：经西影路到曲江大道侧辅道向南500米丁字路口右转400米即到

亲子锦囊

1.带孩子观赏企鹅、北极熊、北极狐、白鲸、花鲸等动物，学习海洋知识；

2.带孩子参观热带雨林馆，欣赏枯木、溪流、蛇虫、细雨等，探索热带雨林的奥秘；

3.带孩子漫步海底隧道，观看鲨鱼、鳐鱼等鱼类，体验喂食它们，与它们共游的乐趣；

4.带孩子欣赏美人鱼表演、海兽表演、海豚表演等，领略喂食鲨鱼表演的惊险刺激。

华山 | 素有“奇险天下第一山”之称

华山海拔2154.9米，是我国的五岳之一，自古就以险著称，素有“奇险天下第一山”之称。这里景点多达210处，有凌空架设的长空栈道、三面凌空的鹞子翻身，以及在峭壁绝崖上凿出的千尺幢、百尺峡、老君犁沟、摩崖石刻等，其中华岳仙掌位列关中八景之首；汉武帝时期建的西岳庙是五岳中建制最早、面积最大的庙宇，被誉为“陕西故宫”“五岳第一庙”。此外，景区还拥有沉香劈山救母、吹箫引凤等传奇故事。

亲子信息

陕西省渭南华阴市境内　0913-4362692/4360508

旺季100元/人；淡季60元/人；北峰索道：单程80元/人，往返150元/人

07:00~18:00

（1）公交：陇海线上的各站可乘火车至华山站，再乘公交车或旅游巴士至景区

（2）自驾：连霍高速—华岳路/华阴/华山出口出—华岳南路—华山路东段—华山

亲子锦囊

1.带孩子登上东峰观云海日出，感受“晨曦初露，渐渐霞光瑰丽，云源奔涌”的意境；

2.带孩子登千尺幢，赏西岭绝壁、惊心石、回心石，领略“自古华山一条道”的魅力；

3.带孩子登上南峰，欣赏五针峰、仰天池、华山派等景点，听沉香劈山救母的故事；

4.带孩子攀登云梯，感受腾云驾雾的惊险、刺激、美妙；

5.带孩子参观西岳庙，祭祀华山神，领略灏灵门、五凤楼、棂星门等明清建筑的魅力；

6.带孩子漫步长空栈道，体验命悬一线的惊险与刺激；

7.带孩子欣赏石刻、五岳真形图碑、宝莲灯雕塑，参观华山论剑台，体验观赏华阴老腔、老子迎宾等表演，感受华山文化。

太白山国家森林公园 | 秦岭山脉的主峰

太白山以高、寒、险、奇、秀、富饶和神秘的特点闻名于世，称雄于华夏。这里山上盛夏积雪，银光四射，百里可见，景色奇丽，持续时间长，形成了“太白积雪六月天”的关中八景之一。山顶保存有形成于第四次冰川时期的高山“冰蚀湖”，人称“神湖”，还有繁盛的动植物种类。此外，这里的斜谷中还流传着与唐太宗、杨贵妃、李白有关的太白酒的传说。

亲子信息

陕西省宝鸡市眉县南部，与周至、太白县交界处　400-698-0917/0917-5712313

70元/人；索道往返60元/人；小文公管理站20元/人；专线车40元/人　08:00～18:00

（1）公交：西安市内在火车站东广场乘坐旅游专线游2路公交经法门寺可至

（2）自驾：西安市—连霍高速—法门寺/太白山/扶风出口出—法汤线—太白山

亲子锦囊

1.带孩子登上参天如云的八仙顶，早观日出，晚看夕阳，感受流光溢彩、霞光万丈；

2.带孩子参观平安寺，欣赏壮观的云海霭雾，体验置身仙境的梦幻与神奇；

3.带孩子漫步红河谷，欣赏中低山野的繁花、果桂，以及山巅的白雪，感叹自然之美；

4.带孩子欣赏冰斗湖、冰渍湖、冰蚀湖等，体验在天池明珠里拨云推雾的乐趣。

法门寺 | 素有“关中寺庙始祖”之称

法门寺始建于东汉，是我国古代安置佛祖释迦牟尼佛骨舍利的著名寺院，素有“关中寺庙始祖”之称。它主要由地宫、基座、塔身、塔刹构成，其中塔身平面呈八角形，塔的层数按奇数的规律为13层；地宫在塔基下面，用砖石砌就，深达数米，构造复杂，分阶梯、通道、平台、甬道、前室、中室、后室7部分，各室均有石门相隔，金碧辉煌。

亲子信息

陕西省宝鸡市扶风县法门镇　0917-5254002/5256955/5254154

通票120元/人　08:00～18:00

（1）公交：西安火车站有发往法门寺博物馆的旅游专线车

（2）自驾：沿西宝高速，往法门寺方向会见到一个向西的路口是通往景区的新山门

亲子锦囊

1.带孩子欣赏真身宝塔，感受其“三级风檐压鲁地，九盘轮相壮秦川”的气势；

2.带孩子参观法门寺博物馆，观赏瓷器、香具、琉璃器等典藏文物，感受佛教文明；

3.带孩子漫步佛光大道，膜拜菩萨，观赏经幢，感悟佛法的智慧降服一切烦恼。

金丝大峡谷 | 享有“峡谷奇观，生态王国”的美誉

金丝大峡谷集峰石、林泉、禽兽、潭瀑等自然景观于一身，风光旖旎，风景如画。这里分为白龙峡、黑龙峡、青龙峡、石燕寨4部分，包括白龙洞、猴山、奇峡古栈、流泉飞瀑、仙人长桥、南天石鼓、龙头险峰、天谷地缝、森林氧吧、石生贵树、马刨神泉等100多个景点。其中石燕寨内的祖师庙为张三丰当年练功的地方。

亲子信息

陕西省商洛市商南县太吉河镇南部　　0914-6566888

成人90元/人；儿童45元/人　　08:00~18:00

（1）公交：商洛市内有开往商南县的班车

（2）自驾：进入纺北路，左转进入沪陕高速从金丝峡旅游区出口离开，即可到达

亲子锦囊

1.带孩子乘坐一叶扁舟穿过白龙洞，欣赏凤山、猴山、仙人石等自然景观，妙趣横生；
2.带孩子参观莲花洞，欣赏双溪瀑布、石生树、锁龙瀑布等，体味造物者的鬼斧神工；
3.带孩子参观石燕寨，登上玉皇顶，祈福观景，享受登山眺望的情趣。

柞水溶洞国家地质公园 | 被誉为“北国奇观”“西北一绝”

柞水溶洞自然环境典雅灵秀，景点多而集中，既有可与瑶琳仙境媲美的喀斯特溶洞，又有山清水秀风光旎旖的山峰美姿，被誉为“北国奇观”“西北一绝”。景区目前已经发现的溶洞就有115个，其中对外开放的佛爷洞、天洞、风洞、百神洞，洞内石笋、石幔、石帷、石瀑布美轮美奂；石禽、石兽、石猴、石佛惟妙惟肖；晶莹透亮的石果、石花、石蘑菇、石葡萄令人垂涎欲滴，让广大游客惊叹不已。

亲子信息

陕西省商洛市柞水县石瓮镇　　0914-4329208

82元/人；学生票、半价票42元/人　　旺季08:30~17:30；淡季09:00~17:00

（1）公交：西安市内在城南客运站乘坐至镇安的班车，在柞水溶洞下车即可

（2）自驾：西安市—包茂高速—柞水/S102出口离开—S102—终点

亲子锦囊

1.带孩子欣赏大鹏展翅、钟乳石龙、擎天柱、飞来峰等，感受造物者的神奇与伟大；
2.带孩子欣赏各种瀑布，体验看民俗演艺—品野味山珍的乐趣；
3.带孩子漫步凤凰古镇，参观铁匠铺等老行当，感受徽派建筑之美，了解沧桑之感。

黄帝陵 | 中国历代帝王和著名人士祭祀黄帝的场所

黄帝陵是中华民族的始祖轩辕黄帝的衣冠冢，被称为“天下第一陵”，是中国历代帝王和著名人士祭祀黄帝的场所。黄帝陵在桥山山顶的正中位置，坐北面南，陵冢为土冢，扁球状，直径16米。土冢下部是方形墓。方台与圆冢相结合，上圆下方，寓意“天圆地方”“天地相合”。周围有汉代轩辕庙，历代帝王御制祭文碑57通。庙内有黄帝手植柏，高20多米，直径11米，是我国最古老、最大的一株柏树。

亲子信息

陕西省延安市黄陵县桥山　0911-5212742

旺季91元/人；淡季51元/人　08:00~19:00

（1）公交：延安汽车站每天都有发往黄帝陵景区的车

（2）自驾：西安市—包茂高速—黄陵/店头出口离开—轩辕大道—G210—终点

亲子锦囊

1.带孩子参观轩辕庙，瞻仰黄帝石像，阅读毛泽东、蒋介石祭文手迹，感受庄严肃穆；

2.带孩子参观黄帝陵，观看汉武仙台、下马碑、祭亭等，了解我国古代的祭祀文化；

3.带孩子欣赏嫘祖缫丝、仓颉造字、钻木取火等雕塑，了解祖先们创造文明的历史过程；

4.农历二月二带孩子参加民祭黄帝，了解黄帝战蚩尤的故事传说，感受轩辕黄帝文化。

延安革命纪念馆 | 中华人民共和国成立后最早建立的革命纪念馆之一

延安革命纪念馆现有馆藏文物3.5万多件，历史照片1万余张，图书1.3万余册，调查访问资料百余卷，同时开放了“延安革命史”“南泥湾大生产运动”两个基本陈列展馆，并管理了王家坪、南泥湾两个全国重点文物保护单位，是集收藏、研究、宣传于一身的革命纪念馆。

亲子信息

陕西省延安市宝塔区枣园路王家坪　0911-8213666　免费　08:00~18:00

（1）公交：延安市内乘坐1、8、13路等公交或专线车可到达景区

（2）自驾：西安市—包茂高速—延安南/G210出口出—G210—圣地路—终点

亲子锦囊

1.带孩子瞻仰毛泽东铜像，参观陈列大厅，听延安保卫战的历史故事，了解老一辈革命家在延安住窑洞、吃小米、驱日寇的光辉业绩，激发爱国情感；

2.带孩子参观杨家岭、南泥湾等革命旧址，住一下陕北窑洞，体验当年革命军人的生活。

宝塔山 | 延安的象征

宝塔山是延安的标志。北宋时期，韩琦、范仲淹等人在此屯兵扎寨，留下了大量的文物古迹；明清时期，此处庙宇林立，盛极一时。景区内拥有建于唐朝的宝山、宋代摩崖石刻、明代的大铁钟、清代“重修嘉岭书院记”石碑、范公井、烽火台、古城墙及望寇台等文物古迹，还有日本工农党校旧址、古今名人诗词碑刻等景观。

亲子信息

陕西省延安市宝塔区河滨路、三川交会处　0911-2113735

60元/人　07:00~20:00

（1）公交：延安市内乘坐9、11、13、18路等公交至小东门站，过宝塔桥即到

（2）自驾：西安市—包茂高速—延安南/G210出口出—G210—东滨路—终点

亲子锦囊

1.带孩子欣赏八角九砖阁楼式砖塔，登上塔顶，一览延安城全貌，别有一番情趣；

2.带孩子欣赏摩崖石刻群、碑林等，感受我国石刻艺术的独特魅力；

3.带孩子参观范公井、摘星楼、东岳庙、嘉岭书院、烽火台等古迹，了解景区的历史。

武侯墓 | 三国蜀汉丞相诸葛亮的长眠之地

武侯墓是中国历史上杰出的政治家、军事家、三国蜀汉丞相诸葛亮的长眠之地，墓园内冈峦起伏、山环水绕，素有“陕南天然植物园”之称。陵园大门处的一片汉柏古松清幽古朴，大殿龛上端坐着诸葛亮塑像，墓在大殿的后面，墓后有古桂两株，高大繁茂、浓荫如盖，是著名的“护墓双桂”。

亲子信息

陕西省汉中市勉县定军山下　0916-3316453　70元/人　08:00~18:00

（1）公交：汉中汽车站乘坐至略阳、宁强（低速）的班车，直接到达武侯祠大门口

（2）自驾：西安市—西江村高架桥—京昆高速—勉县/G108出口出—终点

亲子锦囊

1.带孩子参观乐楼、大殿，瞻仰羽扇纶巾的诸葛亮塑像，了解他的文韬武略；

2.带孩子参观拜殿，祭祀瞻拜诸葛亮，参观历史文物陈列室，了解其生平事迹；

3.带孩子欣赏三国故事壁画、碑石匾额等，了解蜀汉三国文化。

佛坪国家级自然保护区 | 以保护珍稀动物大熊猫为主的自然保护区

佛坪国家级自然保护区建立于1960年夏天，地处秦岭中段南坡，海拔2900米，占地350平方千米。这里地形复杂，多悬崖深谷，并保存着第四纪冰川的遗迹。区内有野生动物近300种，包括国家一级保护动物大熊猫、金丝猴、金雕等900余只，二级保护动物小熊猫、金丝猴、毛冠鹿等数千只；还有高等植物2000多种，包括水杉、连香树、鹅掌楸、秦岭冷杉等20多种，是野生动植物的家园。

亲子信息

陕西省汉中市佛坪县黄家湾路89号　0916-8916905　60元/人　09:00～17:00

（1）公交：西安市、汉中市内乘108国道班车至佛坪，换乘保护区管理局专线车

（2）自驾：西安市—西江村高架桥—京昆高速—G108—黄家湾路—终点

亲子锦囊

1.带孩子观赏大熊猫、红腹锦鸡、金丝猴、太阳鸟等动物，感受与它们亲密接触的乐趣；

2.春季带孩子欣赏油菜花，体验置身金色世界的梦幻与浪漫。

南宫山国家森林公园 | 陕、川、鄂、渝等毗邻地区旅游度假、消夏避暑的胜地

南宫山国家森林公园环境优美，生物种类繁多，风景资源丰富，包括种子植物1800多种，野生动物300多种，由二郎坪、金顶、火山石、高山栎、莲花寨五大景区组成，以高僧弘一大师真身、古生代火山多次喷发的流迹、第四纪冰川遗迹和原始次生森林闻名遐迩，是陕、川、鄂、渝毗邻地区游览观光、休闲度假、消夏避暑的胜地。

亲子信息

陕西省安康市岚皋县东部　0915-2521352　20元/人　08:00～17:00

（1）公交：安康市内有旅游专线车可直达南宫山景区

（2）自驾：西安市—包茂高速—十天高速—安康大道—S207—南山旅游公路—终点

亲子锦囊

1.带孩子欣赏含中涌玉、杜鹃瀑布、隐龙潭等，在饮流戏鲵处体验赏鱼、戏鱼的乐趣；

2.带孩子欣赏鳄鱼石、相依石、罗汉送经、石龟上树等奇石，感受大自然的神奇与伟大；

3.带孩子登上金顶，尽览山峦、云海、林壑，体验置身海上仙岛的浪漫与神秘；

4.带孩子欣赏云照金蟾、石狮望子、陡峭的石峰，感受置身美丽古堡的奇异。

玉华宫 | 位列唐代帝王四大避暑行宫之首

玉华宫是当年皇家的避暑胜地，位列唐代帝王四大避暑行宫之首，也是佛门圣地。这里玉华宫、玉华寺、肃成殿等建筑与周围悬崖峭壁、蜿蜒流水、葱郁林木等幽雅景物紧密结合，壮观雄伟的青瓦白墙宫殿与千峰翠色互相辉映，真可谓“顺访峒山，锈芳金石。道光轩驾，声流姬迹”！

亲子信息

陕西省铜川市印台区玉华镇　0919-7586113
41元/人（含玄奘纪念馆、石窟寺、冬季冰雕展区）；20元/人（不含上述景点）
08:00~17:00
（1）公交：铜川北关汽车站有发往玉华宫景区的旅游专线车，8.5元/人
（2）自驾：西安出发上西铜高速，在铜黄高速金锁关出口下，沿305省道行驶即到

亲子锦囊

1.带孩子参观玄奘纪念馆、肃成院，欣赏百米汉白玉浮雕《玄奘大师》，感悟佛教文明；
2.带孩子参观东、西宫，欣赏瀑布景观，感受大自然的魅力；
3.冬季带孩子来此滑雪，欣赏冰雕，感受冰雪世界的梦幻情趣。

昭陵博物馆 | 一所展示初唐文化及历史的专题性博物馆

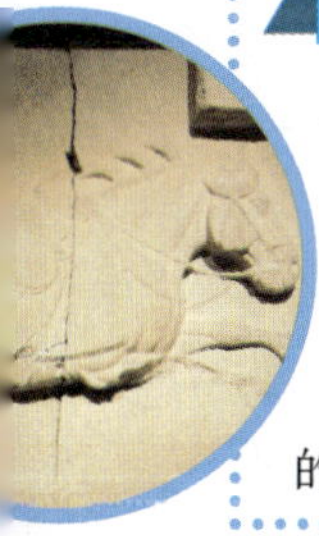

昭陵是唐太宗李世民与长孙皇后的陵墓，占地4.7万平方米，拥有187座皇亲国戚和文臣武将的陪葬墓，是全世界最大的陵墓。昭陵博物馆位于陵园中心区，占地3.53万平方米，分为李勣墓、碑石陈列室、出土文物、雕刻绘画展厅4部分，馆藏文物4500多件，现存唐墓壁画500平方米，不仅展示了初唐走向盛唐的历史，也反映了唐代前期政治、经济、文化、军事特点。

亲子信息

陕西省咸阳市礼泉县烟霞镇西侧　029-35767009　21元/人　09:00~18:00
（1）公交：在咸阳汽车北站、西安城西客运站乘坐至烟霞或赵镇的车可到
（2）自驾：高新路—劳动南路—西关正街—西大街—北大街—西七路—终点

亲子锦囊

1.带孩子欣赏徐懋功《李勣碑》，欧阳询书的《温彦博碑》，褚遂良书的《房玄龄碑》《昭陵六骏碑》，石刻诏书，越王李贞墓志铭等，感受我国碑帖、石刻文化艺术魅力；
2.带孩子欣赏《对舞图》《乐伎图》《双人对舞图》等壁画，了解唐代舞蹈相关知识；
3.带孩子观赏彩绘贴金釉陶俑、唐三彩等，了解唐朝文化，感受工匠们的独具匠心。

甘肃

GANSU

敦煌莫高窟 | 被誉为20世纪最有价值的文化发现、“东方罗浮宫”

敦煌莫高窟以精美的壁画和塑像闻名于世。这里现有洞窟735个，壁画4.5万平方米，泥质彩塑2415尊，是目前世界规模宏大、内容最丰富、艺术最精湛、保存最完整的佛教石窟寺。其藏经洞（第17洞）所藏4~10世纪的五六万件写经、文书和文物，形成了著名的敦煌学；洞内壁画以尊像画最为广泛，还有以佛经中各种故事完成的连环画、经变画、佛教史迹画等展示了佛教中出现的极乐世界、经书内容和历史人物，其中飞天壁画值得人们细细品味。

亲子信息

甘肃省酒泉市敦煌市东南25千米　　0937-8869060

160元/人（可整天参观指定开放的洞窟）　09:00~17:00（阴雨天洞窟不开放）

（1）公交：敦煌市内搭出租车前往，或参加各旅行社的一日游，乘旅游车前往

（2）自驾：敦煌市—阳关大道—110专道—终点

亲子锦囊

1.带孩子欣赏九色鹿、喜金刚等壁画，了解其相关故事及佛教价值；

2.带孩子欣赏飞天壁画，感受其借助云彩，凭借飘曳的衣裙、飞舞彩带凌空翱翔的姿态。

玉门关 | 长城西端的军事要塞

玉门关俗称小方盘城，相传和田美玉经此输入中原而得名，是长城西端最重要的关口，古代“丝绸之路”北路即由此出关外。现存为汉代玉门关，城垣保存完整，是一座四方形小城堡。这里出土过价值很高的文物。登上古关，举目远眺，绿柳红花，芦苇摇曳，长城蜿蜒，烽燧兀立，让人百感交集，怀古之情，油然而生。

亲子信息

甘肃省酒泉市敦煌市西北约90千米的戈壁滩上

40元/人，淡季半价　08:00~19:00

（1）公交：玉门关位于敦煌至雅丹国家地质公园的途中，游客可租车前往

（2）自驾：酒泉市—连霍高速—瓜州/敦煌/S314出口出—S314—终点

亲子锦囊

1.带孩子参观汉长城遗址，了解我国古代人民抵御外敌入侵所作的努力；

2.带孩子参观小方城，想象“驼铃悠悠，人喊马嘶，商队络绎，使者往来”的繁荣景象；

3.带孩子登上古关，尽览戈壁滩壮观的景色，如若幸运还可以看到神奇的海市蜃楼景象。

雅丹国家地质公园 | 目前亚洲规模最大、地质形态发育最成熟、最具观赏价值的雅丹地貌群落

雅丹国家地质公园是目前亚洲规模最大、地质形态发育最成熟、最具观赏价值的雅丹地貌群落。这里的风蚀地貌造型独特、布局有序，是一座罕见的天然雕塑博物馆，拥有蒙古包、骆驼、石鸟、石人、石佛、石马等景观，宛若中世纪古城。每当夜幕降临，劲风吹过，公园便会发出恐怖的号叫，令人毛骨悚然，是名副其实的“魔鬼城”。

亲子信息

甘肃省酒泉市敦煌市西北约180千米处（玉门关向西75千米左右） 0937-8841885
50元/人；区内电动车20元/人 全天开放
（1）公交：敦煌市内有专车直达，也可以租车前往，费用大约500元
（2）自驾：酒泉市—连霍高速—瓜州/敦煌/S314出口出—S314—终点

亲子锦囊

1.带孩子欣赏雅丹地貌群落，感受大自然的鬼斧神工，奇妙无穷，学习相关地理知识；

2.带孩子早上观旭日东升、中午寻重重怪影、傍晚赏红日西沉、夜晚体验置身魔鬼城的惊险与刺激。

阳关景区 | 古代军事要塞

阳关景区位于敦煌市区西南70千米处，是中国古代陆路对外交通咽喉之地，是丝绸之路南路必经的关隘，因唐代诗人王维“劝君更尽一杯酒，西出阳关无故人”而家喻户晓。景区由汉唐历史遗迹、大漠自然风光、生态农业观光及阳关博物馆等景观构成。其中，阳关博物馆是目前西北最大的景点式民营博物馆，展示了阳关丰富深厚的文化底蕴。

亲子信息

甘肃省酒泉市敦煌市阳关镇阳关景区 0937-8601330
50元/人（含阳关博物馆），并提供全程免费讲解服务 08:00~20:00
（1）公交：敦煌市至阳关有柏油马路互通，可在敦煌市区包车前往
（2）自驾：从敦煌市区出发后往西南方向走，沿途有路标指引前往，约40分钟

亲子锦囊

1.带孩子参观阳关博物馆，参加仿汉唐时期出入关仪式，欣赏青铜器、铁器、弓、箭镞、弩机等文物，了解古代军事文化的发展及丝绸之路边塞地区多民族的发展；

2.带孩子参观古关、古城、古烽燧等，漫步阳关道，学习“你走你的阳关道，我过我的独木桥”“走尽崎岖路，踏上阳关道”等谚语。

鸣沙山—月牙泉风景区 | 大漠戈壁中一对孪生姐妹

鸣沙山—月牙泉风景区自古以来便以“山泉共处，沙水共生”的奇妙景观著称于世。其中鸣沙山整个山体由细米粒状黄沙积聚而成，狂风起时，沙山会发出巨大的响声，轻风拂过，似丝丝管弦，十分神奇；月牙泉被鸣沙山环抱，因水面酷似一弯新月而得名，泉水清澈明丽，且千年不涸，令人称奇。景区还开设了涌滑沙、滑翔跳伞、骑骆驼遨游等沙漠娱乐项目。

亲子信息

甘肃省酒泉市敦煌市南约5千米处　0937-8882074

旺季120元/人；淡季80元/人；滑沙：10元/人；敦煌民俗博物馆：20元/人

08:00~17:00（随季节有所改变）

（1）公交：敦煌市内有直达景区的大巴，也可以打车前往（约15元）

（2）自驾：酒泉市—连霍高速—瓜州/敦煌/S314出口出—S314—终点

亲子锦囊

1.带孩子参观鸣沙山，听风吹过沙山的声音，感受大自然的鬼斧神工；

2.带孩子漫步月牙泉边，看游鱼嬉戏，感受“鸣沙山怡性，月牙泉洗心”的神奇；

3.带孩子参观敦煌民俗博物馆，观看游艺竞艺、玉雕珠宝、民间刺绣等，感受敦煌文化；

4.带孩子体验滑沙、骑骆驼、滑翔跳伞、沙疗等娱乐活动项目的乐趣。

西汉酒泉胜迹 | 河西走廊唯一保存完整的一座汉式园林

西汉酒泉胜迹是河西走廊唯一保存完整的汉式园林。这里古树名木，参天蔽日；亭台楼阁，雕梁画栋，拥有汉古酒泉、左公柳、泉湖、神明桥、霍去病西征群雕等景点。它不仅是汉王朝连通西域，开辟疆土的历史见证，也是酒泉地方文化的核心与载体，享有塞上江南、瀚海明珠的美誉。

亲子信息

甘肃省酒泉市肃州区公园路100号　0937-2633441　30元/人　09:00~18:00

公交：酒泉市内可在鼓楼、西关等车站乘坐公交车前往

亲子锦囊

1.带孩子参观汉古酒泉、霍去病西征群雕，了解霍将军河西大捷的功绩及酒泉的来历；

2.带孩子欣赏西汉胜境、汉阙，感受其建筑的豪放朴拙、大气磅礴的汉风神韵。

兰州水车博览园 | 提灌水车聚集地

兰州水车博览园建成了水车园、水车广场、文化广场，再现了50多年前黄河两岸水车林立的壮观景象。在这里游客们可穿行于古建筑群间，观黄河奔腾、水车旋转、渠水蜿蜒，尝一碗“热冬果”，品一叠“酿皮子”，听着吱吱呀呀的水车讲述着兰州先人生活的故事，别有一番韵味。

亲子信息

甘肃省兰州市七里河区滨河中路4号　0931-8587111　30元/人

夏季08:00～22:00；冬季08:00～18:00

公交：兰州市内可乘坐15路公交至景区

亲子锦囊

1.带孩子欣赏12轮兰州水车，感受黄河奔腾、水车旋转与农业生产的和谐场面；

2.带孩子参观水车广场，观看国内外不同的水车，了解其区别，感受兰州水车的独特风韵；

3.带孩子参观水磨坊，感受曲水流觞，还可以登上览车塔，尽览黄河美景、水车雄姿。

五泉山公园 | 具有两千多年历史的旅游胜地

五泉山公园因有甘露、掬月、摸子、惠、蒙五眼泉而得名，史有鞭响泉涌的传说，是一处具有2000多年历史的旅游胜地。这里山上有古建筑群，廊阁相连、错落有致，西侧为兰州动物园，是孩子们的乐园。每年四月初八，公园都会举办庙会，除了浴佛和法事活动以外，还有花卉展览和各种民俗文化活动，春节期间还会举办灯饰展览。

亲子信息

甘肃省兰州市城关区靖远路皋兰山北麓　0931-88243247

免费，动物园另售票：10元/人　08:00～18:00

公交：兰州市内乘坐8、18、31、33、34路电车等公交在五泉山站下车

亲子锦囊

1.带孩子欣赏翠幽新圃的优美景色，体验过山车、卡宾车、海盗船、垂直极限等的乐趣；

2.带孩子登旷观楼、千佛阁，感受建筑雄伟、壮观的气势，尽览兰州市容美景；

3.带孩子参观金刚殿、玛尼寺、浚源寺等，欣赏铜接引佛，感受置身净土佛国的神圣；

4.带孩子参观兰州市动物园，观看梅花鹿、狮子、老虎、熊猫等动物，妙趣横生；

5.带孩子参观中山纪念堂，瞻仰孙中山先生铜像，了解其为民主事业奋斗的一生。

吐鲁沟国家森林公园 | 被誉为"神话般的绿色山谷"

吐鲁沟位于祁连山东麓，以奇山、秀水著称于世，沟中巨石崔嵬、林木葱茏、峰峦叠翠、泉瀑多姿、环境优美，被誉为"神话般的绿色山谷"。这里由前吐鲁沟森林风景区、三岔旅游村、大吐鲁沟地貌风景区、小吐鲁沟森林风景区和吐鲁沟掌草原游乐区五大景区组成，拥有星叶草、桃儿七、羽叶丁香、黄芪、苁蓉等国家珍稀濒危保护植物，还有麝、狍鹿、蓝马鸡、猞猁、石羊等数十种珍稀动物，是人们森林生态旅游的理想目的地。

亲子信息

- 甘肃省兰州市永登县连城镇吐鲁沟　　0931-6530675
- 50元/人　　08:00~17:00（4月中旬至10月中旬）
- 吐鲁沟虽地处永登县，但离县城也较远，没有专门的直达车，所以，通常都是包车游玩，如个人想去可参加当地的旅行社，随团游玩

亲子锦囊

1.带孩子参观小吐鲁沟，观赏国家珍稀动植物，感受置身鸟语花香的自然画廊的美妙；
2.带孩子在三岔旅游村感受民族风情，还可以去沟掌草原体验住牧民帐篷、骑马的乐趣。

兴隆山风景名胜区 | 被誉为"陇右第一名山"

兴隆山风景名胜区内两山对峙，一水中流，素具泰山之雄、华山之险、青城之幽，有"陇上名胜"之称。这里拥有兴龙山、栖云山、官滩沟、马啣山四大景区，包括云龙桥、成吉思汗文物陈列馆、朱德纪念亭、三官阁、太白泉、喜松亭、藏秀谷、张一悟墓等50余处著名景点，还有马麝、金雕等野生动物160种，以及星叶草、桃儿七、膜荚黄芪等野生植物1022种，备受国内外游客青睐。

亲子信息

- 甘肃省榆中县城关镇西南郊5千米处　　0931-5251081/5251029
- 30元/人　　冬季08:00~21:00；夏季07:00~22:00
- （1）公交：兰州市区有直达景区的旅游专线车
  （2）自驾：兰州市—柳忠高速—连霍高速—定远镇/G312出口出—G312—S101—终点

亲子锦囊

1.带孩子参观云龙桥、关圣殿、朱德纪念亭、烈士陵园等，感受景区浓郁的文化底蕴；
2.带孩子参观成吉思汗陈列馆，瞻仰成吉思汗雕塑，了解一代天骄成吉思汗灿烂的一生；
3.带孩子参观马啣山，欣赏高原特色景观，还可以在攀岩广场体验攀岩的乐趣。

拉卜楞寺 | 世界藏学府

拉卜楞寺保留有全国最好的藏传佛教教学体系，是我国藏传佛教格鲁派六大寺院之一，也是甘南地区藏传佛教格鲁派的政教中心和西北地区最高佛教学府。这里占地0.82平方千米，有6大学院、48座佛殿和昂欠（活佛住所）、500多座僧院，其规模仅次于布达拉宫。每年正月十三和七月初八，这里都会举办晒佛节，其中辩经活动十分壮观。

亲子信息

甘肃省甘南藏族自治州夏河县城拉卜楞镇　0941-8225353

正殿40元/人；贡唐宝塔10元/人（法会期间免费参观朝圣）　08:00～17:00

（1）公交：兰州、临夏、合作等地均有直达拉卜楞寺的长途汽车

（2）自驾：兰州市—兰海高速—兰郎高速—G213—S312—人民西路—终点

亲子锦囊

1.带孩子参观闻思学院经堂、时轮学院经堂、医学院经堂等，参拜释迦牟尼佛，欣赏堪布仓、公堂罗智仓、旦巴嘉措等活佛灵塔，感受藏传佛教艺术；

2.正月十三、七月初八带孩子参加晒佛节，拜佛像，听僧众高诵沐浴经，感受肃穆气氛。

麦积山风景名胜区 | 素有“东方雕塑陈列馆”的美誉

麦积山风景名胜区由麦积山、仙人崖、石门、曲溪、街亭温泉5个景区组成，包括180多个风景点，是国家5A级旅游区。这里动植物物种丰富多样，地质地貌、气候典型独特，石窟文化保存完好，文化底蕴十分深厚。其中最为绚丽夺目的就是麦积山石窟，该石窟始建于公元5世纪初，至今仍保存着221座洞窟，10 632身泥塑石雕，979.54平方米壁画，题材丰富，艺术精湛，素有“东方雕塑陈列馆”的美誉。

亲子信息

甘肃省天水市麦积区麦积镇南侧　0938-2731407/8272659

通票120元/人；观光车往返票价10元/次　夏季08:00～17:30；冬季09:30～16:30

（1）公交：麦积区火车站前每日都有专线旅游车34路发往景区，每7分钟一趟

（2）自驾：天水市—天巉公路—天北高速—羲皇大道东路—终点

亲子锦囊

1.带孩子参观麦积山石窟，赏泥塑石雕、摩崖造像、壁画等，感受东方雕塑的独特魅力；

2.带孩子在石门欣赏古树、云海、奇松、月夜，感受置身山清水秀、天人合一仙境之美；

3.带孩子舒适地泡温泉，还可以参观三国马谡失街亭古战场遗址、杜甫东柯草堂等景点；

4.带孩子参观曲溪，享受天然原始的清幽和野趣，体验垂钓的乐趣。

武山水帘洞石窟 | “群峰叠嶂觅无路，乱石开径别有天”

武山水帘洞现存有水帘洞、拉梢寺、千佛洞、显圣池4个单元，其中水帘洞属丹霞地貌，周围有众多栩栩如生的象形奇峰，包括花果山、鲁班试斧、松林晓月、仙人送子、五虎出山等景点；水帘洞石窟群则以浮雕、窟龛、悬塑、壁画为主，融北魏至清朝各代佛教文化为一体，包括世界第一大露天摩崖浮雕大佛、历代造像、壁画、建筑物、舍利塔、题记碑刻等。

亲子信息

- 甘肃省天水市武山县钟楼峡谷中
- 13919620135
- 30元/人
- 淡季09:00～17:00；旺季08:30～18:30
- （1）公交：天水武山县车站有直达钟楼山的长途汽车
- （2）自驾：天水市—连霍高速—洛门/四十里铺出口离开—G316—水帘洞

亲子锦囊

1.带孩子参观水帘洞、菩萨殿、观音寺等，欣赏洞内壁画，了解麻线娘娘的美丽传说；

2.带孩子参观拉梢寺，瞻仰世界第一大露天摩崖浮雕大佛，感受摩崖石雕的独特魅力。

黄河三峡风景名胜区 | 中国恐龙之乡、彩陶之乡、傩文化之乡

黄河三峡风景名胜区自然风光峻奇秀美，是西北高原特有的黄河风情绚丽画卷。这里拥有被誉为东方艺术瑰宝的炳灵寺石窟，新中国第一座百万千瓦级的刘家峡水电站，堪称世界之最的恐龙足印化石群，雄奇壮美的丹霞地貌奇观——炳灵石林，苇丛繁茂、鹅戏鸟翔的黄河湿地——太极岛，还有水上游乐项目，是中国恐龙之乡、彩陶之乡、傩文化之乡。

亲子信息

- 甘肃省临夏回族自治州北部永靖县境内
- 0930-8836108
- 刘家峡船票35元/人；炳灵寺石窟50元/人
- 09:00～18:00
- （1）公交：永靖县内没有至景区的公交，只能打车前往
- （2）自驾：临夏回族自治州—庆胜路—G213—川南路—G213—终点

亲子锦囊

1.带孩子参观刘家峡水库，赏旖旎风光，体验水上摩托、水上飞伞、水上自行车的乐趣；

2.带孩子参观风姿绰约的白塔寺，我国自行设计、建造的刘家峡水电站，增强爱国情怀；

3.带孩子参观炳灵寺石窟，赏驼耕田、金蛇爬山、青蛙观天等石林景观，感叹自然之美。

嘉峪关文物景区 | 素有“河西重镇”“边陲锁钥”之称

嘉峪关是明代万里长城的西端起点，是明代长城沿线建造规模最为壮观，保存程度最为完好的一座古代军事城堡，是明朝及其后期各朝，长城沿线的重要军事要塞，素有“中外钜防”“河西第一隘口”之称。景区拥有嘉峪关长城关城博物馆、嘉峪关关城、魏晋壁画墓、万里长城第一墩、悬壁长城、黑山岩画等景点，其中嘉峪关关城始建于明洪武五年（1372年），分为外城、瓮城和内城三部分，结构巧妙，固若金汤；嘉峪关长城博物馆建成于1989年，共有7个展厅，展出文物、古兵器、书画作品7000余件，是我国第一座以长城文化为专题的博物馆；万里长城第一墩是以戈壁风光和西北民俗风情为特色的旅游胜地。

亲子信息

甘肃省嘉峪关市嘉峪关乡　　0937-6396110

旺季101元/人；淡季61元/人（可游览景区内所有景点，含邮资明信片1张）

夏秋季08:30～20:00；春冬季08:30～18:00

（1）公交：乘火车至嘉峪关站，从嘉峪关市前往可乘坐出租车到达各景点

（2）自驾：嘉峪关市政府—新华南路—迎宾东路—环岛—新华南路—环岛—新华中路—兰新西路—关城南路—嘉峪关文物景区

亲子锦囊

1.带孩子欣赏关城，参观官井、关帝庙、戏台等景点，感受其雄伟的气势；

2.带孩子参观博物馆，观看长城工牌、永乐铜炮、嘉峪关照印版等，了解长城的历史；

3.带孩子参观万里长城第一墩，感受“大漠孤烟、长河落日”恢宏壮阔的边塞风光；

4.带孩子欣赏悬壁长城，参观雕塑群和古代兵器展览，了解长城文化和丝绸之路文化；

5.带孩子欣赏魏晋砖壁画墓、黑山岩画等，了解我国美术的发展；

6.带孩子参观游击将军府，感受“醉卧沙场君莫笑，古来征战几人回”征战场面的残酷、悲怆和豪壮。

山丹大佛寺 | 自古便有“塞上名刹，佛国胜境”的美誉

山丹大佛寺始建于北魏时期，因寺中有中国最大的室内卧佛涅槃像而得名。这里背靠瞭高山，前迎龙首山，左傍祁店水库，右连清泉圃田，寺前地势平坦，视野开阔，拥有大佛寺、弥陀千佛塔、藏经阁、万圣殿等建筑，加上清流碧波、萦环绕缠的水库，更显佛山一色，度地之胜。农历四月初四，寺内均会举办庙会，时适春夏之交，风和景明，游人如织，车马连属，盛况非凡。

亲子信息

甘肃省张掖市山甘州区民主西街大佛寺巷　0936-8212049

41元/人　09:00~18:00

公交：张掖汽车站有前往大佛寺的车

亲子锦囊

1.带孩子欣赏大佛寺、弥陀千佛塔等建筑，感受西夏少数民族宗教建筑艺术的独特魅力；
2.带孩子朝拜造像精美、线条流畅的卧佛，参观佛教艺术陈列，感受佛教文化的魅力；
3.带孩子参观金塔殿，欣赏释迦弘法、佛祖本身故事等壁画，了解佛教的相关内容；
4.带孩子欣赏戏楼、钟楼、鼓楼等建筑，以及木雕、砖镌、泥塑等，感受三晋艺术。

崆峒山 | “西来第一山”“西镇奇观”“道源圣地”

崆峒山集奇、险、灵、秀的自然景观和古朴精湛的人文景观于一身，自古就有“西来第一山”“西镇奇观”“道源圣地”之美誉。其间峰峦对峙，危崖耸立，似鬼斧神工；林海浩渺，烟罩雾笼，如缥缈仙境；高峡平湖，水天一色，颇具漓江神韵。相传黄帝曾在此问道，秦皇汉武都曾登临此山，唐宋明清各代也在此建有道观禅院，众多文人墨客留下了大量的诗词、华章、碑碣、铭文。

亲子信息

甘肃省平凉市崆峒区城西12千米处　0933-8711212

旺季120元/人；淡季60元/人　08:00~17:00

（1）公交：平凉市汽车西站前的2路车站有专线车发往崆峒山，2元/人
（2）自驾：平定高速—G312—福银高速—平凉/崆峒山/X047出口离开—崆峒大道

亲子锦囊

1.带孩子欣赏东台卧观平凉、南台蜡烛峰、北台一线天等，感受造物者的鬼斧神工；
2.带孩子参观朝阳洞、药王洞、三教洞、雷祖殿等，感受道教神山、佛门圣地气象；
3.带孩子欣赏二郎石、大象石、姊妹峰、龟蛇对峙等，领略嶙峋怪石的独特魅力；
4.带孩子乘坐游艇，欣赏弹筝湖山水美景，感受丹霞山貌之美。

张掖丹霞地质公园 | 国内唯一的丹霞地貌与彩色丘陵景观复合区

张掖丹霞地质公园是国内唯一的丹霞地貌与彩色丘陵景观复合区。这里的彩色丘陵分为南、北两部分，其中南群以层理交错、岩壁陡峭、气势磅礴、造型奇特、色彩斑斓而称奇，观赏性十分强；北群地势相对平缓，主要以单斜脊为主，以山体纹理、脉络清晰见长。走进冰沟、芦苇沟、万佛峡、钻洞沟，欣赏着宛若城堡、麦垛、宫殿的地貌奇观，别有一番趣味。

亲子信息

甘肃省张掖市临泽县倪家营南台子村　0936-5678118/5678888

入园40元/人；交通费20元/人　07:00~19:00

（1）公交：张掖汽车西站、张掖火车站都有直达景区的专线公交车

（2）自驾：张掖高速口下，沿肃南公路，47千米处临泽倪家营南台子村

亲子锦囊

1.带孩子欣赏相对平缓的北群，了解丹霞地貌的形成过程，增长科普知识；

2.带孩子欣赏七彩大扇贝、七彩湖、七彩峡、刀山火海等，感受大自然的鬼斧神工。

景泰黄河石林 | 可称之为“中华自然奇观”

景泰黄河石林群山环抱，环境幽静，空气清新，风景秀丽，因“国内独有、世界罕见”的石林绝景而享誉海外。景区内峡谷曲折，峰林耸立，绝壁凌空，气势磅礴，自然造型多姿传神，拥有雄狮当关、猎鹰回首、大象吸水、千帆竞发、西天取经等景点。石林景观与九曲黄河动静结合；多娇龙湾绿洲与坝滩戈壁隔河对视，对比强烈，形成了一幅奇、雄、险、古、野、幽的天然园林画卷。

亲子信息

甘肃省白银市景泰县东南部中泉乡龙湾村　0943-5523080

套票110元/人（含门票、交通票、羊皮筏子、游轮的往返票）　08:00~24:00

（1）公交：从兰州乘坐高速快客至白银市，再从白银市内乘坐出租车前往景区

（2）自驾：兰州市—柳忠高速—白兰高速—S217—终点

亲子锦囊

1.带孩子欣赏大象吸水、千帆竞发、西天取经等独特景观，感受大自然的鬼斧神工；

2.带孩子乘坐风情畜力车，融入西部粗犷的文化氛围中，感受当地老乡淳朴的民风；

3.带孩子乘坐羊皮筏子，一边欣赏两岸似巨幅画卷的景致，一边体验惊险与刺激。

宁夏

NINGXIA

弘扬六盘山精神推进固原跨越发展

沙湖 | 被称为“塞上明珠”

沙湖融江南水乡和大漠风情为一体，独具特色的湖水、沙山、芦苇、飞鸟、游鱼有机结合，被称为“塞上明珠”。这里分为百鸟乐园、万亩荷花、尼罗河风情、大漠丝路等几个景区，同时开设了多个旅游项目。此外，这里的鸟岛还是观鸟胜地，每年春、秋季便呈现一派鹳鸣鹤舞，天鹅翔集，百鸟争鸣，声闻数里的景象。

亲子信息

宁夏回族自治区石嘴山市平罗县姚伏镇西部　0952-6684025

旺季60元/人；淡季40元/人　08:00～18:00

（1）公交：银川市南门乘坐前往沙湖生态旅游区的专线车，1.5小时可到

（2）自驾：银川市—京藏高速公路—姚伏/沙湖出口离开—姚沙公路—终点

亲子锦囊

1.带孩子参观百鸟乐园，欣赏大鸨、中华秋沙鸭、白尾海雕等珍稀候鸟，妙趣横生；

2.夏季带孩子欣赏万亩荷花，感受“接天莲叶无穷碧，映日荷花别样红”的意境；

3.带孩子欣赏金字塔、狮身人面像等沙雕作品，感受尼罗河的异域风情。

镇北堡西部影视城 | 享有“中国电影从这里走向世界”的美誉

镇北堡西部影视城成立于1993年，在此拍摄了《牧马人》《红高粱》《黄河谣》《大话西游》《新龙门客栈》等脍炙人口的影视片，享有“中国电影从这里走向世界”的美誉。人们在此可漫步老银川一条街，欣赏各类影视片重要场景，还可参与最具个性时尚的影视短剧、MTV等娱乐项目，感受“来时是游客，走时成明星”的乐趣。

亲子信息

宁夏回族自治区银川市西夏区镇北堡镇郊区空旷的荒野上　0951-2136068

通票：100元/人　旺季08:00～18:00；淡季08:30～17:30

（1）公交：在银川市南关清真寺乘坐旅游中巴即可到达

（2）自驾：亲水北大街—银川绕城高速—镇芦路—G110—终点

亲子锦囊

1.带孩子欣赏塔林、狼人部落、天崩地裂等建筑，感叹电影艺术家高超的摄影手法；

2.带孩子欣赏牛魔王招亲台，回想《大话西游》中唐僧在此的经典对白，十分有趣。

贺兰山岩画 | 规模宏大的古岩画

贺兰山曾是匈奴、鲜卑、突厥、党项等北方少数民族驻牧游猎、生息繁衍的地方，居住者将他们的生活场景凿刻在岩壁上，表达了对美好生活的向往，重现了当时的审美观、社会习俗和生活情趣。这里保存着从春秋战国到西夏时期的6000多幅岩画，其中人面像岩画就有700多幅，是人们了解原始氏族部落、中国人类艺术史的理想去处。

亲子信息

宁夏回族自治区银川市贺兰县金山乡境内贺兰山东麓　0951-2153661

60元/人　08:00～18:30

（1）公交：4月20日至10月20日可在新月广场乘坐旅游专线二至景区

（2）自驾：亲水北大街—银川绕城高速—镇苏路—岩画路—终点

亲子锦囊

1.带孩子参观古村落遗址，观岩画，了解3000多年以前北方民族的生活习俗和社会活动；

2.带孩子欣赏鹰嘴崖、飞来石、涌泉潭、燕子梁等自然美景，体验吃住农家的乐趣；

3.带孩子参观世界岩画馆，观看世界岩画、中国岩画等展览，感受贺兰山岩画的独特魅力。

西夏王陵 | 被世人誉为“神秘的奇迹”“东方金字塔”

西夏王陵是我国规模最大、保存最完整的地面王陵之一，也是最大的西夏文化遗址，被世人誉为“神秘的奇迹”“东方金字塔”。园陵分为南区、中区、北区，现存有9座王陵陵台和140多座陪葬墓，以及西夏博物馆、西夏史话艺术馆、西夏碑林等展现西夏深厚历史文化的景点，其中以南区的裕陵和嘉陵最大，俗称双陵。

亲子信息

宁夏回族自治区银川市西约30千米的贺兰山东麓　0951-6119590

60元/人（通票），区内电瓶车5元/人，滚钟口20元/人　08:00～19:00

（1）公交：银川市区南门汽车站、北门汽车站、南关清真寺均有发往景区的班车

（2）自驾：市区自北京路向西到头，丁字路口向南拐上110国道，直行可到

亲子锦囊

1.带孩子参观裕陵、嘉陵、泰陵等，了解陵园的布局，感受昔日的辉煌与今日的沧桑；

2.带孩子参观西夏博物馆，欣赏西夏历史遗存精品，了解西夏王国的兴衰历史轨迹；

3.带孩子参观滚钟口，欣赏花岗岩风蚀地貌，听笔架山、避暑宫、公主台等历史典故；

4.带孩子欣赏拜寺口双塔，感受浓郁的西夏建筑特色；

5.带孩子参观三关古长城，感受其“一夫当关，万夫莫开”的气势。

水洞沟 | 3万年前人类繁衍生息的圣地

水洞沟是中国最早发掘的旧石器时代文化遗址，被誉为“中国史前考古的发祥地”“中西方文化交流的历史见证”。这里出土了3万多件石器和67件古动物化石，同时还保留了我国北方明代古长城、烽燧、城堡、沟堑、墩台等军事防御建筑，还有魔鬼城、卧驼岭、摩天崖、断云谷、怪柳沟等20多处土林奇绝景观。

亲子信息

宁夏回族自治区银川市灵武市临河镇水洞沟旅游景区　0951-5014338/5055816

76元/人；藏兵洞30元/人；套票96元/人；博物馆内动感实景体验10元/人

08:00~17:00

（1）公交：银川北门旅游汽车站每15分钟都会有一班班车至景区，10元/人

（2）自驾：银川—大团结广场—银青高速—黄河大桥向东—银青高速辅道—终点

亲子锦囊

1.带孩子参观水沟洞遗址博物馆，了解人类的进化史，置身动感实景中的真实感；

2.带孩子参观藏兵洞、军府邸遗址、明长城等，了解我国古代军事防御体系的相关知识；

3.带孩子欣赏鸳鸯湖、枣泥湾、芦花谷等塞上江南美景，感受置身桃源仙境的美妙；

4.带孩子参观魔鬼城，欣赏雅丹地貌特有的景观，听风吹来的各种恐怖声音，惊险刺激。

中华回乡文化园 | 我国目前唯一的以回族文化为主题的旅游景区

中华回乡文化园是我国目前唯一的以回族文化为主题的旅游景区。这里依托古老的纳加户清真大寺和回族风情浓郁的纳加户村修建了景观湖、金色礼仪大殿、演艺大厅、曼苏尔宫清真餐厅、中华回族第一街、纳家大院等建筑，并设有现场舞剧《月上贺兰》，展示了伊斯兰文化的独特魅力。

亲子信息

宁夏回族自治区银川市永宁县纳家户清真大寺北侧　0951-8025888

60元/人；《月上贺兰》A区：120元/人　夏季08:00~20:00；冬季08:00~18:00

（1）公交：银川火车站乘坐1路公交至银川南门，再转乘302路公交至终点即可

（2）自驾：京藏高速永宁出口处下高速，即可到达中华回乡文化园

亲子锦囊

1.带孩子参观回族博物馆，了解回族的历史、风俗，以及对世界闻名所作出的贡献；

2.带孩子参观曼苏尔宫，品尝回族风味小吃、特色清真菜等，感受回族风情；

3.带孩子欣赏金色礼仪大殿，在演艺大厅观看《月上贺兰》表演，了解伊斯兰文化；

4.带孩子参观民俗村，观看婚俗、剪纸工艺、泥蛙鸣等展示，体验回族人文、民居民俗。

沙坡头旅游区 | 中国最美的沙漠

沙坡头位于腾格里沙漠东南缘，毗邻黄河，属草原化荒漠地带，集黄河、高山、绿洲于一身，既有江南的秀丽景色，又有北国的壮观风光，2005年被《中国国家地理》评为“中国最美的沙漠”。这里有中国最大的天然滑沙场，有横跨黄河的“天下黄河第一索”，有代表黄河文化的古老水车，有中国第一条沙漠铁路，还有黄河上最古老的运输工具——羊皮筏子。除了赏景，游客还可以骑骆驼观看沙漠中的海市蜃楼，可以驾越野车去沙海冲浪。

亲子信息

宁夏回族自治区中卫市城西16千米处　0955-7681481/7689333

旺季100元/人；淡季45元/人；娱乐项目套票：A 60元；B 325元；C 490元

06:00~19:00

（1）公交：从银川乘火车至中卫，从中卫汽车站乘坐发往沙坡头的专线车即到

（2）自驾：银川—福银高速—定武高速—孟家湾/沙坡头出口离开—S201—终点

亲子锦囊

1.带孩子在沙漠绿洲捡五颜六色的鹅卵石，骑骆驼欣赏沙漠风光，领略沙漠旅行的味道；

2.带孩子登上观景台，观看“大漠孤烟、长河落日”，瞭望古长城、烽火台，十分美丽；

3.带孩子参观沙漠博物馆，参加沙漠互动游戏，增长沙漠科普知识，了解沙漠历史文化；

4.带孩子参观沙生植物园，观看治沙成果展，体验沙滩排球、足球、沙海探宝的乐趣；

5.带孩子欣赏河湾水车，感受古老的黄河风情，感叹中华儿女的聪明才智；

6.带孩子参加高空滑索，锻炼勇气，尽享瞬间产生的强烈刺激；

7.带孩子住沙漠帐篷、蒙古包，品尝民族餐，参加沙地篝火狂欢，感受独特的蒙古风情。

六盘山 | 黄土高原上的绿岛

六盘山位于宁夏的南部，是古代丝绸之路东段北道的必经之路，也是历来的兵家用武的重镇要塞，因毛泽东的《清平乐·六盘山》而名扬中外。这里山清水秀，森林茂密，物种丰盛，夏季凉爽宜人，是难得的避暑胜地。在此，你可以参观当年成吉思汗点将练兵的点将台和演兵场，观看当年军炊用过的大石磨盘、喂马的马槽、插军旗的旗杆座等遗物，了解其在军事上的重要性；可以欣赏蒙古族的歌舞，玩骑射游戏，感受蒙古族的民族风情；在夏秋之际，还可以看到“野荷”、芸芥、荞麦花等，漫山遍野，宛若织锦庄园。

亲子信息

宁夏回族自治区西南部固原市泾源县　0954-5648319

红军长征区50元/人；森林公园65元/人；老龙潭60元/人；野荷谷25元/人

07:00～17:00

（1）公交：在固原市内打车前往即可

（2）自驾：银川—福银高速—泾源/S101出口出—S101—东平路—泾白路—终点

亲子锦囊

1.带孩子参观红军长征纪念馆，了解红军当年长征的艰苦岁月，永记长征精神；

2.带孩子参观凉殿峡、成吉思汗避暑行宫等，感受在谷中自感生风的凉爽与舒适；

3.带孩子参观植物园，欣赏蔷薇、珍稀动植物、草本植物等，增长科普知识；

4.带孩子参观六盘关寨，观看战争遗迹，了解其“扼九寨咽喉，七关襟带”的地位；

5.5～8月带孩子欣赏河床上遍地的野荷，感受置身江南水乡的意境；

6.带孩子居住蒙古包，欣赏蒙古族歌舞，体验骑射游戏的乐趣。

须弥山石窟 | 被誉为“宁夏敦煌”

须弥山石窟是中国十大石窟之一，“须弥”是梵文音译，意为宝山。从南向北，建有大佛楼、子孙宫、圆光寺等8个区域，其中北魏石窟集中于子孙宫，北周石窟集中在圆光寺、相国寺区域，隋唐时的石窟主要分布在相国寺以北，最为引人注目的是须弥山入口处高达20.6米的弥勒大坐佛。

亲子信息

宁夏回族自治区固原市固原县城北部55千米

0954-2610325　60元/人　07:00~19:00

（1）公交：从固原乘班车至三营镇，在镇北的路口有前往须弥山的车

（2）自驾：银川市—福银高速—三营/S101出口出—三须路—潘西路—终点

亲子锦囊

1.带孩子欣赏石窟造像，了解北朝至唐、宋历代的造像技艺，感受我国古代文化的魅力；

2.带孩子参观须弥山博物馆，观看须弥之光、佛国众生、佛窟荟萃、丝路开通等展览，了解须弥山石窟的艺术成就，以及丝路文化的历史渊源。

青铜峡风景区 | 被誉为“塞上明珠”

青铜峡拥有秦渠、汉渠、大清渠等九大黄渠灌溉渠道，景色十分秀美，被誉为“塞上明珠”。这里拥有一百零八塔、金沙湾、鸟岛、牛首山寺庙群、哈巴湖等景点。人们在一百零八塔可以沐浴佛教的洗礼；在金沙湾可以参加滑沙、沙滩排球、垂钓等娱乐项目；在鸟岛可以欣赏多种鸟类及加拿大紫花苜蓿；在农历三月十五还可以参加牛首山庙会，乐趣十足。

亲子信息

宁夏回族自治区中卫市青铜峡市青铜峡镇　0953-3012868

成人票80元/人；儿童票50元/人　全天开放

（1）公交：从市内乘坐2路公交到青铜峡大坝，然后换乘渡船到达各景点

（2）自驾：青铜峡市—古峡东街—G109—青铜峡旅游区

亲子锦囊

1.带孩子参观一百零八塔、牛首山寺庙群，感受佛教文化，去掉人生众多烦恼；

2.带孩子参观金沙湾旅游区，参加滑沙、漂流、皮划艇等活动，领略乡村田园乐趣；

3.带孩子参观鸟岛，观看白天鹅、白鹭等鸟类，体验置身加拿大紫花苜蓿花海的浪漫。

青海

QINGHAI

青海湖 | 中国最大的内陆湖泊

青海湖又名“库库淖尔”，蒙语为“青色的海”之意，位于青海省东北部，占地4500平方千米，是中国最大的内陆湖泊，也是中国最大的咸水湖。这里群山环绕、地域辽阔、草原广袤、水草丰美、环境秀丽，水面波澜壮阔、烟波浩渺，宛若一面巨大的宝镜镶嵌在高山、草原之上，分为鸟岛、沙岛、二郎剑、仙女湾4个景区。景区水里成群结队的湟鱼自由自在地游动；湖畔的麦田整齐如画，麦浪滚滚；油菜花伴着和煦的阳光随清风浮动，泛起金黄色的涟漪，清香四溢，宛若神话中的人间仙境。

亲子信息

青海省海南藏族自治州共和县青藏公路第151千米处　0974-8519831/8519688

100元/人；游船45元/人；海滩22元/人；鸟岛100元/人；沙岛100元/人　全天开放

（1）公交：从西宁乘坐汽车过去，长江路和西关大街路口设有售票处

（2）自驾：西宁市—西塔高速—京藏高速—湟岛公路—G109—终点

亲子锦囊

1.带孩子乘船观鸟，欣赏斑头雁、棕头鸥、鸬鹚等鸟类，增长科普知识，增强环保意识；

2.带孩子参观海心山，7月可来此欣赏油菜花，感受置身金色花海的浪漫；

3.带孩子参观沙岛，参加青海湖沙岛国际沙雕艺术节，体验自己制作沙雕作品的乐趣；

4.带孩子参观茶卡盐湖，一边欣赏盐湖的美丽风光，一边参观机械化采盐作业；

5.带孩子参观日月山，观赏东西两侧不同的地理景观，了解文成公主入藏的故事；

6.带孩子参观二郎剑，观鸟、鹿、海等，体验水上摩托、自驾艇等活动的乐趣。

金银滩草原 | 青海最有名的草原

金银滩草原位于青海省海晏县境内，包括青海湖畔金沙滩和银滩两大著名草原，是世界名曲《在那遥远的地方》的诞生地，还是孕育新中国第一颗原子弹、氢弹的神秘禁区，也是中国第一个核武器基地所在地。这里拥有原子城纪念馆、海晏三角城遗址、王洛宾音乐艺术馆、白佛寺等景点。每年7～9月，这里鲜花盛开、百鸟飞翔，莲花似的蒙古包散落在四周，构成了辽阔的草原风光。

亲子信息

青海省海南藏族自治州海晏县西海镇西北7千米处　0970-8644379

90元/人（套票）　08:30～19:00

（1）公交：乘车至西宁或青海湖附近，再转乘海晏县西海镇或者金银滩的车即可

（2）自驾：西宁市—京藏高速—西湟高速—G315—西海大街—金银滩草原

亲子锦囊

1.带孩子参观原子城纪念馆，海晏三角城遗址等，观看核武器纪念碑，了解景区的历史；

2.带孩子参观王洛宾音乐艺术馆，观看照片、实物等，了解王洛宾音乐文化和西部音乐；

3.带孩子参观藏家风情园，避暑，观看体育竞技表演等，感受藏家风情的魅力。

格尔木昆仑山旅游区 | 被誉为“中国万山之祖”

格尔木昆仑山旅游区位于柴达木盆地，是“中华万山之祖”的昆仑山所在地。这里拥有深厚的文化底蕴，流传着无数神话传说，极富神秘色彩。景区内有昆仑山口、玉虚峰、西王母瑶池、昆仑神泉、万丈盐桥、胡杨林、昆仑文化碑林等景点，还有世界屋脊汽车探险、昆仑山道教寻祖、胡杨林风景等旅游线路，是人们工业旅游、寻根朝觐、登山探险、历史探古的理想之所。

亲子信息

青海省格尔木市南160千米的青藏公路沿线　0977-8222015　免费　全天开放

（1）公交：从西宁坐车至格尔木市，再乘出租车可到达旅游区

（2）自驾：西宁市—盐桥南路—西藏路—G109—终点

亲子锦囊

1.带孩子欣赏昆仑山，6月还可以赏雪，了解玉龙在此腾空的故事，感受其壮美、神秘；

2.带孩子参观瑶池仙境，饮纳赤台清泉，欣赏玉虚峰，漫步昆仑桥，体验惊险与刺激；

3.带孩子欣赏宛若鲸鱼、游龙、金字塔等造型的雅丹地貌景观，体验置身迷宫的乐趣；

4.带孩子参观盐湖博物馆、胡杨林，还可以在蒙古族族风情园中体验篝火晚会的乐趣。

塔尔寺旅游区 | 喇嘛教黄教创始人宗喀巴诞生地

塔尔寺位于西宁市区西南，始建于1379年，是我国著名的六大喇嘛寺之一，也是喇嘛教黄教创始人宗喀巴诞生地。这里依山叠砌、蜿蜒起伏、错落有致、气势恢宏，拥有殿堂15座、僧房上万间。寺内的壁画、堆绣、酥油花被誉为“三绝”。另外，塔尔寺每年都会举行“四大法会”。

亲子信息

青海省西宁市湟中县鲁沙尔镇西南隅莲花山　0971-2232357

80元/人　5～10月07:30～18:00；其他月份08:30～17:30

（1）公交：西宁体育馆隔壁小西门汽车站和城西的纸坊路汽车站均有至景区的车

（2）自驾：西宁市—西塔高速公路—塔尔寺/湟中路出口离开—西塔二级—终点

亲子锦囊

1.带孩子欣赏《释迦牟尼本生故事》《莲花生本传故事》《文成公主进藏》等大型酥油花，以及殿宇上的壁画、堆绣等，了解佛教故事，感受藏族文化的特色魅力；

2.带孩子参观大金瓦殿、小金瓦寺、大经堂等，感受汉藏艺术风格相结合的建筑魅力；

3.7月带孩子来此可以欣赏沿途的油菜花，还可以参加法会，感受佛教文明。

贵德古城 | 青海省乃至西北地区保存最为完整的古城之一

贵德古城是青海省乃至西北地区保存最为完整的古城之一。整个古城呈正方形，周长2278米，高11.7米，为夯筑土城。现存有东、西、北三面城墙，东部建有文庙、关岳庙、万寿观（玉皇阁）等；西部建有大佛寺、城隍庙和图书馆，整个建筑群规模宏大、历史悠久。

亲子信息

青海省海南藏族自治州贵德县河阴镇　0974-8569920/8561262

贵德温泉40元/人；黄河奇石苑20元/人

温泉09:00～23:00；奇石苑08:30～18:00（5～10月），09:00～17:00

（1）公交：西宁汽车站有西宁至贵德的长途班车，每半小时一趟

（2）自驾：西宁市—西塔高速—S101—县门街—终点

亲子锦囊

1.带孩子欣赏玉皇阁古建筑群，登上阁顶，感受其雕梁画栋，半拱飞檐的古代建筑风格；

2.带孩子参观雄伟的文昌宫，参加求学、求财、求仕、求平安等活动，寄托美好的愿望；

3.带孩子欣赏宛若老人、唐僧、各种动物的丹霞地貌景观，感叹大自然的鬼斧神工；

4.带孩子去扎仓温泉、贵德温泉泡温泉，尽享舒适；

5.带孩子参观奇石苑、黄河湿地等，领略海湖日出的独特魅力。

西宁东关清真大寺｜西宁规模最大的清真寺

西宁东关清真大寺建筑物雄伟壮观，具有中国古老的建筑艺术和伊斯兰教特色。寺内主要有前三门、鸣经楼、大殿、厢楼、广场等供人欣赏的景观，其中大礼拜堂内拥有诸多名人匾额、浮雕，以及色彩斑斓的礼拜毯，在海内外均享有盛誉。

亲子信息

- 青海省西宁市东关大街31号
- 0971-8177306/8177126
- 25元/人（女游客禁止入内）
- 冬季08:00～18:00；夏季08:00～20:00
- 公交：西宁市内乘坐1、2、5、10、14、17路等公交至东稍门站下车

亲子锦囊

1.带孩子欣赏前三门、中五门等建筑，感受中国古老的建筑和伊斯兰教特色建筑艺术；

2.带孩子参观礼拜堂，欣赏浮雕、礼拜毯等，阅读石刻，了解西宁大寺的历史事迹。

土族故土园｜土族人的故乡

土族故土园依托原始淳朴的自然环境、奇特雄伟的生态环境、神秘古老的文化遗迹、风格迥异的民族风情，成为青海省最具吸引力的民族文化园，被人们认为是“土族人的故乡”。在此，人们可以欣赏北山国家森林公园的奇松怪石、林海云涛、流泉飞瀑、珍禽异兽；可以去佑宁寺、五峰寺、白马寺等祈福；可以欣赏土族服饰、土族刺绣、安昭舞、轮子秋、土族婚俗等；每年六月初六还可参加一年一度的五峰山花儿会。

亲子信息

- 青海省西宁市互助自治县威远镇北街1号
- 0972-8320858
- 60元/人
- 08:00～17:00
- （1）公交：西宁长途汽车站有直达互助县的中巴，6元/人
  （2）自驾：西宁市—京藏高速—互助/韵家口/S1112出口离开—韵家口高架桥—终点

亲子锦囊

1.带孩子走进土乡人家，欣赏安昭舞、轮子秋、土族婚礼等表演，感受土家风情魅力；

2.带孩子参观五峰山，农历六月初六参加五峰山花儿会，感受土族的民俗风情。

门源油菜花海 | 全国乃至全世界最大的小油菜种植区

门源油菜花海西起浩门河畔的青石嘴，东到大通的玉隆滩，北到冷龙岭，南至大坂山，绵延数十千米，是全国乃至全世界最大的小油菜种植区。每年的7月初开始，这里便进入油菜花盛开的花期，所有的油菜花竞相开放，与远处连绵的祁连山、湛蓝的天空、如棉花糖般的白云、潺潺的流水、葱翠的林海草原、独有的民居、峰农等交相辉映，宛如一幅香气四溢的油画，令游客迷醉其中，流连忘返。

亲子信息

青海省海北藏族自治州门源县　0971-6122987/8610333

20元/人　全天开放（开花时间是7月5日至25日，最佳花期是7月10日至20日）

（1）公交：在西宁市长途客运站乘汽车至门源县浩门镇，约5小时，36元/人

（2）自驾：西宁市—西小高速—G227—终点

亲子锦囊

1.7月18日至25日带孩子参加油菜花节，体验百里油菜花海的壮观与浪漫；

2.带孩子登上观花台，领略“大阪山、岗什卡雪峰、青海湖、门源民俗”美景的魅力；

3.带孩子参观祁连牧场，观看黑色牦牛、白色羊群、枣红色马群，体验驰骋其间的乐趣。

年宝玉则 | 被誉为果洛发祥地

年宝玉则是川、甘、青三省接合部的神山，藏族英雄史诗中格萨尔王的故事就发生在此，被誉为果洛发祥地。这里主峰海拔5369米，山上冰体壮观、山岩陡峭，拥有冰雪消融形成的众多湖泊，包括仙女湖、妖女湖、日尕玛措、玛尔杂湖等。

亲子信息

青海省果洛藏族自治州久治县索呼日麻乡境内　0975-8332000

60元/人（讲解员80元/次）　06:00～18:00

（1）公交：在久治县包乘越野车、卡车前往，越野车往返景区约1200元

（2）自驾：西宁—京藏高速—平阿高速—S203—G213—S204—X418—S101—终点

亲子锦囊

1.带孩子参观莲花生佛的脚印、格萨尔王点兵训军的石座等，了解景区的历史文化底蕴；

2.带孩子参观仙女湖、日干措湖、文措湖等，欣赏落英湖瀑布中鳄鱼石的异彩纷呈；

3.带孩子参观年保大滩，观牛羊遍地，草长莺飞，感受真正回到了大自然之中的美妙；

4.带孩子参加年宝玉则旅游节，登山、穿越、转湖、煨桑祭祀等，感受当地的风俗民情。

循化撒拉族绿色家园 | 素有“青海小江南”之美誉

循化撒拉族绿色家园盛产瓜果、辣椒、花椒等植物，素有“青海小江南”之美誉。这里山清水秀，风光独好，积石山奇峰耸峙，丹霞地貌峥嵘相间；公伯峡、积石峡雄奇壮美；孟达国家级自然保护区原始森林郁郁葱葱；文都、尕楞林海苍松荫绿；孟达天池娴静秀丽；大里加神池云雾缭绕；瀑布飞湍，草原绵延，珍禽异兽等随处可见。

亲子信息

- 青海省海东地区循化撒拉族自治县境内
- 0972-8814968
- 10元/人；孟达天池70元/人；骑骡25元/人
- 4月20日～10月20日：09:00～18:00
- （1）公交：循化撒拉族自治县境内可乘坐出租车前往
  （2）自驾：西宁市—京藏高速—平阿高速—S202—积石大街—终点

亲子锦囊

1.带孩子参观孟达天池，看群峰倒影，水鸟翱翔，鱼儿游动，心旷神怡；
2.带孩子参观文都大寺、清真大寺、十四班禅故居等，了解宗教文化及班禅大师的一生；
3.带孩子参观核桃园、辣椒种植基地、枣园等，体验砸核桃、摘辣椒等农活的乐趣；
4.带孩子参观撒拉人家，品尝特色美食，欣赏多姿多彩的歌舞，感受撒拉族风俗文化。

青海省博物馆（青海民族博物馆） | 青海第一座具有现代化功能的大型博物馆

青海省博物馆位于西宁市城西区，占地面积1.7万平方米，建筑面积2万平方米，内设主、侧展厅9个，是青海第一座具有现代化功能的大型博物馆。这里开设了《青海省史前文明展》《青海民族文物展》《藏传佛教艺术展》《可爱的青海》4个展览，通过4.7万余件文物展品，集中反映了青海不同时期的历史发展面貌，是人们学习历史知识的理想之所。

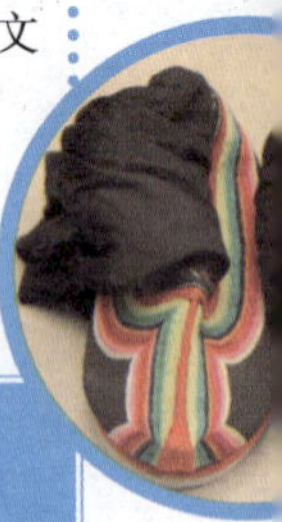

亲子信息

- 青海省西宁市城西区西关大街58号
- 0971-7123294
- 免费
- 旺季09:00～16:00；淡季09:30～16:00（星期一闭馆）
- 公交：西宁市内乘坐9、25、12、18、40、84、2、85、31路等公交均可以到达

亲子锦囊

1.带孩子观看《唐卡艺术展》，欣赏明清时期至现代的唐卡精品，了解唐卡的制作工艺；
2.带孩子欣赏土族、撒拉族歌舞表演，了解少数民族文化，感受少数民族文化魅力。

中国藏医药文化博物馆 | 世界上唯一的藏医药专业博物馆

中国藏医药文化博物馆是世界上唯一的藏医药专业博物馆。这里拥有藏医史、古籍文献、 藏药标本、天文历算、彩绘大观、藏族民俗、藏文书法等八大展厅和药师千佛殿，收藏文物达2万余件，其中长达618米，荣获吉尼斯世界纪录，堪称藏文化百科全书的《中国藏族文化艺术彩绘大观》最为有名。

亲子信息

青海省西宁市生物科技产业园区经二路36号　0971-5317881
成人60元/人；儿童50元/人　4~10月09:00~18:00；10月~次年4月09:00~16:00
公交：西宁市内乘坐1、11、34路等公交均可到达

亲子锦囊

1.带孩子参观彩绘大观展厅，欣赏618米长的彩绘图，感受藏族文化的独特魅力；
2.带孩子参观藏药标本、藏医史展厅，了解藏医药学的发展历史及著名藏医药学家的事迹；
3.带孩子参观古籍文献展厅、曼唐器械展厅等，了解藏医学外科技术的高超与精湛；
4.带孩子参观天文历算展厅，观看藏族历算的日月星辰运行状况，感叹藏族先民的聪明才智。

热贡国家级历史文化名城旅游区 | 梦想成真的金色谷地

热贡位于青海省东南部，藏语意为“梦想成真的金色谷地”，境内山峦起伏、河谷相间，地势南高北低，相对高差达2607米，是天然的避暑胜地，以唐卡、壁画、堆绣、雕塑等佛教绘画造型而闻名于世，享有“藏画之乡”的美誉。除了藏画，这里还有以隆务寺为代表的藏传佛教寺院36座，新石器、青铜器等时期的古文化遗址170余处，是青海旅游独有的风景。

亲子信息

青海省黄南藏族自治州同仁县隆务河畔　0973-8795001
隆务寺55元/人；吾屯下寺30元/人；郭麻日寺及佛塔30元/人；热贡画院15元/人；黄南州民族博物馆15元/人　09:00~17:00
（1）公交：从西宁长途客运站乘坐开往黄南州的班车直达同仁
（2）自驾：西宁市—京藏高速—白兰高速—福银高速—定武高速—青银高速—包茂高速—榆商高速—五保高速—忻阜高速—保阜高速—京昆高速—廊涿高速—京港澳高速—终点

亲子锦囊

1.带孩子欣赏壁画、唐卡、堆绣、雕塑、酥油花等艺术精品，感受藏族人民的心灵手巧；
2.带孩子参观隆务寺、吾屯下寺、郭麻日寺等，瞻仰佛像，感受藏传佛教文化；
3.带孩子参观热贡画院、黄南民族博物馆等，6月还可以参加法会，感受热贡地区文化。

孟達天池
国家 AAAA 级旅游景区——孟达天池欢迎您！

新疆

XINJIANG

天山天池｜素有"天山明珠"的盛誉

天山天池位于乌鲁木齐东北部，以高山湖泊为中心，传说是西王母宴请群仙蟠桃盛会的地点，古称"瑶池"，素有"天山明珠"的盛誉。天池湖面呈半月形，湖水清澈见底，四面群山环绕，分为大天池北坡游览区、大天池游览区、十万罗汉涅槃山游览区、娘娘庙游览区、博格达峰北坡游览区，共计40个景点。其中石门一线是通往风景区的门阙；西小天池瀑布被称为"王母娘娘的淋浴水"；定海神针相传是王母娘娘震锁湖中水怪的神簪化成的；王母脚盆是由天池湖水从地下渗漏入池而形成的……除了欣赏这些神话色彩浓郁的景色以外，游客在七八月还能体验"早穿皮袄午穿纱，抱着火炉吃西瓜"的绝景。

亲子信息

新疆维吾尔自治区昌吉回族自治州阜康市三工河民族乡　0994-8358888

旺季（4~10月）100元/人；淡季（11月~次年3月）40元/人　09:30~18:30

（1）公交：在昌吉市乘坐班车到阜康市，再从阜康客运站乘坐景区旅游专车可到

（2）自驾：昌吉市—乌昌快速—乌奎高速—吐乌大高速—S111—终点

亲子锦囊

1.带孩子欣赏银装素裹的博格达峰，观看雪豹、雪鸡等动物，领略飞瀑流泉的魅力；

2.带孩子参观西小天池，在闻涛亭观气势磅礴的瀑布，别有一番韵味；

3.带孩子欣赏王母脚盆，夜晚皓月当空、静静沉璧，与水波相映成趣，十分美丽；

4.带孩子参观东小天池，欣赏镇海古榆，感受古榆"老骥伏枥，志在千里"的品质；

5.带孩子参观会仙瑶台，听王母娘娘在此设"蟠桃盛会"的故事，神秘感十足；

6.带孩子参观西王母庙、铁瓦寺遗址、顶天三石等，夜晚欣赏夜观天灯，魅力十足；

7.带孩子乘坐游艇，驰骋湖面，尽享凉爽；

8.12月开始带孩子参加"冰雪风情节"，体验滑雪、泡温泉的乐趣。

伊犁河谷 | 享有“塞外江南”“苹果之乡”“天马故乡”之美誉

伊犁河谷是丝绸之路北线和新亚欧大陆桥的要道，河谷中土地肥沃，水源充足，草原辽阔，物产富饶，享有“塞外江南”“苹果之乡”“天马故乡”之美誉。这里拥有新疆西部最美的山谷——果子沟；有世界四大熏衣草产地之一的熏衣草基地；中世纪留下来的亚欧大陆面积最大、最密集、保存最完好的野生果林带；世界四大草原之一的那拉提草原；“从身边连到山边，从山边连到天边”的油菜花海；世界上少有的高山天然优质大草原——喀拉峻空中草原等自然生态景观；还有林则徐纪念馆、拜图拉清真寺、惠远钟鼓楼等人文景观，是人们登山、探险、滑雪、狩猎、赏花、领略民族风情的理想之地。

亲子信息

新疆维吾尔自治区伊宁市境内　　0999-8029496

林则徐纪念馆15元/人；惠远古城10元/人　　全天开放

（1）公交：从乌鲁木齐乘车至伊宁市，再从伊宁市乘坐长途汽车至各个旅游景点

（2）自驾：乌鲁木齐—乌奎高速—G312—连霍高速—青尹高速—G218—终点

亲子锦囊

1.带孩子参观果子沟，欣赏云杉、野果、野花、千里冰封奇景，感叹“如人万花谷中”；

2.5、6月带孩子参观熏衣草基地，赏大片蓝紫色的花朵，闻沁人的花香，十分浪漫；

3.带孩子参观鑫源野果林，漫步那拉提草原，感受优美的草原风光与哈萨克民俗风情；

4.带孩子徜徉巩乃斯草原，看伊犁马，夏季可体验叼羊、摔跤、姑娘追等活动的乐趣；

5.4、5月带孩子参观新源杏树沟，欣赏鲜嫩、淡粉色、漫山遍野的杏花，十分美丽；

6.带孩子参观琼博拉森林公园，欣赏高峡、奇峰、雪原等，冬季可体验滑雪索道的乐趣；

7.带孩子参观夏塔峡谷，行至峡头抬头南望，尽览汗腾格里峰、木扎尔特达坂的美景；

8.带孩子参观昭苏大草原，欣赏草原石人、圣佑庙、格登山记功碑等人文胜迹，体验骑骏马驰骋的潇洒，领略“天苍苍野茫茫，风吹草低见牛羊”的意境；

9.7月带孩子来昭苏欣赏油菜花海，领略置身于无边无际的金色织毯的壮美；

10.带孩子参观唐布拉草原，观山花烂漫、炊烟袅袅、骏马嘶嘶，体验天然温泉的惬意；

11.带孩子参观库尔德宁景区，欣赏国内最大的原始云杉林，感受其超凡脱俗的魅力；

12.带孩子参观林则徐纪念馆，了解其伟大的爱国主义精神和世纪禁毒先驱的丰功伟绩；

13.带孩子参观伊犁边防史馆，欣赏钟鼓楼、景仁门，了解西域大地上的历史沧桑巨变。

喀纳斯风景区｜被誉为“金山中的蓝宝石”

喀纳斯系蒙古语，汉语意为“美丽富饶”“神秘莫测”，位于阿尔泰山中段，包括喀纳斯湖、千湖、鸭泽湖、卧龙湾、神仙湾、月亮湾、驼颈湾等景点，被誉为“金山中的蓝宝石”。喀纳斯湖长25千米，宽3千米，最深处达180米，碧波万顷，湖面会随季节的变化而呈现不同的颜色。秋季是最美的季节，观鱼亭是观赏喀纳斯湖的最佳位置。人们在此除了欣赏枯木长堤、巨型“湖怪”、云海佛光三大奇观以外，还可以参加漂流活动，体验图瓦族风情。

亲子信息

新疆维吾尔自治区阿勒泰地区布尔津县境北部阿尔泰深山密林中　0906-6524464

旺季230元/人，淡季150元/人；民族风情园篝火晚会40元/人；观鱼亭40元/人；漂流200元/人；景区内骑马200元/天；马夫200元/天

平时9:00～19:00；周末10:00～15:00（10月景区封山）

（1）公交：在阿勒泰市乘坐班车到布尔津县下车，然后在布尔津包车前往

（2）自驾：阿勒泰市—G217—S227—S229—终点

亲子锦囊

1.带孩子登上观鱼亭，俯瞰喀纳斯湖美景，领略日出、日落、云海佛光的独特魅力；

2.带孩子漫步千米浮木长堤，了解其形成过程，感受大自然的鬼斧神工；

3.带孩子泛舟月亮湾，欣赏蜿蜒于河谷的蓝色湖水，感受梦幻的蓝；

4.带孩子徜徉泰加林廊道，欣赏泰加林沼泽、巨型根雕墙等奇观，体验置身仙境的美妙；

5.带孩子清早赏禾木的晨雾，秋季观金黄色的白桦林，感受霜叶如醉，景色如梦如幻；

6.带孩子走进“云间部落”，家访图瓦人，了解其传统生活，感受土瓦族的民俗风情；

7.带孩子参加篝火晚会，体验骑马驰骋草原的洒脱，以及漂流的惊险刺激。

可可托海风景区 | 被中外学者誉为“天然矿物陈列馆”

可可托海位于阿勒泰地区富蕴县境内，由可可苏里、伊雷木湖、额尔齐斯大峡谷、卡拉先格尔地震断裂带4部分组成，以峡谷河流、山石林地、寒极湖泊和地震断裂带等自然景观著称于世，被中外学者誉为“天然矿物陈列馆”。其中额尔齐斯大峡谷两岸石峰夹峙，造型丰富多彩，山上白桦林五彩斑斓；可可苏里拥有20多个大小浮岛，栖息着大量野鸭、红雁、白天鹅，景色十分秀美；而3号矿脉是世界上最大的矿坑，拥有海蓝、玉石、水晶等宝石。

亲子信息

新疆维吾尔自治区阿勒泰地区富蕴县可可托海镇　0906-8728810/8781166/8781188

90元/人；区间车票50元/人　全天开放

（1）公交：在阿勒泰市乘坐班车到富蕴县县城下车，然后乘坐面的或包桑塔纳前往

（2）自驾：出富蕴县4千米后，岔路口北拐至乌恰沟，出乌恰沟过吐尔洪乡即达

亲子锦囊

1.带孩子欣赏瀑布化石、将军峰、倒靴峰、神象峰、雄鹰峰等，感受山峰的千姿百态；

2.带孩子欣赏富龟石、海豹石、雄鹰回首、狼山等形态万千的象形石，趣味无穷；

3.带孩子观看滑坡裂面、串珠状断陷塘、鼓包等地震遗迹景观，增长科普知识；

4.带孩子漫步额尔齐斯大峡谷，参观可可苏里，观看野鸭、红雁、白天鹅，乐趣十足；

5.带孩子参观3号矿脉，看黄玉、蓝宝石、石榴石、水晶块、绿柱石晶体等，十分神奇；

6.带孩子欣赏洞窟彩绘岩画、唐巴勒岩画等，了解其母系社会的特色；

7.带孩子欣赏五彩城，感受大自然的神奇与伟大。

葡萄沟 | 素有“中国葡萄之乡”的美誉

葡萄沟景色秀丽，别有洞天，充满了诗情画意。这里因盛产优质葡萄名扬海内外，光是葡萄种植面积就达220余公顷。放眼望去，只见茂密的葡萄田漫山遍谷，犹如绿色的海洋；走近一看，一串串葡萄伸手可摘。葡萄品种更是丰富多彩，让人垂涎欲滴。此外，这里还有其他瓜果树木，是吐鲁番最著名的旅游胜地，也是游客在“火洲”避暑的天堂。

亲子信息

新疆维吾尔自治区吐鲁番市东北10千米的火焰山峡谷中　0995-8614688
60元/人　旺季08:00~21:00；淡季10:00~18:30
公交：在市区乘坐1、2、5、6、7、101、102路等公交即可到达景区

亲子锦囊

1.带孩子参观接待站，漫步葡萄架下，一边欣赏，一边品尝，那种感觉妙不可言；
2.带孩子参观吐鲁番葡萄展览馆，了解和认识吐鲁番葡萄，增长科普知识；
3.带孩子参观吐鲁番维吾尔族民居民俗馆，感受维吾尔族人民的民俗风情；
4.8月24日前后带孩子参加葡萄节，感受当地葡萄丰收的气氛。

火焰山 | 中国最热的地方

火焰山又叫红山，因《西游记》中唐僧师徒路过此地，孙悟空借芭蕉扇大战铁扇公主而得名。此山海拔500米左右，东西长98千米，南北宽9千米，整座山体红如火焰，并且方圆几百里寸草不生，飞鸟匿踪，每当烈日照耀山体时，炽热气流滚滚上升，仿佛火在燃烧。这里是中国最热的地方，但山里的很多沟谷却绿树成荫，瓜果飘香。

亲子信息

新疆维吾尔自治区吐鲁番市东北10千米处，吐鲁番盆地北缘　0995-8614688
60元/人　旺季08:00~21:00；淡季10:00~18:30
公交：在市区乘坐1、2、5、6、7、101、102路等公交车即可到达景区

亲子锦囊

1.带孩子漫步西游文化长廊，了解《西游记》中唐僧西天取经历经九九八十一难的艰辛；
2.带孩子欣赏巨型温度计，阅读孙悟空大闹天宫及火焰山形成的西游系列故事。

克拉玛依魔鬼城｜被评为“中国最美的雅丹”“中国最值得外国人去的50个地方（之一）”

克拉玛依魔鬼城因地处风口、四季多风，故而得名“风城”；又因每当大风肆虐、黄沙漫天时，凄厉的风声如同驴嘶马鸣、鬼哭狼嚎，故又称“魔鬼城”。景区内风蚀岩群千姿百态、风格迥异，有的像殿、台、阁、堡，有的像人、禽、兽、畜，神秘莫测，蔚为壮观，堪称世界奇观。

亲子信息

新疆维吾尔自治区克拉玛依市乌尔禾区佳木河下游乌尔禾矿区，距市区106千米
0990-6964700　80元（含30元区间车费）　全天开放
可在市区包车前往，5座桑塔纳租费为500元/辆，12座金杯车租费600元/辆，瑞风商务租费为900元/辆；散客拼团价格为140元/人

亲子锦囊

1.带孩子欣赏如碉堡、洞穴、粮仓、烽燧等形象的土墩，感受大自然的神奇与伟大；
2.带孩子漫步彩石滩，搜集七彩石，留下美好的回忆；
3.带孩子登上观景台，俯瞰景区全貌，深深感受这里的苍凉和原始、宏大和辉煌；
4.4～8月带孩子来此，体验大风肆虐，卷起漫天黄沙，声响如同鬼哭狼嚎的惊险刺激。

哈密亚尔丹魔鬼城｜被誉为“世界第一雅丹地貌”

哈密亚尔丹魔鬼城长约50千米，宽约40千米，属典型的雅丹地貌生态园，被誉为“世界第一雅丹地貌”。它分为东城、南城、西城、北城四大景区，以艾斯开霞尔古驿站为中心景点，在黛青色的戈壁瀚海中仿佛一座迷宫。这里地理环境特殊，地形、气候均比较复杂，一座座宫殿在蓝天下显得雄伟壮丽，各类美景看起来神秘莫测，给人以无尽的想象。

亲子信息

新疆维吾尔自治区哈密地区五堡乡南部　0902-2250319
50元/人　08:00～20:00
（1）公交：在哈密市内乘坐专线旅游车可到，也可包车前往
（2）自驾：哈密市—连霍高速—Z502—终点

亲子锦囊

1.带孩子参观艾斯开霞尔古城堡，了解其曾为古丝路驿站或哈密王朝西南前哨的地位；
2.带孩子观赏酷似城堡、佛塔、碑、人物等的风化岩石，夜晚可体验鬼哭狼嚎的惊险刺激；
3.带孩子参观化石滩，欣赏瀚海神龟、双头马、方塔山等，感受大自然的鬼斧神工。

哈密王景区 | 一处宣扬祖国统一和民族团结的重要基地

哈密王景区由哈密王府和哈密回王陵合并而成，是一处宣扬祖国统一和民族团结的重要基地。哈密王府曾是新疆规模最大、建筑最宏伟、风格最独特的一座宫廷建筑，内有3座规模不一、风格迥异的清真寺，以及设计精巧的万寿宫、王府花园等；哈密回王陵是哈密历代回王的墓葬建筑群，由大拱拜、小拱拜、艾提卡大礼拜寺组成，整个建筑由四角塔柱撑立，撑柱雕花，顶覆绿色琉璃瓦，雕梁画栋，具有浓郁的阿拉伯式建筑风格。

亲子信息

王墓：新疆维吾尔自治区哈密市西郊回城沙枣井；王府：哈密市环城路8号

0902-2389158　40元/人　09:00~19:00

（1）公交：在哈密市内乘坐专线旅游车可到，也可乘坐出租车前往

（2）自驾：乌鲁木齐市—连霍高速—G312—连霍高速—G312—S235—终点

亲子锦囊

1.带孩子参观哈密王府的清真寺、万寿宫、花园，感受王府的江南园林风格；

2.带孩子参观哈密回王墓的大拱拜、小拱拜、艾提卡寺，感受浓郁的阿拉伯式建筑艺术；

3.每年肉孜节和古尔邦节带孩子来此参加，感受穆斯林群众来此礼拜的浩大气势。

哈密天山风景区 | 哈密游览胜地

哈密天山风景区主要景点有鸣沙山、天山庙、松树塘（滑雪场）、寒气沟、白石头（度假村）、松海度假村等，是哈密旅游胜地。这里既有巍峨的高山和冰川、浩瀚的林海、一望无际的大草原，也有草木不生、响声居全国四大“鸣沙山”之首的鸣沙山，还有“一日游四季，十里不同天”的气候……是游览、休闲、摄影、探险胜地。

亲子信息

新疆维吾尔自治区哈密市以南63千米处的白石镇　0902-6858111

鸣沙山10元/人；白石头30元/人；松树塘30元/人；天山庙5元/人；寒气沟8元/人

09:00~19:00

（1）公交：在市区内可乘坐旅游专线车，或包车前往

（2）自驾：哈密市—Z504—S303—哈密天山风景区

亲子锦囊

1.带孩子参观鸣沙山，听如泣如诉的沙鸣声，体验滑沙运动的惊险刺激；

2.带孩子登临天山庙，尽览松林、雪山、草原、炊烟、盘山道，心旷神怡；

3.带孩子参观白石头，欣赏巨型雕塑，感受置身草原牧场、原始森林的乐趣；

4.带孩子参观松树塘，观看汉代任尚碑、烧陶遗址等古迹，体验滑雪、滑冰的乐趣。

天山大峡谷 | 享有“五岳归来不看山，大峡谷归来常忆谷”的赞誉

天山大峡谷位于乌鲁木齐县境内，平均海拔2020米，年平均气温4℃～6℃，是天山北坡最完整、最具观赏价值的原始雪岭云杉林，囊括了除沙漠以外的新疆所有自然景观，是人类农耕文明之前游牧文化的活的博物馆。景区分为天山坝休闲区、照壁山度假游乐区、加斯达坂观光区、天鹅湖自然风景区、牛牦湖林海松涛观光区、哈萨克民族风情园区、高山草原生态区、雪山冰川观光区8处独特景点，以“奇松、怪石、云海”闻名于世，享有“五岳归来不看山，大峡谷归来常忆谷”“百里黄金旅游走廊，休闲度假户外天堂”的赞誉。

亲子信息

新疆维吾尔自治区乌鲁木齐市乌鲁木齐县板房沟乡灯草沟村

0991-5922710　旺季60元/人；淡季40元/人　08:30～21:00

（1）公交：乌鲁木齐市中医院后门中桥客运站有发往板房沟的车

（2）自驾：沿河滩快速公路上的燕南立交桥过乌拉泊驾校—天山大道收费站—干河子大桥—在水西沟与板房沟交叉口直走—南山板房沟方向—板房沟乡—终点

亲子锦囊

1.带孩子漫步栈道，登上观景台，或泛舟湖面，欣赏水库风光，领略平湖的美景；

2.带孩子登照壁山，欣赏雨后三日出的奇观，在夏秋季节还可在天鹅湖领略天鹅的芳踪；

3.带孩子漫步乔亚草场，探索哈萨克族的风俗与礼仪、民俗节庆与艺术、传统的生活方式、宗教信仰、特色服饰、饮食习惯等，了解哈萨克文化；

4.带孩子漫步进山沟，欣赏嶙峋怪石、耸立奇峰、九曲回肠的盘山路等，妙趣横生；

5.带孩子参观五道凹沟、哈熊沟、牛牦湖沟等，观看马鹿、狍、野猪等动物，体验野营探险的乐趣；

6.冬季还可以带孩子参加滑雪、滑冰等娱乐项目，乐趣十足。

乌鲁木齐水上乐园 | 全疆唯一的融园林艺术与娱乐为一体的综合性游乐园

乌鲁木齐水上乐园是西北五省规模最大，全疆唯一的融园林艺术与娱乐为一体的综合性游乐园。这里以三屯碑水库为依托，园内地貌独特、风景秀美，亭台错落、小桥流水，生态湿地景色宜人，仿古长城雄伟壮阔，观景长廊意犹未尽，河畔凉亭风姿绰约，三环原子滑车、摩天轮、蹦极塔、时空穿越自由塔等项目惊险刺激；海洋水族馆内动物憨态可掬……

亲子信息

新疆维吾尔自治区乌鲁木齐市天山区三屯碑路燕尔窝路2号　0991-2866454

入园免费，各游乐项目单独收费　夏季10:00～20:00；冬季（10月～次年4月）休馆

公交：乌鲁木齐市内乘公交在三屯碑站或水上乐园站下车

亲子锦囊

1.带孩子漫步观景长廊，欣赏湿地景观，体验乘坐快艇、游艇在黛碧湖面上穿行的乐趣；

2.带孩子登仿古长城，参观芦苇荡，在水族馆欣赏海豹、鳄鱼的表演，体验垂钓的乐趣。

巴音布鲁克草原 | 中国第二大草原

巴音布鲁克草原海拔约2500米，总面积2.4万平方千米，是中国第二大草原。这里地势平坦，水草丰盛，融山岳、盆地、草原为一体，集河流、湖泊、泉水、稀有物种和牛羊、毡房等于一身，是典型的禾草草甸草原，也是天山南麓最肥美的夏牧场。草原居住着蒙古族、汉族、藏族、哈萨克族等9个民族，民族风情十分浓郁。草原南部的天鹅湖是中国唯一的天鹅保护区。每年的那达慕盛会上的赛马、射箭等比赛活动十分精彩。

亲子信息

新疆维吾尔自治区巴音郭楞蒙古自治州和静县布鲁克镇　0996-5028086

草原免费；天鹅湖48元/人　全天开放

（1）公交：从乌鲁木齐市内乘汽车抵达和静县，再包车前往

（2）自驾：距离库尔勒市360千米，国道216线转国道218线再转国道217线均可到达

亲子锦囊

1.带孩子参观开都河，夕阳西下时看水禽在水中嬉戏，领略湖面上映出九个太阳的神奇；

2.4月带孩子来天鹅湖观看大、小天鹅，疣鼻天鹅，燕鸥等，气势蔚为壮观；

3.夏季带孩子来此欣赏如同星辰石般闪烁的野花，体验置身花草海洋的浪漫；

4.带孩子参加那达慕盛会，观看赛马、射箭等竞赛表演，感受节日氛围。

克孜尔千佛洞 | 被誉为“中国第二敦煌”

克孜尔千佛洞是中国最早的佛教石窟。这里石窟规模宏大，共236个，排列在东西长2千米的崖壁上，依次有谷西区、谷内区、谷东区和后山区4个石窟区。石窟现遗存1万平方米的壁画和部分彩绘塑像等珍贵文物，堪称东西方艺术合璧之最。

亲子信息

新疆维吾尔自治区阿克苏地区拜城县克孜尔乡明屋塔格山

0997-8937006　东、西区各55元/人；导游每人10元左右　10:00～20:00

（1）公交：可从库车包车前往，80元可包一辆夏利往返

（2）自驾：阿克苏市—吐和高速—玉尔滚/拜城/S307出口离开—S307—终点

亲子锦囊

1.带孩子参观主室，欣赏主室内的壁画，了解释迦牟尼及弥勒菩萨的事迹；

2.带孩子欣赏飞天、罗汉、佛塔等壁画，了解龟兹石国当时多民族、多人种的生活状态；

3.带孩子欣赏17号洞内的壁画，了解“萨薄白毡缚臂，苏油灌之，点燃引路”的故事；

4.带孩子参观第 38号石窟，欣赏有关于音乐的壁画，感受当年龟兹乐队演奏的场景。

艾提尕尔清真寺 | 新疆最大的清真寺

艾提尕尔是新疆最大的清真寺，也是中亚影响最大的三大清真寺之一。该寺坐西朝东，由寺门塔楼、庭园、经堂、礼拜殿四大部分组成，极富伊斯兰建筑风格。这座清真寺在国内外宗教界均有一定的影响，其浓郁民族风格建筑和宗教气息吸引着众多穆斯林来此朝拜。每到古尔邦节，疆内各地穆斯林会前来此处参加狂欢盛会，气势颇为壮大。

亲子信息

新疆维吾尔自治区喀什市解放路，艾提尕尔广场西侧

0998-2827113　20元/人　08:00～17:00

（1）公交：在市区乘坐13、77路公交车可到，也可搭乘中巴车前往

（2）自驾：乌鲁木齐—连霍高速—吐和高速—G314—迎宾大道—解放北路—终点

亲子锦囊

1.带孩子参观寺门、塔楼、庭园、经堂、礼拜殿等，感受伊斯兰建筑艺术风格魅力；

2.带孩子参观附近的喀什噶尔民俗馆，欣赏传统民居图片展示、劳动生活图片、民间工艺品、土陶展示、化石、千年胡杨等展览，了解维吾尔族、塔吉克等族的民俗风情；

3.带孩子登上观光塔，俯瞰艾提尕尔民俗文化旅游区全貌，心旷神怡。

卡拉库里湖 | 被冰峰雪岭环抱的高原湖泊

卡拉库里湖位于慕士塔格峰山脚下，是一座高山冰蚀冰碛湖，海拔3600米，湖深30米，总面积10平方千米。此湖是世界少有的高原湖泊，四周被冰峰雪岭环抱，美丽而神奇；水面映衬着山峰、白雪，景色十分迷人；湖畔的苏巴什草原水草丰茂，牛羊成群；此外，依湖建有旅游接待站，蒙古包帐篷、木板房、游艇、骆驼、马等，能满足游客的多种需求。每年夏秋季节，晴空万里之日，湖光山色如诗如画，吸引着大批的游人前往。

亲子信息

新疆维吾尔自治区克孜勒苏柯尔克孜自治州阿克陶县布伦口乡苏巴什村

50元/人　08:00~17:00

（1）公交：在喀什乘坐前往塔什库尔干的班车，中途在卡拉库里湖下车即可

（2）自驾：喀什市—G314—终点，大约7个小时

亲子锦囊

1.带孩子欣赏湖景，从日出后开始湖水便随太阳的颜色，或蓝、或黄、或红，十分神奇；

2.带孩子欣赏慕士塔格峰，感受“冰川之父”的独特魅力；

3.带孩子参观王母瑶池，听有关西王母的优美传说，十分神奇；

4.夏秋季节带孩子欣赏帕米尔高原风光，如梦如幻。

库木塔格沙漠公园 | 世界上离城市最近的沙漠

库木塔格沙漠公园拥有典型的雅丹、风棱石、风蚀坑等风蚀地貌，以及丰富的沙丘类型，如格状、星状、线状、蜂窝状沙丘和新月形、金字塔形沙丘等。库木塔格沙漠不仅景观类型齐全，而且还是国家一级保护动物——野生双峰驼的主要栖息地和迁徙通道，为此当地还专门成立了新疆罗布泊野骆驼国家级自然保护区。

亲子信息

新疆维吾尔自治区吐鲁番地区鄯善县鄯善老城南端

30元/人；骑骆驼100元/人　09:30～20:00

（1）公交：在吐鲁番客运站包车到达迪坎尔村，然后沿着沙漠边缘可徒步穿越

（2）自驾：吐鲁番地区—连霍高速—柯克亚/鄯善城区出口离开—X058—终点

亲子锦囊

1.带孩子参观人工园林，游园、泛舟、钓鱼，在儿童乐园内尽享欢乐；

2.带孩子看芦苇、骆驼刺、沙打旺等植物，领略在沙山深处观晨曦、晚霞的特别韵味；

3.带孩子骑骆驼、驾冲浪车、坐滑板车、爬沙山、观沙雕等，妙趣横生。

坎儿井民俗园 | 我国最具民族特色的旅游景点之一

坎儿井民俗园拥有坎儿井、坎儿井博物馆、民俗街、民居宾馆、葡萄园等多处景点和项目，集游览、参观、购物、度假于一身，是我国最具民族特色的旅游景点之一。在这里，游客既能参观到400多年历史的坎儿井及其发展过程，也能欣赏到园内迷人的景色，还能品尝到醇正、地道的民族风味小吃，观赏到浓郁风情的维吾尔歌舞表演，了解到维吾尔族的民俗情况……

亲子信息

新疆维吾尔自治区吐鲁番市亚尔乡新城西门村888号

0995-8557381　40元/人　08:00～17:00

（1）公交：乘坐3路公交在亚尔乡政府下车，步行403米即到；也可包车前往

（2）自驾：乌鲁木齐—河滩快速公路—连霍高速—吐鲁番出口离开—G312—终点

亲子锦囊

1.带孩子参观坎儿井博物馆，看坎儿井的结构、分布区域、功能和研究成果等，感受“地下长城”的历史变迁、修建过程，直观地了解其穿越沙漠将天山水引入绿洲的情景；

2.带孩子参观葡萄园，品尝维吾尔族特色小吃，观看风情浓郁的民族舞蹈，感受维吾尔族民俗风情的独特魅力。

红山公园 | 乌鲁木齐乃至新疆的标志

红山由紫色沙砾岩构成，呈赭红色，故而得名。其外形像一条东西横卧的巨龙，高昂的龙头伸向乌鲁木齐河，是乌鲁木齐乃至新疆的标志。园内拥有塔映斜阳、虎头赤壁、古楼揽星、臣龙喷泉、石碑英烈等10个颇具古典传奇色彩又含现代英姿的景点。它以独特的风姿、优美的环境、浓郁的文化氛围，仿古建筑和现代文明相结合，向人们展示了新疆的迷人风采。登临山顶，人们可远眺天山博格达雪峰，鸟瞰乌鲁木齐市容市貌。

亲子信息

新疆维吾尔自治区乌鲁木齐市沙依巴克区红山路2号

0991-8855671　10元/人　全天开放

公交：乌鲁木齐市内乘坐1、7、17、61路等公交可达

亲子锦囊

1.带孩子欣赏风姿绰约的红山塔，领略“塔映夕阳”景观的奇特；

2.带孩子瞻仰林则徐塑像，了解民族英雄林则徐的爱国主义事件，以及禁毒的丰功伟绩。

南山西白杨沟景区（南山牧场） | 乌鲁木齐南郊著名的避暑游览胜地

南山西白杨沟景区（南山牧场）因沟谷内生长着大片的白杨树而得名，是乌鲁木齐南郊著名的避暑游览胜地。这里牛羊成群、毡房点点、群山峻峭，沟谷尽头的天然绝壁有一条落差40余米的飞瀑倾泻而下，其气势蔚为壮观。其中1号冰川享有“冰川活化石”的美誉；山顶是观赏日出、日落的首选之地。在此，游人可参观牧民毡房，观赏哈萨克族牧民赛马、叼羊、姑娘追等活动，感受浓郁的民族风情。

亲子信息

新疆维吾尔自治区乌鲁木齐市乌鲁木齐县板房沟乡境内绿野山庄

0991-5931588/4632546　20元/人；牧场骑马：20元/小时　全天开放

（1）公交：乌鲁木齐市内人民公园正门口每天有班车开往西白杨沟

（2）自驾：乌鲁木齐市—河滩快速路—仓房沟中路—G216—终点

亲子锦囊

1.带孩子参观南山牧场，观看风吹草低见牛羊的景象，体验骑马驰骋的潇洒；

2.带孩子登上山顶，观日出日落，看云卷云舒，参观哈萨克牧民的毡房，感受民族风情。

河南

HENAN

白云山

嵩山国家级风景名胜区 | 享有“中国历史发展的博物馆”的美誉

嵩山雄伟险峻，气势磅礴，由少室山和太室山组成，被誉为我国历史发展的博物馆。因地处“天地之中”，故曰中岳，是黄河与淮河的分水岭，汇集了儒、释、道三教，拥有众多历史古迹，其中有中国六最：禅宗祖庭——少林寺、现存规模最大的塔林——少林塔林、现存最古老的塔——北魏嵩岳寺塔、现存最古老的石阙——汉三阙、树龄最高的柏树——汉封“将军树”、现存最古老的观星台——告城元代观星台，是历代帝王游赏、文士登临的圣地。其中天下第一名刹少林寺最值得一提，它是中华武术的发源地之一，是中华传统文化的象征。

亲子信息

河南省郑州登封市中岳大街146号　0371-62745166/ 62889259

中岳80元/人；嵩阳80元/人；少林寺100元/人；联票260元/人　08:00~17:00

（1）公交：郑州长途汽车站乘车至登封市，原地转乘中巴，半小时即可至景区

（2）自驾：郑州市—郑少高速航海路连接线—郑少洛高速—终点

亲子锦囊

1.带孩子登上太室山，欣赏绚丽多姿、奇特秀美、峻幽迷人的自然景观，感受其“嵩高唯岳，峻极于天”的气势；

2.带孩子参观少林寺，欣赏山门、天王殿、大雄宝殿等历代建筑遗迹，以及碑刻、壁画等，了解少林武术的历史，感受少林文化在中华民族文化中无可取代的地位；

3.带孩子参观峻极殿，欣赏碑刻、古柏、汉阙雕刻等，了解汉代风俗习惯和社会生活；

4.带孩子在嵩阳书院观碑刻、经幢、古树等，了解古代书院的建筑、教育制度及儒家文化；

5.带孩子参观嵩岳寺，欣赏我国现存最古老的塔，感受其劲健、轻快的建筑艺术特色；

6.带孩子参观观星台，了解13世纪中国科技建筑的建造水平；

7.带孩子 边登三皇寨，一边欣赏沿途的奇峰怪石，体验休闲观光，探险寻幽的乐趣；

8.带孩子欣赏卢崖瀑布、一线天、卢崖寺、十潭九谷等景点，体验置身桃源仙境的美妙；

9.带孩子参观少林寺塔林，欣赏古代砖石建筑和雕刻艺术，了解我国建筑史、艺术史和宗教史的相关知识。

云台山风景名胜区 | 首批世界地质公园

云台山位于焦作市修武县境内，占地240平方千米，以独具特色的“北方岩溶地貌”“云台山水”被列入首批世界地质公园名录。这里以山称奇，以水叫绝，因峰冠雄，因峡显幽，历史文化积淀深厚，四季分明，景色各异。春来冰雪消融，万物苏醒，小溪潺潺，山花绚烂；夏日葱郁的原始次生林，丰富的飞瀑流泉，造就了其奇特壮美、如诗如画的山水景观；秋季来临，层林尽染，红叶如荼，登高山之顶，赏云台秋色，插茱萸、赏红叶，寄托情怀；冬季到来，冰雪将其装扮成银装素裹、冰清玉洁的美人，但依稀可见群山莽莽苍苍，雄浑奇劲。

亲子信息

河南省焦作市修武县境内　0391-7709001/7709300

通票：旺季260元/人；淡季120元/人

夏季06:00～18:00；冬季07:00～17:00（遇节假日会有调整）

（1）公交：在焦作火车站乘坐云台山公交旅游专线可到达

（2）自驾：郑州市—京广快速路—连霍高速—郑云高速—S233—S306—终点

亲子锦囊

1.带孩子参观红石峡，欣赏波痕石、丹崖断墙、龟背石等，领略“盆景峡谷”的魅力；

2.带孩子参观猕猴谷，观看猕猴觅食、表演等，妙趣横生；

3.带孩子参观青龙峡，欣赏黄龙洞、老妖洞、大将军等，感受自然的灵性和生命的灵动；

4.带孩子乘快艇欣赏子房湖美景，听运筹帷幄之中的张良退隐至此的故事，十分神奇；

5.带孩子登茱萸峰顶，尽览群山、云海，感受“会当凌绝顶，一览众山小”的豪迈气概；

6.带孩子参观潭瀑峡，欣赏情人瀑、水帘洞、丫字瀑、凤凰壁等，感受大自然的魅力；

7.带孩子参观泉瀑峡，欣赏多孔泉、私语泉、幽潭等，宛若置身如梦如幻的人间仙境；

8.带孩子参观万善寺、叠彩洞，感受奇异诱人、耐人回味的风景线的独特魅力；

9.带孩子观看太极拳表演，可以亲身学上几招，感受太极文化。

龙门石窟 | 我国三大石窟之一

龙门石窟位于洛阳市城南6千米处的伊阙峡谷间，始凿于北魏孝文帝，后经历北魏至北宋400余年的开凿，沿河两岸东西山崖壁上拥有窟龛2100多个，星罗棋布、密如蜂房，其间包括10余万尊佛像，3600余品的碑刻题记，是我国三大石窟之一。这里青山绿水、万象生辉，在重点洞窟中，以规模宏伟、气势磅礴的大卢舍那像龛群雕最为著名。此外，“龙门二十品”是北魏时期的书法精品，唐代书法家褚遂良所书“伊阙佛龛之碑”是初唐楷书艺术的典范，它们都是具有重要研究价值的史料，艺术价值极高。

亲子信息

河南省洛阳市洛龙区龙门中街13号　0379-65981299/65980972

120元/人（含龙门石窟、白园、香山寺）

春、夏、秋07:00~18:30；冬季07:30~17:30

（1）公交：洛阳市乘坐53、81、60路等公交可到达

（2）自驾：郑州市—郑少洛高速—从洛栾快速路出口出—S238—终点

亲子锦囊

1.带孩子观赏景区内最大的佛——卢舍那佛，一睹一代女皇武则天的尊容；

2.带孩子参观莲花洞，欣赏仅2厘米的佛像，感受能工巧匠们高超的技艺和精湛的技术；

3.带孩子参观古阳洞，欣赏“龙门二十品”，感受我国书法文化的博大精深；

4.带孩子参观白园的青谷区、乐天堂、诗廊、墓体区等，了解大诗人白居易的生平事迹；

5.夜晚带孩子夜游龙门，欣赏金碧辉煌、梦幻的佛像，感受自然景观与人文艺术和谐融为一体的美妙意境。

清明上河园 | 一座以宋文化为主题的大型历史文化公园

清明上河园位于河南省开封市龙亭湖西岸，是一处宋代文化主题公园。整个园区占地0.4平方千米，依托北宋画家张择端的《清明上河图》，按照“营造法式”为建设标准，以宋代开封的市井文化、民俗风情、皇家园林和古代娱乐为题材，建造了大小古船50多艘，房屋400余间，集中展现宋代酒楼、茶肆、当铺的情景，汇集了民间游艺、杂耍、盘鼓表演、神课算命、博彩、斗鸡、斗狗等京都繁华街市风情。到了晚上，园内还会举办大型晚会《东京梦华魂》，游人可以换上宋代服装，兑换宋代货币，尽情感受古人生活的情景。

亲子信息

河南省开封市龙亭区龙亭西路5号
0371-25663586
100元/人；《东京梦画魂》220元/人
09:00～22:00
（1）公交：开封市内乘坐1、15、20路等公交均可直达
（2）自驾：郑州市—京广快速路—江山路—连霍高速—开封/S219出口出—终点

亲子锦囊

1.带孩子欣赏虹桥、石雕清明上河图、拂云阁、上善门等，感受宋代建筑的瑰丽、雄伟；
2.带孩子登上临水大殿，俯瞰全园，观看水上大旗、狮豹、棹刀等表演，乐趣十足；
3.带孩子参观造纸馆、织锦院、司南坊、大宋官窑、火药馆等，感受祖先的聪明才智；
4.带孩子观看《包公迎宾》《杨志卖刀》《梁山好汉劫囚车》等表演，感受大宋历史文化；
5.带孩子参加投镖、射箭爬绳、钻圈、荡秋千等宋代游戏，体验鬼谷漂流的惊险刺激；
6.带孩子参观秀野园，赏田园风光，品农家风味，体验烧烤、野餐的自然情趣；
7.带孩子欣赏朱仙镇木版年画、大宋汴绣、瓢艺坊等，感受手工艺人的精湛技艺；
8.夜晚带孩子参加《东京梦华魂》，听古音萦绕，钟鼓阵阵，切身体会“丝柳欲拂面，鳞波映银帆。酒旗随风展，车轿绵如链”的古风神韵，领略大宋文化的独特魅力。

洛阳白云山风景区 | 被评为“中国最美的地方”

白云山总面积168平方千米，动植物资源十分丰富，被专家誉为“自然博物馆”。这里古木参天，怪石嶙峋，水光潋滟，景色秀美，拥有白云峰、玉皇顶、鸡角曼（小黄山）、九龙瀑布、原始森林五大观光区和白云湖、高山森林氧吧、高山牡丹园、留侯祠、芦花谷五大休闲区。其中白龙瀑布和九龙瀑布是景区最具代表性的瀑布。

亲子信息

河南省洛阳市嵩县南部伏牛山　400-0371-561　80元/人　06:00～18:00

（1）公交：洛阳一运汽车站每天有两班发往白云山景区的豪华大巴

（2）自驾：洛阳市开元大道—市府西街—王城大道—243省道—322省道—终点

亲子锦囊

1.带孩子参观白云峰，观奇峰、云雾，感受“薄雾蒙翠峰，碧纱罩玉容”的意境；

2.带孩子参观鸡角尖，攀登3999级石阶，环顾龙门、华山、武当、黄河，魅力十足；

3.带孩子泛舟白云湖上，乘坐高山索道，尽览白龙大峡谷的美景，震撼不已。

岳飞庙 | 为纪念岳飞而建立的庙宇

岳飞庙是后人为纪念南宋抗金名将、我国著名民族英雄岳飞而建。庙坐北朝南，外廊呈长方形，布局严谨，气势雄伟，拥有正殿、精忠坊、施全祠、碑林、肃瞻亭、观光亭、御碑亭、贤母祠等主要建筑，其中精忠坊又称棂星门，建于明弘治十四年(1501年)，是岳飞庙建筑群中最宏伟、艺术特点显著的单体建筑，牌楼两侧护壁嵌有青石所刻“忠”“孝”二字，赞扬岳飞忠孝的品格。

亲子信息

河南省安阳市汤阴县岳庙街84号　0372-6213664

31元/人，讲解费40元/人　08:00～17:00

（1）公交：乘坐安阳至汤阴的10路专线车可直达景区

（2）自驾：安阳市—京港澳高速—安阳南/S302/内黄出口离开—长虹路—终点

亲子锦囊

1.带孩子欣赏精忠坊，阅读山门上的楹联，参观岳飞史迹陈列室，了解精忠报国的故事；

2.带孩子参观施全祠，观看施全铜像、前石阶下秦桧等五奸党铁跪像，明白善恶皆有终；

3.带孩子参观碑林，阅读历代文人学士颂扬英雄的诗词歌赋，激发爱国主义情感。

鸡冠洞风景名胜区｜被誉为“景观壮丽，堪称北国第一洞府；成因独特，正是国内首家龙宫”

鸡冠洞属于典型的石灰岩溶洞，发育于上元古代的大理岩中，形成于早中更新纪，被誉为“景观壮丽，堪称北国第一洞府；成因独特，正是国内首家龙宫”。鸡冠洞分为玉柱潭、溢彩殿、叠帏宫、洞天河、聚仙宫、瑶池宫、藏秀阁、石林坊八大景区。洞内钟乳石、石笋、石柱、石旗等琳琅满目，姿态各异。

亲子信息

河南省洛阳市栾川县栾川乡双堂村　0379-66890999　旺季100元/人；淡季90元/人
08:00~17:30（每晚关闭时间因季节变化而变化，具体时间以景区公告为准）
（1）公交：洛阳市汽车站有前往鸡冠山风景名胜区的班车
（2）自驾：洛阳市—洛栾高速—栾川方向—S249—S328—终点

亲子锦囊

1.带孩子参观玉柱潭，欣赏众仙迎客、雪羊奋蹄、天狗守月等景观，十分神奇；
2.带孩子参观溢彩殿，赏鳄鱼拜寿、白虎拉玉峰、鲤鱼跳龙门等，流光溢彩，美轮美奂。

龙潭峡大峡谷｜被誉为“世界上最美丽的峡谷”

龙潭峡大峡谷是一条紫红色石英砂岩经流水追踪下切形成的“U”形峡谷。这里嶂谷、隘谷呈珠串珠分布，云蒸霞蔚，激流飞溅，红壁绿荫，悬崖绝壁，分为古檀迎宾宽谷景段、龙潭水峪峡谷景段、深潭卧龙嶂谷景段、梦幻山水隘谷景段、山崩地裂峡谷景段、大地丰碑峡谷景段以及凌空观峡景段等，包括六大自然谜团、七大幽潭瀑布、八大自然奇观。

亲子信息

河南省洛阳市新安县石井镇龙潭沟村　0379-69721188/671341226
旺季70元/人；淡季50元/人　07:00~19:00
（1）公交：在洛阳市内可包车前往，也可以从新安县乘车至石井镇，再找车前往
（2）自驾：洛阳市出发—新安县—石井镇—龙潭沟村　（约1小时53分钟）

亲子锦囊

1.带孩子欣赏石上天书、巨人指纹、蝴蝶泉、仙人足迹等，观看水往高处流的奇特景象；
2.带孩子参观黑龙谷、黑龙潭、阴阳潭、五龙潭等，感受置身仙境的美妙；
3.带孩子欣赏绝世天碑、阴阳潭瓮谷、五代波纹石等，感受大自然的神奇与美丽。

青天河风景名胜区 | 被誉为“北方三峡”“豫北小桂林”

青天河集江南水乡与北国田园风光于一身，被誉为“北方三峡”“豫北小桂林”。景区分为大坝、大泉湖、三姑泉、西峡、佛耳峡、靳家岭、月山寺等七大游览区、308个景点，包括世界独一无二的天然长城及世界奇观石鸡下蛋；有中原独一无二的高山峡谷湿地景色；有最大出水量每秒7立方米、洞径2.18米的“华夏第一泉”——三姑泉及由此泉水形成的长达7.5千米的大泉湖。

亲子信息

- 河南省焦作市西北部博爱县
- 0391-8972910/8972939
- 60元/人
- 07:00～17:00
- （1）公交：焦作市内有旅游专线到达景区
  （2）自驾：郑州—107国道—焦郑高速—（焦作南口）詹泗路—博爱—博晋路

亲子锦囊

1.带孩子欣赏东汉古槐、天井关、大坝、三教圣殿等，了解“秦赵长平之战”的历史；
2.带孩子欣赏九曲涧、天然长城、骆驼峰、睡美人等，感受碧水之灵秀、幽谷深峡之奇。

中原大佛 | 世界上最高的佛教造像

中原大佛是世界上最高的佛教造像。除大佛外，景区还有世界上最大的外击青铜铸钟、始建于唐代的千年古刹佛泉寺、福慧大道、拜佛天梯、八宝广场、礼佛台、佛教文化宫殿、文化碑廊等景点等。在此，人们可朝拜大佛，参加抱佛脚、站福窝、撞金钟祈愿等活动项目。

亲子信息

- 河南省平顶山市郑尧高速终点西1000米
- 0375-5767160
- 平日199元/人；正月初一至十五30元/人
- 08:30～18:00
- （1）公交：郑州陇海汽车站、洛阳一运汽车站、漯河中心汽车站等均有车直达
  （2）自驾：郑州市—郑尧高速—G311—终点

亲子锦囊

1.带孩子朝拜世界第一大佛，撞金钟祈福，参观佛全寺，感受无穷的智慧和心灵的慰藉；
2.带孩子漫步福慧大道，攀登拜佛天梯，徜徉八宝广场，领略佛教文化的独特魅力；
3.带孩子抱佛脚、站福窝，祈福中原大佛，佛保一生平安。

开封府 | 北宋“天下首府”

开封府与包公西湖的包公祠形成“东府西祠”的格局，曾为北宋时期天下首府，威名驰誉天下，包龙图扶正祛邪、刚直不阿、美名传于古今；一曲“包龙图打坐在开封府”，令人荡气回肠。如今的开封府依照北宋建筑样式建造，以正厅（大堂）、议事厅、梅花堂为中轴线，辅以50余座大小殿堂。

亲子信息

河南省开封市鼓楼区包公东湖北岸　0378-3983319　60元/人　07:00～19:00

（1）公交：市内乘坐1、4、16、20路等公交均可到达

（2）自驾：连霍高速、大广高速均可到达

亲子锦囊

1.带孩子参观文城墙景区，欣赏日晷、高表、漏壶等，了解北宋“重文抑武”的政策；

2.带孩子参观府衙景区，欣赏鸣冤鼓、戒石、大堂等，亲身体会包公断案时的情景；

3.带孩子参观典狱房、狱神庙、死牢、男女牢房等景观，了解宋代刑狱文化；

4.带孩子参观梅花堂，了解“包公倒最坐南衙”“包待制智勘灰阑记”等演义故事；

5.带孩子参观英武楼、军械库、马厩、演武场等，观看“包公宴请各国使臣”文艺表演。

大相国寺 | 我国历史上第一座“为国开堂”的“皇家寺院”

大相国寺曾为战国魏公子无忌——信陵君的宅院，北宋时多次扩建，为当时京城最大的寺院和全国佛教中心。整个寺院布局严谨、巍峨壮观，主要建筑有天王殿、大雄宝殿、罗汉殿和藏经楼。

亲子信息

河南省开封市鼓楼区自由路西段36号　0378-5665090　30元/人　08:00～18:30

（1）公交：在火车站乘坐1、5、4、8、9路等公交均可到达相国寺

（2）自驾：连霍高速、大广高速均可到达

亲子锦囊

1.带孩子参观天王殿、大雄宝殿、罗汉殿等，感受其殿宇崇丽，高大宽敞，巍峨壮观；

2.新年带孩子来此参加元宵灯会，欣赏灯饰，参加游艺活动，感受国泰民安的祥和之美；

3.金秋十月带孩子来此赏黄花，感受“寺满黄花，城满芬芳”的独特魅力；

4.秋季带孩子参加水陆法会，祈祝五谷丰登、百业兴旺、国家强盛、万世太平。

包公祠 | 为纪念我国古代著名清官包拯而恢复重建的

包公祠由大殿、二殿、东西配殿、半壁廊、碑亭组成，整体风格古朴、庄严肃穆。一殿内有包公铜像，一身凛然正气、铁面无私；二殿展示了包公的出仕明志诗、开封府题名纪碑、包公家训、包公书法手迹、墓志铭等，是为了纪念我国古代著名清官包拯而恢复重建的、国内资料最全、规模和影响最大的纪念馆。

亲子信息

河南省开封市开封县向阳路1号　0378-3931595　20元/人　07:00~19:00

（1）公交：开封市火车站乘坐8、10、20路等公交均可到达景区

（2）自驾：郑州市—嵩山南路—郑民高速—开封南苑/金明大道出口离开—终点

亲子锦囊

1.带孩子参观大殿，瞻仰包公铜像，了解其真实生平及清德美政的历史事迹；

2.带孩子观看包公家训、出仕明志诗、书法手迹等，了解其大义凛然、正气冲天的气节；

3.带孩子参观园区，欣赏瀑布、奇石、石雕、锦鲤等，心旷神怡；

4.带孩子观看东殿的群组蜡像《铡美案》，了解“铁面无私”的黑脸包公的凛然正气。

中国翰园碑林 | 享有“世界之最”“中国最大碑林”“年轻碑王”“中国第一座民办碑林”等美誉

中国翰园碑林融山水艺术景观和古典园林建筑艺术为一体，集古今中外诗词、书画、碑刻艺术之大成，是“东方文化艺术宝库”。这里建筑古朴典雅，气势宏伟，设有十大碑廊，其间镶刻了历代书法名碑名帖、当代书画巨匠名篇大作的碑刻3500块，是名副其实的书法艺术的海洋。

亲子信息

河南省开封市龙亭区龙亭北路15号　0378-2891558　20元/人　08:00~18:00

（1）公交：从火车站乘1路公交可达，15、20路公交也可直达

（2）自驾：郑州—京广快速路—江山路—连霍高速—开封/S219出口离开—终点

亲子锦囊

1.带孩子瞻仰轩辕中华民族的始祖——黄帝塑像，了解其对古老文明开拓的历史传说；

2.带孩子参观碑坛、翰林宫，欣赏各种碑刻，了解中国文化发展史和书法艺术发展史；

3.带孩子参观仰圣山、文萃山、翰园山等，抒发对世界文化名人孔子和古圣先贤的敬仰。

郑州黄河风景名胜区 | 被誉为万里黄河上一颗璀璨的明珠

郑州黄河风景名胜区是黄土高原的终点，华北大平原的起点。这里绿树漫山遍野，亭台楼阁层次错落，山明水秀，分为炎黄二帝广场、五龙峰、骆驼岭、岳山寺、星海湖、汉霸二王城等六大景区，包括“炎黄二帝”“哺育”“大禹”及黄河碑林、万里黄河第一桥、浮天阁、极目阁等景点，并设有低空索道、环山索道、黄河气垫船等现代娱乐项目。

亲子信息

河南省郑州市惠济区　0371-68222228　60元/人　08:00~18:00

（1）公交：火车站乘坐16路公交可直达景区

（2）自驾：北环南阳路立交上江山路一直走到头

亲子锦囊

1.带孩子参观炎黄二帝广场，瞻仰其巨型塑像，为身为炎黄子孙而感到骄傲；

2.带孩子参观五龙峰，观看“哺育”塑像，了解黄河与华夏民族的血肉联系和母爱亲情；

3.带孩子参观骆驼岭，观看大禹塑像，追忆古代治水英雄——大禹三过家门不入的故事；

4.带孩子参观岳山寺，瞻仰神采奕奕的毛泽东铜像，领略其当年视察黄河的风采。

白马寺 | 佛教传入中国后建造的第一座寺院

白马寺是佛教传入中国后建造的第一座寺院，号称“中国第一古刹”。整个寺庙坐北朝南，为一长形院落，总面积约4万平方米，主要有天王殿、大佛殿、大雄殿、接引殿、毗卢殿、齐云塔等建筑。游览白马寺，可以瞻仰那些宏伟、庄严的殿阁和生动传神的佛像，还可以领略几处包含有生动历史故事的景物。

亲子信息

河南省洛阳市洛白路6号　0379-63781065　50元/人；学生半价　07:30~17:30

公交：从火车站乘坐56路或从关林乘坐58路到终点站下车

亲子锦囊

1.带孩子参观腾兰墓，瞻仰来传经授法的迦什摩腾和竺法兰塑像，寄托对其的敬慕之情；

2.带孩子参观大佛殿，听浑厚悠扬的钟声，感受钟鼓楼和白马寺的钟共鸣的神奇景观；

3.带孩子参观大雄宝殿，瞻仰三世佛、十八罗汉等，了解已经失传的夹苎干漆造像方法；

4.带孩子欣赏清凉台、齐云塔，感受古代东方建筑艺术的独特魅力；

5.初一、十五及佛、菩萨节日带孩子参加放生活动，感受宗教艺术的魅力。

殷墟博物馆 | 中国考古学的诞生地，中国最早的文字——甲骨文的发祥地

殷墟博物馆因位于“殷墟宫殿区”而得名，是中国考古学的诞生地，中国最早的文字——甲骨文的发祥地。该博物院平面酷似甲骨文的“洹”字，取殷墟依附洹河之意，象征洹水在孕育商文明中的重要作用。这里馆藏丰富，包括殷墟车马坑、妇好玉龙、妇好玉凤、商代嵌绿松石象牙杯、牛樽、虎纹石磬等500多件国宝级文物，专业、系统地展示了商代文化。在此，你可以领略博大精深的殷商文化，探寻中华民族文明史的渊源。

亲子信息

河南省安阳市殷都区小屯　0372-3161009/3932171

90元/人　08:00～18:00（4～9月）；08:00～17:30（10月～次年3月）

公交：安阳市内乘坐1、18、39、41路等公交均可到达

亲子锦囊

1.带孩子参观殷墟车马坑，了解上古畜力车制的文明程度及奴隶社会残酷的杀殉制度；

2.带孩子观看甲骨文，了解中国书法艺术的产生和发展，领略中国文字的独特魅力。

红旗渠名胜游览区 | 在国际上被誉为“世界第八大奇迹”

红旗渠名胜游览区被世人称为“人工天河”。这里自然风光秀丽雄险，人文景观独特恢宏，分为红旗渠纪念馆（分水苑）、青年洞、络丝潭3个景区。其中，红旗渠纪念馆由序厅、干涸历史、太行壮歌（上、下篇）等展厅组成，全面反映了当年开凿红旗渠的英雄壮举；青年洞修筑于太行山的峭壁之上，飘荡于云雾之间，渠水蜿蜒，颇为壮观；络丝潭则以小三峡、神龟洞、索桥和瀑布出名。

亲子信息

河南省安阳市林州市太行路225号　0372-6811466/6040080/6048003

通票60元/人，滑道20元/人；游艇20元/人

07:00～18:30（6～9月）；08:00～17:30（其他月份）

（1）公交：林州汽车站每天都有发往景区的班车或出租车

（2）自驾：安阳—安林高速—南林高速—红旗渠/任村/S228出口离开—S228—终点

亲子锦囊

1.带孩子参观纪念馆，观看修渠时的珍贵文物，感受该奇迹壮丽的景色及永恒的精神；

2.带孩子乘车欣赏悬于巍峨雄险太行山上的红旗渠，领略“人工天河”的无尽诗意。

尧山风景名胜区 | “华山之险，峨眉之峻，张家界之美，黄山之秀”

尧山原名石人山，具有“华山之险，峨眉之峻，张家界之美，黄山之秀”的特点，被评为“河南最美的地方”。这里拥有“三十六处名胜，七十二个景点”，处处绮丽如画，景景都有动人的故事和美丽的传说。景区还是飞禽走兽的乐园，拥有金钱豹、艾叶豹、金雕、大鲵等20余种珍贵动物，是人们观光旅游、科研探险的好去处。

亲子信息

河南省平顶山市鲁山县尧山　0375-5791123/5076022
80元/人；大索道往返120元/人；石人索道和红枫索道往返50元/人　08:30～18:30
（1）公交：郑州陇海汽车站、洛阳一运汽车站、漯河中心汽车站等均有直达客车
（2）自驾：郑州市—郑尧高速—尧山方向—G311—迎宾路—终点

亲子锦囊

1.带孩子欣赏千丈崖、凤凰台、姐妹峰、白牛城等，感受大自然鬼斧神工的瑰伟神奇；
2.带孩子登上玉皇顶，欣赏冬凌潭、石扉玉章、三岔口等，在美景中尽情释放自己；
3.带孩子赏黑龙潭、白龙潭、百尺潭等，感受白龙潭瀑布的一泻千里、声震九霄的气势；
4.带孩子春赏百花，秋观红叶，冬看林海雪原，初夏领略“山寺桃花始盛开”的意境。

世纪欢乐园 | 河南最受欢迎的迪士尼式游乐园

世纪欢乐园以火车历史为背景，以铁路发展为主线，分成了工业伦敦站、南美雨林站、阿拉伯古堡站、荷兰风情站、西部牛仔站、世纪中心站六大区域，开设了50余项“迪士尼”项目、极地海洋动物表演、狮虎山庄动物马戏表演、不同时期火车文化、异域动漫景观、珍奇百花园六大主题，其中“迪士尼”项目包括探空飞梭、巨型摩天轮、老金矿过山车等经典项目。

亲子信息

河南省郑州市管城区石化路1号　0371-88887991/88887992　120元/人
黄金周08:30～22:00；日常09:00～17:30
公交：郑州市内乘坐B16、B16、35、59、262路等公交在美景天城·世纪公园站下车

亲子锦囊

1.带孩子参观荷兰风情站，体验漂流、冲浪、海盗船等，领略荷兰风车与水波间的掩映之趣；
2.带孩子乘坐亚洲最大的摩天轮，观看极地动物表演，妙趣横生。

康百万庄园 | 被誉为豫商精神家园，中原古建典范

康百万庄园位居全国三大庄园之首，被誉为豫商精神家园，中原古建典范。整个建筑绕山腰一周，布局严谨，蔚为壮观，拥有九大建筑群体，住宅区、栈房区、作坊区、南大院、祠堂区等十大部分，包括310个生活区、31处院子、73个窑洞，外观简朴厚重，内部装饰华丽，兼有华北和黄土高原住宅的特点。其玉雕、木雕、砖雕十分出色。

亲子信息

河南省郑州市巩义市区西3千米处康店镇　0371-64326777/64340777
60元/人　夏季08:00～18:00；冬季08:00～17:30
（1）公交：巩义市区乘坐8路公交直达景区
（2）自驾：郑州市—京广快速路—连霍高速—巩义/竹林镇出口出—S214—终点

亲子锦囊

1.带孩子参观顺魁记、魁记、崇义德大院，欣赏独特的建筑艺术，体验置身迷宫的美妙；
2.带孩子欣赏百年葡萄树，7月底可参加葡萄节，免费品尝葡萄，十分有趣。

黄河谷·马拉湾海浪浴场 | 目前全国最大的人造海浪浴场

黄河谷·马拉湾海浪浴场依托黄河为背景，融合丰乐农庄，成为亚洲一流水上主题乐园。这里游乐设施众多，包括采用国际第三代真空造浪技术的人造海啸、长达300米的环形漂漂河、具有美体塑身功效的死海漂浮谷、黑泥体验馆、沙滩排球、儿童戏水城堡、高空90度速滑水道、巫师飞艇、温泉鱼疗、海景美食楼等。

亲子信息

河南省郑州市惠济区江山路北段黄河大堤东行600米
0371-53766590/56700258/56780258/63773288
130元/人；儿童票90元/人　09:00～21:00
（1）公交：郑州市内乘坐旅游公交1号线、16、30、18路等公交均可到达景区
（2）自驾：郑州市—京广快速路—江山路—天河路—开元路—江山路—终点

亲子锦囊

1.带孩子经历人造“海啸”的汹涌澎湃，尽情释放激情，享受海浪拍打身体的无穷乐趣；
2.带孩子参加温泉鱼疗、爱河乐园、水上巴士等，体验随波逐流的怡然自得；
3.带孩子参加死海漂浮，参加沙滩排球，体验高空快速滑水的惊险与刺激。

郑州方特欢乐世界｜以高科技为主要表现形式的文化科技主题公园

郑州方特欢乐世界分为科幻体验区和中国文化体验区两部分，拥有飞越极限、恐龙危机、海螺湾、唐古拉雪山、逃出恐龙岛、暴风眼、极地快车、飞翔之歌、电影魔术大揭秘、星球达人秀、生命之光、聊斋、宇宙小勇士等20多个大型主题项目，是孩子们探险未来科幻、感受神奇的梦幻王国的理想之所。

亲子信息

河南省郑州市中牟县郑开大道与人文路交叉口向南（绿博园北门正对面）

0371-56928888　200元/人　09:30～17:30（周末及暑假09:00～18:00）

（1）公交：郑州市内乘坐568、573路等公交可到达

（2）自驾：郑州市—金水路—金水东路—郑汴物流通道—终点

亲子锦囊

1.带孩子乘坐飞行器，欣赏埃菲尔铁塔、布达拉宫、故宫等景点，体验失重感的刺激；

2.带孩子参观海螺湾，体验漂亮的鱼在身边游，螃蟹在面前、头上爬过的奇妙感觉；

3.带孩子参观影视特技摄影棚，乘坐星际航班，体验在被恐龙袭击的城市里逃生的刺激。

奥帕拉拉冒险岛水公园｜大中原地区第一个游闲产业一站式体验基地

奥帕拉拉冒险岛水公园拥有面积达2万平方米、浪高达3米的大型海啸池、全国首创6人同乘的巨龙大滑道、长达1000米的漂流河、直径近20米的巨兽碗和大喇叭滑道、总长超过220米的水上过山车、潮汐河、飞碟梭、勇士滑道等国内水上娱乐典型项目，是华中地区最大、项目最丰富、最好玩的游乐场。

亲子信息

河南省郑州市荥阳市豫龙镇中原西路与商隐路交叉口向北200米

0371-85216666/85213333　158元/人

日场10:00～18:00；夜场18:00～22:00

（1）公交：从火车站乘坐12路到郑州职业技术学院站，向西600米行至商隐路

（2）自驾：商丘/开封—连霍高速—郑州西南绕城高速豫龙站—郑上路—商隐路

亲子锦囊

1.带孩子参加“超级大喇叭”滑道，体验新鲜感受，尽享急速滑行带来的超级刺激；

2.带孩子参加水上过山车、巨龙滑、滑板冲浪等游戏，尽情享受漂流的惬意；

3.带孩子去童梦奇缘，玩各种戏水小品、儿童滑梯等，拉近亲子关系，开启儿童智力。

郑州海洋馆｜大型现代化海洋馆

郑州海洋馆由海洋水族馆和极地动物馆两大场馆组成，分为淡水生物馆、海兽表演剧场、珊瑚礁生物馆、海底隧道馆、海洋剧场、海洋民俗馆6个场馆。在此，游客可在热带雨林馆欣赏热带淡水观赏鱼，在珊瑚礁馆里观察浅海珊瑚礁鱼，在海洋民俗馆拾贝壳、织渔网，还可以漫步海底隧道，真切地欣赏鲨鱼、鳐鱼等大型海洋鱼类在头顶、四周游动，欣赏大型的“美人鱼”表演。

亲子信息

河南省郑州市北环陈砦，文化路与国基路交叉口西200米处
0371-63567403　100元/人　08:30~17:00
公交：郑州市内乘坐906、B20、131、966路等公交均可到达

亲子锦囊

1.带孩子参观热带雨林馆，欣赏食人鱼、中华鲟、海象等，领略亚马孙雨林风光的神秘；
2.带孩子欣赏大鲨鱼、珊瑚礁鱼群等，触摸虹鱼、海星等，感受生机勃勃的海洋气息；
3.带孩子参观海豚馆，欣赏“水上芭蕾”、万鱼争食、海狮海豹表演等节目，妙趣横生；
4.“五一”带孩子参观海星主题展览，挑战勇敢者的潜水之旅，与美人鱼相约深海。

黄帝故里｜海内外炎黄子孙寻根拜祖的圣地

黄帝故里共分为广场区、故里祠区、鼎坛区、艺术苑区、轩辕丘区5个区域，包括千年古枣树、百年银杏松柏、乾坤浮雕圆盘、轩辕桥及“轩辕黄帝”之碑等景点。整体上凸显了“中华之根”的主题，其中前门区“秀”、祠殿区“神”、鼎坛区“雄”、轩辕丘区“圣”、黄帝文化艺术苑区“趣”，都是丰富多彩的黄帝文化的展示，一年四季香火不断，寻根朝圣者络绎不绝。

亲子信息

河南省郑州市新郑市轩辕路1号轩辕丘　0371-69902555
免费　08:00~17:30
（1）公交：在郑州市汽车南站乘坐汽车到达新郑汽车站后，下车就可看到景区
（2）自驾：郑州市—嵩山南路—郑州绕城高速—S102—S10—终点

亲子锦囊

1.带孩子参观中华姓氏广场，寻自己的姓氏，欣赏中华第一鼎，了解中华姓氏的悠久历史；
2.带孩子参观轩辕故里祠，瞻仰轩辕黄帝、元妃嫘祖等塑像，了解其一生的丰功伟绩；
3.带孩子参观拜祖广场，欣赏中华圣火台，参加拜祖仪式，为自己炎黄子孙的身份骄傲。

芒砀山汉文化景区 | 中国最大的地宫

芒砀山汉文化景区位于河南省永城市，占地14平方千米，由10多座小山组成，是中国最大的地宫。这里环境优美，人文景观众多，包括孔子率弟子周游列国在此避雨、晒书、讲学的夫子崖，建于宋代的夫子庙，纪念汉高祖刘邦芒砀山斩蛇起义的汉高祖斩蛇碑，汉文帝刘恒建的高祖庙，中国历史上第一个农民起义领袖陈胜之墓，出土壁画、金缕玉衣、骑兵俑等稀世珍品的西汉梁国王陵墓群等，是人们感受大汉文明魅力的理想场所。

亲子信息

河南省商丘市永城芒山镇柿园村　　0370-5970222/5970777

100元/人　　08:30～16:40

（1）公交：商丘市火车站乘坐前往芒山的客车即可到达

（2）自驾：郑州市—连霍高速—从永城/芒山/S201出口离开—S201—终点

亲子锦囊

1.带孩子参观梁孝王陵，欣赏我国最早的拱顶建筑奇观、汉代兵马俑阵、探秘黑水河等，了解汉代的物质文明，社会生活和丧葬制度，感叹中国古代劳动人民的聪明智慧；

2.带孩子参观梁共王陵，欣赏“四神云气图”、出土汉代钱币5.5吨奇迹、金缕玉衣等文物，感受中华壁画艺术的博大精深；

3.带孩子观看汉高祖斩蛇碑，以及《刘邦斩蛇》声光电情景剧、两汉文化展览，了解汉朝历代帝王在各自历史舞台上的是非功过；

4.带孩子参观陈胜园，看郭沫若亲笔手书碑文、中国历代农民起义展览，领悟历史沧桑；

5.带孩子参观夫子崖，观“柏抱碑”，听孔子避雨、讲学的故事，了解中国传统文化；

6.带孩子参观汉文化博物馆，参加“穿汉服、习汉礼、赏汉舞、食汉宴”的汉代礼仪体验活动，深入了解汉文化；

7.带孩子参观文圣园，了解孔子文化、碑刻艺术文化、园林经典小品艺术和文体艺术。

湖南
HUNAN

数码摄影部

桃花源

凤凰古城 | 被誉为“中国最美的小城”

凤凰古城位于湖南湘西自治州西南边，是一个以苗族、土家族为主的少数民族聚集县，因古城内有一座酷似凤凰展翅的山而得名，被新西兰著名作家路易艾黎誉为“中国最美丽的小城”。古城以回龙阁古街为中轴，连接无数小巷，沟通全城。回龙阁古街是一条纵向随势成线、横向交错铺砌的青石板路，自古以来便是热闹的集市。凤凰古城的标志性建筑之一虹桥，原名卧虹桥，历史悠久；北门城楼本名“碧辉门”，采用红砂条石筑砌，兼具军事防御和城市防洪功能，是古城一道坚固的屏障；两边建筑飞檐斗拱，店铺中陈设着琳琅满目的民族工艺品，浓浓的古意古韵，透出古街深厚的民族文化底蕴。

亲子信息

湖南省湘西土家族苗族自治州吉首市凤凰古城　0743-3229364/3502259
大通票226元/人；小通票148元/人　旺季07:00～18:00；淡季07:30～17:30
（1）公交：乘火车至吉首火车站，火车站广场有小巴车前往凤凰，10～12元/人
（2）自驾：长沙—岳麓西大道—长张高速—杭瑞高速—凤凰出口出—G209—终点

亲子锦囊

1.带孩子欣赏一座座古色古香、富有浓郁土家族风韵的吊脚楼，别有一番韵味；

2.带孩子参观陈斗南宅院，观看陈氏祖宗泥塑像，感受我国泥塑艺术文化魅力；

3.带孩子参观沈从文故居，凭吊沈老，发思古之幽情，还可以买书、盖章，留住回忆；

4.带孩子参观熊希龄故居、杨家祠堂、田家祠堂等，感受苗族古院落的建筑艺术魅力；

5.带孩子参观北门城楼、守翠楼，漫步石板老街，徜徉虹桥，感受古镇的万种风情；

6.带孩子乘坐游船，赏两岸的景色，听船老大讲讲凤凰的历史、虹桥的故事、江西商会和本地人斗风水的典故，学首本地或怀化口音的山歌情歌，宛若置身仙境；

7.带孩子踩着岩石，一跳一跳地过河，别有一番体会；

8.带孩子参观老洞苗寨、冬就苗寨、勾良苗寨等，感受瑰丽多彩而又丰富的苗寨风情。

韶山风景区｜伟人毛泽东的诞生地

韶山是伟人毛泽东的诞生地，这里风景优美，历史文化深厚，包括毛泽东故居、毛泽东纪念馆、韶山烈士陵园、毛泽东纪念园、铜像广场、滴水洞等景点。其中毛泽东故居位于韶山市韶山乡韶山村上屋场，始建于民国初年，是一栋坐南朝北的“凹”字形农舍，为“一担柴”式的房子，为典型的江南农宅。故居共有房屋18间，现陈设物品中多为原物，包括如毛泽东卧室中的床、书桌和衣柜，毛泽东父亲卧室中的床、衣柜、书桌、长睡椅和折衣凳等。故居依山傍水，周围有青翠欲滴的茂林修竹，其前还有一口名曰荷花塘的池塘，及与之相邻的南岸塘，景色优美，俨然一幅田园图画。

亲子信息

- 湖南省湘潭市韶山市
- 0731-5568515
- 故居、纪念馆、铜像：免费；南岸10元/人；毛氏宗祠10元/人；毛泽东图书馆10元/人；纪念园60元/人；诗词碑林、韶峰索道、韶峰寺80元/人（通票）
- 08:00～17:30
- （1）公交：长沙南站有通往韶山的空调班车，20元/人左右
  （2）自驾：长沙市—岳麓西大道—岳临高速—沪昆高速—韶山高速—韶山大道—终点

亲子锦囊

1.带孩子参观毛泽东故居，欣赏卧室中的床、书桌、衣柜等，与伟人毛泽东更加接近；

2.带孩子瞻仰毛泽东铜像，参观毛泽东纪念馆，了解毛泽东的生平事迹，以及毛泽东一家6位亲人为中国人民的解放事业光荣献身的光辉事迹；

3.带孩子参观滴水洞，欣赏虎歇坪、八仙吹箫、观音抢子等自然美景，十分惬意；

4.带孩子参观毛泽东诗词碑林，阅读《七律·到韶山》等碑文，文化底蕴十分深厚；

5.带孩子登上韶峰，尽览韶山美景，听舜帝南巡的故事，感受胭脂泉井水呈红色的神奇。

武陵源风景区 | 被誉为“大自然迷宫”“天下第一奇山”

武陵源名胜风景区位于湖南省西北部武陵源山脉中段，总面积约500平方千米，区内森林茂密、溪涧多姿、烟云变幻、田园风光淳朴，宛若一幅立体的美丽画卷，蔚为壮观，被誉为“大自然迷宫”“天下第一奇山”。这里由张家界国家森林公园和索溪峪、天子山自然保护区组成，以“奇峰、幽谷、秀水、深林、溶洞”享有盛誉，称为武陵源“五绝”。其中奇峰素有“奇峰三千”之称；幽谷、秀水素有“秀水八百”之说；深林有“武陵源里三千峰，峰有十万八千松”之美誉；溶洞则是东南亚岩溶景观的缩影。

亲子信息

湖南省张家界市武陵源区境内

天子山：0744-5617942；森林公园：0744-57181144/5712330

3日联票：248元/人；7日联票：298元/人　06:30~18:30

（1）公交：张家界汽车站、武陵源汽车站有前往景区的中巴，10元/人

（2）自驾：长沙市—长张高速—岳麓西大道—长张高速—阳和/武陵源出口出—终点

亲子锦囊

1.带孩子参观南天一柱，感受置身“阿凡达”电影中的星球悬浮山的神秘与壮阔；

2.带孩子欣赏状如绳索的溪峪溪水，感受鸳鸯瀑布从几百米处飞流直下的壮观气势；

3.带孩子登天子山，看奇峰、观日出、赏云雾、品积雪，感受开阔的视野、雄伟的气势；

4.带孩子参观土匪居住的乌龙寨，感受“一夫当关，万夫莫开”的险要地势；

5.农历六月二十五带孩子参加白族的火把节，祈求火神驱邪避灾；

6.带孩子乘坐百龙天梯，欣赏袁家界、金鞭溪等景点，体验速度与激情；

7.带孩子欣赏骆驼峰、醉石峰、五指峰等景点，感叹大自然的瑰丽与神奇；

8.带孩子参观黄龙洞、九天洞等，欣赏形态各异的石笋，感受“世界奇穴之冠”的魅力；

9.带孩子参观漫步空中走廊，参观“天波府”遗址，了解杨家将的历史事迹。

岳阳楼 | “江南三大名楼”之一

岳阳楼位于岳阳市的西门城头，自古享有“洞庭天下水，岳阳天下楼”的美誉，现在的岳阳楼沿袭的是清光绪六年（1880年）时的建制，是“江南三大名楼”之一，也是其中唯一的一座保持原貌的古建筑。全楼未用一根铁钉和一道横梁，庄重大方，襟山带水，气象开阔。历代都有文人骚客登楼吟咏，其中以《岳阳楼记》最著名。登楼凭栏远眺，可见八百里洞庭湖烟波浩渺，巴陵胜状尽收眼底，忆古人“先天下之忧而忧，后天下之乐而乐”的博大情怀。

亲子信息

湖南省岳阳市岳阳楼区洞庭北路　　0730-8311676

80元/人　　旺季07:00～18:30；淡季07:30～18:00

（1）公交：岳阳市内乘坐10、15、19、21、22路等公交可直达岳阳楼景区

（2）自驾：长沙—长沙绕城高速—京港澳高速—岳阳/G107出口出—岳阳大道—终点

亲子锦囊

1.带孩子欣赏建筑构制独特，风格奇异的岳阳楼，感受其宛若一只凌空欲飞的鲲鹏；

2.带孩子阅读《岳阳楼记》，感受政治家“勤政爱民、心忧天下”的政治抱负；

3.带孩子登楼赏洞庭湖美景，感受“春秋四时之景不同，一日之中变化万千”的气象；

4.带孩子参观双公祠，观看岳阳天下楼、双公忧乐情陈列展示，欣赏五朝楼观，了解岳阳楼的历史和演变，范仲淹与滕子京生平及对岳阳楼的历史贡献，感受岳阳楼文化；

5.带孩子参观诗书碑廊，阅读诗歌、散文、联语等，了解人们登楼览胜的不同心境；

6.带孩子参观吕仙祠，听诗酒神仙吕洞宾三醉岳阳楼的神话传说，十分神奇；

7.带孩子参观蜡像馆，观看李白、杜甫、白居易等历代名家的蜡像，提高历史感和品位；

8.带孩子参观巴陵胜状，欣赏砖木雕饰，感受洞庭鱼米之乡和湖湘文化的神韵；

9.带孩子参观文化艺术中心，观看历代岳阳楼木制模型，欣赏民间老艺人精湛的技艺。

衡山风景名胜区 | 素有“中华寿岳”“五岳独秀”之美誉

衡山位于湖南衡阳市境内，是我国五岳之一，山势雄伟，绵延数百千米，号称有72峰，以祝融峰之高、藏经殿之秀、方广寺之深、麻姑仙境之幽等衡山八绝闻名于世，素有“中华寿岳”“五岳独秀”之美誉。这里处处是茂林修竹，终年翠绿；奇花异草，四季芳香，自然景色十分秀丽，因而又有“南岳独秀”的美称。景区森林资源丰富，金钱松、红豆杉、伯乐树、银鹊树、香果等树种数不胜数。此外，这里还是南中国的宗教文化中心，有寺、庙、庵、观等200多处，其中南岳大庙，是中国江南最大的古建筑群。

亲子信息

湖南省衡阳市南岳区衡山县　　0734-5673377

通票100元/人；南岳大庙41元/人；万寿大鼎20元/人

07:00～18:00

（1）公交：衡阳中心汽车站、衡山火车站、南岳汽车站均有公交直达景区

（2）自驾：长沙市—京港澳高速—南岳/衡山/衡东/S314出口离开—S314—终点

亲子锦囊

1.带孩子登上祝融峰，俯瞰远村田园、近山云海，体验迎日出，送晚霞，玩雪景的乐趣；

2.带孩子参观福严寺、南台寺、麻姑仙境等原始自然之美景，观赏大自然的造化；

3.带孩子参观宗烈祠，看“七七”纪念塔、致敬碑等，了解人们与日军浴血奋战的历史；

4.带孩子欣赏水帘洞，领略银河飞瀑在太阳下飞红耀目、五彩缤纷的神奇与美丽；

5.带孩子参观藏经殿，一边欣赏幽静的美景，一边寻找摇钱树、连理枝等传说中的宝藏；

6.带孩子参观广济寺，漫步护龙桥，听竹子在风中摇摆的声音，十分惬意；

7.冬季带孩子欣赏雾凇奇观，感受大自然的瑰丽、神奇与伟大。

常德桃花源风景名胜区 | “芳草鲜美，落英缤纷”

桃花源位于桃源县城西南部，是东晋大诗人陶渊明《桃花源记》所描述的一个令人无比向往的人间仙境，是中国古代道教圣地之一，享有第三十五洞天，四十六福地的美誉。这里分为福地洞天桃花山、道教圣地桃源山、世外桃源秦人村、神话故乡桃仙岭四大景区，拥有桃花山、桃源山、秦人村、桃仙岭等95个景点。景区内人文景观古老神秘、自然景观丰富多彩，内部景界幽奥秀美，外部景观雄浑壮阔，处处尽显“芳草鲜美，落英缤纷”的意境。

亲子信息

- 湖南省常德市桃源县桃花源镇
- 0736-7070002/7070001
- 旺季75元/人；淡季（11月~次年2月）65元/人
- 08:00~16:00
- （1）公交：从常德市南站乘车至桃县，再从桃县北站乘坐至桃花源的车即可到达
  （2）自驾：长沙市—长张高速—杭瑞高速—桃源/桃花源/G319出口出—G319—终点

亲子锦囊

1.带孩子参观渊明园，读《桃花源记》，观桃花之烂漫，怀靖节之遗风，弥增景仰之情；

2.带孩子参观刘禹锡草堂，读刘禹锡诗碑，感受远离都市、回归自然、享受原始的乐趣；

3.带孩子参观桃花湖，欣赏十万桃花，一冈松山，体验垂钓、沐浴、荡舟的无限情趣；

4.带孩子参观江南最壮观的碑院——天宁碑院，欣赏天下最美的夕阳红——“三日同辉”奇观，体验参加祈福、吃斋、唱大戏等活动的乐趣；

5.带孩子参观桃花山景区，欣赏明清建筑、红树青山、斜阳古道等，感受进入《桃花源记》中的美妙；

6.带孩子参观秦人村，穿秦服、用秦币，欣赏仙女抚琴、仙人下棋、农夫耕田等表演，体验“打弹弓”“骑脚马”等游戏活动的乐趣；

7.3月28日～4月30日带孩子参加桃花节，欣赏万树红桃齐开，体验置身粉色世界的浪漫。

岳麓山风景名胜区 | 享有“岳麓之胜，甲于楚湘”的美誉

岳麓山位于长沙湘江西岸，海拔300.8米，是南岳衡山72峰之一，是中国四大赏枫胜地之一，享有“岳麓之胜，甲于楚湘”的美誉。这里拥有“山、水、洲、城”的独特自然景观，还有深厚的历史文化底蕴，分为麓山景区、橘子洲景区、岳麓书院、新民学会4个核心景区。其中以橘子洲最出名，春天，明光潋滟，沙鸥点点；秋至，橙黄橘绿，清香一片；深冬，凌寒剪冰，江风戏雪，是潇湘八景之一“江天暮雪”的所在地，被誉为“中国第一洲”。

亲子信息

湖南省长沙市岳麓区登高路58号

0731-88825011/88647958

上山免费；索道往返50元/人；观光车20元/人；岳麓书院30元/人；沙滩公园50元/人；橘子洲：免费

08:30~17:00

公交：岳麓山：长沙市内乘坐106、202、305、132路等公交可直达景区
橘子洲：长沙市内乘坐1、16路等公交至大椿桥站下车步行可到达

亲子锦囊

1.带孩子参观岳麓书院，了解书院的历史，感受“千年学府”的独特魅力；

2.带孩子参观麓山寺，看小型书画展览，了解其“汉魏最初名胜，湖湘第一道场”的地位；

3.带孩子参观爱晚亭，听毛泽东在此探索革命真理的故事，感受红色革命魅力；

4.带孩子参观鸟语林，观看丹顶鹤、鹦鹉、黑天鹅等，欣赏鸟类表演，十分有趣；

5.带孩子参观云麓宫，感受道教文明，还可以登楼观“湘江北去，橘子洲头”的景象；

6.带孩子参观橘子洲公园，欣赏千株橘树，冬季可领略“江天暮雪”的独特魅力；

7.金秋带孩子来此赏红叶，领略“停车坐爱枫林晚，霜叶红于二月花”的情趣。

东江湖风景旅游区 | 享有“人间天上一湖水，万千景象在其中”的美誉

东江湖风景旅游区是国家级风景名胜区，国家4A级旅游景区，国家湿地公园，融山的隽秀、水的神韵为一体，挟南国秀色、禀历史文明于一身，享有“人间天上一湖水，万千景象在其中”的美誉。这里拥有雾漫小东江、东江大坝、龙景峡谷、兜率灵岩、东江漂流、三湘四水·东江湖文化旅游街，还有仿古画舫、豪华游艇游湖及惊险刺激的水上跳伞、水上摩托等娱乐活动。

亲子信息

湖南省东南部的郴州市资兴市境内　0735-3356623/ 3356643

A线80元/人；B线100元/人；C线248元/人；环岛线80元/人

07:00～19:00（每年4月至10月中旬的早晨和傍晚）

公交：郴州南站乘坐至资兴的客车到鲤鱼汽车站改乘3路公交可到达景区

亲子锦囊

1.带孩子欣赏雾漫小东江奇观，领略峰峦叠翠、水汽蒸腾、云雾缭绕的独特魅力；
2.带孩子欣赏宛若仙女白色长袖的猴古山瀑布，感受其“一泻千里，势不可挡”的气势；
3.带孩子参观兜率灵岩，欣赏石幔、石柱、石花等景象，感受造物者的鬼斧神工；
4.带孩子泛舟湖面，体验果园采摘、漂流、水上跳伞、水上摩托车等活动的乐趣。

天门山 | 被誉为“武陵之魂”

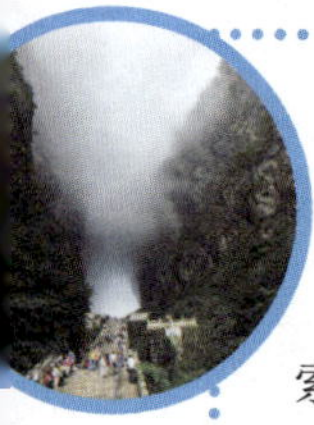

天门山是张家界地区海拔最高的山，也是张家界的文化圣地，被尊为“武陵之魂”，有“湘西第一神山”的美誉。这里物种丰富，景色优美，拥有天门洞、天门山寺、云梦仙顶、天门山索道、通天大道、天山书院等景点，宛若天界仙境。天门洞终年氤氲蒸腾，景象变幻莫测，时有团团云雾自洞中吐纳翻涌，时有道道霞光透洞而出，瑰丽神奇，宛如幻境，似蕴藏天地无穷玄机。

亲子信息

湖南省张家界市永定区　0744-8366081　258元/人　08:30～18:00

（1）公交：张家界市火车站乘坐5、6路等公交可到达天门山索道站
（2）自驾：长沙市—长张高速—永定大道—双峡路—官黎路—天门路—终点

亲子锦囊

1.带孩子登天门洞999级台阶的天梯，接受“福、禄、寿、禧、财”五福临门的祝福；
2.带孩子参观天门洞，欣赏云雾、霞光，领略瑰丽神奇、宛如幻境的气象之美；
3.带孩子乘坐天门山索道，欣赏城市、田园、高山三个风光带，领略天界仙境之魅力。

长沙海底世界 | 中南地区最具时尚感的海洋主题公园

长沙海底世界集观赏、休闲、娱乐、科普于一身，是中南地区展示物种最多、节目内容最丰富、参与性最强、最具时尚感的海洋主题公园。这里分为海洋馆、极地动物馆、科教馆、水上乐园、儿童乐园五大功能区，拥有大鲨鱼、大海龟、白鲸、海豚、珊瑚礁、海螺、海贝等上千种海洋生物，还有"人鲨共舞""美人鱼"和俄罗斯水下芭蕾、白鲸吐圈、海豚跳跃等表演，是孩子们体验与海洋动物亲密接触的理想场所。

亲子信息

湖南省长沙市开福区浏阳河大桥东　0731-84256002　130元/人；水上乐园40元/人

09:00～17:00；人鱼共舞：10:00、13:00、16:00；极地动物表演：11:00、14:00、17:00

公交：长沙市内乘坐132、136、158、501、915路等公交可直接到海底世界

亲子锦囊

1.带孩子观看大白鲸、海豚、海象等，体验喂食锦鲤、海龟，触摸鲨鱼、海星的乐趣；
2.带孩子观看人鲨共舞、美人鱼等表演，漫步隧道，体验置身神奇的海底世界的美妙；
3.带孩子参观科教馆，观看生物进化展览、海洋动物标本展厅等，增长各种海洋知识；
4.带孩子参加高台滑水、人造海浪、环流河等水上娱乐项目，妙趣横生。

长沙生态动物园 | 湖南省最大的中小学科普教育基地

长沙生态动物园是市民百姓旅游的最佳目的地，全省最大的中小学科普教育基地。这里分为步行圈养区、车行放养区、科普教育区、生态景观区、休闲娱乐区、后勤服务区，建有动物笼舍区和驯化场37个，饲养动物300余种、5000余只（头）。

亲子信息

湖南省长沙市长沙县暮云镇西湖村（芙蓉南路）

0731-85476918/85476922/85476933

通票：100元/人；大象驯化20元/人；森林剧场20元/人；车、步行区各45元/人

周一至周五：09:00～16:50；周六至周日：08:45～16:50

（1）公交：长沙市内乘坐长株潭202在长沙生态动物园站下车，步行即可到达
（2）自驾：长沙市—西二环—洋湖大道—书香路—芙蓉南路—终点

亲子锦囊

1.带孩子参观放养区，观看东北虎、狮、豹等动物，感受原生态、惊险、刺激的氛围；
2.带孩子赏金毛羚牛、斑马、羚羊角马、长颈鹿等动物，领略人与动物的和谐共生；
3.带孩子参观大熊猫馆、鳄鱼馆、爬行馆等，了解它们对生态系统所起的作用；
4.带孩子观看狒狒、白眉长臂猿、白颊长臂猿、食蟹猴等，感受其嬉闹打斗的热闹场景；
5.带孩子参观百鸟乐园，观看大象按摩、点球大赛、摇呼啦圈等表演，乐趣无穷。

大围山国家森林公园 | 被誉为“湘东绿色明珠”

大围山国家森林公园是罗霄山脉的支脉，这里森林茂密，资源丰富，风光秀丽，景色迷人，被誉为“湘东绿色明珠”。这里分为栗木桥、七星岭、白面石、船底窝、马尾漕、玉泉寺六大景区，拥有白面将军庙、红莲寺、陈真人庙等大型寺庙遗址，还有峡谷漂流活动。

亲子信息

湖南省长沙市浏阳市东北部　0731-83488298/83488701
50元/人；拓展50元/人；篝火50元/人；跑马50元/次；峡谷漂流138元/人　全天开放
（1）公交：长沙市和浏阳市都有发往大围山国家森林公园的车
（2）自驾：长沙市—三一大道—长永高速—长浏高速—浏东公路—河西路—终点

亲子锦囊

1.带孩子欣赏栗木桥的奇峰怪石、流泉飞瀑，感受“千年长旱不断流、万年连雨水碧青”；
2.带孩子参观青云观、中流砥柱等怡然幽雅的美景，了解大禹治水的劳苦功德；
3.带孩子参观玉泉寺、古竺装寺、陈真人庙、钟大仙人庙，感受佛教文化；
4.带孩子欣赏七星岭、王母教子等景观，听七仙女下凡的传说，感受景区的神秘色彩；
5.带孩子参观马尾槽景区，欣赏轰然泻下的马尾槽瀑布，陶然欲醉。

长沙世界之窗 | 华中地区最大的文化主题公园

长沙世界之窗集世界各国建筑奇观、五洲风情歌舞表演、大型器材游乐、先锋时尚活动、影视拍摄基地于一身，是华中地区最大的文化主题公园。这里新天鹅城堡恢宏大气；亚历山大灯塔气势磅礴；爱情桥与圣三山交相辉映；船形屋和千手观音展示了浓郁的亚洲文化；岳麓书院、凤凰古城门、湘江谷映射出湖湘悠久的文化底蕴……此外，景区还设有多项游乐项目。

亲子信息

湖南省长沙市开福区三一大道485号(靠近湖南广电)
0731-84256737/84256988/84256888　130元/人　08:30~22:30
公交：长沙市内乘坐136、158、501、915、701路等公交均可到达

亲子锦囊

1.带孩子欣赏罗浮宫玻璃金字塔、世界文化浮雕墙、巴比伦空中花园等，感叹人类文明；
2.带孩子漫步国际街，看海德堡门、威尼斯总督府、圣马可广场等，尽览世界建筑精华；
3.带孩子参观湘江谷，看湖湘名人雕像、岳麓书院、凤凰城门等，感受厚重的湖湘文化；
4.带孩子参观文明山、文明湖、欢乐谷等，看世界标志性建筑，体验周游世界的乐趣。

张家界土家风情园 | 土家人朝拜、祭祀、祈祷、节庆的圣地

土家风情园集旅游观光、文艺表演、奇珍展览、住宿、娱乐、购物等于一身，是人们感悟少数民族文化的胜地。园中的土司城堡、九重天世袭堂、土家山寨等景点汇集了整个湘西土家人历史精华，展示了土家族的农耕、兵战、服饰、建筑、土司、民俗风情等文化，是土家人朝拜、祭祀、祈祷、节庆的圣地。

亲子信息

湖南省张家界市永定区境内　0744-8282222　120元/人　08:00～17:00

公交：张家界市内乘坐5、4路内环、7路等公交均可到达景区

亲子锦囊

1.带孩子参观土司城，观看其祭祖活动、历史文物展、民俗展等，感受土家园林艺术；
2.带孩子参观湘西最高的吊脚楼——九重天阁，感叹土家族人精湛的技艺、聪明的才智；
3.带孩子欣赏《土风苗韵》表演，了解土家族在祈福、风俗、婚俗上的独特魅力；
4.带孩子看土家婚俗、甩发舞、摆手舞、铜铃舞等，了解湘西土家族、苗族的风土人情。

杨家界 | 张家界与天子山的姐妹山

杨家界山明水秀，风光如画，小溪蜿蜒中流，两岸峰林巍峨，分为香芷溪、龙泉峡和百猴谷3个游览区，拥有一步登天、空中走廊、龙泉飞瀑、绝壁藤王、白鹤聚会等200余处知名景点。其中龙泉峡境内石峰林立，幽潭飞瀑，交相辉映；香芷溪峰高天远，涧幽水清，古道蜿蜒，如世外桃源；龙泉峡绝壁罗列，宛若壮观的古城墙；百猴谷是猕猴和白鹭的家园，“神州第一藤”傲然挺立。

亲子信息

湖南省张家界市武陵源区杨家界　0744-8202020

通票245元/人（包含在张家界国家森林公园景区门票内）　08:00～17:00

（1）公交：张家界市内可包车前往
（2）自驾：长沙市—长张高速—S228—X020—终点

亲子锦囊

1.4月中旬带孩子欣赏神奇的五色花，感受大自然的神奇；
2.带孩子参观古藤湾，欣赏缠绕、虬曲的古藤，感受“神州第一藤”顽强的生命力；
3.带孩子欣赏灵树咬石，感受三株灵树身处险境，久旱不枯，狂风不倒的强大生命力；
4.带孩子欣赏龙泉瀑，感受其壮丽、非凡的气势，体会“暖风熏得游人醉”的意境；
5.带孩子欣赏宗保峰、六郎峰、佘太君、杨家界等景点，继承并发扬爱国忠良的遗风。

炎帝陵｜享有“神州第一陵”之誉

炎帝陵是全球华人的精神家园，享有“神州第一陵”之誉。这里占地3836平方米，整个建筑金碧辉煌、重檐翘角，气势恢宏，拥有炎帝陵、炎陵庙、奉圣寺、崇德坊、胡真官寺等人文景观，还有鹿源洞、龙埳石、龙爪石、洗花池等自然景观。此外，景区定期举办公祭大典、告祭典礼等祭奠仪式。

亲子信息

湖南省株洲市炎陵县鹿原镇　0731-26325111　60元/人　08:00～19:00

（1）公交：株洲汽车站乘车至炎陵县汽车站，41元/人

（2）自驾：长沙—长株高速—沪昆高速—醴茶高速—泉南高速—平汝高速—终点

亲子锦囊

1.带孩子参观炎帝陵殿、神龙大殿、主殿等，欣赏石雕壁画，了解炎帝的十大功德；

2.带孩子漫步龙珠桥，欣赏拥有琴、筝、笙、笛等乐器图案的桥栏板雕刻，栩栩如生。

3.带孩子参加祭祀活动、中国株洲炎帝节等，寻找根亲文化。

马王堆汉墓｜西汉初期长沙国丞相利苍及其家属的墓葬

马王堆汉墓是西汉初期长沙国丞相轪侯利苍及其家属的墓葬，位于长沙市区东郊马王堆乡，其陈列馆现设在湖南省博物馆院内。其中一号汉墓出土2100年前的女尸辛追，形体完整，全身润泽，肌肉仍有弹性，是防腐学上的奇迹。此外，这里还出土了大量的珍贵帛书、医简、丝织品、彩绘帛画、木俑和竹笥等文物，其中素纱禅衣，轻若烟雾，薄如蝉翼，巧夺天工；帛画为我国现存最早的描写当时现实生活的大型作品，被称为“西汉文明的缩影”。

亲子信息

马王堆汉墓：湖南省长沙市区东郊4千米处的浏阳河旁的马王堆乡；

马王堆汉墓陈列馆：湖南省长沙市开福区东风路德雅路口（位于湖南省博物馆院内）

0731-5810110/84535566-8605

陈列馆：免费不免票，可凭身份证免费领取或在网上预约；遗址：5元/人

09:00～17:00（周一闭馆）

湖南省博物馆：长沙市内乘坐3、113、112、131、136路等公交可直达博物馆

汉墓遗址：长沙市内乘坐142、66、112、142路等公交即可到达

亲子锦囊

1.带孩子参观博物馆，欣赏不腐女尸、漆器、帛画等，了解西汉初期历史文化；

2.带孩子参观三号墓坑，了解西汉初期的墓葬文化。

德夯苗寨｜有“小张家界”之美称

德夯山势跌宕，绝壁高耸，峰林重叠，形成了许多断崖、石壁、峰林、瀑布和原始森林，自然风光秀美，有“小张家界”之美称。这里溪河交错，四季如春，气候宜人，动植物资源丰富，拥有神奇的骆驼峰、玉泉门、雷公洞、流纱瀑布等自然美景，其中落差达216米的流纱瀑布宛如白练凌空，恰似银纱悬于崖壁之上。

亲子信息

- 湖南省湘西土家族苗族自治州吉首市德夯矮寨镇
- 0743-8665350
- 100元/人
- 08:00～16:00
- （1）公交：吉首和张家界汽车站都有班车到达
  （2）自驾：长沙市—岳麓西大道—长张高速—杭瑞高速—包茂高速—G209—终点

亲子锦囊

1.带孩子参观玉泉门、三姐妹峰、观音洞等，云雾天气可见洞中观音手执玉瓶的出洞奇观；
2.带孩子欣赏流纱瀑布、燕子峡瀑布群，大雨之前可去雷公洞观看白烟，十分壮观；
3.带孩子参观德夯村，参加一年一度的接龙活动，与当地居民一起感受苗家民俗风情；
4.带孩子欣赏吊脚楼、封火墙、雕花窗等，感受远古遗民的氛围。

黔阳古城｜享有“滇黔门户”“湘西第一古镇”之美名

黔阳古城自古为楚南军镇，距今已有2200多年，是全国保存最完好的明清古城之一，享有“滇黔门户”“湘西第一古镇”之美名。这里青山环抱，江水绕城而过，风景如诗如画，似仙境一般，城内为青石板街，且街巷布局有序；民宅鳞次栉比，且风格统一；以及遗存的几百年前的商街、祠堂、寺庙、宅院、会馆、吊井、门坊等，足以令人发出思古之幽情。

亲子信息

- 湖南省怀化市洪江市，沅江河畔
- 0745-7739109
- 白天120元/人；夜晚免费
- 全天开放
- （1）公交：怀化汽车南站乘坐长途班车可到达
  （2）自驾：沪昆高速过黄梅溪后，从中方/洪江市/怀化工业园/G209离开，沿G209行驶至洪江市，到芙蓉西路、古城路附近即可

亲子锦囊

1.带孩子欣赏芙蓉楼、龙标胜迹门，读《芙蓉楼送辛渐》诗，感受浓郁的地方文化特色；
2.带孩子参观节孝坊、节孝祠等，感受忠、孝、义文化，登临钟鼓楼，尽览龙标十二景；
3.农历三月三带孩子参加“三月三会”，吃地荠蛋，欣赏非物质文化展，赏书法绘画。

猛洞河漂流景区 | 有“天下第一漂”之誉

猛洞河漂流景区最精彩处位于哈妮宫至牛路河段，长约17千米，漂流2.5小时。从哈妮宫放舟而下，一路是古老的河道，绝壁百里，怪石嶙峋，滩奇水异，两岸苍翠的林木，云雾缭绕，飞瀑流泉与溶岩峰林交相辉映，穿急流，越险滩，闯峡谷，捕激浪，有惊无险，回味无穷，特别是哈妮宫、三角岩、鸡笼门、遇仙峡（捏土）、阎王滩等景点，无不令人叹为观止。

亲子信息

湖南省湘西土家族苗族自治州永顺县芙蓉镇　0743-5853367

猛洞河天下第一漂：160元/人；猛洞河生态平湖游：82元/人

08:00～16:00（一般从4月初开始至10月底，具体时间因天气情况而定）

（1）公交：芙蓉镇有去往猛洞河漂流的班车；吉首汽车站也有班车可到达

（2）自驾：长张高速—张花高速—S230—湘潭路—终点

亲子锦囊

1.带孩子从哈妮宫漂流而下，领略十里绝壁、十里瀑泉、十里画卷、十里洞天的魅力；

2.带孩子参观平湖，欣赏王村瀑布、猴儿岩、万物图等，感受景色如诗如画，神奇奥秘；

3.带孩子参观芙蓉古镇，欣赏坐龙峡、红石林、老司城等景点，感受土家族文化。

崀山风景名胜区 | 被地质专家们誉为“丹霞之魂、国之瑰宝”

崀山风景名胜区属典型的丹霞地貌，是一座天然的丹霞地貌博物馆。这里以丹霞和丹霞—喀斯特混合地貌的峰、峦、谷景观为主，以雄、奇、险、秀、幽、雅为特色，同时又渗透着悠久的历史文化和众多的民俗风情，拥有天一巷、辣椒峰、夫夷江、八角寨、紫霞峒、天生桥六大景区，是难得的环保型山水自然风景区。

亲子信息

湖南省邵阳市新宁县崀山　0739-4705478/4705110

A票：180元/人；B票：130元/人　08:00～17:00

（1）公交：先乘车至邵阳，再转车至新宁县；或者从长沙乘车直达新宁县

（2）自驾：岳临高速—沪昆高速—二广高速—G207—S218—终点

亲子锦囊

1.带孩子参观天一巷景区，赏遇仙桥、仙人桥、百丈崖、月光岩等，感受大自然的神奇；

2.带孩子欣赏辣椒峰、骆驼峰、林家寨一线天等，感受情人谷、幽魂谷爱情故事的凄美；

3.带孩子参观八角寨、龙门、云台寺、鲸鱼闹海等，在紫霞洞感受丹霞地貌的独特魅力；

4.带孩子乘舟欣赏将军石、无影州、啄木鸟石、笔架山等景点，别有一番韵味。

湖北
HUBEI

神農架

黃鶴樓

武当山风景区 | 中国道教第一山

武当山又名太和山，位于湖北省十堰市境内，景区面积312平方千米，是我国著名的道教圣地、太极拳的发祥地、国家5A级景区、国家重点风景名胜区、中国七大奇观、全国十大避暑胜地之一，被誉为“天下第一仙山”。这里拥有金顶、南岩、紫霄、太子坡、五龙宫、太极湖生态文化旅游区等景区，包括天柱晓晴、陆海奔潮等静八景和金猴跳涧、海马吐雾等动八景。山上共有七十二峰、三十六岩、二十四涧、十一洞、十池、十台、九泉、三潭等胜景，它们的玄妙、空灵和神韵给人以极大的想象空间。

亲子信息

湖北省十堰市丹江口市武当经济开发特区永乐路14号　0719-5668567

进山140元/人；金顶景区20元/人；紫霄殿15元/人　08:00～17:00

（1）公交：先乘车到十堰，再乘坐大巴车前往武当山

（2）自驾：汉十高速武当山出口距离景区山门不足百米；从十堰到武当山镇有高速公路，全程需要一个小时左右

亲子锦囊

1.带孩子参观紫霄宫，参与道教法事，品尝道教斋饭，修炼打坐，进行涤净心灵之旅；

2.带孩子参观金殿，瞻仰真武祖师大帝的铜像，领略“雷火炼殿”“海马吐雾”的神奇；

3.带孩子欣赏太子坡古建筑，远眺似出水芙蓉，近看如富丽城池，宛若“海市蜃楼”；

4.带孩子参观南岩宫，观天乙真庆宫石殿、两仪殿、龙虎殿等，体验真武升仙的圣境；

5.带孩子参观五龙宫、华阳岩、灵应岩等，听神话传说，感受“灵应之地”的神秘；

6.带孩子参观老营景区的冲虚庵、遇真宫、净乐宫等道观，感受道教文明；

7.带孩子参观太极湖，欣赏狂欢岛、寻仙岛、逍遥岛等，沿水路进山朝圣，或荡舟碧波，在湖中岛屿枕水听涛，体验自由逍遥的神仙意趣。

三峡大坝风景区｜当今世界上最大的水利枢纽工程

三峡大坝位于西陵峡中段，总占地面积共15.28平方千米，是当今世界上最大的水利工程枢纽。景区以世界上最大的水利枢纽工程——三峡工程为依托，集现代工程、自然风光和人文景观于一身，设置了坛子岭园区、截流纪念园、185园区三个园区，全方位展示工程文化和水利文化。这里雄奇秀丽的自然山水与世界一流的人文景观交相辉映，“截断巫山云雨，高峡出平湖”的壮观美景令游人心旷神怡，流连忘返。

亲子信息

湖北省宜昌市三峡坝区　400-1175-185、0717－6853456/6850678

高峡平湖游船120元/人；三峡大坝景区130元/人；盛世峡江150元/人

08:00～17:30

（1）公交：乘公交至长江医院站，在大三峡国际旅行社门口换乘旅游专线巴士

（2）自驾：经汉宜高速公路到宜昌东山开发区收费站，进入三峡大坝专用公路，在三峡大坝旅游区接待处接待站办理入园手续，开车经过柳树湾游换乘中心，换景区循环巴士游览

亲子锦囊

1.带孩子参观坛子岭园区的模型展示厅、万年江底石、大江截流石等景观，登上制高点俯瞰三峡工程和三峡坝区的全貌，仿佛置身于美妙的乐园中；

2.带孩子参观185观景区，站在平台上向下俯瞰，宛若身临坝顶，感受到大坝的高度，领略高峡出平湖的奇景；

3.带孩子参观截流纪念园，观看工程遗迹展示、场景演出的表现手段和大量史实史料，感受长江截流的壮美场景，了解截流壮举的伟大意义和深刻内涵。

神农架风景名胜区 | 世界生物基因库

神农架位于湖北省西部边陲，是华中第一峰，被誉为“世界生物基因库”。这里拥有神农顶景区、大龙潭金丝猴保护与研究基地、天燕景区、天门垭景区、红坪景区、炎帝神农文化园、国家地质公园、香溪源景区、大九湖国家湿地公园等，自然和谐，生物多样；景观别致，珍稀富藏；地质地貌，尽显沧桑，包括神农顶、官门山、大九湖、神农坛、天生桥、神农架滑雪场和燕天等著名景区。在此，人们可春观杜鹃、夏避酷暑、秋赏红叶、冬滑冰雪，还可以探“野人谜踪”、见“白化动物”身影、观珍稀植物园、访自然博物馆，尽享新奇刺激。

亲子信息

湖北省神农架林区木鱼镇　0719-3335609

神龙顶140元/人；大九湖120元/人；神龙架滑雪场50元/人　06:30～18:30

（1）公交：有班车开往神农架松柏镇

（2）自驾：沪蓉高速—S312—宜巴高速—S312—G209—终点

亲子锦囊

1.带孩子参观神龙顶的鸭子口、大龙潭、金猴岭、神农谷等景点，找寻野人的踪迹；

2.5～7月带孩子来板壁岩欣赏漫山遍野的杜鹃，体验置身杜鹃花海的浪漫；

3.带孩子参观大九湖国家湿地公园，夏季可避暑，冬季进行冰雪运动，乐趣十足；

4.带孩子参观天燕、天门垭景区，参加原始悠古、猎奇探秘主题游，感受神秘氛围；

5.带孩子参观红坪画廊，欣赏神奇山谷风光，去古犀牛洞寻找高山古人类的遗址；

6.带孩子参观国家地质公园，欣赏第四纪冰川遗迹、高山湿地草甸、瀑布、暗河、溶洞等地质奇观，感受山岳地貌的壮丽；

7.带孩子参观文化园的植物园、千年杉王、神农祭坛等，了解神农始祖的业绩与功德；

8.冬季带孩子来南国滑雪胜地参加滑雪节，参与滑雪比赛，趣味十足；

9.带孩子参观天生桥景区，欣赏飞瀑、石桥、石壁栈道等，感受大自然的鬼斧神工。

黄鹤楼 | 素有“天下江山第一楼”之美誉

黄鹤楼位于湖北省武汉市武昌蛇山，始建于三国时期吴黄武二年（223年），是“江南三大名楼”之一，素有“天下江山第一楼”之美誉。整个建筑具有独特的民族风格，楼高5层，72根圆柱拔地而起，雄浑稳健；60个翘角凌空舒展，恰似黄鹤腾飞。楼外铸铜黄鹤造型、胜像宝塔、牌坊、轩廊、亭阁等一批辅助建筑，将主楼烘托得更加壮丽。登楼极目远眺，可将滚滚江水、巍巍的龟蛇二山、壮美的三镇风光尽收眼底。

亲子信息

- 湖北省武汉市武昌区蛇山西坡特一号
- 027-88871394
- 80元/人
- 4月1日～10月31日：07:00～18:30；其他时间：07:30～17:30
- 公交：武汉市内乘坐10、19、61、411路等公交均可到达

亲子锦囊

1.带孩子欣赏黄鹤楼，吟诵“昔人已乘黄鹤去，此地空余黄鹤楼”诗句，韵味十足；

2.带孩子观看大厅中“白云黄鹤”陶瓷壁画，感叹“大江东去浪淘尽”的沧桑；

3.带孩子阅读唐代阎伯理撰写的《黄鹤楼记》，了解黄鹤楼兴废沿革和名人逸事；

4.带孩子登上顶层，欣赏《长江万里图》等长卷、壁画，尽览龟蛇二山和长江的风景；

5.带孩子参观南楼、毛泽东词亭、诗碑廊等，阅读历代名人吟诵黄鹤楼的诗词名句；

6.带孩子在落梅轩欣赏编钟表演，了解我国古代音乐的相关知识；

7.带孩子登上白云阁，欣赏黄鹤楼、蛇山、长江的美丽风光，别有一番韵味；

8.带孩子参观杜鹃园、梅园等，阅读四季牌坊，感受黄鹤楼四季景色的魅力；

9.带孩子瞻仰岳飞铜像，参观岳飞功德坊，学习爱国主义精神。

巴东神农溪 | 被誉为长江三峡中的“翡翠水道”

神农溪全长60千米，因发源于神农架南坡而得名，沿途接纳了17条溪涧，两岸群山耸立，逶迤绵延，层峦叠嶂，以雄、奇、险、秀著称，被誉为长江三峡中的“翡翠水道”。这里分为龙昌峡、鹦鹉峡、绵竹峡、神农峡4个峡段，拥有千古之谜的巴人“悬棺”和岩棺葬群、痕迹依稀可见的古栈道、峭壁上遍布的溶洞、巨大的石钟乳、飞流直下的瀑布、随意穿行的珍禽异兽……在此，你可以乘坐豌豆角木扁舟，一边欣赏充满神秘色彩的景致，一边感受浓郁的土家民族文化和纤夫文化。

亲子信息

湖北省恩施自治州巴东县巫峡北岸　　0718-4335245

游览票150元/人；漂流110元/人　　景区全天开放，漂流时间：09:00~17:00

（1）公交：乘轮船至巴东客运码头，或从恩施市乘班车直达

（2）自驾：武荆高速—荆宜高速—沪蓉高速—S312—宜巴高速—G209—终点

亲子锦囊

1.带孩子乘船欣赏绵竹峡的蟒蛇出山、野人伸掌等奇峰怪石，领略溶洞石钟乳的魅力；

2.带孩子观看纤夫们在水里推船、拉纤，听声声号子，感受他们移山倒海的强大力量。

清江画廊风景区 | 被赞为“东方的多瑙河，桨声灯影的故乡”

清江是长江在湖北境内的第二大支流，是巴人的发祥地，土家儿女的母亲河。清江画廊风景区位于长阳土家族自治县。这里山清水秀，风光满眼，青山绿如缎带，江水蓝如宝石，拥有巴人发祥地武落钟离山、仙人寨、倒影峡等景点。早晚，江面雾气升腾如蓬莱仙境；四季，野花点缀如天女花裙，被赞为“东方的多瑙河，桨声灯影的故乡”。

亲子信息

湖北省宜昌市长阳土家族自治县　　0717-5319721

100元/人　　08:00~16:00

（1）公交：宜昌长途汽车站和长阳客运站都有宜昌至长阳的专线客运巴士

（2）自驾：武汉绕城高速—武荆高速—荆宜高速—老石高速—沪渝高速—终点

亲子锦囊

1.带孩子参观倒影峡，欣赏水中栩栩如生的倒影，感受“鱼游枝头鸟宿水”的意境；

2.带孩子欣赏史诗歌舞剧《江山美人》，了解巴王廪君与盐水神女的爱情故事。

三峡人家风景区 | 中国首创的原生态、场景式、体验型大型民俗旅游区

三峡人家风景区位于三峡中最为奇幻壮丽的西陵峡境内，以“湾急、石奇、谷幽、洞绝、泉甘”闻名于世，是中国首创的原生态、场景式、体验式大型民俗旅游区。这里以其“一肩挑两坝，一江携两溪”的独特地理位置优势及原汁原味的西陵百里画廊，形成了三峡人家、龙进溪、天下第四泉、灯影洞、石令牌、石牌古镇、抗战纪念馆七大景区。白墙青瓦石板路、小桥流水吊脚楼、枯藤老树喜鹊窝、机枪碉堡旧战壕、奇石溶洞古城堡，给人以美的震撼。

亲子信息

湖北省宜昌市夷陵区西陵峡内峡州路5号

0717-7855592

150元/人

08:00~17:30

（1）公交：在葛洲坝三号船闸码头乘坐专线游船到达（还可以赏景）

（2）自驾：在“夜明珠”出口下高速公路，高速后沿着江边的公路一直向前行驶，经虾子沟、南津关可到达三游洞，越过三游洞，一直向前行驶，到达“仙胡路口”左转下坡，到达三峡人家游客接待中心

亲子锦囊

1.带孩子参加杨家溪军事漂流，了解历史，领略冲浪闯滩的刺激，感受平湖荡舟的悠闲；

2.带孩子参观灯影洞，欣赏五色奇音石，用手敲击，可闻鸣锣击鼓之声，十分神奇；

3.带孩子参观龙进溪，欣赏古帆船、吊脚楼、水车，感受“步入桃源不知归”的醉意；

4.带孩子参观石牌要塞，了解“石牌保卫战”的历史及中华民族抗战史上的悲情岁月；

5.带孩子登上邀月亭，远眺明月湾，俯瞰长江，忧愁烦恼在江天一色的美景里即刻全无；

6.带孩子参观巴王宫，听巴王和鄂水娘的故事，了解一个民族从发展壮大到衰落的过程；

7.带孩子欣赏“长江第一石”，找寻“唐僧师弟立山头，灯影联翩猪与猴”的意境；

8.带孩子参观猴山，观赏猴子，体验给它们喂食香蕉、黄瓜、花生、饼干等食物的乐趣；

9.带孩子欣赏三峡的古代楚国宫廷音乐——楚乐歌舞表演，感受楚文化的独特魅力；

10.带孩子欣赏三峡婚俗表演，看姑娘哭嫁、娶亲，听船工号子，了解土家族风俗民情。

武汉东湖风景区｜中国最大的城中湖

武汉东湖风景区位于武汉市城区东部，总面积82平方千米，其中湖面面积33平方千米，是中国最大的城中湖，是毛泽东同志解放后除中南海外居住时间最长的地方。这里山水秀美，景观别致，风光迷人，拥有听涛、磨山、落雁、吹笛四大景区，包括大小湖泊12个，岛渚120多个，曲折海岸线112千米，环湖山峰34座，一年四季景色诱人。此外，这里还是我国最大的楚文化游览胜地，拥有楚市、屈原塑像、屈原纪念馆等，楚风浓郁，楚韵精妙。

亲子信息

- 湖北省武汉市武昌洪山区东湖路特1号
- 027-86779159/86779160
- 磨山景区55元/人；落雁景区10元/人
- 07:00~19:00
- 公交：武汉市内乘坐402、578、605、701路等公交均可到达

亲子锦囊

1.带孩子参观听涛轩，看湖光粼粼，听湖风阵阵，宛若置身海滨，感受观海听涛之意境；

2.带孩子参观寓言雕塑园，欣赏狐假虎威、盲人摸象、叶公好龙等寓言雕塑，增长知识；

3.带孩子参观屈原纪念馆，观看与其相关的陈列展览，感受浓郁的楚文化魅力；

4.带孩子漫步九曲桥，徜徉亭榭间，体验碧潭观鱼、垂钓、夏日乘凉赏荷的乐趣；

5.带孩子欣赏雅典、维也纳、哥伦布战船、大风车等建筑，领略异域风情；

6.带孩子参观鲁迅广场，瞻仰鲁迅半身像，了解现代新文化运动的历史；

7.带孩子漫步沙滩浴场，体验沙滩足球、排球、摩托车、沙雕等娱乐活动的乐趣；

8.带孩子参观哲思园，听春秋战国时期代表人物的哲理故事和传说，了解我国传统文化；

9.带孩子参观楚才园，观看历史长卷，了解楚国八百年的重大事件和成就，感悟楚文化；

10.带孩子乘磨山索道，欣赏杜鹃园、盆景园，尽览景区全貌，体验磨山滑道的乐趣；

11.带孩子参加2月的樱花节、5月的端午文化节、6月的荷花节，感受东湖节庆气氛；

12.带孩子参观松鼠乐园，观赏可爱的小松鼠，体验野营烧烤的乐趣；

13.带孩子参观湖北省博物馆，观看古乐器陈列、楚文化展、《书写历史》展等，了解湖北的历史文化。

恩施大峡谷 | 被专家称赞与美国科罗拉多大峡谷难分伯仲

恩施大峡谷是清江大峡谷的一段，全长108千米，总面积300多平方千米，被专家称赞与美国科罗拉多大峡谷难分伯仲。谷底清江水质清幽，有脱胎换骨之韵味，拥有百里绝壁、千丈瀑布、傲啸独峰、原始森林、远古村寨等景点。在此，你可以观静水清江、虹桥卧波、青山倒影，领略海市蜃楼的虚幻，也可以乘舟顺溪而下，看云雾缭绕、白鹤翩跹，体验置身人间仙境的缥缈与悠远。

亲子信息

湖北省恩施土家族苗族自治州恩施市屯堡乡和板桥镇境内　0718-8542333

旺季170元/人；淡季130元/人　08:00~16:00

（1）公交：在恩施航空路乘坐恩施至沐抚（大峡谷）的车可到达，20元/人

（2）自驾：武汉绕城高速—武荆高速—荆宜高速—老石高速—沪渝高速—终点

亲子锦囊

1.带孩子乘船看八百里清江、百里绝壁、千尺瀑布等美不胜收的景点，感受大自然之美；
2.带孩子欣赏云龙绝壁、风雨桥、时空桥、云龙悬瀑等，感受地质运动的神秘与伟大；
3.带孩子漫步绝壁长廊，体验心惊肉跳的刺激；
4.带孩子欣赏一炷香、母子情深、天衣有缝、双龟石等象形石，领略喀斯特地貌的魅力。

隆中风景名胜区 | 被世人称为“智者的摇篮，三分天下”的策源地

隆中风景名胜区是诸葛亮青年时代的躬耕隐居地，也是著名的“三顾茅庐”“隆中对策”的发生地。这里环境清静幽雅，古迹众多，文化底蕴丰富，分为古隆中、水镜庄、承恩寺、七里山、鹤子川等五大景区，包括隆中牌坊、诸葛草庐、武侯祠、三顾堂、卧龙深处、躬耕田、小虹桥等景点，是三国文化旅游的源头，被世人称为“智者的摇篮，三分天下”的策源地。

亲子信息

湖北省襄阳市襄樊市襄城区隆中路6号　0710-3592235/3590597

60元/人　07:00~18:00

公交：乘坐8、9、16、94路等公交可到达

亲子锦囊

1.带孩子参观古隆中、三顾堂，听“刘备三顾茅庐”的故事，了解“隆中对”的典故；
2.带孩子参观武侯祠、小虹桥，瞻仰诸葛亮塑像，凭吊祭祀诸葛亮，了解其生平事迹；
3.带孩子参观腾龙阁，看三国主要人物的雕像、画像，读历代赞扬诗文，了解三国文化；
4.带孩子参观水镜庄、承恩寺、七里山等景区，听典故或有关传说，乐趣无穷。

恩施土司城 | 目前国内保存最完整的土家土司王城

恩施土司城是目前国内保存最完整的土家土司王城，是土家文化的重要标志，有“中华土家第一城”的美誉。这里历经沧桑、饱经风雨，但依旧保持着恢宏的气势，拥有墨冲楼、素素卡斜车、廪君祠等景点。在此，你可以观赏巴楚建筑的工艺神韵，可以品味土家土司的传奇人生，可以体验古老淳朴的民俗风情，还可以收获“一日穿越千载，一圈走遍土家”的感受。

亲子信息

湖北省恩施土家族苗族自治州恩施市土司路138号　　0718-8458166

50元/人　　08:30~17:30

（1）公交：市内乘坐5、17路等公交在土司城站下车

（2）自驾：武汉绕城高速—武荆高速—荆宜高速—老石高速—沪渝高速—终点

亲子锦囊

1.带孩子参观墨冲楼，观看巫山人、长阳人遗物，感受土家族人文轨迹和土司王权威仪；

2.带孩子参观风雨桥，听山寨女的故事，体验歇息、纳凉、聊天、摆龙门阵的乐趣。

荆州古城 | 可与古希腊、古雅典相媲美的楚文化发祥地

魏、蜀、吴三国时代荆州古城曾是兵家必争的战略要地，是我国首批公布的24座历史文化名城之一，也是可与古希腊、古雅典相媲美的楚文化发祥地。这里拥有宾阳楼、藏兵洞、炮台、文字砖、朝宗楼、城墙博物馆等景点，并开展了“荆州古城墙徒步健身环城游”“荆州古城墙考古游”“三国遗迹游”“荆州古城墙民俗游”“历史文化节庆游”等游览项目，是人们感受三国文化、楚文化无法取代的人文景观。

亲子信息

湖北省荆州市荆州城　　0712-8468124

登城楼50元/人　　全天开放；城楼：06:40~18:50

（1）公交：荆州市内乘坐15、16、18路等公交可到达东门、新北门（新南门）

（2）自驾：武汉市—汉蔡高速—汉宜高速—二广高速—G207—S221—终点

亲子锦囊

1.带孩子抚摸历经数千年的古城墙，领略其蜿蜒状若游龙的气势，感叹岁月沧桑；

2.带孩子参观藏兵洞，观看诸多射孔，了解古代军事设施的相关知识。

三国赤壁古战场 | 我国古代著名的战役中唯一尚存原貌的古战场

东汉建安十三年（208年），中国历史上著名的“赤壁之战”就发生在三国赤壁古战场，是我国古代著名的战役中唯一尚存原貌的古战场。这里历史绵延，山水沧桑；遗台故垒，烽烟未尽，拥有摩岩石刻、赤壁大战陈列馆、翼江亭、望江亭、拜风台、凤雏庵、赤壁碑廊、赤壁雕塑园等9处主要景点，并开展了开园迎宾、孙刘联军、刘备招亲、周瑜点兵、民间绝技等一系列的演出节目。

亲子信息

湖北省赤壁市赤壁大道774号　　0715-5355488

150元/人　　08:00~18:00

（1）公交：在赤壁站可直接打车前往，或乘4路公交至西湖车站，换乘班车前往

（2）自驾：白沙洲大道—红霞高架—京港澳高速—京珠高速—京港澳高速—S214—终点

亲子锦囊

1.带孩子参观赤壁大战陈列馆，感受东汉末年人文历史及当时三国赤壁鏖兵的壮观场面；

2.带孩子参观三国影视城、三国雕塑园，感受桃园三结义、周郎刻壁、煮酒论英雄等故事。

陆水湖风景区 | 享有“楚天明珠”的美誉

陆水湖风景区因三国东吴名将陆逊在此驻军而得名。湖以山幽、林绿、水清、岛秀而出名，享有“楚天明珠”的美誉。除了优美的自然风光，景区还保存着陆逊试剑石、葛洪炼丹炉、照天烛、桂花庵等人文景观，央视拍摄《水浒传》的外景基地也建于此，其中主要景观包括三峡试验大坝、水浒城、神龙异域风情岛、凤凰岛、民俗乐园、好运岛等。

亲子信息

湖北省咸宁市赤壁市水乡雪峰山下　　0751-536799

旺季100元；淡季80元（含水浒城、神龙岛、凤凰岛、好运岛、民俗乐园）　　07:30~17:30

（1）公交：乘车至赤壁火车站，转乘市内公交6路车，终点就是陆水湖风景区

（2）自驾：武汉—白沙洲大道—红霞高架桥—京港澳高速—京珠高速—京港澳高速—终点

亲子锦囊

1.带孩子参观中华水浒城的聚义厅、梁山后寨，感受中国传统文化；

2.带孩子漫步郊野一条街，寻找王婆茶馆、狮子楼、潘金莲宅、武大郎炊饼店等景观。

明显陵 | 独特的一陵两冢

明显陵是明世宗嘉靖皇帝的父亲恭壑献皇帝和母亲章圣皇太后的合葬墓，是中国最具特色的一座一陵两冢的帝王陵寝。这里拥有内外逻城，前后宝城、方城明楼、祾恩殿、祾恩门、功德碑楼等30余处大规模建筑，红墙黄瓦、金碧辉煌、雄伟壮观。

亲子信息

湖北省钟祥市城东郊松林山　0724-4217387　30元/人　08:00~18:00

（1）公交：钟祥市内乘坐6路公交可直达景区

（2）自驾：武汉市—武汉绕城高速—武荆高速—钟祥/沙洋/S216出口出—S216—终点

亲子锦囊

1.带孩子参观双茔城、内明堂、外明堂等，读御制睿功圣德碑，感叹其巧夺天工的布局；

2.带孩子欣赏双龙琉璃影壁，感受浮雕的工艺精美绝伦，感叹工匠们的独具匠心；

3.带孩子漫步龙鳞神道，参观内外逻城，了解独特的帝陵制度。

九宫山 | “全国五大道场”之一

南宋时期著名的道士张道青曾在九宫山兴坛设教，建起三宫十二院，成为“全国五大道场”之一。这里千峰竞秀、万壑争幽、飞云荡雾、古木参天，分为云中湖、林海深处、吴楚天、龙潭探幽、山下游览区5个区域，其间景色既有江南山峰的奇秀，又有塞北岭岳的雄、险、奇、幽、秀，被誉为“九天仙山”。另外，山上最高气温不超过30℃，是著名的避暑胜地，有“第二庐山”之称。

亲子信息

湖北省咸宁市通山县城东路　0715-2365966

188元/人（含瑞庆宫、云中古寺、金鸡谷、闯王殿、云中湖、九宫十八潭）

09:00~24:00

（1）公交：武汉武昌宏基客运站乘坐班车可直达景区

（2）自驾：武汉市—白沙洲大道—红霞高架桥—京港澳高速—咸通高速—G106—终点

亲子锦囊

1.带孩子参观云中湖、云关大寺等，观云在湖上飘、湖在云下移的景色，体验举袂欲仙之感；

2.带孩子参观石龙峡，欣赏龙源瀑布、龙湫瀑布等景点，体验踩着跳石渡河的美妙；

3.带孩子参观周家大屋，听民歌、吃农家饭，尽享农家乐，感悟山水情意长。

腾龙洞 | 中国目前最大的溶洞

腾龙洞是中国目前最大的溶洞，世界特级洞穴之一。景区由水洞、旱洞、鲤鱼洞、凉风洞、独家寨及三个龙门、化仙坑等组成，洞中有山，山中有洞，水洞旱洞相连，主洞支洞互通，洞中景观千姿百态，美轮美奂，神秘绝伦，其中以“观彩峡”“白玉石林”“三龙门”“48道望江门”等天下奇观最为著名；洞外风光秀丽，水洞口的卧龙吞江瀑布落差20余米，吼声如雷，气势磅礴，震撼人心。

亲子信息

湖北省恩施土家族苗族自治州利川市腾龙大道1号

0718-7262455/7266755　180元/人　08:30~18:00

（1）公交：利川市东门、西门均有至景区的车，专车费5元/人

（2）自驾：恩施市—G209—沪渝高速—利川/G318/咸丰出口出—腾龙大道—旅游路

亲子锦囊

1.带孩子参观旱洞，欣赏洞内千姿百态的景观，乘舟参观水洞，体验在画中游的美妙；

2.带孩子欣赏磅礴壮观的卧龙吞江瀑布，有时候还可以领略到雾幕景观的变幻莫测；

3.带孩子欣赏狩猎、肉连响、龙船调等表演，了解土家文化和风土人情。

云雾山 | 享有“西陵胜地、楚北名区、陂西障障、汉地祖山”的美誉

云雾山以重峦叠嶂、气势雄伟而闻名江汉，是武汉市绵延最长的山脉，享有“西陵胜地、楚北名区、陂西障障、汉地祖山”的美誉。这里风光宜人、空气清新、水质清澈，拥有华中地区最大的城市生态景观群，有国家地质公园、千年宗教名胜木兰山，有幽谷美景、浪漫山水的国家森林公园木兰天池，有华中唯一的草原风情景区木兰草原，有万亩杜鹃、万株野生樱花，还有武汉第一漂天寨沟漂流等。

亲子信息

湖北省武汉市黄陂区李家集　027-61661366　80元/人　08:00~17:00

（1）公交：武汉市内乘一日游专线车；或汉口火车站乘292至黄陂客运站转巴士即可

（2）自驾：从武黄高速、汉宜高速、京珠高速上武汉外环至黄陂木兰天池

亲子锦囊

1.带孩子登上矿峰极目远眺，观山峦起伏、森林广布、气势磅礴，心旷神怡；

2.带孩子参观黄陂泥塑民间艺术展览馆，观看五百罗汉造像，感叹工匠们精湛的技艺；

3.春夏之交带孩子来此赏红白相间的杜鹃花，烂漫的花海，热烈动人，美轮美奂。

仙岛湖 | 享有“荆楚旅游明珠，华中第一奇湖”之美誉

仙岛湖，因湖畔山崖上悬有一块“灵通仙岛”的古匾而得名，素有“天上七仙女，人间仙岛湖”之称，享有“荆楚旅游明珠，华中第一奇湖”之美誉。这里风景优美，水质优良，春季，碧水荡漾，满目映山红秀色可餐；夏日，绿水荷塘，杉林成海，气候凉爽，避暑绝佳；秋季，百舸争流，渔歌唱晚，一派金秋丰收的景象；冬日，晨雾缭绕，千岛竞秀，颇为壮观。

亲子信息

湖北省黄石市阳新县王英镇　0714-7636868　105元/人　08:00～16:30

（1）公交：市内乘车至阳新县，再包车前往

（2）自驾：武汉市—武汉绕城高速—武黄高速—大广高速—X035—终点

亲子锦囊

1.带孩子参观观音洞，看天骊行空、金鄂迎宾、神独舞、洞天飞瀑等景观，感叹自然之美；

2.带孩子参观野人岛，观赏野人表演、傣族舞蹈、泰国人妖表演等，领略异域风情；

3.带孩子参观仙人岛，一边欣赏美景，一边听茶花仙子与龙三太子的爱情故事，别有一番韵味；

4.带孩子参观世外桃源，参加采桃摘藕、垂钓，体验弓箭射击、徒手攀岩、滑翔的乐趣。

大洪山风景名胜区 | 素有“楚北天空第一峰”之美誉

大洪山风景名胜区位于湖北省北部，以峰峻、林幽、洞奇、湖美、泉醇而著称，主峰海拔1636米，素有“楚北天空第一峰”之美誉。这里拥有壮丽的山岳风光、苍茫的原始森林、奇特的千年银杏、九洞十八泉的神奇地质、古朴的千年古刹……其中对外开放的溶洞有仙人洞、双门洞、黄岩洞、两王洞、小泉洞和娥皇洞等，洞内钟乳千姿百态，宛若迷宫。

亲子信息

湖北省随州市西南40千米处　0722-4832228

通票110元/人　07:30～17:00

（1）公交：武汉可乘火车或汽车直达随州，再从随州汽车站搭乘到长岗的班车

（2）自驾：从武汉上汉十高速，在均川开口下，即可到大洪山

亲子锦囊

1.带孩子参观两王洞、仙人洞、双门洞等，欣赏莲花宝塔等奇观，领略其雄伟壮丽的气势；

2.带孩子参观慈恩寺，听钟鼓长鸣，在佛教圣地荡涤心灵，洗尽烦恼；

3.带孩子观赏千年银杏王，感受其生生不息的生命力；

4.带孩子登上宝珠峰尽览美景，还可以泡新阳温泉，补充人体所需的微量元素，尽享舒适。

广东
GUANGDONG

黃龍大道
廣東省博羅羅浮山黃龍古觀
30

湖光巖

白云山风景区 | 自古就有“羊城第一秀”之誉

白云山风景区位于广州市中部，是五岭中之大庾岭的余脉，由30多座山峰组成，面积28平方千米，自古就有“羊城第一秀”之誉，现在位居新世纪“羊城八景”之首。这里分为摩星岭、明珠楼、鸣春谷、三台岭、麓湖、飞鹅岭、荷依岭7个游览区，包括碑林、蒲谷、鸣春谷、山湾、双溪等景点，其中摩星岭是最出名的景点。登上摩星岭，可欣赏到“白云山上白云飞，白云山下白云浮”的独特景致，极目远眺，还可将广州的大都市美景尽收眼底，足以令人心胸开阔，心旷神怡。

亲子信息

广东省广州市白云区广园中路白云山南路　020-38063374/37222222

山南门岗5元/人；云台花园10元/人；星海园3元/人；鸣春谷10元/人；广州碑林5元/人；摩星岭5元/人　08:00~17:00

（1）公交：广州市内乘坐36、38等路公交在柯子岭牌坊站下车

（2）地铁：乘地铁2号线在白云公园站下车即到

亲子锦囊

1.春季带孩子参观桃花涧，欣赏满园的桃花，姹紫嫣红，美轮美奂，宛若“桃源仙境”；

2.带孩子参观云台花园，欣赏国内外四时花卉，领略“花城明珠”的独特魅力；

3.带孩子参观鸣春谷，看珍稀鸟类，赏鸟类表演，体验与鸟类近距离接触的乐趣；

4.带孩子参加蹦极跳、高山滑草、滑车、滑道等极限运动，享受速度与激情；

5.带孩子登上罗伞顶，观看日落和广州夜景，领略广州景色的美丽与壮观；

6.带孩子登临摩星岭，观“白云山上白云飞，白云山下白云浮”的特有风姿，别有滋味；

7.带孩子参观广州碑林、南雅堂、仙墨轩等，欣赏古人墨迹，感悟中华传统文化魅力；

8.带孩子参观雕塑公园，欣赏雕塑家的艺术精品，感受浓郁的文艺气息；

9.带孩子乘坐游艇欣赏麓湖的湖光山色，参观星海园、白云仙馆等，在儿童乐园中尽享欢乐。

长隆旅游度假区 | 专门售卖欢乐的“都市中心的世界旅游王国”

长隆旅游度假区位于广州中心腹地，是广州旅游的代表景点，是一座专门售卖欢乐的“都市中心的世界旅游王国”。在此，游人可以在长隆欢乐世界中享受全球最顶尖过山车之王、世界最新最炫的大型摆锤、亚洲最大最先进的四维影院、世界水上游乐之王——超级水战等娱乐项目的震撼；在长隆水上乐园体验世界最大人工洪水中心“巨洪峡”、超级大喇叭、超级巨兽碗、宝贝水城等项目的惊险刺激；在香江野生动物世界领略近距离观看大熊猫、树袋熊等动物的乐趣；在长隆国际马戏大剧场欣赏精彩绝伦的马戏；还可以在长隆鳄鱼公园亲吻鳄鱼宝宝，享受钓鳄鱼的刺激，增长科普知识。

亲子信息

广东省广州市番禺区番禺大道　　4008-830083

长隆欢乐世界180元/人；长隆国际大马戏城180元/人；长隆水上乐园180元/人；长隆鳄鱼公园60元/人；香江野生动物世界180元/人

长隆欢乐世界：09:30～18:00（周一～周五），09:00～18:30（周六、日）；
长隆国际大马戏城：开放时间：17:00～21:00，表演时间：19:00～21:00；
长隆水上乐园：09:30～18:00，星光夜场：17:30～22:30（4～10月）；
鳄鱼公园：09:00～17:30；香江野生动物园：09:00～18:00

（1）公交：广州市内乘坐562路公交至长隆景区，再乘坐免费的穿梭巴士抵达各个公园
（2）地铁：乘坐地铁3号线，在汉溪长隆站E出口出，步行可到达

亲子锦囊

1.带孩子来长隆欢乐世界，一边欣赏中古欧洲风格建筑、各种主题表演，一边参加过山车、超级大摆锤、转转杯等娱乐项目，还可以在幻影天地4D影院，尽享超视觉体验；

2.带孩子驾车参观自驾游览区，观看世界珍奇动物，体验一把“与兽同行”的奇妙感受；

3.带孩子参观《爸爸去哪儿》电影中的经典拍摄场景和线路，观看黄猩猩、长颈鹿、考拉、斑马等动物，亲身体验丛林大冒险，探访动物世界的奥秘；

4.带孩子参加巨蟒、巨洪峡、眼镜蛇等水上娱乐项目，观看积水迎宾、舞魅初夏、舞动激情等表演，尽享亲水乐趣；

5.带孩子观看光影传说、纵横空间、缘分天空等马戏表演，感受魔幻世界的心跳；

6.带孩子参观鳄鱼公园，看鳄鱼，欣赏“鳄作剧”、飞禽科普表演、湿地精灵秀、动物合家欢等表演，进一步了解动物，感受动物之美，增强保护动物，与自然和谐相处的意识。

华侨城旅游度假区 | 中国最为集中的文化主题公园群、文化主题酒店群和文化艺术设施群

华侨城旅游度假区位于深圳大梅沙，占地约9平方千米，拥有锦绣中华、中国民俗文化村、世界之窗、欢乐谷四大主题公园，是国内首个大型综合性国家生态旅游示范区。其中锦绣中华是中华五千年历史文化、九百六十万平方千米锦绣河山的荟萃和缩影；中国民俗文化村展示了各民族民间艺术、民俗风情和民居建筑，享有“中国民俗博物馆”的美誉；深圳世界之窗设有世界园林艺术、民俗风情、民间歌舞、大型演出以及高科技娱乐项目；欢乐谷充满了动感、时尚与激情。此外，这里每年都会举办华侨城旅游狂欢节、泼水节、国际啤酒节、玛雅狂欢节、城市现代雕塑艺术展等文化节庆活动，是人们尽享欢乐的绝佳胜地。

亲子信息

- 广东省深圳市南山区华侨城　　0755-26600248
- 世界之窗120元/人；锦绣中华/中国民俗文化村（两园合并）120元/人；欢乐谷140元/人，玛雅水公园开放期间可免费游玩，夜场票50元/人
- 08:00~20:00，欢乐谷夜场票19:00以后入园
- （1）公交：市内乘坐101、126、202、209、223路等公交均可到达
  （2）地铁：一号线在“华侨城”站下车，然后走D出口出站
  （3）自驾：广深高速从南头/西丽出口离开，进入南海大道，再驶入北环大道，侨香路/华侨城/园博园/欢乐谷方向，沿侨香路、香山西街、香山中街、杜鹃山西街行驶即到

亲子锦囊

1.带孩子参观锦绣中华，观看秦兵马俑、万里长城、赵州桥、故宫等微缩景观，以及高山族、傣族、佤族等少数民族特色建筑、服饰等，欣赏《东方霓裳》《金戈王朝》《龙凤舞中华》等表演，一步迈进历史，一天游遍中华，了解我国的历史文化及民俗风情；

2.带孩子参观世界之窗，体验滑雪、滑冰、科罗拉多大峡谷探险漂流、亚马孙丛林穿越、侏罗纪恐龙世界探险、印第安射箭、印加迷城攀岩等游戏活动的乐趣；

3.带孩子参观欢乐谷的西班牙广场、魔幻城堡、金矿镇等充满异域风情的主题区，乘坐UFO、龙卷风、欢乐风火轮、激光战车等惊险刺激的项目，欣赏《梦幻深圳》《地道战》《巅峰少年》《幻城》等演出，体验与众不同的、梦幻缤纷的欢乐时空；

4.带孩子参观海洋奇梦馆，观看水母、珊瑚、海狮等海洋生物，也可以在水秀场欣赏《深蓝秘境》演出，还可以去中影国际影城观看超级大片，体验前所未有的视听感官娱乐；

5.带孩子在麦鲁小镇扮演警察、消防员、空姐、医生、记者等职业，认知社会；

6.带孩子参观何香凝美术馆、创意文化园、华·美术馆、当代艺术馆等展馆，陶冶情操。

丹霞山风景名胜区｜被称为“中国的红石公园”

丹霞山风景名胜区整个看起来如同一方红宝石雕塑园，因此又称“中国的红石公园”。这里山势险峻，造型奇特，气势雄浑。山顶留有古人修建的登山小道和崖顶山寨，是进行攀岩、探险、健身等户外活动的天然场所。

亲子信息

- 广东省韶关市浈江区和仁化县　　0751-6291330
- 平日100元/人，节假日120元/人（含丹霞山主区和阳元山景区）
- 旺季08:00～18:00（4～10月）；淡季08:30～17:30（11月～次年3月）
- （1）公交：在韶关火车站乘坐丹霞旅游专车可直达景区
  （2）自驾：赣韶高速在周田/仁化/G106出口离开，进入G106，沿丹霞大道行驶即到

亲子锦囊

1.带孩子观看姐妹峰、观音石、五仙岩等，攀巴寨，感受“一夫当关，万夫莫开”的气势；
2.带孩子看“天下第一奇石”（阳元石）、群象出山、雄狮高卧等，感受大自然的鬼斧神工。

雁南飞茶田景区｜集中了山区“三高农业”“生态农业”“旅游农业”的开放型旅游度假区

雁南飞茶田景区位于叶剑英元帅的故乡——梅县雁洋镇，是一个集中了山区“三高农业”“生态农业”“旅游农业”的开放型旅游度假区。在此，您可以欣赏飞神石、笑傲江湖瀑布；流连于数千亩青翠欲滴的生态茶田和龙那山生态谷的美丽风景；在精美的园林艺术和满园鲜花中观看清雅的茶艺表演；还可以欣赏原生态的客家歌舞表演，体验纯净自然的清新雅静，静心享受慢生活。

亲子信息

- 广东省梅州市梅县区雁洋镇　　0753-2828888
- 80元/人　　全天开放
- （1）公交：从广州汽车总站、天河客运站乘班车至梅县，再从梅州汽车站乘巴士
  （2）自驾：广惠高速—惠河高速—河梅高速—梅州市出口出—往市区方向行驶即到

亲子锦囊

1.带孩子参观茶园，观看乌龙茶、茉莉花绿茶等，欣赏清雅的茶艺表演，感悟茶文化的精髓；
2.带孩子参观龙那山生态谷，欣赏龙藤、龙盆、情人桥、仙茶阁，体验原始生态之美；
3.带孩子欣赏原生态的客家歌舞表演，品尝可口的客家美食，领略多情的客家山水。

连州地下河旅游景区 | 被称为岭南第一“洞河仙境”

连州地下河旅游景区属于华南亚热带喀斯特地貌的典型洞穴，洞里石径曲折，钟乳石景象奇特，包括主要景点有古炮台、古城墙、仙人桥、玉帝神像、玉帝罗帐、仙人神田、恐龙化石、仙女浴池、望海观音、巴西仙人掌等。人们进入其中如入梦境，如登仙域，赞叹声不断。

亲子信息

广东省清远市连州市东陂镇地下河景区　　0763-6269189

150元/人　　08:30～17:00

（1）公交：在连州市内乘坐中巴车到东坡镇下车，然后换乘当地三轮车可到景区

（2）自驾：广清高速—清连高速—连州/永州出口离开—S114—东陂2桥—终点

亲子锦囊

1.带孩子乘船欣赏飞象过河、八仙过海、狮子座莲等溶洞景观，领略喀斯特地貌的魅力；

2.带孩子欣赏大口岩，看小河潺潺，山丘透迤，感受田园景色的清新、自然；

3.带孩子欣赏仙人田、地下河梯田，漫步地下河鹊桥，听神奇的故事，乐趣十足。

西樵山风景区 | 被古人赞誉为“谁信匡庐千嶂瀑，移来一半在西樵”

西樵山自然风光美轮美奂，拥有72峰、42洞，以及众多的岩、壁、台、湖、瀑、涧、泉、潭等，被古人赞誉为“谁信匡庐千嶂瀑，移来一半在西樵”。此外，这里古迹名胜举目皆是，宗教气息浓厚，还是“南拳文化”的发源地，再加上美好的生态环境和优越的地理位置，使其成为整个珠三角的“后花园”，是游客远离喧嚣、回归自然的理想之处。

亲子信息

广东省佛山市南海区的西南部　　0757-86880036/86886646

70元/人　　07:00～18:00

（1）公交：乘坐樵03、樵05、樵15、樵16路公交在江边村站下车

（2）自驾：广州市—广州环城高速公路—广佛高速—沈海高速广州支线—终点

亲子锦囊

1.带孩子参观白云洞的字祖庙、奎光楼，朝拜中华文字的创造者仓颉，感受文气和灵气；

2.带孩子参观南海观音文化苑，朝拜世界第一观音像，祈祷新一年风调雨顺、平安幸福；

3.带孩子参观黄飞鸿狮艺武术馆，欣赏南拳武术和醒狮表演，感受演出者精湛的技术。

广州动物园 | 全国三大城市动物园之一

广州动物园园林景观十分优美，种植了各种亚热带、热带植物，展现了“四季春常在，花开香满园”的岭南园林特色。园内饲养有动物400多种、5000多只（头），其中既有我国特有的大熊猫、金丝猴、华南虎等国宝级动物，也有来自世界其他地区的河马、犀牛、非洲象等珍奇动物，是国内知名度较高的野生动物保护基地。

亲子信息

广东省广州市先烈中路120号　020-38377572

套票：120元/人（含锦鳞欢乐谷、驯兽表演、动物广场、海底世界、海洋剧院）

4月16日~10月15日：08:00~16:30；其他时间：08:00~16:00

（1）公交：广州市内乘坐127、192、290路等公交在公园北门站下车

（2）地铁：乘坐地铁5号线至动物园站出

亲子锦囊

1.带孩子观看金钱豹、华南虎、非洲狮、猞猁等猛兽，感受它们的野性；

2.带孩子观看食火鸡、非洲鸵鸟、火烈鸟、丹顶鹤等禽鸟，体验与它们亲密接触的乐趣；

3.带孩子乘坐空中列车、旋转木马、激流探险等游艺设施，尽享欢乐；

4.带孩子参观蝴蝶馆、猩猩馆、昆虫馆、袋鼠馆等，观看驯兽表演，妙趣横生。

开平碉楼 | 享有“华侨文化的典范”“令人震撼的建筑艺术长廊”之赞誉

开平是世界瞩目的碉楼之乡，拥有1800多座碉楼，它们融防卫、居住和中西建筑艺术为一体，享有“华侨文化的典范”“令人震撼的建筑艺术长廊”之赞誉。其风格多样，既有中国传统的硬山顶式、悬山顶式，也有像希腊式、罗马式、拜占庭式、巴洛克式等国外不同时期的建筑形式，可谓千姿百态、异彩纷呈，极具历史文化价值和观光价值。

亲子信息

广东省江门市开平市　0750-2678888

自力村碉楼群80元/人；锦江里碉楼群50元/人；赤坎影视城30元/人；联票180元/人（含立园、南楼、自力村、锦江里、马降龙、开元塔、赤坎影视城）　08:30~17:30

（1）公交：在开平义祠车站乘坐专线车可到碉楼，1.5~2元/人

（2）自驾：广州市—广佛高速—沈海高速广州支线—沈海高速—开阳高速—终点

亲子锦囊

1.带孩子参观碉楼文化展示区，从不同的角度了解开平碉楼与村落，了解开平的历史；

2.带孩子参观立园，欣赏中西合璧的建筑景观，寻找《红楼梦》中大观园的影子；

3.带孩子参观自力村碉楼群，感受阳春烟景，田园诗意般的浪漫。

罗浮山 | 素有“岭南第一山”之美称

罗浮山是中国道教十大名山之一，自然风景秀丽，名胜古迹众多，尤以冲虚观、朱明洞等最为著名，其中冲虚观曾是东晋化学家、药物学家、道教理论家葛洪修炼、炼丹和著书讲学的地方，也是杭州黄龙观、香港黄大仙观的祖庭。观内长生井是罗浮三大名泉之一，泉水为优质饮用天然矿泉水。

亲子信息

广东省惠州市博罗县长宁镇境内
0752-6668600
朱明洞60元/人；索道70元/人
06:30～19:00
（1）公交：从惠州乘车至博罗县，然后再转乘县城至景区的公交即可到达
（2）自驾：广州绕城高速—沈海高速广州支线—济广高速—X232—终点

亲子锦囊

1.带孩子参观朱明洞景区，欣赏白莲湖、会仙桥、罗浮瀑布等，冬季可领略梅花的魅力；
2.带孩子参观东江纵队纪念馆，了解东江纵队、两广纵队、粤赣湘边纵队的革命事迹。

星湖风景名胜区 | 享有“人间仙境”“岭南第一奇观”的美誉

星湖风景名胜区由七星岩和鼎湖山两大景区组成，享有“人间仙境”“岭南第一奇观”的美誉。其中七星岩以喀斯特溶岩地貌的岩峰、湖泊景观为主要特色，拥有7座石灰岩山峰，以天柱岩最高；龙岩洞最奇，洞中有洞，有“千年诗廊”之美誉；石峒古庙最古，洞中有庙；其间的摩崖石刻是南中国保存得最多、最集中的摩崖石刻群。鼎湖山森林类型丰富多彩，拥有庆云寺、飞水潭、荣睿碑亭等人文景点，其中以庆云寺最为出名。

亲子信息

七星岩：广东省肇庆市端州区迎宾大道；鼎湖山：广东省肇庆市鼎湖区上山路坑口镇
0758-2225165/2711740/2711748/2621332/2622510
七星岩60元/人；鼎湖山60元/人
七星岩：07:30～17:30；鼎湖山：05:30～18:30（夏秋）；06:00～18:00
（1）公交：肇庆市内乘28路公交在名郡七星宛下；乘坐21路公交车到鼎湖山下车即到
（2）自驾：广佛高速—二广高速广州支线—广州绕城高速—广昆高速—终点

亲子锦囊

1.带孩子参观鼎湖山，赏杜鹃花，看宝鼎祈福，漫步双虹飞堑，体验探险蝴蝶谷的乐趣；
2.带孩子参观仙女湖，看丹顶鹤、火烈鸟、白枕鹤、蓑羽鹤等，感受古朴的野趣。

湖光岩风景区 | 我国唯一的火山爆发形成的玛珥湖

湖光岩风景区是目前世界上最大、最典型、保护最完整的玛珥湖。这里清澈的水、秀丽的山、郁葱的树组成了一幅隽永的山水风景画。月夜时分，月光照在湖面，映射在崖壁上，光彩动人，故享有“湖光镜月”之美誉。

亲子信息

广东省湛江市麻章区湖光镇
0759-2819197/2819033
50元/人
08:00~20:00
（1）公交：在霞山总站乘坐3线公交在湖光岩西大门站下车
（2）自驾：沈海高速广州支线—沈海高速—开阳高速—沈海高速—终点

亲子锦囊

1.带孩子观看龙鱼神龟雕像，听大龟救溺水者的传说，十分神奇；
2.带孩子观看湖水清澈，纤尘不染的镜湖，了解其由火山爆发而成，感受大自然的神奇；
3.带孩子登上望海楼，远眺东海岛美景，将镜湖风光尽收眼底，心旷神怡；
4.带孩子参观火山博物馆，欣赏奇石、根雕标本、植物标本等，了解地质的相关知识。

新丰江国家森林公园（万绿湖）| 华南最大的生态旅游区

新丰江国家森林公园又名万绿湖，以万绿湖“三浴”和新丰江大坝而出名，是华南最大的生态旅游区。这里环境优美，空气清新，其中万绿湖“三浴”是指森林浴、湖水浴和空气浴；新丰江大坝是世界上首座经受6级地震考验的水库大坝，大坝开闸泄洪时，气势蔚为壮观，只见湖水从水闸奔泻而出，雷鸣般的呼啸声“卷起千堆雪”，真乃辽阔画图，令人震撼！

亲子信息

广东省河源市东源县新港镇桂山旅游大道
0762-3302309/3302535/8771088
联票1线180元/人；联票2线145元/人
08:30~17:00
（1）公交：河源火车站有专车直达景区
（2）自驾：广州市—广河高速—济广高速—河源/城北/G205出口离开—终点

亲子锦囊

1.带孩子参观龙凤岛，欣赏碧水蓝天，繁花绿松，领略远离凡尘的美丽；
2.带孩子参观水月湾，体验水上快艇、单车、摩托艇、钓鱼台、渔家竹排等活动的乐趣；
3.带孩子欣赏客家民族歌舞表演，感受客家民俗风情，体验野战、竹阀战的新鲜刺激；
4.带孩子参加镜花缘旅游，参观镜花岭，观湖、赏景，感受置身镜花水月仙境中的美妙。

南澳岛 | 素有“粤东海上明珠”之美名

南澳岛是广东省唯一的海岛县，包括大小岛屿37个，以海、山、史、庙著称，素有“粤东海上明珠”之美名。这里既有被誉为“东方夏威夷”的青澳湾省级旅游度假区，又有“南中国海上天然植物园”之称的黄花山国家森林公园；既有“候鸟天堂”之称的乌屿自然保护区，又有亚洲第一大海岛风电场；既有历史悠久、历158任的总兵府，又有充满传奇色彩的南宋古井、太子楼遗址及众多国内外颇有影响的文史、古迹、寺庙等……游客可以饱览山海相映、风光旖旎的海岛风光，尽情享受滨海小城的慢节奏生活。

亲子信息

广东省汕头市南澳县隆澳路　　0754-86803033/86813779

金银岛5元/人；总兵府10元/人；宋井12元/人；青澳湾15元/人

全天开放

（1）公交：汕头市内乘坐602、603、南澳1到后宅国税站下车，步行714米即到

（2）自驾：广州市—济广高速—广惠高速—沈海高速—终点

亲子锦囊

1.带孩子参观雄关镇，听戚继光在此平定武平的故事，去云深人家领略南澳地方风情；

2.带孩子参观黄花山森林公园，欣赏森林、山海、石蛋地貌等景观，感受热带风情；

3.带孩子参观总兵府，欣赏古炮、古碑，以及其他海防资料，了解清代海防历史；

4.带孩子漫步青澳湾，观碧海蓝天，戏水、玩沙，领略“东方夏威夷”的独特魅力；

5.带孩子参观金银岛，寻找传说中的金银珠宝，乐趣无限；

6.带孩子品尝各种鱼虾、贝类等海鲜大餐，大饱口福。

中信明思克航母世界 | 中国乃至世界上第一座以航空母舰为主题的大型军事主题公园

中信明思克航母世界由海上的明思克号航空母舰和陆上的中信明思克广场组成，是中国乃至世界上第一座以航空母舰为主题的大型军事主题公园。这里开设了俄罗斯航天展、“世界航母层、前苏联勋章军服层”展，以及飞行甲板上米格-23歼击机、米-24武装直升机、强-5战机组成的强大航空兵团等展。

亲子信息

- 广东省深圳市盐田区沙头角海景路（海山路南行尽头）
- 0755-25355333
- 130元/人
- 09:30~19:00
- （1）公交：深圳市内乘坐53、84、85、239、358路等公交可到达
- （2）自驾：深圳市—滨河大道—沿河南路—罗沙路—梧桐山隧道—终点

亲子锦囊

1.带孩子参观各种展览，了解航空母舰的相关知识，接受国防教育；
2.带孩子参加航母大战电影、太空模拟发射、舰炮发射等活动，体验模拟海战的刺激；
3.带孩子欣赏俄罗斯歌舞表演、仪仗队表演等，感受南国海滨风情和军事氛围。

中山纪念堂 | 中国的“金色大厅”

中山纪念堂，外观宏伟庄严，内部装饰富丽堂皇，极富民族特色。它既是全国及广东省重点文物保护单位，也是广州的地标性建筑之一，还是举办大型集会和演出的重要场所。这里不仅建筑气势恢宏，而且还见证过许多历史大事，具有极高的观赏游览价值和历史价值，是游客在广州旅游时不可错过的景点之一。

亲子信息

- 广东省广州市越秀区东风中路259号
- 020-83552030/83552430
- 10元/人
- 08:00~18:00
- （1）公交：广州市内乘2、27、204等路公交车在中山纪念堂站下车
- （2）地铁：乘地铁2号线在中山纪念堂站下车

亲子锦囊

1.带孩子欣赏纪念堂主体建筑，感受其恢宏壮美、金碧辉煌的民族风格特色；
2.带孩子瞻仰孙中山铜像，欣赏高插云天的云鹤华表，感受其非凡气派、庄严肃穆。

圆明新园 | 被誉为“南中国唯一的皇家园林”

圆明新园的所有建筑景观，均按当年北京圆明园的原建筑尺寸仿建，在南国大地上再现了昔日皇家园林的宏伟气势，被誉为“南中国唯一的皇家园林”。这里的亭台楼阁精致而优雅，洋溢着浓厚的清文化气息，再加上独具特色的大型舞蹈表演项目，使这里显得更加气势磅礴。

亲子信息

广东省珠海市香洲区九洲大道西段兰埔路与白石路交界处　0756-8610388

09:00~18:00免费领票入园，夜场（18:00以后入园：90元/人）

夏季（4~10月）8:00~21:00；冬季（11月~次年3月）8:30~21:00

（1）公交：珠海市内乘坐1、13、25、40、60、62、69、992路等公交在圆明新园站下车

（2）自驾：广州市—广珠西线高速—广澳高速—珠海大道—终点

亲子锦囊

1.带孩子欣赏西洋楼、海晏堂、远瀛观等中式、西式建筑，感受清宫文化气息；

2.带孩子欣赏曲院风荷、上下天光、平湖秋月、濂溪乐处等江南园林景观，别有韵味；

3.带孩子欣赏皇帝登基、清宫逸事、皇帝选妃等节目表演，了解清廷礼仪。

梦幻水城 | 堪称“世界水上童话王国”

梦幻水城是珠海市最大的情景式水上乐园。它采用世界最先进的水上乐园设施，融入了超现实的造景方式，开设有十大特色主题区域，堪称“世界水上童话王国”。这里的每一个游乐项目都像是纯粹的、神奇的梦幻，像童话长廊、廊堡、童话门楼、水景雕塑、造浪池、英雄漂流河、瀑布区、高速滑道、儿童反斗城等，不仅是一处处既赏心悦目的景点，也是精彩纷呈的娱乐方式，真是流光溢彩、美轮美奂。

亲子信息

广东省珠海市香洲区珠海九洲大道兰埔　0756-8610388

100元/人，夏季（6月22日~8月31日）有夜场票（18:00~22:00）60元/人

夏季（4~10月）08:00~21:00；冬季（11月~次年3月）08:30~21:00

（1）公交：珠海市内乘坐1、13、20、25、30、40、60、99、201等路公交可到

（2）自驾：广州市—广珠西线高速—广澳高速—珠海大道—终点

亲子锦囊

1.带孩子参加眼镜蛇王滑道、尼罗河大回旋等，体验速度的回旋，感受最完美的刺激；

2.带孩子参观埃及大水寨，在古埃及的特色景观下参加滑梯滑道，领略异域风情；

3.带孩子看水神罗比、美人鱼、白雪公主等童话形象，体验置身水上童话王国的美妙。

飞沙滩 | “珠海十景”之一

飞沙滩即飞沙滩海滨旅游区，是个美丽的地方，两边青山相抱，腹地宽广，木麻黄、大叶相思、椰树、浪鼓等亚热带树种茂盛。尤其在夏天雨过天晴之时，云雾如白纱缠绕于半山间，而沙滩外的海水显得极为明亮，这就是“碧波浴日”景观，堪称飞沙滩最美的主题。

亲子信息

广东省珠海市金湾区七六二县道　0756-7710000
旺季38元/人，淡季28元/人　09:00～17:00
（1）公交：在珠海市中心吉大区坐小巴可到，车程约1.5小时，8元/人
（2）自驾：广州市—广珠西线高速—西部沿海高速—高栏港高速—X762—终点

亲子锦囊

1.带孩子漫步沙滩，欣赏浪鼓树、椰树等亚热带树种，感受亚热带风情；
2.夏天雨过天晴带孩子欣赏“碧波浴日”，品尝各色美味海鲜，领略飞沙滩的独特魅力；
3.带孩子在沙滩边烧烤，尽享野趣。

珠江 | 中国南方最大的河流

珠江又名粤江，因流经海珠岛而得名，是中国南方最大的河流，中国第四大河，航运价值居全国第二位（仅次于长江），是流经广州的一条大江，也是广州的母亲河和地标之一。夜幕降临，华灯初上，十里长堤下，一碧珠江水，伴着波光灯影，船行江中，两岸风情尽收眼底，晶莹剔透的游船与霓虹闪烁的欧陆建筑构成了一幅流动的画卷。游人可以搭乘游船，过解放大桥、海珠桥、江湾大桥、海印大桥等，欣赏珠海丹心、东湖春晓、黄埔云樯、鹅潭夜月等“羊城八景”，别有一番情调。

亲子信息

广东省广州市越秀区沿江东路466号（大沙头码头）　020-83849113
55元/人起（船票）　18:40～23:15
（1）公交：广州市内乘坐36、57、61、80、128、旅游公交2线、夜31路公交可到
（2）地铁：广州市—东风中路—黄埔大道西—猎德大道—终点

亲子锦囊

1.夜幕降临，华灯初上，带孩子欣赏珠江夜景，领略珠海丹心、东湖春晓、黄埔云樯、鹅潭夜月等“羊城八景”的独特魅力；
2.带孩子去国际级音乐表演殿堂星海音乐厅听音乐会，陶冶情操；
3.带孩子欣赏黄金海岸水上乐园、塔影楼、白鹅潭风情酒吧街等，感受广州时尚生活。

莲花山 | 被誉为“岭南第一秀”

莲花山主峰海拔105米，享有“莲花胜境”的美名，被誉为“岭南第一秀”。莲花山主峰方圆50多平方千米，崇山峻岭，千山万壑，奇峰异石，青山绿水，构成了著名的莲花山旅游风景区。风景区以鸡鸣寺为中心，在5千米半径范围内的名胜古迹有“金鸡鸣晓”“玉龙喷须”“仙人潜洞”“如来盘石”“三井回音”“五马归槽”“猕猴奇石”等，构成了一幅幅美丽别致的风景画。

亲子信息

广东省广州市番禺区市桥禺山大道西（近横江村）　020-84861298

40元/人　全天开放

（1）公交：地铁3号线到番禺市桥站下，换乘“市桥—莲花山”方向的汽车即可

（2）自驾：广州市—黄埔大道西—黄埔大道中—科韵路—南沙港快速路—亚运大道—终点

亲子锦囊

1.带孩子参观观音阁、观音圣境、许愿树等，朝拜观音像，参加佛教活动，了解观音文化；

2.带孩子参观古采石场，欣赏飞鹰崖、狮子石、莲花石等景点，领略大自然的独特魅力；

3.带孩子欣赏广州的标志——莲花塔，品尝莲花山茶，别有一番风味。

孙中山故居纪念馆 | 孙中山诞生之地

孙中山故居纪念馆以孙中山故居为主体。故居是两层砖木结构楼房，外观为西式建筑风格，庭院建有一道环绕的围墙，正门上有一副孙中山亲笔撰写的对联：“一椽得所，五桂安居。”正门南侧有宋庆龄亲手书写的“孙中山故居”木刻牌匾。其中前院北侧是当年孙中山的诞生地，南侧有孙中山亲植的一棵酸枣树。

亲子信息

广东省中山市翠亨村　0760-85501691

免费；纪念堂10元/人　09:00～17:00

（1）公交：中山市内乘坐12路公交在孙中山故居站下车

（2）自驾：广州市—南沙港快速路—广澳高速—终点

亲子锦囊

1.带孩子参观孙中山故居，观看原物陈列、铜像、中山鼎等，了解其成长的历史环境；

2.带孩子参观纪念堂，观看《孙中山生平事迹》展览，了解其为民族独立所作的贡献；

3.带孩子观翠亨农业展示，了解不同作物的生长情况，以及农具、无土栽培等农业知识。

广西
GUANGXI

桂林山水漓江景区 | 人称“百里漓江，百里画廊”

漓江是桂林山水的重要组成部分，全长83千米，是广西东北部喀斯特地貌发育最典型的地段，拥有“山清、水秀、洞奇、石秀”四绝，又有“洲绿、滩险、潭深、瀑飞”之胜，故人称“百里漓江，百里画廊”。其中“九马画山”“黄布倒影”“仙人推磨”“九牛过江”等美景宛若一个如诗如画般的童话世界。在此，晴天，看群峰争艳，层峦叠翠，一带青山如玉盘；阴天，看云雾缭绕，若隐若现，风吹雾散现真颜；雨天，看烟波浩渺，云山相拥，一片仙宫隐仙山。真的能够感受到“江作青罗带，山如碧玉簪”的意境。

亲子信息

- 广西壮族自治区桂林市东北兴安县猫儿山
- 0773-2825502/2826484
- 旺季450元/人，淡季380元/人（超豪华空调船）；旺季270元/人，淡季240元/人（豪华空调船）；旺季210元/人，淡季190元/人（普通空调船）
- 07:00~18:00
- （1）公交：桂林汽车总站有开往“冠岩”的班车
  （2）自驾：桂林市—上海路—七里店路—铁山路—桂竹大道—终点

亲子锦囊

1.带孩子欣赏象鼻山、塔山、父子岩等奇景，阴雨天可领略“烟云绕万峰”的魅力；

2.带孩子参观兴坪，观九马画山、黄布倒影、浪石风光等，感受人在丹青画里行的美妙；

3.带孩子参观“九山半水半分田”的杨堤，领略乡吧岛、半边奇渡、月光岛等景观魅力；

4.带孩子参观冠岩，欣赏天窗、瀑布、金羽琴、嫩雪石等岩溶奇观，还可以观看民族歌舞、传统民族工艺，参加篝火晚会，抛却所有烦恼，享受心灵的宁静；

5.带孩子参观大圩古镇的竹编作坊、草鞋作坊等，感受当年地方商业文化；

6.带孩子去穿山公园领略旭日金辉洒在穿山、塔山、象山上形成的“三山晨曦”之美；

7.带孩子参观大圩古镇，欣赏地下涌泉形成的多级串联瀑布，妙趣横生，神秘诱人。

靖江王府（桂林王城）|“桂林山水甲天下”真迹题刻的出处

靖江王府又叫桂林王城，“桂林山水甲天下”的真迹题刻就出于此，是我国现今历史最长且保存得最完好的明代藩王府。王城南北纵距557.5米，东西横距336米，占地面积18.7万平方米，城墙高7.92米，厚5.5米，拥有端礼、广智、体仁、遵义四门，并建有承运门、承运殿、后宫、御园等金碧辉煌的建筑，还有享有“南天第一柱”的独秀峰，以及神秘莫测的千年古穴——太平岩，岩壁上刻供着六十甲子星宿保护神像，相传为独秀峰龙脉兆祥施福之地。

亲子信息

广西壮族自治区桂林市秀峰区王成路1号　0773-2803149
130元/人　07:30~18:30
公交：桂林市内乘坐1、22、30、99、100路等公交在中山中路乐群路口站下车

亲子锦囊

1.带孩子登上独秀峰，参观太平岩，寻找“桂林山水甲天下”的摩崖石刻真迹；
2.带孩子夜游景区，欣赏傩舞表演，领略昔日王城的威严肃穆，感受历史沧桑。

阳朔世外桃源 |“芳草鲜美，落英缤纷”“阡陌交通，鸡犬相闻”

阳朔世外桃源是根据《桃花源记》所描绘的意境，结合当地的田园山水风光开发建设的。若是“沾衣欲湿杏花雨，吹面不寒杨柳风”的季节来此，可感受“芳草鲜美，落英缤纷”“有良田美池桑竹之属”的桃源画境；可以乘坐小船游览燕子湖，体验“久在樊笼里，复得返自然”的美妙；还可以在绣球楼对山歌，接抛绣球，感受民俗风情。

亲子信息

广西壮族自治区桂林市阳朔县白沙镇桂阳公路　0773-8775666/2280060/2851088
100元/人（含游船交通、表演观看、讲解费等费用）　08:30~17:30
（1）公交：从桂林到阳朔约70千米，每15分钟一班，07:00~22:00有车
（2）自驾：桂林市—雁山街—G321—终点

亲子锦囊

1.带孩子乘船欣赏湖光山色、田园村舍，欣赏原始形态的迎宾、祭祀、狩猎，以及独具民族特色的狂歌劲舞、边寨风情，体验置身理想中的世外桃源之美妙；
2.带孩子参观鼓楼、风雨桥、对歌台、花楼、长廊等，感受少数民族建筑的艺术魅力；
3.带孩子观看酿酒、造纸、印刷、竹雕、木刻、制陶表演，回顾古文明的光辉。

北海银滩 | 被誉为“中国第一滩”

北海银滩以“滩长平、沙细白、水温净、浪柔软、无鲨鱼”而闻名于世，被誉为“中国第一滩”。除了环境幽雅宁静，空气清新，这里还设有海水浴、海上运动、沙滩高尔夫、排球、足球等沙滩运动及大型音乐喷泉观赏、旅游娱乐等项目。在此，你可以勇敢地投入大海的怀抱，可以感受温暖洁净的海水和柔软的海浪，可以在夕阳的余晖下静静观赏绵延千里的白色世界……

亲子信息

广西壮族自治区北海市距离市中心北部湾广场6千米处　0779-3884839
免费　全天开放
（1）公交：北海市内乘坐巴士直达景区
（2）自驾：南宁市—广昆高速—兰海高速—三北高速—银滩大道—终点

亲子锦囊

1.带孩子吹海风，漫步细腻的海沙，看一碧万顷的海水，释放自己的压力，尽享舒适；
2.带孩子参观银滩公园，信步海堤，登上冠头岭，看日落日出，观涛望海，别有情趣；
3.带孩子参观银滩乐园，欣赏雅典娜、马尔斯、阿波罗等希腊神像，感受爱情海的风情；
4.带孩子参加娱乐活动，欣赏音乐雕塑喷泉及鸟类表演、异国风情歌舞等，别有情调。

德天瀑布 | 亚洲第一大跨国瀑布

德天瀑布横跨中国和越南两个国家。瀑布四周古树参天，花草掩映。它由多道高低不齐、大小不一的湍流穿过丛林直落而下，呈三级跌落。四季景致各异，春季，木棉似火，点缀其间，绿色梯田，相映生辉；夏季，河水溢涨，激流排山倒海奔腾而下，响声如雷，水雾遮天；秋季，素绢高挂，碧水清流，梯田铺金，水雾夹着阵阵稻香扑面而来；冬季，瀑水纤秀，多束水流悠然飞落，令人流连忘返。

亲子信息

广西壮族自治区崇左市大新县桃城镇民生街83号　0771-3775289
80元/人；竹筏10元/人　全天开放
（1）公交：南宁火车站附近的长途汽车站有发往大新县的班车，0.5小时一趟
（2）自驾：南宁市—机场高速—南友高速—环城东路—X532—沿边公路—终点

亲子锦囊

1.带孩子漫步峰林平原河道，走近瀑布，看其形、听其声、呼吸含高浓度的负离子的空气，用身体感受迷蒙的水雾，享受大自然的沐浴；
2.带孩子观看已有破损的“53号界碑”，感受历史沧桑；
3.带孩子登上山顶，俯瞰越南境内方圆几十千米的田园风光，领略异域风情。

《印象·刘三姐》| 全球第一部新概念的实景演出

《印象·刘三姐》是全球第一部新概念的实景演出。这里依托方圆2千米的阳朔书童山段漓江水域，十二座背景山峰，广袤无际的天穹，以写意的方式将刘三姐的经典山歌、民族风情、漓江渔火等元素创新组合，将桂林山水的自然风光与刘三姐的传说有机地结合在一起。

亲子信息

广西壮族自治区桂林市阳朔县田园路1号　0773-8811983

白天50元/人；晚上80元/人；船票160元/人

旺季开两场：20:00、21:35；淡季开一场：20:00

（1）公交：在阳朔西街口乘坐电瓶车可到，2元/人（旺季打车较困难）

（2）自驾：桂林市—桂梧高速—阳朔/荔浦/G312出口离开—G312—X827—终点

亲子锦囊

1.带孩子参观刘三姐歌圩，若逢雨天还可领略细雨如纱、云雾缭绕的漓江烟雨之美；

2.带孩子欣赏《印象·刘三姐》演出，了解壮族传说中的歌仙——刘三姐的故事，领略壮族的民族风情，领悟“山水实景演出”的神奇魅力。

青秀山风景区 | 被誉为“绿城翡翠，壮乡凤凰”

青秀山又名青山、泰青岭，是古“邕州八景”之一，以“山不高而秀，水不深而清”著称，被誉为“绿城翡翠，壮乡凤凰”。景区内层峦叠翠，江环如带，林木葱郁，遮天蔽日。清风吹过时，发出海涛般的声浪，形成青山著名景观——青山松涛。山顶的龙象塔，俗称青山塔，九层高，为明代建筑风格，青砖碧瓦，八角叠檐，是青秀山的象征。登上塔顶，可眺望远近一二十里的风光，南宁城景色更是一览无余。

亲子信息

广西壮族自治区南宁市青秀区青山路19号　0771-5560662/5828923/5560687

20元/人　08:00～18:00

公交：南宁市内乘坐10、34、环城一线、环城二线等公交可达

亲子锦囊

1.带孩子观看全国最大的篦齿苏铁、石山苏铁、德保苏铁和叉叶苏铁等，增长科普知识；

2.带孩子观看望天树、桫椤、巨榕、桄榔等，感受绞杀、板根、攀缘等雨林奇观的神奇；

3.带孩子登上龙象塔，眺望邕江和远山近岭，数千米城市风光，景象壮观；

4.带孩子参加拓展园，体验蜻蜓点水、水上飘、凌波微步、荡木桥等项目的乐趣；

5.带孩子参观十二生肖文化园、状元泉文化园，了解我国的传统文化。

北海涠洲岛 | 素有南海“蓬莱岛”之称

涠洲岛是广西最大的海岛，也是中国最大、地质年龄最年轻的火山岛。岛上森林繁茂，气候宜人，风光秀美，人称蓬莱仙境、人间天堂，拥有海蚀洞、海蚀平台等海岸景观，火山喷发形成的火山口，绚丽多姿的活珊瑚等，其中比较著名的景观有滴水丹屏、猪仔岭、五彩滩、三婆庙、天主教堂等。

亲子信息

- 广西省北海市南北部湾海域　　0779-6013998
- 船票：A舱（贵宾舱）180元/人；B舱（普通舱）120元/人
- 发船时间：去程 08:30、11:30、16:00；返程 10:00、14:30、17:00
- （1）公交：北海银滩国际码头取票后乘船前往涠洲岛
  （2）自驾：南宁市—广昆高速—三北高速—银滩大道—终点

亲子锦囊

1.带孩子观看火山口，欣赏千姿百态的火山熔岩，感叹大自然的妙笔生花；

2.带孩子欣赏由珊瑚石堆砌而成的天主教堂，感受其庞大的气势；

3.带孩子潜水，穿行在五彩斑斓的珊瑚之中，探索海底的神秘世界；

4.带孩子在螺口海滩看日出、日落，体验抓鲜活的海鲜的乐趣。

通灵大峡谷 | 被称为“地球上一道美丽的伤痕”

通灵大峡谷汇集了特高瀑群、洞中瀑布、地下暗河、峡谷溪流、洞穴奇观、古石垒、古悬葬等景观于一身，被称为“地球上一道美丽的伤痕”。这里原始古树苍翠，悬崖绝壁宛若刀削，涧水潺潺，全长约2800米，宽200米，深300米，分为念八峡、铜灵霞、古劳峡、新灵峡、新桥峡等景区。

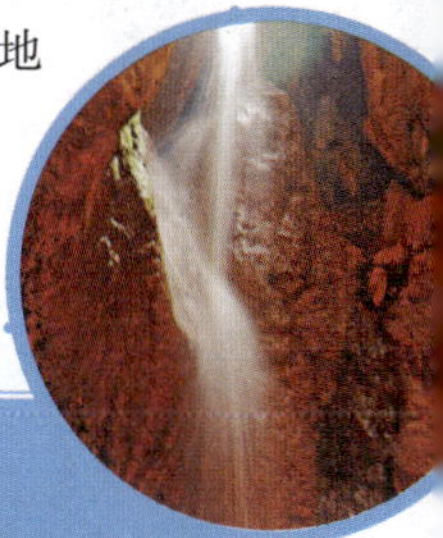

亲子信息

- 广西壮族自治区百色市靖西县城湖润镇新灵村　　0776-6180076
- 90元/人　　08:00～18:00
- （1）公交：百色汽车站有长途车直达景区，也可以在南宁或百色市内组团前往
  （2）自驾：南宁市—竹溪大道—南宁绕城高速—广昆高速—S316—终点

亲子锦囊

1.带孩子欣赏中国落差最大的瀑布——通灵大瀑布，夏季感受其水花飞溅的清凉，冬天领略其来去无踪的神奇；

2.带孩子欣赏古悬洞葬，了解古越人的墓葬习俗，不禁为其奇特之处感慨万千；

3.带孩子参观地下暗河，欣赏上方洞内的钟乳石，感叹大自然的巧夺天工；

4.带孩子参观壮家村寨，欣赏干栏式民居，听壮家少女的美妙歌声，感受民族风韵。

桂平西山风景名胜区 | 素有“桂林山水甲天下，更有浔城半边山”之称

桂平西山以“石奇、树秀、茶香、泉甘”四绝闻名于世，素有“桂林山水甲天下，更有浔城半边山”之称。这里自然风景秀美，古树参天，清泉甘洌，怪石嶙峋，石径曲幽，数十乃至百余立方米的巨石纵横林立，磅礴大气。此外，景区还有李公祠、龙华寺、乳泉亭、飞阁等建筑物，以及保存较为完整的广西佛教建筑“洗石庵”。

亲子信息

广西壮族自治区贵港市桂平市西山路3号　0775-3382971/3398370/3382917
80元/人（含龙华寺、洗石庵两个寺庙），索道票另购　08:30~18:00
（1）公交：桂平市可乘坐公交、出租均可到达，当地也可乘坐电动三轮前往
（2）自驾：南宁市—广昆高速—贵港/桂平出口出—S304—X348—终点

亲子锦囊

1.带孩子欣赏飞阁月明、龙华晚眺、碧云石径等西山名胜，感受自然风景的独特魅力；
2.带孩子登上龙亭，尽览浔州古城全景，还可以感受观赏日出的美妙；
3.带孩子参观北回归线公园，看回归线标志塔，了解太阳在南北回归线之间运动的常识；
4.带孩子参观金田起义遗址、金田起义历史陈列馆等，了解金田起义发生的全过程。

阳朔西街 | 充满异域风情的老街

阳朔西街街旁房屋建筑古色古香，散发着历史气息，因洋人在此开店、旅游、聚集的较多，故被称为“洋人街”“地球村”。这里到处都是林立的店铺，出售各种民族服饰、工艺品、瓷器古玩等商品，其中最具特色的就是酒吧。当人们游罢漓江，登岸阳朔，点一杯咖啡，坐在这么一条复古的街道，不同的肤色交相辉映，不同的瞳仁如浮光掠影，那种情调是无法言喻的。

亲子信息

广西壮族自治区桂林市阳朔县龙隐路　0773-5811053
免费　全天开放
（1）公交：从桂林乘车至阳朔，也可以在游完漓江之后直接进入西街住宿
（2）自驾：桂林市—凯风路—桂林绕城高速—桂梧高速—X009—G312—终点

亲子锦囊

1.带孩子欣赏西街建筑，如小青瓦、白粉墙、坡面屋、吊脚楼等，感受浓郁的古香古色；
2.带孩子逛西街特色店铺，挑选孩子喜爱的商品，还可以欣赏到国外的工艺品；
3.带孩子在露天咖啡厅喝杯咖啡，去美食街品尝美食，感受淳朴的民族风情及异域风情。

龙脊梯田 | 被誉为“梯田世界之冠”

龙脊梯田以流动的曲线、磅礴的气势、变换的神韵、恢宏的气势和独特的民俗风情而享誉中外，被誉为“梯田世界之冠”。无论你哪个季节来，都可以领略到其独特的魅力，春季可享受油菜花香夹杂着的春的气息；夏季满目苍绿，可感受到生命的力量和大自然的无限魅力；秋季一片璀璨的金黄，可感受到丰收的喜悦；冬季银装素裹，可体验置身冰雕玉砌的童话世界的浪漫。

亲子信息

广西壮族自治区桂林市龙胜各族自治县　0773-7583088
80元/人　全天开放
（1）公交：桂林市内乘2路公交至琴潭车站，换乘龙胜班车即可到达景区
（2）自驾：桂林市—鲁山路—第二个出口沿G321/龙胜方向—G321—终点

亲子锦囊

1.带孩子参观平安壮族梯田观景区，领略梯田宛若七星伴月、九龙五虎的美丽画卷；
2.带孩子参观金坑红瑶梯田，仰望重重叠叠直奔云天的梯田，感受其粗犷、壮观之美；
3.带孩子参观龙脊壮族生态博物馆，看石雕、石刻、古老工具等，感受景区的人文内涵；
4.带孩子参观金竹壮寨、黄络瑶寨，欣赏长鼓舞、红瑶风情展示等，感受少数民族风情。

银子岩景区 | 享有“诗境家园典范”“世界溶洞奇观”之称

银子岩景区环境优美，山水田园交错，四季芳草鲜美，属于典型的喀斯特地貌，享有“诗境家园典范”“世界溶洞奇观”之称。这里分为下洞、大厅、上洞3个部分，特色景观众多，以雪山飞瀑、音乐石屏、瑶池仙境“三绝”和佛祖论经、混元珍珠伞、独柱擎天“三宝”最为出名。

亲子信息

广西壮族自治区桂林市荔浦县马岭镇荔桂公路东侧　0773-7132526
90元/人　08:30～17:30
（1）公交：桂林市内乘车至阳朔，然后在阳朔园林管理所乘坐至银子岩的旅游专线
（2）自驾：桂林市—桂梧高速—阳朔/荔浦/G312出口离开—G321—终点

亲子锦囊

1.带孩子参观溶洞，欣赏音乐石屏、雪山飞瀑、瑶池仙境等景点，感叹大自然的神奇；
2.带孩子乘船参观暗河，欣赏“银子钻石”，忘却烦恼的尘世，领略飘飘欲仙的感受；
3.带孩子欣赏洞外的苍翠群山、百亩桃林、田园风光等，领略“诗意家园典范”的风采；
4.带孩子参加荔浦村花节、板栗节、荔芋美食节，体验自行车拉力赛、极限攀岩的乐趣。

乐满地度假世界 | 享有“中国迪士尼乐园”之称

乐满地坐落于著名的桂林兴安灵湖风景区内，融时尚、动感、刺激与欢乐为一体，享有“中国迪士尼乐园”之称。这里分为时空交错的欢乐中国城、惊险刺激的美国西部区、奇妙魔幻的梦幻世界区、充满神秘的海盗村、高贵典雅的欧洲区、热情洋溢的南太平洋区及曼陀罗园7个主题区，设有极速动感、大峡谷急流泛舟、鬼屋历险、海盗船、飞艇冲浪、破浪过山车、超级旋风、蹦极跳等20多项游乐设施。

亲子信息

广西壮族自治区桂林市兴安县灵湖风景区　0773-6229898/68026804

110元/人（投币项目及蹦极跳等除外）

3～6月：09：00～17:30；7～8月：08:30～18:00；9～10月：09:00～17:30；11月～次年2月：09:00～17:00

（1）公交：桂林汽车总站有从桂林至乐满地的专车

（2）自驾：由桂林市区上桂海高速，在灵山出口出，继续行驶，即可到达乐满地

亲子锦囊

1.带孩子乘坐画舫游览灵湖，欣赏四周迷人的景色，尽情领略大自然的美丽与静谧；

2.1～3月带孩子参加茶花主题的相关活动，领略“万朵茶花俏争春”的壮观景象；

3.带孩子参加过山车、激流勇进、鬼屋历险、海盗船等娱乐项目，尽享欢乐；

4.带孩子打高尔夫，尽情享受逐洞谋略的挥杆乐趣，体验那份极致的尊荣感受。

黄姚古镇 | 被称为“人与自然完美结合的艺术殿堂”

黄姚古镇，是一个由碧水、拱桥、古树、古戏台、青石板街、古建筑组成的古色古香、典雅优美、秀丽端庄、极具历史文化韵味的幽幽古镇，被称为“人与自然完美结合的艺术殿堂”。小镇充满岭南风格，镇内阡陌纵横，奇峰耸立，风景旖旎，并存有寺观庙祠20多座，亭台楼阁10多处，全镇8条街道，房屋多数保持明清风格，街道均由青石板砌成，路面平滑如镜，享有“梦境家园”的“小桂林”之誉。

亲子信息

广西壮族自治区贺州市昭平县黄姚镇　0774-6722748　100元/人　全天开放

（1）公交：桂林汽车总站有“桂林—黄姚”的往返班车

（2）自驾：桂林(桂梧高速、梧州方向)—黄姚出口(2千米)—黄姚景区

亲子锦囊

1.带孩子漫步古镇街道，欣赏古镇房屋、祠堂等，感受其雄伟壮丽、装饰豪华考究；

2.带孩子欣赏古镇山水，感受其“有山必有水，有水必有桥，有桥必有亭，有亭必有联，有联必有匾”的独特风格。

姑婆山国家森林公园 | 被称为“华南地区最大的天然森林氧吧”

姑婆山国家森林公园风景优美，森林覆盖率到达91.1%，植物160多个科1040多个品种，鸟兽130多种，大小瀑布60多处，空气清洁度高，细菌数几乎为零，山上负离子含量高达每立方16万个，被称为“华南地区最大的天然森林氧吧”。

亲子信息

广西壮族自治区贺州市八步区姑婆山自然保护区　0774-5236888

125元/人　08:00~17:00

（1）公交：贺州市区有直接到姑婆山的旅游专线车，路程约40分钟

（2）自驾：广昆高速—包茂高速—贺钟高速—贺州/G323/G207出口出—X991—终点

亲子锦囊

1.带孩子欣赏仙姑瀑布、罗汉瀑布、玉龙瀑布、玉石林等景观，感受大自然的神秘；

2.带孩子登上雪景高山，欣赏日出、云海、长虹、雪景、雾气等幻景，宛若置身仙境；

3.带孩子参加姑婆山漂流、野营烧烤，以及户外拓展运动，体验亲近大自然的乐趣；

4.带孩子欣赏拜堂彩语、洞房抹黑、看屋定情等民俗活动，感受山歌对歌的情趣。

北海海底世界 | 我国西南地区最大的海底观光旅游项目

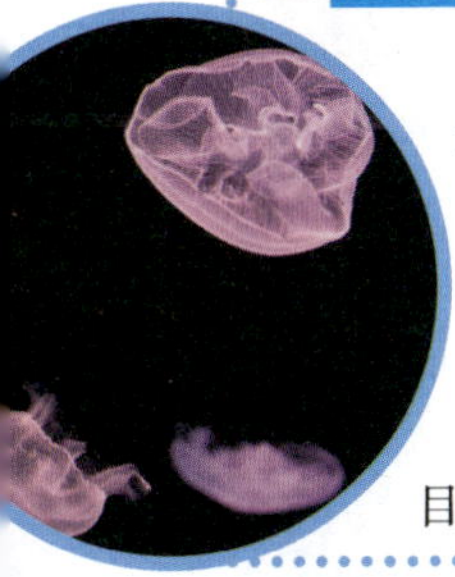

北海海底世界位于北海海滨公园内，占地3300平方米，是我国西南地区最大的海底观光景点。这里分为A、B馆区，A区原是北海水族馆，现以淡水观赏鱼展出为主，其中珊瑚鱼厅和海龟馆最为精彩；B区是新建的海洋馆，拥有海洋巨型鱼池、平板框架形海底隧道、亚克力大圆柱鱼池等展览，并设有人鲨共舞的惊险游戏、潜水表演等节目，是人们观赏、旅游、接受海洋科普教育的理想去处。

亲子信息

广西壮族自治区北海市海城区茶亭路27号海滨公园内　0779-2069973

138元/人　夏季：08:00~18:00；冬季：08:00~17:30

（1）公交：北海市内乘坐3、9路等公交均可到达

（2）自驾：南宁市—广昆高速—兰海高速—三北高速—海景大道—茶亭路—终点

亲子锦囊

1.带孩子参观珊瑚廊、海龟池、锦鲤区等展馆，认识多种淡水鱼，增长科普知识；

2.带孩子漫步海底隧道，欣赏潜水表演、喂鱼表演和人鲨共舞表演，乐趣十足；

3.带孩子参观大圆柱鱼池，观赏海底生物及沉没的军舰、海底古城等，感受海洋文明；

4.带孩子观看铅色海豚、长吻原海豚等珍稀海兽，以及形态各异的珊瑚礁鱼，乐趣十足。

钦州三娘湾旅游区 | 被称为“中华白海豚之乡”

三娘湾常年活跃着数百头五彩斑斓的中华白海豚，而且一年四季都能近距离观看，被称为“中华白海豚之乡”。这里沙滩细软、阳光明媚、民风淳朴，拥有沙滩、奇石、乌雷大岭、大庙墩等地理景观，有红树林丛、三娘树、北部湾渔场、海豚湾等生物景观，还有汉朝马援水军整训旧址、三娘石传说、影片《海霞》外景摄制地等人文景观，并开展了捉沙蟹、赶海捕鱼、钓虾、沙滩足球、摇吊床等渔家活动。

亲子信息

广西壮族自治区钦州市犀牛脚镇南面
0777-3816068
30元/人
08:00~18:00
（1）公交：南宁、柳州等城市乘坐发往钦州的班车，再转乘旅游专线车前往
（2）自驾：景区距离钦州市区约40千米，沿广西滨海一级公路或钦州至犀牛脚公路可到

亲子锦囊

1.带孩子观看白海豚，看它们追逐过海船只，要逗游客，感受人与海豚之间的和谐相处；
2.带孩子欣赏三娘石、天涯石、乌雷伏波庙等，听美丽动人的传说故事，感受景区文化；
3.带孩子参观风情渔村，体验参加撒网捕鱼、海中垂钓、挖蚝蜊、捉沙蟹等活动的乐趣；
4.带孩子漫步月亮沙滩，进行海水浴，观看海霞女兵巡逻、出操表演，妙趣横生。

北海海洋之窗 | 大型综合性海洋博览馆

北海海洋之窗是融养生、文化、高科技、艺术以及科普教育为一体的大型综合性海洋博物馆。这里拥有神秘绚丽的活体珊瑚、丰蕴深厚的航海历史文化、高科技造景技术的新一代无水水族馆、创多项国内之最的巨型圆缸景观，以及逼真刺激的国际最先进的4D动感电影，是人们接受海洋文化的好去处。

亲子信息

广西壮族自治区北海市银海区四川南路中段（四川路与新世纪大道交会处）
0779-3886666　138元/人，4D影院门票25元/人　08:00~18:00
（1）公交：北海市内乘坐3、5路公交可直达
（2）自驾：南宁市—广昆高速—兰海高速—三北高速—北海大道—新世纪大道—终点

亲子锦囊

1.带孩子欣赏热带鱼、海龟、水母、鲨鱼等生物，漫步珊瑚廊，感受置身珊瑚海的美妙；
2.带孩子欣赏人鲨共舞、奥运之风、美人鱼等精彩表演，体验人与自然和谐共处的典范；
3.带孩子参观无水水族馆、穿越时光隧道，看摸摸鱼、魔幻奇宫、百科全书，妙趣横生；
4.带孩子漫步海底隧道，参观海之角，观看4D影片，感受完全融入电影情节的美妙。

海南
HAINAN

亚龙湾国家旅游度假区 | 被誉为“天下第一湾”

亚龙湾位于三亚市东南面，全长约7.5千米，是我国唯一具有热带风情的国家级旅游度假区，被誉为“天下第一湾”。这里天空蔚蓝、阳光明媚温暖、空气清新湿润、青山连绵起伏、岩石千姿百态、红树林原始静谧、海湾波平浪静、海水清澈透明、沙滩洁白细腻、海底景观五彩缤纷，海岸线上椰影婆娑，奇花异草和原始热带植被随风摇曳，各具特色的度假酒店错落有致……在此，你可以进行各种水上运动；可以去贝壳馆、蝴蝶谷领略海南工艺品的魅力；可以去图腾广场感受神秘、古老的东方文化；可以欣赏黎苗歌舞、打鹿舞、鹿回头等歌舞；还可以品尝特色海鲜及热带水果……

亲子信息

海南省三亚市亚龙湾路　　0898-88568899

86元/人（含中心广场、贝壳馆、蝴蝶谷）

07:00～18:00（景区进行升级大改造，初步预计2015年年底开放）

（1）公交：三亚市内乘坐102路泰和旅游公交专线车

（2）自驾：海口市—海南环岛高速公路—三亚市区/亚龙湾/五指山出口出—吉阳大道—亚龙湾路—终点

亲子锦囊

1.带孩子参观文化广场，欣赏图腾柱，观看龙、凤、鸟、鱼及风雨雷电四神的图案，感受中华民族对自然原始的崇拜，以及对吉祥太平、丰收富足的美好追求；

2.带孩子参加海底世界潜水，穿梭于美丽的珊瑚间，游走于可爱的鱼群中，十分有趣；

3.带孩子到贝壳馆欣赏各种贝壳，包括海鸥蛤、鹦鹉螺、红翁戎螺等，感受贝壳文化；

4.带孩子到蝴蝶谷观看世界珍稀蝴蝶，感受置身蝴蝶世界的美妙与浪漫；

5.带孩子漫步海边，吹海风，体验海上拖电伞、冲浪飞车、沙滩摩托车等活动的乐趣；

6.晚上带孩子拿着手电筒来沙滩捉螃蟹、捡贝壳，一起留下童年美好的回忆；

7.带孩子欣赏亚龙角嶙峋的怪石，穿越怪滩，体验攀岩的刺激；

8.带孩子欣赏“打鹿舞”“鹿回头”“椰壳舞”等欢庆舞蹈，感受浓郁的民族风情；

9.带孩子晒太阳浴，品尝热带水果、美味的海鲜，领略热带风情。

南山文化旅游区 | 历来被称为“吉祥福泽之地”

南山位于三亚市西南，是我国最南端的山，历来被称为“吉祥福泽之地”。这里分为南山佛教文化园、中国福寿文化园、南海风情文化园3个主题园，其中南山佛教文化园拥有南山寺、南海观音佛像、观音文化苑、天竺圣迹、佛名胜景观苑、十方塔林与归根园等景点，展示了中国佛教传统文化，富有深刻哲理寓意，能够启迪心智、教化人生；中国福寿文化园展示了中华民族文化精髓，突出表现了和平、安宁、幸福、祥和的气氛；南海风情文化园拥有蓝天碧海、阳光沙滩、山林海礁等自然美景，还有滑草场、滑沙场、黎苗风情苑、神话漫游世界、黄道婆纪念馆、海洋公园、海底世界、花鸟天堂等特色景点，是玩乐的好去处。

亲子信息

- 海南省三亚市南山，距市区40千米
- 0898-88837888
- 150元/人
- 08:00～17:00
- （1）公交：从亚龙湾乘坐新国线南山专线，全程10元/人
- （2）自驾：海口市—海南环岛高速公路—南山/高尔夫球场山出口出—G225—南山

亲子锦囊

1.带孩子拜金玉观音，参观慈航普度园，漫步百米长廊，了解观音菩萨普度众生的故事；

2.带孩子参拜海上观音像，参观南山寺，阅读《心经》，了解佛教深刻的寓意；

3.带孩子参观长寿谷、长寿廊、天下第一龙砚等，感受和平、安宁、幸福、祥和的气氛；

4.带孩子欣赏原始状态的酸豆林，在小月湾吹海风，观看飞禽走兽，感受热带风情；

5.带孩子参观汉唐乐坊，欣赏佛教古典舞蹈、海南民族舞蹈、童子功、象形拳、南山狮子舞等表演，感受“海天佛国，寿比南山”的神韵；

6.带孩子参观黎族苗族风情苑，欣赏黎族歌舞表演，感受少数民族风情。

天涯海角风景区 | 天之边缘，海之尽头

天涯海角风景区位于三亚市区西南23千米处，以椰风海韵的热带风光、白沙巨垒的海滨景观、悠久独特的历史文化而闻名于世，其中最著名的当属一对“天涯”“海角”石。这里碧海、青山、白沙、巨垒、礁盘浑然一体，椰林、波涛、渔帆、鸥燕、云霞辉映点衬，形成南国特有的椰风海韵。每年天涯海角国际婚庆节期间，都会有众多情侣来此海誓山盟，情定终身，使这里充满了浪漫的气息。当然，其他游客可以感受甜蜜的气氛，可以欣赏无与伦比的海景，也可以领略“海上生明月，天涯共此时”“天之涯地之角，知交半零落”的情趣。

亲子信息

- 海南省三亚市天涯镇马岭山脚下天涯海角游览区
- 0898—88910131
- 65元/人
- 08:00～18:30
- （1）公交：在三亚市中医院站乘坐旅游专线车，在天涯海角景区站下车即可
  （2）自驾：三亚市—凤凰路—G225—终点

亲子锦囊

1.带孩子寻找爱情石、进步石、幸运石、平安石、财富石，感受人们对生活的美好向往；

2.带孩子阅读“天涯”“海角”“南天一柱”等摩崖石刻，了解景区浓郁的人文历史文化；

3.带孩子参观黎族风情园，感受海南黎族绚丽多姿的风土人情；

4.带孩子参观海天景区，欣赏屹立于海天间的磊磊奇石，领略“海阔天空”的意象；

5.带孩子游览鹿回头公园，听鹿回头爱情传说，看三亚夜景，观激光灯表演，乐趣无限；

6.带孩子参观笆篱凝霞景区，穿梭于婆娑的椰树间，听大海的呼唤，感受热带风情；

7.带孩子漫步天涯路，看高山流水、奇木异石、百川归海等，感受独特的生态氛围。

蜈支洲岛 | 中国第一潜水之地

蜈支洲岛海域清澈透明，海水能见度6~27米，没有礁石、鹅卵石的混杂，是中国第一潜水之地。岛上三面漫山叠翠，全年气候温和，拥有植物2000多种，包括高大挺拔的乔木、繁茂葳蕤的灌木、号称“地球植物老寿星”的龙血树等奇花异木，以及随处可见的寄生、绞杀等热带植物景观。这里还设有潜水、滑水、摩托艇、拖伞、香蕉船、飞鱼船、电动船、动感飞艇、沙滩排球、沙滩足球等30余项海上和沙滩娱乐项目。

亲子信息

- 海南省三亚市海棠湾镇蜈支洲岛
- 0898-88751258/88751256
- 168元/人
- 08:00～18:00
- （1）公交：三亚汽车东站至蜈支洲岛开通有28路公交车直达景区
  （2）自驾：三亚市—迎宾路—海南环岛高速—弯坡路—江林路—终点

亲子锦囊

1.带孩子参加潜水、半潜观光、海钓、香蕉船、滑水等水上娱乐活动，尽享亲水的乐趣；
2.带孩子漫步观景长廊，吹海风、听海声，看螃蟹在礁石上爬行，拥抱大海；
3.带孩子登上观日岩，欣赏海上日出，尽览辽阔的南海风光，别有一番韵味；
4.带孩子欣赏龙血树、乔灌木等，领略寄生、绞杀等热带植物景观的神奇。

海口假日海滩 | 被誉为“椰城滨海大观园”

海口假日海滩位于海口市西部，分为餐饮文化区、沙滩日浴区、海上运动区、休闲度假区4个区，是海口市最具代表性的海滨旅游观光胜地。这里林木葱葱、海风习习、沙滩洁白、阳光明媚，阳光、沙滩、海水、椰树相映成辉，宛若一幅浪漫美妙的自然画卷，是名副其实的“椰城滨海大观园”。漫步沙滩，吹海风，观海浪，看椰树摇曳，赏帆船点点，极富情趣。

亲子信息

- 海南省海口市滨海大道　免费　全天开放
- （1）公交：海口市区乘“兴龙”游1、2路可达；“共速达”28、40路也可到达
  （2）自驾：三亚市—海南环岛高速—绿色长廊/火山口/石山出口出—滨海大道—终点

亲子锦囊

1.带孩子晒日光浴，欣赏热带风景树，五彩缤纷的花坛，看海水起伏绵延，别有韵味；
2.带孩子去罗马风格的水世界，欣赏水上芭蕾、高空跳水、陆地风情舞等表演，体验参加沙滩烧烤、水上摩托、水上飞艇、冲浪等娱乐项目的乐趣；
3.带孩子夜宿沙滩篷阁，吹习习海风，听切切涛声，享受卧浪寝涛之仙趣。

大小洞天 | 被誉为“琼崖八百年第一山水名胜”

大小洞天是海南省历史最悠久的风景名胜，是中国最南端的道家文化旅游胜地，因为有奇特秀丽的海景、山景、石景与洞景，因而被誉为“琼崖八百年第一山水名胜”。这里分为福地洞天、福寿南山、南海龙王、摩崖题咏、山海奇观、三亚博物馆6部分，融滨海风光、科普教育、民俗风情、滨海休闲为一体，景区内云深林翠，岩奇洞幽，山海之间宛若一幅古朴雄壮的长卷图画。

亲子信息

海南省三亚市崖城南山大小洞天（兔子尾和鹿回头两山之间） 0898-88565888

135元/人 07:00~19:00

（1）公交：市区乘坐新国线“亚龙湾—大小洞天”的公交车，11元/人

（2）自驾：市区出发，驶向西线高速，在崖城、大小洞天出口下高速，沿路标行驶即可

亲子锦囊

1.带孩子欣赏南山不老松，参观三亚自然博物馆，看恐龙化石，想象侏罗纪时期的故事；

2.带孩子登上观鳌亭，寻找“洞天九鳌”，许“独占鳌头”的愿望；

3.带孩子参观南海龙王别院，观看鉴真群雕，了解鉴真渡海漂船着陆的史迹；

4.带孩子参观神仙居住地——小洞天，阅读“小洞天”“钓台”等摩崖石刻，十分神秘。

大东海 | “福如东海”之意

大东海以“水暖沙白滩平”闻名于世，有“福如东海”之意。这里三面环山，一面朝向大海，形成一个月牙形，海滩上有一排排翠绿的椰林环绕着沙滩，蓝天、碧海、青山、椰林、白沙滩构成了一幅美丽的热带风光图。大东海的沙滩平坦细软，缓缓延伸，绵延几千米，十分舒适。

亲子信息

海南省三亚市田独镇大东海旅游区 0898-88565888 免费 全天开放

（1）公交：市内乘2、4、8路等公交至大东海，也可以乘坐新国线双层观光巴士

（2）自驾：海口—海南环岛高速—三亚市区/亚龙湾/五指山出口出—吉阳大道—终点

亲子锦囊

1.带孩子去海滨度假区，参加观光潜艇、潜水、跳水等水上运动，尽享亲水的乐趣；

2.带孩子参观滨海公园，登上观海亭，俯视大海胜景，心旷神怡；

3.早上带孩子沿海滩向东寻找寄居蟹、小章鱼、小水母等，那可爱的模样令人心情大好。

鹿回头山顶公园 | 享有“南海情山”之美誉

鹿回头山顶公园是一个三面环海的半岛，以美妙的黎族爱情故事传说为背景，富有神奇的色彩，是情侣们喜欢去的地方，享有“南海情山”之美誉。区内拥有哈雷彗星观测站、白色的听潮亭、红色的情人岛、观海轩，还有猴山、鹿舍、黎家寮房、鱼鳖天堂、游鱼仙池等景点。山上四季鲜花盛开，异彩纷呈，还可以品尝海南椰子中的精品——红椰子。

亲子信息

- 海南省三亚市西南端鹿回头半岛内
- 0898-88213740
- 15元/人
- 07:30~22:00
- （1）公交：三亚市内乘坐出租车可到达
  （2）自驾：海口市—海南环岛高速—三亚市区/亚龙湾/五指山出口出—吉阳大道—终点

亲子锦囊

1.带孩子听黎族爱情故事传说，参观海誓山盟、连心锁、夫妻树等景点，感受情爱文化；
2.带孩子漫步黎族民俗文化长廊，欣赏平安吉祥树、爱心永恒、丰收图等，感受福文化。

海口老城区 | 南洋殖民式建筑

海口老城区主要分布在胜沙路、新华路、中山路、博爱路、解放路，街道建筑大多由华侨和当地商人在20世纪二三十年代建造，受东南亚“南洋殖民式建筑”艺术的影响，这些建筑具有欧亚混交文化特征，临街底层采用骑楼和连续柱廊，上层采用敞廊，表面饰有植物、花卉等图案和砖雕、彩瓷等，大部分具有欧洲巴洛克、洛可可风格，以及阿拉伯和印度等国家和地区的装饰风格。里弄里的大宅古屋是海口百年沧桑的见证。

亲子信息

- 老城区指的是包括得胜沙路、新华路、中山路、博爱路周围在内的一带
- 免费
- 全天开放
- 公交：2、5、8、36路车均可到，建议坐8路车，几乎可以绕老城区一圈

亲子锦囊

带孩子漫步老城，欣赏满目南洋殖民式建筑，吃早餐，喝下午茶，品尝海南特色小吃等，了解老城民居和当地人的日常生活状态。

呀诺达热带雨林 | 热带雨林精品的浓缩

呀诺达热带雨林以展现热带雨林景观为核心，融生肖文化、雨林图腾、民俗风情为一体，是海南五大热带雨林精品的浓缩，也是最具观赏价值的热带雨林资源博览馆，堪称中国钻石级雨林景区。景区气候湿润凉爽，热带雨林景观独具特色，峡谷奇观雄伟瑰丽，宛若人间仙境。在这里的观景台可以眺望海棠湾、蜈支洲岛、南湾猴岛。

亲子信息

海南省三亚市保亭黎族苗族自治县境内　4000-463-888/0898-83883333/83881101

170元/人　平日：08:00～18:00；节假日：07:30～18:00

（1）公交：三亚总站乘坐至保亭的班车，在三道农场路口下车即可到达景区

（2）自驾：三亚市—海南环岛高速公路—三亚市区/亚龙湾/五指山出口出—G224—终点

亲子锦囊

1.带孩子参观雨林谷，领略林莽绞杀、空中花篮、老茎生花、藤本攀附等奇观的魅力；

2.带孩子参观梦幻谷，欣赏山泉雨林之美，参加踏瀑戏水野外拓展活动，感受惊险刺激。

五指山热带雨林风景区 | 我国热带雨林地区面积最大的热带原始森林之一

五指山热带雨林风景区遍布热带原始森林，层层叠叠，逶迤不尽，是全球保存完好的三块热带雨林之一。这里分布着8种热带植被类型，拥有维管植物2000多种，动物2000多种。这里原始雨林谷中的空中花园、大板根、老茎生花、绞杀、千年古树、古木丽影、空心树等奇观令人拍手叫绝；鸳鸯潭、知音台、亲情树、石上生花、五指山瀑布等雨林景观令人目不暇接。

亲子信息

海南省五指山市水满乡五指山热带雨林风景区　0898-86550075

40元/人　08:00～18:00

（1）公交：从五指山市乘坐班车至水满乡，再换乘当地风采车直达景区

（2）自驾：海口市—海南环岛高速—陵水/保亭/五指山出口出—S305—G224—终点

亲子锦囊

1.带孩子登上云顶，俯瞰南海，极目万顷碧波、渔帆点点，体验置身人间仙境的美妙；

2.带孩子参观热带雨林谷，欣赏热带景观，领略寄生、绞杀等雨林奇观的独特魅力。

海南热带野生动植物园｜全国最大的热带生物园

海南热带野生动植物园是中国首家以热带野生动植物博览、科普为主题的社会公园，也是全国最大的热带生物园。园内林海茫茫，植物茂密，拥有各种珍禽异兽200余种、4000余只（头），是一个奇丽多姿、惊险有趣的动物世界。在此，人们可以感受“群狮争食”的血腥、“天下第一猴山”的谐趣、“钓鳄鱼”的刺激、“百鸟争鸣”的壮观、“狮虎恋”的浪漫、热带各类植物的争奇斗艳等。

亲子信息

- 海南省海口市秀英区东山镇
- 0898-65358451
- 95元/人
- 07:40~17:30
- （1）公交：海口市乘坐府城—东山的中巴车，途经野生动植物园站
  （2）自驾：海口市—丘海大道—中线高速—G224—终点

亲子锦囊

1.带孩子乘车观非洲狮、东北虎、黑熊等野兽，看它们捕食的残忍画面，感受其野性；

2.带孩子观看长颈鹿、鳄鱼、河马等动物，了解其生活习性，体验与群猴嬉戏的乐趣；

3.带孩子参观热带植物园，欣赏桫椤、龙血树、神秘果等景观，感受寄生、绞杀的残酷；

4.带孩子参观飞禽世界，欣赏群鸟兔子舞、捡垃圾、空中转圈等表演，乐趣无穷。

兴隆热带植物园｜海南最大也是最早对外开放的热带植物园

兴隆热带植物园以独特丰富的热带植物闻名于世，有植物品种1200多个，是海南最大也是最早对外开放的热带植物园。这里汇集有咖啡、胡椒、香草兰、可可等热带经济作物和榴莲、山竹等名优稀有果蔬品种，保存有见血封喉等野生植物资源和珍稀物种。

亲子信息

- 海南省万宁市兴隆镇温泉旅游区
- 0898-62571888
- 60人/元
- 07:30~18:00（冬季7:30~17:30）
- （1）公交：从兴隆镇前往兴隆热带花园，在镇上乘坐摩托车或者风采车前往
  （2）自驾：海口市—海南环岛高速公路—神州半岛出口出—G223—终点

亲子锦囊

1.带孩子看热带果王“榴莲”与果后“山竹”、生于树上味如面包的“面包果”，十分有趣；

2.带孩子观看红木、桃花心木、柚木、檀香木、紫檀木等世界各地名木，增长科普知识；

3.带孩子欣赏热带香辛料植物、热带饮料植物、热带观赏植物、热带药用植物等，了解热带植物的百科知识，感受大自然的种种奇妙。

日月湾海门游览区｜素有“海南黄金海岸”之称

日月湾海门游览区海湾沙滩洁白松软细柔，海面风平浪静，海水湛蓝清澈，适宜游泳，是个天然海水浴场，素有“海南黄金海岸”之称。海中有巨石激浪，颇为壮观。境内的茹新河和田头河缓缓流淌，河流在日月湾内出海，河海水相渗，咸淡互补，水质清净，咸度适中，气候宜人，四季如春，风景秀丽，令人流连忘返。

亲子信息

海南省万宁市距万城镇30千米处　　168元/人　　07:00～17:30

（1）公交：从海口乘坐直快车或东环火车到万宁，再乘坐当地中巴至目的地

（2）自驾：海口市—海南环岛高速公路—日月湾出口出—日月湾互通—终点

亲子锦囊

1.带孩子参观海门公园，观看巨大的礁石在海浪的冲击下浪花四溅，感受其磅礴的气势；

2.带孩子漫步椰林广场，观看祭海仪式，骑骆驼，游天然海水泳的乐趣；

3.带孩子参观台湾村，看兰花，尝外婆家、千人锅特色美食，赏树叶吹笛、甩发舞、笛子吹奏等表演，了解高山族待客礼、砍柴等古老习俗，以及这个民族的历史演变过程。

分界洲岛旅游区｜海南岛的分水岭

分界洲岛旅游区是牛岭的一部分，也是海南岛重要的分水岭。从远处望去，整个岛屿就像一位躺卧在海面上的美女，所以又被称为“睡美人岛”。岛东面悬崖峭壁，浪花如雪；西面则有一波平浪缓的小海湾，湾内的沙滩松软细白，这里南北的天气也不一样。夜宿岛上，可听潮声，观渔火，看星星，早晨还可以观日出。此外，人们还可以漫步凿有国内外古币的花岗石铺成的“钱路”，拾级而上，可以看到石峰林立、峭壁万仞、奇树簇拥的景象。

亲子信息

海南省陵水黎族自治县环岛高速牛岭出口处　　0898-83347555/83347033

168元/人　　07:30～18:00

（1）公交：从海口汽车南站乘车至陵水车站，再换乘分界洲岛专线班车即可到达

（2）自驾：沿东线高速分界洲岛牛岭出口出，下高速即可到达

亲子锦囊

1.带孩子漫步沙滩，欣赏风动石、大洞天、菩萨洞等景点，观看珊瑚礁和热带鱼，体验鱼礁潜水、沉船探险潜水、海上潜艇等海上娱乐活动的乐趣；

2.带孩子参观海豚湾，欣赏海豚、花鲸、海狮等动物，体验与鲸鲨一起在海底遨游的乐趣。

南湾猴岛生态景区｜世界上唯一的热带岛屿猕猴自然保护区

南湾猴岛生态景区是世界上唯一的热带岛屿猕猴自然保护区。岛上生活着20多种、1000多只猕猴，是名副其实的猴岛。除了猕猴，这里还有多种热带植物与其他动物，水果更是终年不绝。岛上的风景也非常漂亮，绿树四季葱郁，还有最具海南特色的沙滩、妩媚多姿的椰树、白浪翻滚的天然海滨浴场、色彩斑斓的珊瑚群等。

亲子信息

海南省陵水黎族自治县新村镇　143元/人（含索道及公园门票）　08:00～16:50

（1）公交：乘海口至陵水的省直快车，再坐过海缆车或乘船至南湾半岛

（2）自驾：海口市—海南环岛高速—陵水/保亭/五指山出口出—G223—X663—终点

亲子锦囊

1.带孩子参观猴子王国，欣赏猴艺小品、马戏表演等，与猴子合影，别有一番情趣；

2.夜晚带孩子欣赏疍家风光，感受内港、近海灯火辉煌的“海上蜃楼”魅力。

博鳌亚洲论坛永久会址景区｜被誉为“世界河流入海口自然环境保存得最完美的地方”之一

博鳌亚洲论坛永久会址景区拥有世界上保护最完好的河流入海口——万泉河入海口，融山、河、湖、海、岛屿为一体，集树林、沙滩、温泉、奇石、田园于一身，被誉为“世界河流入海口自然环境保存得最完美的地方”之一。这里海岸线绵延，海滩美丽洁净，岛屿与河汉造化神奇，现代建筑宏伟气派，故事传说美丽动人，是人与自然和谐相处的美好典范。

亲子信息

海南省琼海市博鳌东屿岛　0898-62691509

125元/人　08:30～18:00

（1）公交：海口汽车东站乘坐汽车到达琼海，转乘前往博鳌的中巴、三轮车可到

（2）自驾：海口市—海南环岛高速—中原/博鳌出口出—迎宾路—远洋大道—终点

亲子锦囊

1.带孩子欣赏外观宛若古钱币造型的国际会议中心大楼，感受其包容、亲和的寓意；

2.带孩子漫步玉带滩，领略“三江、三岛、一带”景色的独特魅力，体验高尔夫的优雅。

香港
XIANGGANG

TOY STORY
LAND
反斗奇兵
大本營

STOP
己所不欲
勿施於貓
TATTOO
WESTWOOd
Hair Salon

香港迪士尼乐园 | 全球面积最小的迪士尼乐园

香港迪士尼乐园位于香港大屿山竹篙湾，是世界第七个迪士尼乐园，占地1.26平方千米，是目前全球最新、最小、最现代化的迪士尼乐园。这里包括美国小镇大街、探险世界、幻想世界和明日世界4个主题区，并扩建了反斗奇兵大本营，灰熊山谷及迷离庄园三个园区，其中灰熊山谷和迷离庄园为全球独有。乐园随处可见米奇、米妮、高飞、灰姑娘、睡公主、白雪公主、爱丽丝、花木兰等迪士尼卡通人物，同时设有原野剧场、梦想花园、睡公主城堡、小熊维尼历险之旅、米奇幻想曲、飞越太空山、探险世界森林河流之旅等主题娱乐设施项目，以及巡游表演节目及烟花汇演，是香港旅游的必去之地。

亲子信息

香港特别行政区港岛区大屿山景区迪士尼乐园　852-3550-3388

12~64岁：450港币/人；3~11岁：350港币/人；65岁或以上：100港币/人

10:00~20:00（节假日至21:00）

（1）公交：地铁迪士尼线可直达；另有旅游巴士接驳

（2）自驾：西九龙公路—8号干线—南湾隧道—8号干线—迪士尼乐园/新澳出口出—终点

亲子锦囊

1.带孩子参观睡公主城堡，与小熊维尼、白雪公主、米奇等卡通人物见面，十分浪漫；

2.带孩子参观梦想花园，观看《狮子王庆典》，感受其带来的种种惊喜；

3.带孩子坐上小熊维尼日夜抱着的蜜糖瓶，在小熊维尼历险之旅寻找童真；

4.带孩子在米奇狂想曲观看4D立体电影，感受电影不同场面中的水花、风吹和气味；

5.带孩子乘坐飞越太空山过山车，体验穿越宇宙的刺激；

6.带孩子参加巴斯光年星际历险，体验用激光枪把怪物击倒，惩恶除奸的快感；

7.带孩子参加历奇的河流之旅，感受小船旁边浓郁的非洲原始森林气息；

8.带孩子乘坐小型巴士、的士、囚车等，穿越美国小镇大街，感受乐园的神奇；

9.带孩子欣赏下午三点半的巡游表演，晚上八点的烟花表演，感受童话世界的浪漫。

维多利亚港 | 亚洲第一、世界第三大海港

维多利亚港港阔水深，为天然良港，香港也因其而拥有“东方之珠”的美誉。这里海岸线很长，南北两岸的景点多不胜数，既有充满现代感的高楼大厦和已成地标的香港会展新翼，也有天星小轮码头。白天蓝天白云碧水，小船和万吨巨轮进出海港，十分繁荣；入夜后万家灯火，相互辉映，再加上每年都会举行的数次烟花表演，其夜景被列为“世界三大夜景”之一。

亲子信息

香港特别行政区油尖旺区　免费，乘坐游船收费　全天开放

公交：搭乘地铁至尖沙咀站E口出，或乘坐天星小轮至码头步行可达

亲子锦囊

1.夜晚带孩子乘邮轮欣赏维多利亚港夜景，领略“幻彩咏香江”的魅力，感受香港繁华；

2.农历大年初二、香港回归纪念日带孩子欣赏烟花汇演，感受烟花绚烂绽放的浪漫；

3.带孩子参加环岛帆船比赛、龙舟邀请赛等，感受水上竞技的乐趣。

香港海洋公园 | 全东南亚最大的海洋水族馆及主题游乐园

香港海洋公园占地约0.9平方千米，是世界最大的海洋公园。这里分为冰极天地、香港老街、热带雨林天地、动感天地、亚洲动物天地等六大景区，拥有珍贵可爱的海陆生物、动感刺激的机动游戏，以及精彩绝伦的大型表演。在此，游客可以看到趣味十足的露天游乐场、千奇百怪的海洋性鱼类；可以欣赏海豚表演、海洋摩天塔；还可以体验越矿飞车、极速之旅的景象与刺激。

亲子信息

香港特别行政区港岛区黄竹坑南朗山香港仔海洋公园道　852-3923-2323

成人：320港币/人；小童（3~11岁）：160港币/人；领取综援家庭：20港币/人

海洋乐园：10:30~19:00；高峰乐园关门时间：18:00

（1）公交：乘地铁至金钟地铁站，坐海洋公园专线巴士可达

（2）自驾：走湾仔坚拿道—黄泥涌道高架天桥进入香港仔隧道，出隧道为黄竹坑道，此时左转进入海洋公园道，即可到达

亲子锦囊

1.带孩子参观鳄鱼潭、熊猫山庄、金鱼宝殿、大自然揭秘等展馆，看雀鸟表演，妙趣横生；

2.带孩子参观海洋奇观展览馆，体验参加双龙奇缘、还囧水世界、七彩嘉年华等游戏的乐趣；

3.带孩子观赏剧场表演，参加幻彩旋转马、小丑旋风、蛙蛙跳、动物故事坊等，尽享欢乐。

太平山｜香港岛的最高峰

太平山海拔554米，是香港岛的最高峰。这里也是观赏香港美妙夜景的最佳去处，其中又以狮子亭和山顶公园为最佳观赏位置。傍晚时分登上山顶，一边欣赏绚烂的晚霞，一边静静等待维多利亚港的灯火亮起，别有一番韵味。另外，世界著名的“杜莎夫人蜡像馆”也坐落于此，那里汇聚了音乐、电影、政治、体育等风云人物。

亲子信息

香港特别行政区香港岛山顶道118号　852-28490819/28496966

成人票：225港元/人；儿童、长者：115港元/人

缆车：07:00～00:00；凌霄阁摩天台428、凌霄展廊：10:00-23:00（周一至周五）08:00～23:00（星期六、日及公众假期）；杜莎夫人蜡像馆：10:00～22:00，最后入场时间为21:45

公交：乘地铁从上环站至中环站，从中环天星码头乘15路中巴上山顶

亲子锦囊

1.带孩子乘缆车至山顶，欣赏维港的夜景，尽享超凡的视觉体验，领略香港的繁华风貌；

2.带孩子参观凌霄展廊，观看香港早期的珍贵照片，重返昔日，体会香港百年变化；

3.带孩子参观蜡像馆，近距离与明星接触、拍照，感受名人逸事，体验馆内互动的乐趣。

浅水湾｜号称“天下第一湾”

浅水湾是香港最具代表性的海滩和海湾，素有“香港最美丽的海滩”之称。其海滩绵长、水清沙细、波平浪静，海水温暖，交通便利，再加上传统文化和殖民建筑，成为游客到香港旅游的必去之地之一。在此，人们可以尽情享受海浴、日光浴，也可以进行沙滩烧烤，品尝海鲜等娱乐项目。

亲子信息

香港特别行政区香港岛南部　免费

全天开放，泳滩：平日：09:00～18:00；6~8月，周六、日及公众假期：08:00～19:00

公交：港铁香港站D出口出，步行至中环交易广场巴士总站搭乘6、6A、66、260路等公交至浅水湾下车即可

亲子锦囊

1.带孩子参观影湾楼，寻找《倾城之恋》中白流苏和范柳原两个情场高手斗法的场地；

2.带孩子登镇海楼，朝拜天后圣母和观世音菩萨神像，感受浓郁的中国古典色彩；

3.带孩子漫步沙滩，进行海浴、日光浴，尽享消夏弄潮的乐趣。

铜锣湾 | 香港的主要商业及娱乐场所集中地

铜锣湾有多家大型百货公司及大型商场，其中以崇光百货、时代广场、利舞台广场及世贸中心最为出名，在此可寻觅到世界各大奢侈品牌所开设的顶级旗舰店。除了购物以外，游客还可以享受避风塘的美食与夜景，可以感受维多利亚公园的舒适与惬意，还可以在香港大球场看精彩赛事。

亲子信息

香港特别行政区湾仔区　　免费

店铺早上11:00、12:00开始营业，晚上22:00~23:00关门

（1）公交：乘坐新巴23a（或新巴23b），在湾仔消防局下车，步行可到

（2）地铁：乘坐港岛线，在铜锣湾站出，步行可到达

亲子锦囊

1.带孩子乘坐游船一边欣赏避风塘的夜景，一边品尝海鲜，领略舢板风光，别有韵味；

2.带孩子参观维多拉亚公园，若春节、中秋、圣诞期间还可以参加庆祝活动，十分有趣；

3.带孩子到香港大球场看一场精彩的比赛，感受现场气氛；

4.带孩子漫步怡和街，逛崇光百货、时代广场，品尝香港美食，感受香港时尚生活。

香港中环 | 香港的政治及商业中心

香港中环既有殖民时期的建筑，又有现代高科技大厦；既有大型的购物商场，又有兰桂坊之类的酒楼；既有囊括全港最大的观鸟园、温室、喷泉、餐厅、视觉艺术中心和圆形露天剧场的香港公园；又有充满维多利亚时代的典型园林特色的香港动植物园；既有别有韵味的石板街，也有孙中山纪念馆等景点，是人们去香港最不能错过的景点。

亲子信息

香港特别行政区中西区　　免费　　全天开放

地铁、观光巴士、渡轮均可到达

亲子锦囊

1.带孩子漫步皇后像广场，瞻仰和平纪念碑，了解香港在两次世界大战中的历史；

2.带孩子乘坐中环至半山的自动扶梯，品尝充满异域风情的SOHO美食，大饱口福；

3.带孩子登上太平山顶，尽览维多利亚港的魅力景致；

4.带孩子参观香港公园，漫步温室、观鸟园、视觉艺术中心等景点，感受片刻宁静。

澳门
AOMEN

海事博物館
MUSEU MARÍTIMO

Macau Fisherman's Wharf
澳門漁人碼頭

澳门历史城区 | 保存了澳门四百多年中西文化交流的历史精髓

澳门历史城区以旧城区为核心，由22座位于澳门半岛的建筑物和相邻的8块前地（指空地或小广场）组成，保存了澳门400多年中西文化交流的历史精髓。这里拥有妈阁庙、港务局大楼、郑家大屋、圣老楞佐教堂、圣若瑟修院及圣堂、岗顶剧院、何东图书馆、圣奥斯定教堂、民政总署大楼、卢家大屋、玫瑰堂、大三巴牌坊、哪吒庙、旧城墙遗址、大炮台、圣安多尼教堂、东望洋炮台（含东望洋灯塔及圣母雪地殿圣堂）等历史建筑，是西方宗教文化在中国和远东地区传播历史的重要见证，也是400多年来中西文化交流互补、多元共存的结晶。

亲子信息

- 澳门特别行政区澳门半岛
- 853-83996699
- 免费
- 全天开放，各景点开放时间不一
- 公交：市内乘坐10、10A、11、18、21、21A、1路等公交均可以到达

亲子锦囊

1.带孩子参观大三巴牌坊，与其合影，感受其欧洲文艺复兴时期与东方建筑风格的魅力；

2.带孩子参观大炮台，饱览澳门全景，远眺珠江口一带的风光，别有一番韵味；

3.带孩子参观澳门博物馆、邮政局博物馆等，了解澳门历史，感受澳门文化；

4.带孩子参观妈祖阁庙，叩首祈福，听妈祖的传奇故事，了解妈祖文化；

5.带孩子登上观光塔，参加空中飞人、百步登天等众多游乐项目，尽享惊险与刺激；

6.带孩子漫步议事亭前地，欣赏民政总署、旅游局、邮政局等建筑，感受异域风情；

7.带孩子参观郑家大屋，欣赏中西合璧的建筑特色，了解著名思想家郑观应的生平。

澳门渔人码头 | 澳门首个主题文化创意娱乐旅游综合体

澳门渔人码头集娱乐、购物、饮食、酒店、游艇码头及会展设施于一身，是澳门首个主题公园和仿欧美渔人码头的购物中心。这里拥有日夜繁忙的港澳码头、货品齐全的新八百伴百货大楼、宫廷式的赌船——“澳门皇宫”、五星级大酒店——文华东方酒店、雄伟的澳门文化中心以及莲花广场等。

亲子信息

- 澳门特别行政区外港新填海区新口岸友谊大马路及孙逸仙大马路
- 853-82993300　免费　11:00～19:00
- （1）市内：乘坐3A、8、10A、12、N2路等公交可达
  （2）外部：港澳码头循环线每30分钟一班，10:00～22:00运行

亲子锦囊

1.带孩子参观唐城区，欣赏仿唐建筑，品尝特色餐饮，感受中国古老文化；
2.带孩子在阿拉伯堡垒处参加飞天骆驼、魔法飞毯、青云升降等机动游戏，尽享乐趣。

澳门海事博物馆 | 澳门历史最悠久的一家博物馆

澳门海事博物馆外形宛若一艘扬着白帆的三桅船，建在当年首批葡萄牙人登岸的地方，是澳门历史最悠久的一家博物馆。这里分为渔民天地、海上贸易、航海技术与交通、水族馆等部分，不但反映了澳门历史与大海之间的密切联系，还系统阐述了中国和葡萄牙在海事方面的历史，说明了大海对人类及文化所具有的重要性，是人们感受海洋文化的好去处。

亲子信息

- 澳门特别行政区妈阁庙前地一号　853-28595481
- 澳门币10元/成人（星期一至六）；5元/成人（星期日），逢周二休馆
- 10:00～18:00
- 公交：乘坐1、2、5、6B、7、10、10A、11、18、21A路等公交均可到达

亲子锦囊

1.带孩子欣赏宛若三桅船的馆体建筑，静观河流，体验在广场水池玩遥控船的乐趣；
2.带孩子参观地下展厅，欣赏中式帆船、内港渔栏、捕鱼方法等，了解妈阁庙的传说；
3.带孩子参观阁楼展厅，欣赏葡萄牙传统渔船模型，了解每只模型的来源和用途。

台湾
TAIWAN

日月潭 | 台湾省最大的一个湖

日月潭位于台中，是台湾省最大的一个天然湖，潭面以拉鲁岛为界，北边像圆圆的太阳，叫日潭；南边像弯弯的月亮，叫月潭，凭借“高山湖泊”“原住民文化”“自然生态”的观光特色，百年来享有台湾八景的美誉。这里拥有拉鲁岛、文武庙、慈恩塔、玄奘寺、向山、永结桥、同心桥、耶稣堂、梅荷园、九族文化村、孔雀园等景点，环绕潭区的14条步道更是赏景的好去处。清晨，湖面上薄雾笼罩，晨星和点点灯光倒映在湖中，别有韵味。如果遇到蒙蒙雨天，这里就更美了，整个湖面好像披上轻纱，周围的景物一片朦胧，宛若仙境。

亲子信息

- 台湾省台中市南投县鱼池乡水社村
- 免费，船票300新台币，身高1.15~1.4米的儿童半价
- 全天开放；缆车：平日10:30~16:00，假日10:30~16:30；游湖巴士：08:00~18:00；交通船：09:00~16:30
- 公交：台北西站每天9:00、10:00、15:00、16:00时都有直达日月潭的车

亲子锦囊

1.带孩子参观涵碧楼，徜徉步道，常见五色鸟、山头红、绣眼画眉等低海拔鸟类，还可以远眺日月潭，看湖光山色，风光旖旎，别有一番韵味；

2.带孩子登366级台阶，每个台阶代表1天，上面有当天出生的名人的名字，意义非凡；

3.带孩子沿登山步道至慈恩塔，眺望日月潭景区全景，尽情享受森林浴及观星的乐趣；

4.带孩子参观玄光寺，了解玄奘前往印度取经的故事，与门前“日月潭”及“玄光寺”的大石头拍照留念，保存最美好的记忆；

5.带孩子参观孔雀园，观看孔雀、山鸡、蓝鹊、蝴蝶等动物，增长科普知识；

6.带孩子参观九族文化村，欣赏少数民族舞蹈技艺的表演，感受民族特色文化；

7.带孩子参观水社码头，漫步水社亲水步道，感受大自然气息，了解日月潭及当地文化；

8.带孩子参观孔明庙，祭拜“天下第一军师”——诸葛亮，还可以求签算卦，乐趣无限。

阿里山风景区 | 全台湾最理想的避暑胜地

阿里山风景区位于台湾省嘉义市，是大武峦山、尖山、祝山、塔山等18座山的总称，主峰塔山海拔2600多米，气候凉爽，夏季平均气温为14.3℃，是全台湾最理想的避暑胜地。这里林木葱翠、风景秀丽，拥有神木、日出、云海、晚霞等远近闻名的自然美景，还有令人流连忘返的峡谷飞瀑、樱花及竹林景观，以及独特的“Z”字形森林铁道（俗称火车碰壁）及邹人原乡文化。在此，人们可以在山水间享受氧离子SPA，也可以看看鲴鱼在山涧泉流间自由自在游动的样子，从而忘记烦躁尘嚣带来的疲倦。

亲子信息

台湾省嘉义市东75千米　　00886-5-2593900

节假日：全票：200新台币/人；非节假日：150新台币/人

全天开放

公交：台北—阿里山每周五、周六有班车；在嘉义市可乘坐火车直达阿里山主峰

亲子锦囊

1.带孩子在神木站前看瞬息万变的日出、云海、薄暮等，感受大自然的神奇与伟大；

2.带孩子登上祝山楼，观看日出的全过程，尽情体验亲近大自然的美妙；

3.带孩子乘坐小火车，欣赏热、暖、温、寒四带景观，领略“阿里四季”的魅力；

4.带孩子参观邹人部落，欣赏原生态的歌舞，品尝特色美食，感受其部落文化的神奇；

5.带孩子参观姊妹潭，听山地姊妹二人在此殉情的故事，感受情爱文化；

6.2~4月携孩子欣赏樱花，在吉野樱、重瓣樱、山樱花等树下，感受粉色浪漫。

台北故宫博物院 | 中国著名的历史与文化艺术史博物馆

台北故宫博物院整个建筑模仿北京故宫博物院建筑艺术风格，整体上庄重典雅、恢宏大气。这里馆藏丰富，拥有清代北京故宫、沈阳故宫和原热河行宫等收藏精华，还有海内外各界人士捐赠的文物精品，包括青铜器、玉器、陶瓷、古籍文献、名画碑帖等，其中以翠玉白菜、肉形石、毛公鼎、散氏盘等最为著名。

亲子信息

- 台湾省台北市郊阳明山脚下双溪至善路2段221号
- 00886-2-28812021/66103600
- 250新台币/人
- 08:30～18:30，周五、周六延长至21:00
- 公交：台北市内乘坐18、19、30、255、304路等公交均可到达

亲子锦囊

1.带孩子参观历代铜器展、明清雕刻展、历代玉器展、陶瓷展等，感受中华历史文化；
2.带孩子参观佛教雕塑、皇室典藏、家具等主题展览，细细品味台北故宫珍宝；
3.带孩子观赏不定期的书画、器物、图书文联展览，陶冶情操。

阳明山公园 | 台北最美的郊野公园

阳明山森林紧邻台北都会区，是台湾岛上最主要的火山分布区，有众多火山遗迹，如火山口、喷气孔、温泉、地热、瀑布等，还孕育有台湾水韭、大屯杜鹃、蝴蝶、鸟类、樱花等植物，是台北最美的郊野公园。每年春季2、3月便是公园的传统花季，色彩缤纷的杜鹃、绯寒樱开满山野，美轮美奂；夏季在雾雨初晴时可欣赏“虹桥跨立山谷”的景致；秋季芒草展现随风摇曳的花海，枫叶层林尽染，树叶片片金黄；冬季雪白一片，令人流连忘返。

亲子信息

- 台湾省台北市市区的正北方，纱帽山以东
- 00886-2-28613601
- 免费
- 09:00～17:00
- （1）公交：搭联营公车203、216、218、269、290路等公交可到达景点
  （2）自驾：国道1号—台北交流道下—百龄桥—中正路—仰德大道

亲子锦囊

1.带孩子参观林语堂故居，了解其生平及学术成就，还可以泡温泉，尽享舒适；
2.春季带孩子来此赏花，体验置身花海的美妙，感受阳明山初春的勃勃生机。

台北士林夜市 | 台北地区最著名、最平民化的夜市去处

台北士林夜市是台北最著名、最平民化的夜市去处。这里可分两大部分，一是慈诚宫对面的市场小吃；一是以阳明戏院为中心，由安平街、大东路、文林路围成的区域。市场囊括了南北小吃、流行服饰、杂货，从牛排、铁板烧到蚵仔煎、广东粥；从服饰店、精品店到鞋店、唱片店等，只要市面流行的东西，在此都能找到。

亲子信息

- 台湾省台北市士林区基河路101路
- 免费
- 夜晚，美食区：15:00～01:00；周五至周日：11:30～02:00
- 台北市北门塔城搭指南客运淡水直达车，或于台北市圆环搭乘指南5路至淡水站

亲子锦囊

1.夜晚带孩子品尝蚵仔面线、豪大大鸡排、蚵仔煎、清蒸油炸肉丸等美食，大饱口福；
2.带孩子逛各式皮包、鞋子、衣服及百货饰品店，参加投福游戏，乐趣无限。

鹿港小镇 | 享有“繁华犹似小泉州”的美名

鹿港小镇位于台湾中部西海岸，曾有显赫的文化历史，是当时文化与商业的港埠重镇，享有“繁华犹似小泉州”的美名。如今这里褪去往昔的繁华，更多的是淡泊与悠闲的氛围，红砖巷道曲折蜿蜒，旧式店屋层次错落，天后宫、龙山寺、瑶琳街、石敢当、十宜楼、洋楼等经典的景点给鹿港蒙上了一层耐人寻味的色彩。而罗大佑的一曲《鹿港小镇》更是将更多的人吸引到这里，寻找歌曲中所描绘的景象。

亲子信息

- 台湾省彰化县
- 寺庙免费开放，香火钱要另付
- 民俗馆：09:00～17:00；龙山寺：05:00～21:30；天后宫：06:00～22:00
- （1）公交：在台中市复兴路搭乘彰化客运到鹿港即可
  （2）自驾：中山高员林交流道下，转148县道到溪湖，接135县道到鹿港

亲子锦囊

1.带孩子参观天后宫、龙山寺，欣赏其规模宏伟、富丽堂皇的原始建筑，烧香祈福；
2.带孩子漫步老街、瑶琳街、铺头街等，欣赏闽式传统建筑艺术，感受明清时期风貌；
3.带孩子参观民俗文物馆，欣赏鹿港早期模型、经典家具、农具等，感受鹿港传统生活；
4.带孩子品尝玉珍斋糕点、牛舌饼、肉圆、蚵仔煎等，感受舌尖上的鹿港；
5.带孩子参加元宵灯会、妈祖诞辰、端阳等节庆活动，感受鹿港小镇的传统风俗习惯。

淡水古镇 | 素有“台湾威尼斯”之美称

淡水古镇濒临台湾海峡，背山面海，历史悠久，曾是桅樯辐辏、名噪一时的热闹商铺，素有“台湾威尼斯”之美称。这里街市沿河而建，极富古老风格的砖造结构，其间坐落有始建于18世纪清雍正年间的福佑宫，建于19世纪的文昌祠、龙山寺、兴建宫，建于20世纪的祖师庙等。

亲子信息

- 台湾省台北市台北县淡水镇
- 免费
- 全天开放，个别景点限时开放
- 公交：台北市搭乘前往淡水的指南客运，或由台北市公园路搭乘前往淡水的新店客运，在淡水站下车即可

亲子锦囊

1.带孩子参观龙山寺、行忠堂等，欣赏老街上精雕细琢的石艺、木雕，感受古朴的气息；
2.带孩子品尝德裕鱼丸、可口鱼丸、味香鱼丸、许义鱼酥、阿婆铁蛋等美味，大饱口福；
3.带孩子欣赏八角塔、领事官邸、牛津学堂、红毛城等建筑，感受西方建筑艺术魅力；
4.带孩子参观红树林保护区，在渔人码头观看日落，海风拂面，十分浪漫。

台北101大楼 | 世界第六高楼

台北101大楼由建筑师李祖原设计，KTRT团队建造，楼高509米，地上101层，地下5层，是目前全世界第六高的大楼。楼内一层为101大道、二层为时尚大道、三层为名人大道、四层为都会广场、五层为金融中心、六层为健身中心。夜间的台北101会打上灯光，以彩虹7种颜色为主题，每天更换一种颜色，每天落日时间开始点灯，至晚上22：00时关闭。

亲子信息

- 台湾省台北市信义区市府路45号
- 00886-2-81018898
- 500元新台币/人
- 09:00～22:00
- （1）公交：捷运市政府站乘32、537、蓝5 、蓝10、台北101免费接驳车可到
  （2）自驾：国道1号，圆山交流道转建国高架道路，于信义路三段左转，过基隆路即到

亲子锦囊

1.带孩子逛101大道、时尚大道，挑选全世界最受欢迎的流行品牌，满足人的消费欲望；
2.带孩子逛名人大道内的品牌旗舰店，喝咖啡，体验置身纽约第五大道的美妙；
3.带孩子参观都会广场，品尝露天咖啡及精致的点心，感受巴黎浪漫慵懒的氛围；
4.夜晚带孩子观看101大楼夜景，感受灯光的绚丽多彩。

策　　划：丁海秀　李荣强
责任编辑：李荣强
部分图片提供：微图网　全景图片
图书在版编目（CIP）数据
带孩子畅游中国／亲子游编辑部主编、摄. --北京：旅游教育出版社，2015.1
ISBN 978-7-5637-2997-5
Ⅰ.①带…　Ⅱ.①亲…　Ⅲ.①旅游指南—中国 Ⅳ.①K928.9
中国版本图书馆CIP数据核字（2014）第182345号

带孩子畅游中国

亲子游编辑部　主编／摄影

出版单位：旅游教育出版社
地　　址：北京市朝阳区定福庄南里1号
邮　　编：100024
发行电话：（010）65778403　65728372　65767462（传真）
本社网址：www.tepcb.com
E-mail：tepfx@163.com
印刷单位：北京嘉业印刷厂
经销单位：新华书店
开　　本：889毫米×1194毫米　1/32
印　　张：16.25
字　　数：486千字
版　　次：2015年1月第1版
印　　次：2015年1月第1次印刷
定　　价：58.00元
（图书如有装订差错请与发行部联系）